**Weil Bücher
unsere Welt verändern**

Andreas von Arnauld /
Christian Klein

Weil Bücher unsere Welt verändern

Vom Nibelungenlied
bis Harry Potter

Die Deutsche Nationalbibliothek verzeichnet diese Publikation in der Deutschen Nationalbibliografie; detaillierte bibliografische Daten sind im Internet über http://dnb.de abrufbar.

Das Werk ist in allen seinen Teilen urheberrechtlich geschützt.
Jede Verwertung ist ohne Zustimmung des Verlags unzulässig.
Das gilt insbesondere für Vervielfältigungen, Übersetzungen, Mikroverfilmungen und die Einspeicherung in und Verarbeitung durch elektronische Systeme.

wbg THEISS ist ein Imprint der wbg.

© 2019 by wbg (Wissenschaftliche Buchgesellschaft), Darmstadt
Die Herausgabe des Werkes wurde durch die Vereinsmitglieder der wbg ermöglicht.
Redaktion: Eva Harker, Münster
Satz: schreiberVIS, Seeheim
Gedruckt auf säurefreiem und alterungsbeständigem Papier
Printed in Germany

Besuchen Sie uns im Internet: www.wbg-wissenverbindet.de

ISBN 978-3-8062-3747-4

Elektronisch sind folgende Ausgaben erhältlich:
eBook (PDF): ISBN 978-3-8062-3765-8
eBook (epub): ISBN 978-3-8062-3766-5

Einleitung

Leipzig, Buchmesse. Wie jedes Jahr stellen die Verlage ihre Neuheiten vor. Eines der aktuellen Bücher dieser Saison wird alle anderen nicht nur in puncto Verkaufszahlen in den Schatten stellen. Sein Titel: *Biblia, das ist die gantze Heilige Schrifft Deudsch*. Wir schreiben das Jahr 1534. Der Wittenberger Theologe Martin Luther hat nach jahrelanger Arbeit seine Bibelübersetzung abgeschlossen und veröffentlicht. Schnell verbreitet sich das Werk in der lesekundigen Bevölkerung und über die Kanzeln überall dort, wo auf Deutsch gepredigt wird. Gemäß Luthers protestantischer Sendung bringt »seine« Bibel das Evangelium unters Volk und trägt zugleich zur Vereinheitlichung der deutschen Sprache bei, die damals in vielen Mundarten und Dialekten gesprochen wird. Szenenwechsel: Gut einhundert Kilometer von Leipzig entfernt und gut zweihundertvierzig Jahre später, Weimar 1775. Auf Einladung des gerade achtzehnjährigen Herzogs kommt der junge Johann Wolfgang Goethe in die provinzielle, aber aufstrebende Residenzstadt. Ein Jahr zuvor hatte er mit seinem Roman *Die Leiden des jungen Werther* einen Sensationserfolg gelandet, der einer ganzen Generation aus der Seele zu sprechen schien, weil er statt auf Nutzen zu setzen das Gefühl zu seinem Recht kommen ließ. Die Leser identifizierten sich mit Werther, was besonders augenfällig in dem aufkommenden Modetrend wurde: Blauer Frack und gelbe Weste drückten ein neues, freiheitliches Lebensgefühl aus. Goethe selbst reist in dieser Kluft nach Weimar, und kurze Zeit später trägt der ganze Hof die »Werther-Mode«. Dritte Szene, noch einmal gut einhundertsiebzig Jahre später: In der Nacht vom 23. auf den 24. Mai 1949 tritt das *Grundgesetz für die Bundesrepublik Deutschland* in Kraft. Eine provisorische Verfassung für den westdeutschen Teilstaat, die nicht bei allen sogleich auf Gegenliebe stößt. Im Bayerischen Landtag fällt sie durch. Nach noch einmal gut vierzig Jahren wird das *Grundgesetz* zur Verfassung des wiedervereinigten Deutschland. Heute prägt es neben der Arbeit der Staatsorgane vor allem über seinen Grundrechtsteil das politische und gesellschaftliche Leben insgesamt. Von seinen »Vätern« und »Müttern« hat es sich längst emanzipiert. Es immer aufs Neue mit Leben zu füllen und an die Erfordernisse der jeweiligen Jetztzeit anzupassen, ist zur Aufgabe der staatlichen Institutionen und des gesellschaftlichen Diskurses selbst geworden.

Unsere Welt ist ständig in Veränderung. Und ihre Entwicklung verläuft beileibe nicht immer geradlinig. Sie wird geprägt von unvorhersehbaren Einflüssen, erfährt Brüche und Sprünge. Anders gesagt: Die Welt, wie wir sie heute kennen, ist das Ergebnis steten Wandels, in dem Denkweisen hinterfragt, Traditionen abgelöst, Staatswesen reformiert (oder revolutioniert), gesellschaftliche Strukturen umgestaltet werden. Fragt man nach Ursachen für diese Veränderungen, nach Motoren dieses Wandels, dann denken die meisten wohl spontan an historische Ereignisse wie Krönungen, Krisen oder Kriege. Es fallen ihnen technische Erfindungen oder handfeste weltanschauliche Auseinandersetzungen ein. Nur die wenigsten werden als Antwort bestimmte Buchtitel nennen. Dabei spielt die Literatur eine ganz herausragende Rolle, wenn es um Neuerungen im Denken, um kulturellen und gesellschaftlichen Wandel geht. Es waren eben häufig Bücher, die Veränderungen einleiteten oder ganz wesentlich verstärkten, indem sie revolutionäre Ideen und Gedanken propagierten, indem sie neue Weltsichten und Erkenntnisse verbreiteten, kulturelle Muster und Verhaltensregeln etablierten oder eine Stimmung, die in der Luft lag, so verdichteten, prägende Situationen und Zustände so pointiert auf den Punkt brachten, dass es die Leser ins Herz traf. Unsere drei Eingangsbeispiele führen das anschaulich vor Augen. Will man also verstehen, wie eine Gesellschaft entstanden ist, wodurch sie geformt wurde und was sie ausmacht, kommt man an Büchern nicht vorbei.

Neunundneunzig solcher Bücher stellt der vorliegende Band vor. Neunundneunzig Bücher, die für unsere Welt von besonderer Bedeutung waren und sind. Sie alle haben Einfluss auf gesellschaftliche Veränderungen und auf die Herausbildung zentraler Vorstellungen genommen oder den Zeitgeist in besonders wirkmächtiger Weise eingefangen »Unsere Welt«, das kann »unser aller Welt« heißen, denn in allen Erdteilen haben Bücher solche Wirkungen entfaltet. Es genügt etwa auf den Koran zu verweisen oder auf die Bedeutung, die Harriet Beecher Stowes Roman *Onkel Toms Hütte* für die Abschaffung der Sklaverei in den USA hatte. Neunundneunzig Bücher buchstäblich aus aller Welt vorzustellen, würde allerdings die Frage nach der Auswahl und der Vergleichbarkeit der Werke noch drängender stellen als im Falle des vorliegenden Bandes. Dessen Ansatz ist bescheidener: Er nimmt solche Bücher in den Blick, die auf besondere Weise in Deutschland ihre Wirkung entfaltet haben. Doch was heißt hier »Deutschland«? Als Nationalstaat ist Deutschland noch nicht einhundertfünfzig Jahre alt und existiert in seinen aktuellen Grenzen überhaupt erst seit wenigen Jahrzehnten. Für die Zwecke dieses Bandes kommt es auf solche letztlich politischen Organisationsfragen zum Glück nicht an. Entscheidend ist vielmehr jener vor allem durch die deutsche Sprache zusammengehaltene Kulturraum, den die nach staatlicher Einheit strebende politische Romantik des frühen 19. Jahrhunderts zur Kultur»nation« verklärte.

Dass dieser Kulturraum keineswegs isoliert steht, bedarf kaum der Betonung. Deutsche Kultur und Mentalität waren und sind immer Teil eines größeren, primär europäischen Zusammenhangs. Die Auswahl unserer Beispiele setzt daher an den Anfängen der Überlieferung von Texten ein. Sie nimmt – ausgehend von der Antike – naheliegenderweise zunächst vor allem Titel aus einem europäischen Kontext in den Blick, die entscheidenden Anteil daran hatten, dass Deutschland als Kultur- und Sozialraum geschaffen und geformt wurde. Ab dem 18. Jahrhundert sind es dann vor allem deutsche Autoren, deren Werke im Fokus stehen, wobei natürlich auch sie in vielfältiger Weise Impulse von außen empfangen haben.

Die Textauswahl will zum einen jene Titel vorstellen, die für bestimmte Neuerungen im Denken, für spezifische gesellschaftliche oder kulturelle Veränderungen entscheidend waren, die also Wandel einleiteten und mitgestalteten. Zum anderen aber werden immer wieder auch solche Bücher präsentiert, die bestimmte gesellschaftliche Zustände oder kulturelle Entwicklungen einfangen und abbilden. Es finden sich also neben Titeln, die Wandel initiierten, auch solche, die Wandel dokumentieren. »Zum einen, zum anderen« – das suggeriert, es ließe sich hier eine klare Grenze ziehen. Das indes ist kaum möglich. Ein »Kultbuch« wie Goethes *Werther* ist ebenso ein Kind des Zeitgeistes, wie es seine Zeit, die Werther-Zeit, prägte. Nichts anderes gilt für Darwins *Über die Entstehung der Arten* oder Sigmund Freuds psychoanalytisches Hauptwerk *Das Ich und das Es*. Denn die »creatio ex nihilo«, die Schöpfung aus dem Nichts, gibt es nicht.

Es liegt auf der Hand, dass der hier skizzierte Anspruch nur dann einzulösen ist, wenn die Auswahl der Beispiele möglichst breit angelegt ist und Texte aus allen denkbaren Wissens- und Themengebieten in den Fokus rückt. Auch muss der Begriff »Buch« in einem weiten Sinne ausgelegt werden. Und so stehen in diesem Band literarische Werke neben mathematischen Abhandlungen, es finden sich Berichte von Entdeckern und die Ergebnisse naturwissenschaftlicher Beobachtungen, es werden autobiografische Reflexionen, Reden, philosophische Traktate und politische Kampfschriften ebenso präsentiert wie Gesetzessammlungen oder Lexika. Denn es sind eben Bücher aus all diesen Bereichen, die bedeutsam waren für die Gesellschaft und das Denken in Deutschland – und es bis heute sind.

Eine gelegentlich knifflige Aufgabe war es, die Bücher zeitlich einzuordnen. Wo ein Werk nach und nach in mehreren Teilen publiziert wurde, haben wir das Veröffentlichungsjahr des ersten Bandes gewählt. In der Regel haben wir das Jahr der Erstveröffentlichung zugrunde gelegt. Wo Abweichungen von diesem Prinzip sinnvoll schienen, etwa weil der Autor große Überarbeitungen vorgenommen hat, die dazu führten, dass der Text erst in dieser neueren Fassung seine nachhaltige Wirkung entfaltete, wird das im jeweiligen Artikel erläutert. Und dann ist da noch das Phänomen, dass manche Bücher erst nach langem Dornröschenschlaf rezipiert wurden, zumindest in Deutschland. Das *Nibelungenlied* etwa erhielt erst im 19. Jahrhundert seinen Status als der Klassikertext des deutschen Mittelalters. Und auch der *Diwān* des Hafis wurde erst durch die Übersetzungen und Nachdichtungen aus der Feder Rückerts und Goethes zur Keimzelle der deutschen Orientbegeisterung. Weil sich aber die Rezeption meist schwer datieren lässt und auf eine Entdeckung nicht selten eine oder mehrere Wiederentdeckungen folgten, haben wir hier das Jahr der ersten Veröffentlichung zugrunde gelegt. Wo allerdings – vor allem im 20. Jahrhundert – die Übersetzung eines in einer anderen Sprache verfassten Buches der Erstveröffentlichung auf den Fuß folgte, fiel unsere Wahl auf das Jahr der deutschen Erstausgabe.

Die größte Herausforderung bestand in der Auswahl der vorgestellten Bücher. Mit ihr erheben wir zwar einen gewissen Anspruch auf Plausibilität, aber keinen auf Repräsentativität. Natürlich haben wir uns bei der Zusammenstellung der Titel etwas gedacht. Wir wissen aber sehr wohl, dass wir uns hier nicht im Bereich objektiver Maßstäbe bewegen, sondern zwar begründbare, aber letztlich subjektive Entscheidungen getroffen haben. Vermutlich könnte jede Leserin und jeder Leser spontan eine ganze Reihe weiterer Bücher nennen, deren Aufnahme man mit guten Gründen ebenso hätte erwägen können. Zu einem Band wie dem vorliegenden gehört unserer Meinung nach aber auch die eine oder andere Überraschung, Irritationen inklusive. So haben wir zum Beispiel auf die Aufnahme der Bibel verzichtet, was zu Stirnrunzeln Anlass geben mag. Sie taucht dann aber in Gestalt der eingangs erwähnten Lutherbibel in unserer Sammlung auf.

Unsere Auswahl versteht sich also weder als ein Beitrag zu Kanon-Debatten noch als ein Sinnstiftungsangebot in Fragen der kulturellen Identität. »Prodesse et delectare«, nützen und unterhalten, so ließe sich in Anlehnung an Horaz ebenso bescheiden wie unbescheiden die Absicht zusammenfassen, die wir mit diesem Band verfolgen. Wer sich darauf einlassen mag, den laden wir ein, mit uns auf dieser ganz besonderen Buchmesse von Stand zu Stand zu schlendern und einen Blick auf Bücher aus fast dreitausend Jahren zu werfen, um sich informieren, gelegentlich überraschen und vor allem gut unterhalten zu lassen!

um 700 v. Chr.

Homer
Ilias

Der Beginn der europäischen Literatur

Das Versepos *Ilias* wird heute oft an den Anfang der europäischen Literaturgeschichte gestellt, unbestreitbar ist es eines der ältesten und bedeutendsten Werke der Weltliteratur. In vierundzwanzig Gesängen schildert der Dichter Homer eine kurze Phase aus dem Trojanischen Krieg, wofür er auf frühzeitliche Lieder und mündlich überlieferte Sagen zurückgreift. Seine Darstellung der mythologischen Götter- und Heldenwelt prägt seit der Antike die gesamte europäische Geistes- und Kulturgeschichte.

Am Anfang steht der Zorn. Weil Agamemnon, der Anführer des griechischen Heeres, seine Beute, die Tochter eines Apollon-Priesters, zurückgeben muss, um den Gott zu besänftigen, nimmt er sich stattdessen das Beutemädchen des Achilleus, was diesen schwer erzürnt. Von dem »unnennbaren Jammer«, der auf diesen »bitteren Zank« folgt, handelt die *Ilias*. Sie schildert einundfünfzig Tage im letzten Jahr des Krieges der Griechen gegen die Trojaner, in denen die zehnjährige Belagerung der Stadt Troja (griech. Ilios) eine entscheidende Wendung erfährt. Kunstvoll wird dabei die Endphase des Konflikts mit Rückblenden auf Szenen aus früheren Kriegsjahren verknüpft. Der Auslöser des Krieges, der Raub der Helena, konnte beim Publikum vorausgesetzt werden und wird daher nur kurz erwähnt: Die Gattin des spartanischen Königs Menelaos war von Paris, dem Sohn des trojanischen Königs Priamos, nach Troja mitgenommen worden, woraufhin die vereinten Griechen gegen Troja zogen. Auch der eigentliche Kriegsverlauf galt als bekannt, und entsprechend konzentriert sich die *Ilias* auf die inneren Regungen der Menschen und Götter.

Im Mittelpunkt steht jener Held Achilleus, der bis auf seine Ferse (die sprichwörtliche Achillesferse) unverwundbar ist und der durch Agamemnon in seiner Ehre verletzt beschließt, nicht mehr unter diesem zu kämpfen. Obwohl die Griechen in der Folge keine Schlacht mehr gewinnen und fast vor der Niederlage stehen, bleibt Achilleus stur. Sein Freund und Vertrauter Patroklos jedoch zieht in die Schlacht und wird von Hektor, dem älteren Bruder von Paris und Heerführer der Trojaner, getötet. Außer sich vor Trauer über dessen Tod wütet Achilleus auf dem Schlachtfeld und kann schließlich Hektor besiegen. In blindem Zorn schleift er dessen Leichnam um die Mauern Trojas und anschließend über zehn Tage lang immer wieder um das Grabmal des Patroklos. Erst als sich König Priamos als Bittsteller ins Lager der Griechen schleicht und um die Leiche seines Sohnes fleht, zeigt Achilleus Gefühl: Beide weinen gemeinsam um die Menschen, die sie verloren haben. So wird mit der Auslösung von Hektors Leichnam auch das Ausgangsproblem im ersten Vers der *Ilias*, der Zorn des Achilleus, aufgelöst. Die ehrenvolle Bestattung Hektors, für die ein elftägiger Waffenstillstand eingehalten wird, beschließt die *Ilias*. Die letzte der drei Totenansprachen hält seine Schwägerin, sodass am Ende der *Ilias* noch einmal jene Frau das Wort hat, die am Ausgangspunkt des ganzen Krieges stand: Helena. Damit kommt die ins Zentrum gerückte Etappe zu einem Abschluss, und gleichzeitig rückt der große Rahmen des Krieges wieder in den Blick. Denn nach der kurzen Waffenruhe wird dieser fortgesetzt, aber das Publikum weiß: Mit dem Tod Hektors ist der Untergang Trojas eingeleitet.

Auch wenn über das Leben Homers kaum etwas bekannt ist – man geht davon aus, dass er wohl in der zweiten Hälfte des 8. Jahrhunderts v. Chr. gelebt hat –, so betrachtet man es aufgrund der künstlerischen Gesamtkomposition des Textes heute weitgehend als gesichert, dass die mehr als fünfzehntausend in Hexameter verfassten Verse der *Ilias* in schriftlicher Form fixiert wurden. Damit gelten sie als eines der ersten Zeugnisse der europäischen Literatur. Seit der Antike haben sich bildende Künstler produktiv mit der *Ilias* auseinandergesetzt, und von Dichtern wurde sie (sowie ihre jüngere Schwester, die *Odyssee*, die die Irrfahrten des Odysseus auf dem Rückweg von Troja zum Thema hat) jahrtausendelang als eine Art Steinbruch genutzt, indem sie einzelne Episoden oder Motive verarbeiteten. Kaum ein Autor, der etwas auf sich hielt, hat sich nicht mit Homer auseinandergesetzt. Auch die Historiker orientierten sich auf der Suche nach Informationen zum Trojanischen Krieg lange an Homers Ausführungen, die das Bild der griechischen Mythologie definierten und damit die kulturelle Identität Europas bis heute mitbestimmen.

Doch die Rolle des Werkes für die europäische Kulturgeschichte geht weit über seine historische Bedeutung oder motivische Anleihen hinaus, denn die *Ilias* zeigt idealtypisch, was Literatur alles leisten kann – und zwar im Hinblick auf Form, Charaktere, Sprache und Relevanz. Die kunstvolle, dramatische Handlungsstruktur, die Individuen, Heere und Götter ineinanderwebt, sowie die Komplexität von Achilleus' Charakter, der zwischen Wut, Stolz, Rache, Trauer und Mitleid changiert, bieten schon all das auf, was ab dem 18. Jahrhundert den Roman so populär werden lassen sollte. Das Ganze wird in einer eigenen intensiven Diktion festgehalten, die wesentlichen Anteil an der Wirkung des Werkes gehabt haben dürfte. Einzelschicksal und Gesamtsystem sind bei Homer unlösbar verquickt, denn Achilleus setzt zur persönlichen Genugtuung die Gemeinschaft aufs Spiel, die zwar am Ende siegreich, aber auch im Innersten verunsichert bleibt. Hinter dem abwechslungsreichen Plot wird damit eine drängende gesellschaftspolitische Frage verhandelt, die die Griechen der damaligen Zeit umtrieb: Wie sind als allgemeingültig angenommene Normen im Lichte einer sich wandelnden Gesellschaft neu auszulegen? So geht es zunächst scheinbar um wenig, nämlich um den Zorn eines einzelnen jungen Mannes, im Grunde aber von Anfang an um alles: um das Verhältnis zu den Göttern, die Fragilität der Existenz und die Konsequenzen des individuellen Handelns – letztlich um die *conditio humana*. Was für ein Auftakt für die europäische Literatur!

Herodot

Historien

Der Vater der Geschichtsschreibung und der Kampf der Kulturen

um 440 v. Chr.

Nichts weniger als eine umfassende Darstellung der Entwicklung der gesamten damals bekannten Welt hatte Herodot im Blick, als er seine *Historien* anfertigte. Er entfaltete ein Panorama aller Völker und Kulturen und kam den Bedürfnissen seiner Zeitgenossen nach, den eigenen zivilisatorischen und historischen Standort zu bestimmen. Damit markiert sein Werk nicht nur die erste Geschichte des Abendlandes, die in ihrer Konzentration auf die Perserkriege und damit auf die Frontstellung zwischen Europa und Asien teils bis heute fortwirkende kulturelle Muster und Klischees prägte, sondern setzte auch Maßstäbe im Hinblick auf die Arbeit der Geschichtsschreiber.

Ein Kalenderspruch besagt, dass nur derjenige seinen Weg findet, der weiß, wo er herkommt. In dieser Sichtweise ist die vermeintlich rückwärtsgewandte Arbeit des Historikers immer zukunftsorientiert, denn aus dem Verständnis der Vergangenheit lassen sich idealerweise Erkenntnisse für Gegenwart und Zukunft ableiten. Diese Doppelperspektive ist schon den *Historien* von Herodot eingeschrieben, die gemeinhin als eine Art Gründungstext der Geschichtsschreibung gelten.

Über das Leben des »Vaters der Geschichtsschreibung« (Cicero) ist nur wenig bekannt. Herodot wurde wohl um 485 v. Chr. in Halikarnassos, dem heutigen Bodrum, geboren und wuchs auf der Insel Samos auf. Nach dem gescheiterten Versuch, den herrschenden Tyrannen seiner Geburtsstadt zu stürzen, unternahm er zahlreiche Reisen (unter anderem nach Ägypten oder Mesopotamien), die er wohl für Handelsaktivitäten nutzte, und verfertigte nebenbei Reiseberichte. Er ließ sich in Athen nieder, wo er vermutlich um 425 v. Chr. starb, freundete sich mit Sophokles an und kam in Kontakt mit dem Staatsmann Perikles.

Zentrale Themen seiner Universalhistorie in neun Büchern sind die Entstehung und Abfolge der Konflikte und Kriege zwischen Griechen und Persern bis zur Schlacht bei den Thermophylen und der endgültigen Niederlage der Perser im Jahr 479 v. Chr. Bereits im ersten Satz der Vorrede entfaltet Herodot die Komplexität seines Vorhabens, wenn er schreibt: »Die Darstellung der Erkundung des Herodot aus Halikarnassos ist dies, damit weder das von Menschen Geschehene durch die Wirkung der Zeit verblasse noch die großen und staunenswerten Werke, ob sie nun von Hellenen oder Barbaren aufgewiesen wurden, ohne Kunde bliebe; unter anderem geht es insbesondere darum, aus welcher Ursache sie miteinander Krieg führten.« Mit der Aussage, sich auf das »Menschengemachte« zu konzentrieren, grenzt er sich vom götterorientierten Mythos ab. Indem er seinen Namen nennt und das Folgende als Ergebnis seiner Forschungstätigkeit (»Erkundung«) markiert, drückt er der Geschichtsschreibung seinen Stempel auf – eigene Forschung wird zur Voraussetzung des Schreibens. Darüber hinaus interessiert er sich neben Aktionen und Handlungen (»das von Menschen Geschehene«) auch für allgemeine Kulturleistungen (»staunenswerte Werke«) und betont somit den grundlegenden Anspruch seiner Ausführungen. Die kriegerischen Auseinandersetzungen zwischen Griechen und »Barbaren« stehen für ihn stellvertretend für allgemeine Prinzipien der Weltgeschichte: dass nämlich Machtversessenheit und Machtvergessenheit in den Untergang führen – diese Entwicklung zu veranschaulichen ist Kern seines Vorhabens. Dem Expansionsdrang der Perser folgend kann er weit ausholen und über die fremden Länder und Völker berichten, die sich mit deren Aggression konfrontiert sahen. Dabei versucht er, die bekannte Welt in ihrer ganzen Größe und Vielgestaltigkeit in den Blick zu bekommen.

Herodot bemüht sich darum, die vermeintlichen Besonderheiten der Völker zu erklären – weshalb er bisweilen auch als der Begründer der Anthropologie betrachtet wird –, und beruft sich dabei unter anderem auf klimatische Besonderheiten: Der karge und fordernde Lebensraum der Griechen habe sie hart gemacht, während »die Barbaren« aufgrund der Fruchtbarkeit ihres Landes verweichlicht seien. Daneben stellt er mit Blick auf die Organisationsform des Soziallebens fest, dass die Unterordnung unter einen Alleinherrscher zur Feigheit erziehe, während die Griechen in Freiheit aufwüchsen. Auch wenn Herodot bisweilen differenziert und ja im ersten Satz anerkennt, dass »die Barbaren« ebenfalls Großes hervorgebracht haben, werden hier doch Stereotype gesetzt, die dem Widerstand der Griechen die Dimension eines Kulturkampfes einschreiben: Mit einer Niederlage gegen »die Barbaren« würden freiheitliche Lebensart und eine ganze Zivilisation verschwinden. Das impliziert allerdings nicht nur eine Kampfansage der Griechen an den äußeren Feind, sondern richtet sich viel eher noch als Mahnung nach innen, die freiheitliche Selbstorganisation nicht unter dem Vorwand der Bedrohung zu opfern oder sie sich im Zuge innergriechischer Kämpfe beschneiden zu lassen.

In seinem multiperspektivischen Werk setzt Herodot alle Kniffe des Erzählens ein, um zu unterhalten, wie etwa Einblicke in die Innenwelten der historischen Akteure. Mit zahlreichen Verweisen auf mythische Zeiten, in denen noch die Götter auf Erden walteten, schreitet er nicht nur geografisch den Raum der bekannten Welt aus, sondern schlägt auch historisch den größtmöglichen Bogen und hat den Blick fest in die Zukunft gerichtet. Denn der Sieg über die Perser ist für ihn nicht der Schlusspunkt einer griechischen Erfolgsgeschichte, sondern mahnendes Exempel.

Die *Historien* haben nicht nur die Sichtweise von Herodots Zeitgenossen auf die Welt geprägt und viele Regionen, Kulturen, Sitten und Phänomene erstmals überhaupt beschrieben; sie gelten ungeachtet aller kritischen Diskussionen um ihre Zuverlässigkeit auch heute noch als zentrale Quelle zum Verständnis des griechisch-persischen Konfliktes.

um 330 v. Chr.

Aristoteles
Politik

Von natürlicher Geselligkeit und guter Herrschaft

In seiner *Politik* untersucht Aristoteles Entstehung und Formen politischer Gemeinschaften, ausgehend von der Idee des Menschen als sozialem Wesen *(zoon politikon)* und auf der Grundlage seiner Lehre vom »guten Leben« (Eudämonismus). Seit ihrer Wiederentdeckung im 13. Jahrhundert hat die Schrift Generationen von Denkern inspiriert, auch in Deutschland. Während man noch bis ins 19. Jahrhundert hinein in der politischen Philosophie von regelrechten aristotelischen Schulen sprechen kann, sind es seither eher einzelne Elemente, die diesem Klassikertext entlehnt werden.

»Nach seinem Tode dauerte es zweitausend Jahre, bis die Welt wieder einen ihm auch nur annähernd ebenbürtigen Philosophen hervorbrachte«, schrieb der englische Philosoph Bertrand Russell über Aristoteles. Aristoteles (384–322 v. Chr.), der Schüler Platons und Lehrer Alexanders des Großen, gilt heute als einer der Überväter der Philosophie. Im europäischen Mittelalter stand er zunächst im Schatten Platons – im Gegensatz zur islamischen Welt, wo die meisten seiner Werke schon im 9. Jahrhundert in arabischer Sprache vorlagen. Gelehrte wie Avicenna (ibn Sīnā) oder Averroës (ibn Rušd) ließen sich von Aristoteles inspirieren. In Europa wurden seine Schriften erst im 13. Jahrhundert wiederentdeckt. Eine Schlüsselrolle spielten dabei der in Paris und Köln lehrende Albertus Magnus und sein Schüler Thomas von Aquin. Die Verbreitung der aristotelischen Lehren – von der Logik bis zur Naturphilosophie – muss sich danach rasant vollzogen haben. Schon Ende des Jahrhunderts beklagte der Franziskaner Petrus Johannes Olivi: »Man glaubt ihm ohne Grund – wie einem Gott dieser Zeit.«

Wiederentdeckt wurde damals auch Aristoteles' *Politik*. Über die Entstehung der Schrift wissen wir wenig. Wahrscheinlich wurden posthum verschiedene Arbeiten zusammengefügt. Den roten Faden bildet der Gegenstand: Entstehung und Aufbau der Polis sowie ihre Regierungsformen. Für Aristoteles ist die Polis – der Stadtstaat der griechischen Antike – eine natürliche Erscheinung; natürlich deshalb, weil der Mensch von Natur aus ein soziales Wesen ist, ein *zoon politikon*. Um in der Verfolgung des Endziels jeder menschlichen Gemeinschaft – des »guten Lebens« – von anderen unabhängig zu sein, schließen sich kleinere Gruppen (Familie, Hausgemeinschaft, Dorf) zur Polis zusammen. Zur Herrschaft in der Polis kommen für Aristoteles allerdings nur freie Männer in Betracht. Frauen und Kinder werden durch die Trennung zwischen Polis und Hausgemeinschaft *(Oikos)* von den politischen Geschäften ausgenommen. Der Oikos als der Ort des Wirtschaftens (daher auch: Ökonomie) steht unter der Leitung des Hausherrn, dem die rechtlosen Sklaven ebenso »natürlich« untergeordnet sind.

Im zweiten Teil der Schrift unterscheidet Aristoteles die Regierungsformen nach der Anzahl der Herrschenden: Monarchie (Einzelherrschaft), Aristokratie (Herrschaft der Besten, d. h. der Weisesten) und Politie (Herrschaft aller Bürger, wobei Ämter nur Wohlhabenden offenstehen und die Armen die Reichen nicht überstimmen können). Alle drei sind auf Verwirklichung des Gemeinwohls angelegt; weil aber der Ausschluss großer Teile der Einwohnerschaft zu Unmut führen kann, verspricht die Politie im Allgemeinen am ehesten Stabilität. Den drei »guten« Regierungsformen stellt Aristoteles ihre Verfallsformen gegenüber, in denen Eigennutz regiert: Tyrannis, Oligarchie und Demokratie. Die Demokratie verurteilt er nicht pauschal; ihre radikale Form aber, in der alle freien Einwohner gleichberechtigt mitbestimmen, begünstige Demagogie und führe zur Herrschaft der Willkür. Anders als sein Lehrmeister Platon, der in der *Politeia* die Utopie einer Philosophenherrschaft entwirft, schreibt Aristoteles nicht über die ideale Verfassung. Seine Systematisierung versteht er als Theorie auf empirischer Grundlage.

Vor allem die Staatsbegründung, aber auch die Lehre von den Regierungsformen hat durch die Jahrhunderte Denker inspiriert, um Antworten auf Fragen ihrer Zeit zu finden. Zum Beispiel Thomas von Aquin, der aus der Idee »natürlicher« Gemeinschaft folgerte, dass es neben der göttlichen Ordnung auch eine menschlich geschaffene gebe. Dies verhalf der Lehre vom Dualismus geistlicher und weltlicher Macht zum Durchbruch, die im Investiturstreit noch unterlegen war (sinnbildlich der Gang Heinrichs IV. nach Canossa im Jahre 1077). Philipp Melanchthon verfasste 1530 einen Kommentar zur *Politik*, in dem er Luthers theologisch begründete Ablehnung der Bauernkriege philosophisch flankierte: Weil die Ordnung natürlichen Ursprungs sei, liege auch der Gehorsam gegenüber der Obrigkeit in der Natur des Menschen. Er begründete eine protestantische Schule des politischen Aristotelismus, deren Zentrum die Universität Helmstedt wurde. Ihr einflussreichster Repräsentant, Hermann Conring, baute auch auf Aristoteles, um den Zynismus der Macht in Machiavellis Lehre von der Staatsräson durch Sittlichkeit zu bändigen. Im 19. Jahrhundert ist es vor allem Georg Wilhelm Friedrich Hegel, der von Aristoteles wichtige Impulse empfängt. Auf der Unterscheidung von Oikos und Polis beruht seine Trennung zwischen bürgerlicher Gesellschaft und staatlicher Herrschaft; auch dass Hegels Staat die sittliche Vervollkommnung seiner Bürger zum Ziel hat, ist Aristoteles verpflichtet.

Bis ins 19. Jahrhundert hinein denken politische Philosophen im aristotelischen System. Seitdem sind es eher einzelne Elemente der *Politik*, die etwa Hannah Arendt, Joachim Ritter oder Vertreter des Kommunitarismus entlehnt haben. Die Klassifikation der Regierungsformen wiederum steht am Anfang der modernen Lehre von den politischen Systemen. Ein Klassiker also, der bis heute inspiriert – trotz des harschen Urteils, das Bertrand Russell über Aristoteles' Schrift fällt: »Ich glaube, sie enthält nicht viel, was für einen heutigen Politiker noch von praktischem Wert wäre.«

Euklid

Die Elemente

Ein Weg zur reinen Erkenntnis

um 300 v. Chr.

Euklid wird von vielen als einflussreichster Mathematiker betrachtet, dessen wichtigste Abhandlung, *Die Elemente*, als eines der erfolgreichsten Lehrwerke aller Zeiten gilt. Mit über eintausend verschiedenen Editionen ist es nach der Bibel das in den meisten Ausgaben gedruckte Buch und wohl eines der meistrezipierten Werke der Menschheitsgeschichte. Euklid systematisiert darin die Summe des mathematischen Wissens seiner Zeit und führt beispielhaft vor, wie eine exakte Wissenschaft zu arbeiten habe. Kaum einem anderen Werk wird ein vergleichbar großer Einfluss auf die Methodik des wissenschaftlichen Denkens zugesprochen.

Auch diejenigen, die sich nicht unbedingt mit Freude an den Mathematikunterricht erinnern, können vermutlich einige Formeln noch immer auswendig. Doch weder der Satz des Pythagoras noch der Satz des Thales würde heute ohne Euklid zum Allgemeingut zählen. Denn auch wenn natürlich vor Euklid schon bedeutende Mathematiker wie eben Pythagoras oder Thales wirkten und vielen weitaus mehr mathematische Kreativität zugeschrieben wird, so standen deren Erkenntnisse doch vereinzelt und waren nicht in einem umfassenden Denksystem verbunden, das erst Euklid mit *Die Elemente* vorlegte. Euklid betritt darin nur zum Teil mathematisches Neuland, wie etwa mit dem Beweis dafür, dass es unendlich viele Primzahlen gibt. Seine Leistung liegt vor allem darin, das bereits Entdeckte auf den Gebieten der Geometrie, Arithmetik, Algebra und Zahlentheorie erstmals zu kartografieren und in eine zusammenhängende Ordnung zu bringen. Dabei greift er auf philosophische Konzepte Platons und methodologische Überlegungen von Aristoteles zurück.

Euklid formuliert ein System, in dem jede Erkenntnis auf bereits hergeleitetem, gesichertem Vorwissen aufbaut. Er setzt an den Anfang beschreibende Definitionen von Grundbegriffen wie »Punkt« (»Ein Punkt ist, was keine Teile hat.«) oder »Linie« (»Eine Linie ist eine breitenlose Länge.«), bevor er fünf Postulate formuliert, die geometrischen Festlegungen gleichkommen, wie die, dass alle rechten Winkel einander gleich seien. Darauf folgen mehrere logische Axiome, also eine Reihe von Aussagen, von denen auszugehen ist, dass sie jedermann aufgrund eigener Anschauung unmittelbar einleuchten und deren Richtigkeit nicht bewiesen werden muss (etwa: »Wenn Gleichem Gleiches hinzugefügt wird, sind die Ganzen gleich.«). Die Axiome sind das logische Fundament, auf dem ausgehend von den einführenden Beschreibungen (Definitionen) und Festlegungen (Postulaten) weitere Schlüsse gezogen werden können. Alle folgenden Sätze und Beweise verwenden nur die Definitionen, Postulate und Axiome beziehungsweise vorher Bewiesenes, alles muss deduktiv hergeleitet werden. Wie bei den Gliedern einer Kette reiht sich logische Schlussfolgerung an logische Schlussfolgerung. Damit hat Euklid ein Denkverfahren profiliert, das fortan als Vorbild für die wissenschaftliche Theoriebildung fungierte.

Der Zeitpunkt oder die Umstände der Entstehung und Niederschrift der *Elemente* liegen im Dunkeln. Einige meinen, Euklid müsse eher als eine Art Herausgeber denn als Verfasser betrachtet werden, andere gehen davon aus, dass es sich um Mitschriften seiner Schüler handele. Diese Unsicherheiten wundern nicht, denn auch über das Leben Euklids weiß man kaum etwas und auch das Wenige nur aus Aufzeichnungen, die Jahrhunderte nach seinem Tod angefertigt wurden. Einer Version seiner Biografie zufolge soll er um 325 v. Chr. in Athen geboren und an der Akademie Platons ausgebildet worden sein. Er sei dann von Ptolemaios I. an das Museion in Alexandria berufen worden, eine Akademie und Forschungsstätte für herausragende Denker, die oft als Vorbild der modernen Universitäten bezeichnet wird. Man geht davon aus, dass Euklid um 270 v. Chr. in Alexandria verstorben ist. Ungeachtet der dürftigen Faktenlage sind allerdings einige berühmte Anekdoten zu Euklid überliefert. Eine besagt, dass er König Ptolemaios I. auf dessen Frage, ob nicht ein einfacherer Zugang zum Verständnis der Geometrie existiere, geantwortet haben soll, dass es in diesem Falle keinen bequemen Königsweg gebe. Laut einer anderen soll Euklid von einem Schüler gefragt worden sein, was man denn mit mathematischen Einsichten einmal verdienen könne, woraufhin er diesem verächtlich ein paar Münzen habe zuwerfen lassen. Auch wenn sich diese Begebenheiten so nie zugetragen haben mögen, so sagen sie im Kern doch etwas über die Bedeutung der Mathematik im hellenistischen Denken: dass es nämlich nicht um einen anwendungsbezogenen oder gar materiellen Nutzen ging, sondern um das Streben nach reiner Erkenntnis und idealen Wahrheiten – und da musste sich dann eben ein König genauso anstrengen wie jeder andere.

Auch wenn *Die Elemente* über Jahrtausende hinweg erst in Handschriften und dann in Druckform für den Mathematikunterricht benutzt wurden, so sind sie doch kein Lehrwerk im engeren Sinne. Euklid verzichtet darauf, Schüler »mitzunehmen«, ihnen mit praktischen Beispielen das Verständnis zu erleichtern oder vertiefende Erläuterungen einzubauen. Damit steht die Abhandlung auch auf formaler Ebene für das ein, was vom Ansatz her das Zentrum markiert: Konzentration auf unverfälschten Erkenntnisgewinn. In seinem trockenen Stil und strengen Aufbau von Definition, Satz und Beweis steht das Werk für das zeittypische Verständnis von Mathematik. Goethe lobte Euklids *Elemente* »als ein unübertroffenes Muster eines guten Lehrvortrags«, das »in der größten Einfachheit und notwendigen Abstufung ihrer Probleme« vorführe, »wie Eingang und Zutritt zu allen Wissenschaften beschaffen sein sollten«. Doch auch wenn unzählige Schüler und auch vermutlich einige Lehrer an Euklid verzweifelten – seine historische Bedeutung für die Entwicklung der exakten Wissenschaften weit über die Grenzen der Mathematik hinaus ist kaum zu überschätzen.

um 400

Augustinus
Bekenntnisse

Das Individuum betritt die Weltbühne

Augustinus ist gerade seit zwei Jahren Bischof, als er mit seinen *Bekenntnissen* eine Art Selbsterklärungsschrift mit Vorbildcharakter vorlegt: Er grenzt sich von jenen Irrlehren ab, denen er in seinem früheren Leben anhing, und präsentiert (s)eine Bekehrungsgeschichte. Damit schuf Augustinus, einer der wichtigsten Kirchenlehrer der Geschichte, die wohl wirkmächtigste Autobiografie der Weltliteratur, die heute als einer der zentralen Texte des christlichen Abendlandes gilt.

Im Zentrum des Papstwappens von Benedikt XVI. steht eine Muschel, die an eine Legende aus dem Lebens seines Lieblingstheologen Augustinus erinnert: Dieser habe einen Jungen am Strand bei dem Versuch beobachtet, mit einer Muschel das Meer leer zu schöpfen, was ihm die Unmöglichkeit seines eigenen Bemühens vor Augen führte, die Mysterien Gottes mit seinem beschränkten Verstand zu erfassen. Dass Augustinus sich überhaupt einmal mit solcherart theologischen Fragen befassen würde, war bis zu seinem zweiunddreißigsten Lebensjahr alles andere als wahrscheinlich.

Aurelius Augustinus wurde 354 in Thagaste im heutigen Nordost-Algerien als Sohn eines heidnischen Vaters und einer christlichen Mutter geboren. Nach einem Rhetorikstudium in Karthago wirkte er lange als Rhetoriklehrer in seiner Heimatstadt und lebte ein sehr weltliches Leben. Erst 386 hatte er jenes Bekehrungserlebnis, das er an der Schlüsselstelle seiner Autobiografie beschreibt: Verzweifelt angesichts seines verpfuschten Lebens weinte er unter einem Baum, bis ihn eine Kinderstimme zu lesen aufforderte. »Da drängte ich meine Tränen zurück, stand auf und legte die gehörten Worte nicht anders, als daß ein göttlicher Befehl mir die heilige Schrift zu öffnen heiße und daß ich das erste Kapitel, auf welches mein Auge fallen würde, lesen sollte.« Nicht ohne Folgen, denn »alsbald am Ende dieser Worte kam das Licht des Friedens über mein Herz und die Nacht des Zweifels entfloh«. Fortan widmete er sein Leben Gott, ließ sich taufen und im Jahr 391 in Mailand zum Priester weihen. Vier Jahre später wurde er zum Bischof von Hippo Regius (heute Annaba im Nordosten Algeriens) ernannt, was er bis zu seinem Tod 430 blieb. In dieser Funktion schuf er ein beeindruckendes theologisches und philosophisches Werk, das die Summe der spätantiken Kirche und Grundlage der abendländischen Theologie bildet. Seinen *Bekenntnissen*, in der Weltsprache Latein verfasst, kommt in diesem Kontext eine herausgehobene Bedeutung zu, da sie aufgrund ihrer Anlage als Autobiografie besonders breite Rezeption fanden.

Augustinus selbst hat den *Bekenntnissen* eine doppelte Funktion zugesprochen: In Auseinandersetzung mit dem Schlechten und dem Guten, das man in sich selbst finde, solle Gott als gut und gerecht gelobt werden. Schuldbekenntnis und Lobpreisung Gottes gehen hier Hand in Hand, die Lektüre solle die Leser zu Gott führen. Sein autobiografischer Ansatz erlaubt eine weitgehend chronologische Darstellung des ganzen bisherigen Lebens in allen Einzelheiten des äußeren Geschehens und der inneren Entwicklung. Dabei legt Augustinus sein Augenmerk vor allem auf die Wendepunkte in seinem Leben und die Momente, in denen er Gottes Führung besonders gut veranschaulichen zu können meint. Der Text wird als Zwiegespräch mit Gott inszeniert: Durch die dauernde Ansprache Gottes wird der Rahmen der Vorsehung stets präsent gehalten, was dem Text ungeachtet aller Irrwege und Verfehlungen des Protagonisten eine besondere Geschlossenheit verleiht.

Mit den *Bekenntnissen* tritt die selbstreflexive Funktion der Autobiografie erstmals nachhaltig in den Vordergrund: Die individuelle Geschichte einer Bekehrung zum Christentum wird als exemplarisches Erfolgsmodell inszeniert. Die *Bekenntnisse* werden zum Gründungstext der Gattung Autobiografie, an dem man sich noch viele Jahrhunderte später orientiert – so auch der paradigmatische Text der modernen Autobiografie: Rousseaus *Confessions* (posthum 1782 veröffentlicht). Bei Rousseau wird das Ich dann zur alleinigen Richtgröße des autobiografischen Unternehmens (er verzichtet auf jegliche religiöse Rechtfertigung). Schonungslose Aufrichtigkeit ist sein Versprechen, womit die Subjektivität der Darstellung besonderes Gewicht bekommt, die nach einer der eigenen Wahrheit angemessenen sprachlichen Repräsentation verlangt – ein Anspruch, den Goethes Autobiografie dann bekanntlich offensiv im Titel trägt: *Dichtung und Wahrheit* (1811–1814, 1833). Und auch Goethe charakterisiert in Anspielung auf Augustinus seine Autobiografie als »Bruchstücke einer großen Konfession«.

Ab dem 14. Jahrhundert finden Augustinus' Gedanken in Deutschland weite Verbreitung. Für Luther sind dessen Lehren von kaum zu überschätzender Bedeutung – schließlich erwarb er seine theologische Bildung als Augustinermönch. Im 17. Jahrhundert erscheinen dann erste Übersetzungen ins Deutsche. Neben der theologischen Relevanz war es die philosophische Dimension von Augustinus' *Bekenntnissen*, waren es besonders seine Überlegungen zum Konzept der Zeit und zur Erinnerung, die großen Widerhall in der deutschsprachigen Rezeption fanden: bei Leibniz, Schopenhauer, Husserl, Wittgenstein oder Heidegger – Hannah Arendt promovierte bei Karl Jaspers über Augustinus. Vor diesem Hintergrund ist dem deutschen Augustinus-Kenner Benedikt XVI. zuzustimmen, wenn er sagt: »Einige Schriften des Augustinus sind von grundlegender Bedeutung, und dies nicht nur für die Geschichte des Christentums, sondern für die Entwicklung der gesamten abendländischen Kultur: das deutlichste Beispiel sind die *Confessiones*.« Denn Augustinus' *Bekenntnisse* rückten das über sich selbst reflektierende Ich erstmals ins Zentrum der Aufmerksamkeit, von wo es heute nicht mehr wegzudenken ist.

Corpus Iuris Civilis

Vom späten Siegeszug des Römischen Rechts

um 530

Mit der Wiederentdeckung einer antiken Abschrift des *Corpus Iuris Civilis* begann im 11. Jahrhundert die Rezeption des Römischen Rechts. Ausgehend von der Universität Bologna breitete es sich als »Gemeines Recht« mithilfe neu gegründeter Rechtsfakultäten und einer Professionalisierung des Rechtswesens in ganz Europa aus. Obwohl es in Deutschland nie formal als Rechtsquelle eingesetzt wurde, prägte es die Rechtspraxis über Jahrhunderte. Bis heute folgt das zivilrechtliche Studium jener Systematik, die der Jurist Tribonian im Auftrag Kaiser Justinians um 530 entwarf.

Mitte des 11. Jahrhunderts wurde in Pisa ein Pergament von mehr als neunhundert Blättern wiederentdeckt, das später nach Florenz gelangte *(Littera Florentina)*. Es enthielt eine zeitgenössische Abschrift der Gesetzessammlung, die der oströmische Kaiser Justinian 528 in Auftrag gegeben hatte. Mit aller Macht stemmte dieser sich gegen den drohenden Zerfall des Reiches. Der *Codex Justiniani* sollte die Rechts- und Verwaltungseinheit stärken und an die frühere Größe des Imperium Romanum erinnern. Die Ära Justinians erwies sich als letzte Blütezeit Roms. Seine Siege über die Goten und Vandalen waren nicht von Dauer; schon bald würde Westrom wieder an die Germanen fallen, Nordafrika an die Araber. In den eroberten Gebieten konnte sich der *Codex* nicht lange halten, und in Ostrom geriet er in Vergessenheit, als dort im 7. Jahrhundert Griechisch Amtssprache wurde.

Der *Codex Justiniani* wurde in kürzester Zeit unter Leitung des kaiserlichen Quaestors Tribonian erstellt und zwischen 529 und 534 veröffentlicht. Er bestand aus drei Teilen: den Institutionen, einer Art Lehrbuch zur Einführung; den Digesten oder Pandekten (lateinisch: geordnete bzw.

griechisch: umfassende Darstellung), welche das geltende Zivilrecht in Auszügen aus Schriften klassischer Juristen präsentierten; dem Codex, einer Sammlung der noch gültigen kaiserlichen Gesetze seit Hadrian. Später wurde ein vierter Teil angefügt, die Novellen, der die Gesetze Justinians nach 534 versammelte. Mit der Wiederentdeckung jenes *Corpus Iuris Civilis* – die Bezeichnung stammt aus der Frühen Neuzeit – im 11. Jahrhundert begann das geradezu spektakuläre Phänomen der Rezeption des Römischen Rechts in Europa.

Der Überlieferung zufolge war es Irnerius von Bologna (um 1050 – 1130), der den *Codex Justiniani* wegen der Schönheit seiner Sprache und der Klarheit seiner Gedanken für den Rhetorikunterricht heranzog. Hieraus entwickelte sich die berühmte Rechtsschule von Bologna, an der das Römische Recht als wissenschaftliches System untersucht wurde. In exegetischen Übungen wurden die altrömischen Texte mit Kommentaren (Glossen, daher: Glossatoren) versehen und mit Problemen der Gegenwart verknüpft. Aus allen Ländern kamen Studenten nach Bologna, um dort das Römische Recht zu studieren. Nach und nach wurden überall in Europa Universitäten gegründet, an denen das *Corpus Iuris Civilis* gelehrt wurde, im Heiligen Römischen Reich zuerst in Prag (1347), Wien (1365), Erfurt (1379) und Heidelberg (1385).

Die Absolventen der mittelalterlichen Rechtsfakultäten sorgten für die weitere Verbreitung; eine zunehmende Professionalisierung des Rechtswesens führte dazu, dass mehr und mehr nach Römischem Recht entschieden wurde. Die fortschreitende Rechtsangleichung kam auch den Bedürfnissen des sich ausdehnenden Handels entgegen. Dieser profitierte von der größeren Berechenbarkeit, die das sogenannte Gemeine Recht bot. Dabei behielt das Römische Recht im Heiligen Römischen Reich den Status einer informellen Rechtsquelle. Formal gingen ihm Reichsrecht, Landesrecht und das lokale Gewohnheitsrecht vor. Es war aber eben im doppelten Sinne »gelehrtes Recht«, nämlich das Recht, das die Beamten und Richter studiert hatten und dem sie wegen seiner schriftlichen Fixierung oft den Vorzug gaben. Volksausgaben in deutscher Sprache, wie der *Klagspiegel* des Conrad Heyden (um 1436) oder Ulrich Tenglers *Laienspiegel* (1509), förderten die Verbreitung auch in der Bevölkerung und bei Laienrichtern.

Nach der ersten Phase der Rezeption des Römischen Rechts im Mittelalter gab es zwei weitere Phasen der vertieften Befassung mit dem *Corpus Iuris Civilis* in Deutschland. Im 17. Jahrhundert hatte das Nebeneinander verschiedener Rechtsquellen zu Unübersichtlichkeit geführt, was die Harmonisierung des Römischen Rechts mit lokalem Recht und Rechtspraxis nötig machte. Hieraus erwuchs eine wissenschaftliche Schule, die als *usus modernus* (moderner Gebrauch) in die Rechtsgeschichte eingegangen ist. Bei den Aufklärern des 18. Jahrhunderts sollte das Römische Recht allerdings schon bald in Misskredit geraten. Auch sie wollten eine systematische Ordnung des Rechts, aber auf Grundlage der Menschenrechte. Einer solchen Reform stand die römisch-rechtliche Traditionspflege entgegen.

Um 1800 stand die Pflege dieser Tradition wieder hoch im Kurs. Vor dem Hintergrund der aufziehenden Romantik begründete Friedrich Carl von Savigny die sogenannte Historische Rechtsschule, die nicht »aufgeklärte« Gesetzgebung, sondern das historisch (»organisch«) gewachsene Recht ins Zentrum rückte. Welche Rechtsquellen dem »Volksgeist« entsprächen – das deutsche Recht der Vor-Rezeptionszeit oder das rezipierte Römische Recht –, darum stritten sich innerhalb dieser Schule Germanisten (wie Jacob Grimm) und Romanisten. Letztere läuteten durch intensive Studien zum *Corpus Iuris Civilis* die dritte Phase der Rezeption ein. Die hieraus erwachsene Pandektenwissenschaft sollte nachhaltigen Einfluss auf die Gestaltung des *Bürgerlichen Gesetzbuchs* haben, das am 1. Januar 1900 in Kraft trat und in seiner Einteilung den Büchern der Digesten folgt (Schuldrecht, Sachenrecht, Familien- und Erbrecht). Auf diese Weise prägt das System, das Tribonian im Konstantinopel des 6. Jahrhunderts entwarf, das zivilrechtliche Studium in Deutschland bis in die Gegenwart.

um 1205

Wolfram von Eschenbach
Parzival

Sittenbild und Utopie – der Suchende als Erlöser

Der unbedarfte Parzival kommt aus dem Nichts und macht eine ritterliche Blitzkarriere am Artushof, die er gleich wieder aufgibt. Er wendet sich von Gott ab und begibt sich auf eine Suche, die am Ende mit dem Größten belohnt wird: dem Gralskönigtum. Das Versepos *Parzival* des Wolfram von Eschenbach wirkte, obwohl es die bekannte Artus- und Gralssage zum Stoff hatte, auf die Zeitgenossen revolutionär, weil es mit so vielen Konventionen brach und so viele Gewissheiten hinterfragte. In den politisch unruhigen Zeiten des deutschen Thronstreits zwischen Staufern und Welfen und vor dem Hintergrund der Glaubenskriege und Kreuzzüge präsentiert es ein utopisches Gesellschaftsmodell, das bis heute künstlerisch nachwirkt.

Der Titelheld muss warten. Zu Beginn steht erst einmal das Leben seines Vaters Gahmuret im Mittelpunkt, der aus königlicher Familie stammt. Dieser bereist den Orient und nimmt dort eine heidnische, dunkelhäutige Königin zur Frau, die er aber aus Abenteuerlust verlässt, bevor sie einen schwarz-weiß gefleckten Sohn mit Namen Feirefiz zur Welt bringt. Auch Parzivals Mutter Herzeloyde, die Gahmuret nach seiner Rückkehr in die Heimat geheiratet hat, muss sich um ihren Sohn allein kümmern, weil Gahmuret schon wieder zu einem Abenteuer aufgebrochen ist, in dem er umkommt. Parzival selbst, so erfahren wir nach dieser Vorgeschichte, wird von seiner Mutter im Wald aufgezogen, weil sie nicht auch noch ihn an die ritterliche Welt des Vaters verlieren will. Nach einer Begegnung mit durchreitenden Rittern bricht Parzival aber begeistert zum Artushof auf und stürzt sich ahnungslos in eine Welt, deren Regeln er nicht kennt, ja, deren Ordnung selbst in Auflösung begriffen zu sein scheint (so herrschen am Artushof Streit und Missgunst). Er bekommt bei dem alten Ritter Gurnemanz einen Schnellkurs in höfischem Benehmen und befreit auf der Suche nach Bewährungsabenteuern eine belagerte Königin. Sie heiratet Parzival, und obwohl er seine Frau liebt, zieht auch er noch vor der Geburt seines Stammhalters wieder los. Er gerät ein erstes Mal auf die Gralsburg, wo er wundersamen Vorgängen beiwohnt, die entscheidende Frage nach dem Grund des Leidens des Gralskönigs Anfortas aber nicht stellt. In seiner Irritation klammert er sich an Gurnemanz' Rat, nicht zu viele Fragen zu stellen. Wo die ritterliche Etikette Zurückhaltung und Distanz vorgibt, wäre hier eine Grenzüberschreitung aus menschlichem Interesse gefragt gewesen. Als am nächsten Morgen die Gralsgesellschaft verschwunden ist, ahnt Parzival, dass er eine Chance verpasst hat.

Er kommt zum zweiten Mal zum Artuslager, wo er mit allen Ehren empfangen und zum Mitglied der Tafelrunde geschlagen wird. Er hat damit das erreicht, was man als Ritter erreichen kann. Eine Gralsbotin zerstört jedoch die feierliche Stimmung und verflucht Parzival wegen der ausgebliebenen Frage auf der Gralsburg. Parzival gibt Gott die Schuld an seinem Versagen, denn dieser habe ihm die notwendige Unterstützung verweigert. Er sagt sich von Gott los und bricht zur Suche nach dem Gral auf, den er in Abenteuern erringen zu können glaubt. Nach vier Jahren – hier sind im Epos die Erlebnisse des Ritters Gawan zwischengeschaltet – kommt Parzival zu einem Einsiedler, der sich als sein Onkel herausstellt. In den folgenden erzieherischen Gesprächen erkennt Parzival die Missverständnisse, die seine Lage bestimmen: Weder lasse sich Gott zu etwas zwingen noch der Gral erobern. Parzival erfährt, dass er schuld am Tod seiner Mutter sei, die anlässlich seines Aufbruchs zum Artushof vor Verzweiflung starb, er bei seinem ersten Besuch am Artushof einen Verwandten getötet und Anfortas nicht erlöst habe, obwohl er dazu ausersehen sei. Von diesen drei Sünden ist er aber am Ende der Episode erlöst – ohne Zutun eines Priesters, was das Spannungsverhältnis des Textes zur kirchlichen Dogmatik andeutet –, worauf im Epos wieder die Abenteuer Gawans folgen. Anschließend begegnet Parzival zunächst Feirefiz, mit dem er hart und ebenbürtig kämpft, bis durch göttliches Eingreifen Parzivals Schwert zerspringt. Feirefiz bricht den Kampf daraufhin ab, und die beiden erkennen sich als Brüder. Der Halbbruder aus dem Orient, ein »Ungläubiger« zudem, wird in die Tafelrunde aufgenommen. Parzival reitet noch einmal zur Gralsburg und stellt Anfortas endlich die simple, aber entscheidende Frage: »Was tut dir weh?« Anfortas ist daraufhin sofort geheilt und die Gesellschaft von all ihren Leiden erlöst. Parzival wird zum Gralskönig ernannt. Das Mitleid wird zum Dreh- und Angelpunkt des ganzen Epos, und die Erlösung – bis dahin undenkbar im Ritterepos – erfolgt durch Worte, nicht durch Kampf.

Der *Parzival* wurde in mittelhochdeutscher Sprache wohl zwischen 1200 und 1210 verfasst. Wolfram, der vermutlich zwischen 1170 und 1220 in Franken lebte, griff dabei als Hauptquelle auf das unvollendet gebliebene altfranzösische Epos *Perceval* von Chrétien de Troyes zurück, das zwischen 1180 und 1190 entstanden war, von Wolfram allerdings um das Dreifache erweitert und umgearbeitet wurde. Der *Parzival* gehört zu den am meisten rezipierten Texten des Mittelalters und ist in fast neunzig Handschriften überliefert, was für einen beeindruckenden Erfolg und eine enorme Popularität unter den Zeitgenossen spricht: »Der *Parzival*«, so der Germanist Joachim Bumke, »muss eine literarische Sensation gewesen sein. Im 13. Jh. ist keine andere Dichtung so oft zitiert und so häufig kopiert worden.« Eine Sensation war das Epos – mit über vierundzwanzigtausend Versen

Eine Gralsburg in Bayern
Es gibt noch heute in Deutschland einen Ort, an dem Millionen Menschen jedes Jahr Parzival begegnen. In Neuschwanstein hat Ludwig II. den zentralen Prunksaal mit Wandbildern verzieren lassen, die Szenen aus dem Mittelalter-Epos darstellen. Denn er identifizierte sich mit dem Gralskönig und sah in seiner Person die geschichtliche Erfüllung des Mythos. Dass die meisten Touristen in der Rückschau ihren Schlossbesuch eher im Bildprogramm von Disneyfilmen als dem der mittelalterlichen Sage verorten, hätte dem Parzival aus dem Hause Wittelsbach sicher nicht gefallen.

der längste Erzähltext seiner Zeit – zweifellos in verschiedener Hinsicht: aufgrund der Vielzahl der beschriebenen (auch exotischen) geografischen Räume, der Komplexität der Handlungsstruktur und nicht zuletzt aufgrund der Themenvielfalt und besonderen Akzentuierung.

Schon im sogenannten Elsterngleichnis des Prologs macht Wolfram deutlich, dass ihn der nur gute oder nur böse Mensch kaum interessiert, sondern im Wechselspiel, im Miteinander von Schwarz und Weiß (wie im Gefieder einer Elster) der Reiz liege. Entsprechend macht Parzival als gemischter Charakter verschiedene Krisen und Entwicklungen durch, lädt aus Unerfahrenheit oder aufgrund von Missverständnissen immer wieder Schuld auf sich. Dennoch oder gerade deswegen ist er es, der zum Gralskönig erwählt wird. Parzival und Feirefiz, dessen Haut »wie ein beschriebenes Stück Pergament, weiß und schwarz durcheinander« aussieht, sind letztlich zwei Teile eines Ganzen; »Rasse« oder Religion spielen am Ende keine Rolle – eine unerhörte Aussage im zeitgenössischen Kontext.

Artushof und Gralsgesellschaft stehen für unterschiedliche Konzeptionen von Gemeinschaft. Während die Tafelrunde politisch agiert und auf die höfischen Werte von Kampf, Minne und Ehre fokussiert ist, stellt die Gralsgesellschaft Spiritualität und Geistlichkeit ins Zentrum (Minne ist sogar weitgehend verboten). Parzival als Suchender, als Scheiternder, als Erkennender findet im Mitleid schließlich den Weg, die weltliche und die spirituelle Sphäre in idealer Weise zu verbinden. Angesichts all des Elends, in das rücksichtslose Machtkämpfe und Religionskriege die Gesellschaften des frühen 13. Jahrhunderts gestürzt hatten, konnten die Zeitgenossen in Parzival damit leicht den utopischen Entwurf eines vorbildhaften Herrschers erkennen. Während Gawan als Abbild des perfekten Ritters darum bemüht ist, die ritterliche Ordnung zu (re-)stabilisieren, lässt Parzival auf dem Höhepunkt seiner Karriere als Artusritter diese Ordnung hinter sich. Erst die anspruchsvolle Erzählstruktur, die die Abenteuer von Gawan und Parzival immer wieder einander gegenüberstellt, lässt diese Unterschiede besonders deutlich hervortreten.

Bereits 1477 erschien der *Parzival* in Druckform, was für seine Bedeutung noch im 15. Jahrhundert spricht, doch dann wird die Wirkungsgeschichte für einige Jahrhunderte unterbrochen. Erst Johann Jacob Bodmer entdeckt den *Parzival* in der Mitte des 18. Jahrhunderts wieder und legt eine neue Übersetzung vor. Den eigentlichen Durchbruch bewirkt dann die von Karl Lachmann verantwortete kritische Neuausgabe 1833. Seitdem ist der *Parzival* eines der am intensivsten erforschten und diskutierten Bücher des deutschen Mittelalters. Es verarbeitet die theologischen, politischen und gesellschaftlichen Probleme seiner Zeit, ermöglicht Einblicke in die ritterliche Welt und stellt einen Spiegel mittelalterlicher Bildung dar. Dabei ist es so vielschichtig, dass sich bei jeder neuen Lektüre neue Deutungsansätze ergeben. Der Gral und Parzival scheinen ferner prädestiniert dafür zu sein, losgelöst von der Entstehungszeit Ideologien zu transportieren. So präsentiert Richard Wagner in seiner 1882 uraufgeführten Oper *Parsifal* eine Art christlichen Erlösermythos, der sich in vielen Aspekten von der Vorlage entfernt, für die Rezeption des Mythos aber eine entscheidende Rolle spielte. Insbesondere an der Wende zum 20. Jahrhundert werden Motive aus dem *Parzival* dann im Sinne der aktuellen antirationalistischen Strömungen instrumentalisiert – Parzival erschien wahlweise als Übermensch, Verfechter eines deutschen Christentums oder entmythologisiertes Abbild eines Jedermanns. Thomas Mann legt den Helden seines 1924 erschienenen Epochenromans *Der Zauberberg* als eine Art Nachfolger Parzivals an: Wie dieser bricht Hans Castorp als naiver junger Mensch in eine neue Welt auf, scheitert, wächst und erkennt schließlich, dass der Mensch der »Herr der Gegensätze« ist. Ende des 20. Jahrhunderts erlebt *Parzival* eine neuerliche Renaissance in Werken Tankred Dorsts, Peter Handkes oder Adolf Muschgs, was die andauernde Aktualität des Stoffes und der Themen belegt. Fest steht: Wolframs Epos hat den Spielraum der Literatur erweitert und der Kulturgeschichte eine Reihe universeller Typen und Handlungsmuster eingeprägt. Es präsentiert die Summe der literarischen und kulturellen Bildung seiner Zeit und weist gleichzeitig weit darüber hinaus.

Das Nibelungenlied

Der Mythos der Nation

um 1210

Das anonym in knapp zweitausendvierhundert vierzeiligen singbaren Strophen auf Mittelhochdeutsch verfasste Versepos zählt zu den wichtigsten Werken der deutschen Literatur des Hochmittelalters. Es verarbeitet in großer Kunstfertigkeit einen bis ins 5. Jahrhundert zurückgehenden, mündlich überlieferten germanisch-skandinavischen Sagenstoff, der historische Ereignisse aufgreift und mit mythischen Elementen verknüpft. Ende des 18. Jahrhunderts wiederentdeckt, stieg das Nibelungenlied im 19. Jahrhundert zum identitätsstiftenden Nationalepos der Deutschen auf und wurde vielfach ideologisch instrumentalisiert.

Der Aufklärer Friedrich der Große konnte mit dem *Nibelungenlied* nichts anfangen. In einem Brief an Christoph Heinrich Myller am 22. Februar 1784 bezeichnete es der Monarch als »elendes Zeug«, das nicht verdient hätte, »aus dem Staube der Vergessenheit gezogen zu werden«. Doch schon Jahrzehnte später war es im Rahmen der nationalen Selbstvergewisserung zum Manifest des deutschen Wesens geworden. Eine erstaunliche Karriere, wenn man bedenkt, wovon der Text in seinen neununddreißig »Aventüren« eigentlich handelt.

Siegfried, Königssohn aus Xanten, tötete einst einen Drachen, badete in dessen Blut, was ihn – mit Ausnahme einer kleinen Stelle am Rücken – unverwundbar machte, raubte den Schatz des Königs Nibelung und nahm dessen Wächter Alberich eine Tarnkappe ab, die unsichtbar machen kann. Er reitet nach Worms, um Kriemhild, die Schwester des Burgunderkönigs Gunther, zu heiraten. Gunther will der Ehe zustimmen, wenn Siegfried ihm dabei hilft, die übernatürlich starke isländische Königin Brünhild zu ehelichen. Nur durch Lüge und Betrug kommt Gunther ans Ziel: Um keinen Verdacht zu erwecken, gibt sich Siegfried als Untertan aus, und er ist es auch, der unter der Tarnkappe Brünhild besiegt. Brünhild willigt in der Annahme, von Gunther bezwungen worden zu sein, in die Ehe ein, doch nach der königlichen Doppelhochzeit, die Brünhild irritiert, da sie Siegfried als Vasallen sieht, verweigert sie sich Gunther, der sie nicht über Siegfrieds Stellung aufklären will. Nur der wieder getarnte Siegfried kann gewaltsam ihren Widerstand brechen und Gunther den Vollzug der Ehe ermöglichen. Täuschung und Betrug entfalten im Folgenden eine unheilvolle Eigendynamik, als es Jahre später zum Streit über die Rangfolge zwischen den beiden Königinnen kommt: Brünhild wirft Kriemhild daraufhin vor, mit einem Vasallen verheiratet zu sein, woraufhin Kriemhild sie mit Siegfrieds Rolle in der Hochzeitsnacht konfrontiert. Hagen von Tronje, Verwandter und Vertrauter Gunthers, will diese Beleidigung Brünhilds rächen und Siegfried ermorden. Unter dem Vorwand, Siegfrieds verwundbare Stelle besonders schützen zu wollen, erfährt Hagen deren genaue Position. Bei einem Jagdausflug tötet Hagen vor den Augen Gunthers Siegfried mit einem Speer in den Rücken. Kriemhild schenkt der Erklärung für den Tod ihres Mannes, dieser sei von Räubern ermordet worden, keinen Glauben, weshalb Hagen ihr aus Angst vor Racheplänen, die sie damit finanzieren könnte, den Nibelungenschatz raubt und im Rhein versenkt.

Dreizehn Jahre nach dem Tod ihres Mannes heiratet Kriemhild den mächtigen Hunnenkönig Etzel, den sie nach weiteren dreizehn Jahren davon überzeugen kann, die Burgunder zu einem Fest einzuladen. Kriemhilds Stunde der Rache ist damit gekommen: Sie provoziert einen Streit, dem ein wahres Gemetzel folgt. Am Schluss des Blutrauschs sind auf Seiten der Burgunder nur noch Gunther und Hagen übrig. Als Hagen ihr das Versteck des Nibelungenschatzes nicht verraten will, lässt Kriemhild zunächst ihren Bruder enthaupten und schlägt anschließend eigenhändig Hagen den Kopf ab. Daraufhin wird Kriemhild von Hildebrand, dem Waffenmeister des auf Etzels Seite kämpfenden Dietrich, geköpft. Die verbleibenden Ritter stehen schließlich fassungslos weinend am Ort der Gräueltat. »Die Raserei ist zu einem Ende gekommen, das darum eines ist, weil es nichts mehr zu erschlagen gibt« (Jan Philipp Reemtsma).

Das *Nibelungenlied* muss zu seiner Entstehungszeit ein großer Publikumserfolg gewesen sein – dafür spricht zumindest die Tatsache, dass es in siebenunddreißig (Teil-)Abschriften überliefert ist. Auch wenn heute weitgehend Einigkeit darüber herrscht, dass es sich beim *Nibelungenlied* um das in sich geschlossene Werk eines Einzelautors handelt, so kann man über die konkrete Person des Verfassers nur ausgehend von Hinweisen aus dem Text spekulieren. Vermutlich wurde das Originalmanuskript in der bairischen Variante des Mittelhochdeutschen verfasst. Der Autor besaß außerdem auffallend detaillierte Kenntnisse der Region zwischen Passau und Wien und erwähnte den Passauer Bischof in besonders positiver Weise. Aufgrund von Querbezügen auf andere literarische Werke sowie der Erwähnung bestimmter politischer Ämter und Namen wird die Entstehung des Originalmanuskripts auf das erste Jahrzehnt des 13. Jahrhunderts datiert. Bis 1204 hatte den Passauer Bischofsstuhl Wolfger von Erla inne, der bekannt für sein Mäzenatentum war. Ob man allerdings aus der Tatsache, dass Wolfger dem berühmtesten deutschsprachigen Minnesänger des Mittelalters, Walther von der Vogelweide, einen größeren Geldbetrag zukommen ließ, folgern kann, dass Walther selbst der Dichter des Nibelungenliedes ist, bleibt zweifelhaft. Sicher sind sich die meisten Forscher nur, dass der Verfasser des Nibelungenliedes ein gebildeter, belesener Mann war (der z.B. auf vorgängige schriftliche Texte Bezug nahm) und aus dem Umfeld des Passauer Bischofshofs stammte.

Ab dem Spätmittelalter war das *Nibelungenlied* in Vergessenheit geraten. 1755 wurde in der Bibliothek von Schloss Hohenems eine Niederschrift davon wiederentdeckt, doch erst nach dem Fund zweier weiterer Handschriften veröffentlichte Christoph Heinrich Myller 1782 eine vollständige Version des *Nibelungenliedes*, das in der mittelhochdeutschen Originalfassung aber kaum Beachtung fand. Letztlich konnte erst die 1807 von Friedrich Heinrich von der Hagen besorgte Ausgabe, die eine Art Übersetzung präsentiert und deren Vorwort die Rezeption des Textes im Sinne eines Nationalepos vorwegnehmen sollte, den Stoff popularisieren, der gerade Anfang des 19. Jahrhunderts auf fruchtbaren Boden fiel.

Denn als sich 1806 Preußen den napoleonischen Truppen geschlagen geben musste, sich sechzehn deutsche Fürsten mit Frankreich im Rheinbund zusammenschlossen und damit das Ende des Heiligen Römischen Reichs Deutscher Nation besiegelten, gewann die Frage nach einer nationalen Identität jenseits der deutschen Kleinstaaterei für viele eine besondere Relevanz. Der Literatur kam in diesem Zusammenhang als gemeinschaftsstiftendem Fundament eine herausgehobene Bedeutung zu, denn »mitten unter den zerreißendsten Stürmen« der Gegenwart, so formuliert es von der Hagen, könne »einem Deutschen Gemüte wohl nichts mehr zum Trost und zur wahrhaften Erbauung vorgestellt« werden »als der unsterbliche alte Heldengesang«. Das *Nibelungenlied*, »eins der größten und wunderwürdigsten Werke aller Zeiten und Völker«, stelle »das erhabenste und vollkommenste Denkmal einer so lange verdunkelten Nationalpoesie« dar – und zwar in einem doppelten Sinne: Zum einen sei es »aus Deutschem Leben und Sinne erwachsen«. Zum anderen – und hier wird der Argumentationsaufwand deutlich, der nötig war, um eine Geschichte aus grauer Vorzeit, die vor allem an den Höfen der Burgunder und Hunnen spielte, zu einer originär deutschen zu machen – veranschauliche das *Nibelungenlied* die »herrlichsten männlichen Tugenden«, die hier eben als

Im Grabe umgedreht ...
1924 kam das Stummfilm-Epos *Die Nibelungen* als bis dahin teuerste deutsche Filmproduktion in die Kinos. Zum Filmstart überlegte man sich eine bemerkenswerte PR-Aktion: Am Grab Friedrichs des Großen wurde ein Kranz mit der Aufschrift »Zur Premiere des Nibelungenfilms. Fritz Lang« niedergelegt. Diese vorgebliche Verneigung des Regisseurs vor dem Preußenkönig markierte eigentlich dessen Indienstnahme, nutzte man die deutsche Identifikationsfigur Friedrich doch dazu, die Bedeutung des Films für das deutsche Nationalbewusstsein zu beglaubigen. Man mag sich vorstellen, was der nie um deutliche Worte verlegene König dazu gesagt hätte.

typisch deutsch gedeutet werden. Dazu zählen neben »Biederkeit, Redlichkeit, Treue und Freundschaft bis in den Tod« vor allem »Heldensinn, unerschütterlicher Standmut, übermenschliche Tapferkeit, Kühnheit, und willige Opferung für Ehre, Pflicht und Recht«. Das Beispiel dieser Tugenden, so Heinrich von der Hagen weiter, müsse den Leser »mit Stolz und Vertrauen auf Vaterland und Volk, mit Hoffnung auf dereinstige Wiederkehr Deutscher Glorie und Weltherrlichkeit« erfüllen. Aktuelle militärische und politische Niederlagen erscheinen in dieser Deutung als kleinere Stolpersteine auf Deutschlands Weg zum Platz an der Spitze.

Eine so ideologische Lesart war zwangsläufig einseitig, sah in Hagen von Tronje den hinterlistigen Meuchelmörder und in Siegfried den strahlenden Helden, der verraten wird. Dabei entwirft der Text differenziertere Figuren: Hagen ist eben auch der politisch denkende Ratgeber, der treu und rational handelt und bereit ist, für die Ehre seiner Königin das eigene Leben zu geben. Siegfried hingegen ist auch eitel und aggressiv, aufbrausend und gefährlich, denn seine Überlegenheit nutzt er, um seinen Willen egoistisch durchzusetzen. Seine Mischung aus Naivität und Selbstüberschätzung kostet ihn, der nicht strategisch denkt, das Leben. Auch das ist nämlich eine Moral der Geschichte: Kraft allein nützt wenig, wenn sie nicht mit Klugheit einhergeht. Doch solche interpretatorischen Feinheiten spielten allenfalls am Rande eine Rolle, galt das *Nibelungenlied* fortan doch als »deutsche Ilias« und »lebendige Urkunde des unvertilgbaren Deutschen Charakters« (von der Hagen). Es hatte enormen künstlerischen Einfluss, wurde vielfach bearbeitet und je nach den Zeiterfordernissen gedeutet – wahlweise wurden die heroischen Qualitäten des Stoffes betont oder die vermeintlich bürgerlichen Werte (Treue und Loyalität) akzentuiert. Besonders die Dramen- und Opernversionen des Nibelungenstoffes von Friedrich de la Motte Fouqué (*Der Held des Nordens*, 1808–1810) und Richard Wagner (*Der Ring des Nibelungen*, 1848–1874) oder auch Friedrich Hebbel (der 1862 sein Werk *Die Nibelungen* als eine christliche Opfergeschichte präsentiert) trugen erheblich zur Popularisierung bei.

Nie indes war es ein gutes Omen, wenn sich Politiker dezidiert auf das *Nibelungenlied* beriefen, wie 1909 Reichskanzler von Bülow, als er die unverbrüchliche Treue im Sinne einer vermeintlich urdeutschen Eigenschaft auf dem politischen Parkett etablierte und versprach: »Aber die Nibelungentreue wollen wir aus unserem Verhältnis zu Österreich-Ungarn nicht ausschalten.« Man weiß, wohin das führte: zum Blankoscheck von 1914 und in die Katastrophe des Ersten Weltkriegs. Es liegt auf der Hand, dass Deutschland in diesem Denkzusammenhang 1918 allein durch Verrat um den Sieg gebracht worden sein konnte: Im Felde unbesiegt sei das deutsche Militär aus der Heimat hinterrücks gemeuchelt worden. Hindenburg, prominenter Vertreter dieser Verschwörungstheorie, fabulierte in seinen Memoiren davon, dass die »ermattete Front« gestürzt sei »wie Siegfried unter dem hinterlistigen Speerwurf des grimmigen Hagen«, und auch Hitler behauptete in *Mein Kampf*, dass »der kämpfende Siegfried dem hinterhältigen Dolchstoß erlag«. In einer besonders abstoßenden politischen Instrumentalisierung versuchte Göring 1943 die deutschen Soldaten in Stalingrad mit einem Verweis auf das *Nibelungenlied* zum Durchhalten zu motivieren.

Ungeachtet dieser Ideologisierungen gilt das *Nibelungenlied* heute als ein herausragendes Kunstwerk des Mittelalters, das mit bewundernswerter Detailfülle atmosphärische Einblicke in die höfische Gesellschaft seiner Zeit erlaubt und deutlich macht, wohin Lüge, Verrat und Hass führen können. Als Zeugnisse eines Meisterwerks der menschlichen Kreativität fanden die drei wichtigsten Handschriften, in denen das *Nibelungenlied* überliefert ist, im Jahr 2009 Aufnahme in das UNESCO-Weltkulturerbe. Damit wurde dem Text, der vom Stoff und seiner Überlieferung her schon immer international war, auch offiziell der Status zugewiesen, der ihm eigentlich gebührt: jenseits nationalistischer Vereinnahmungen Teil des »Gedächtnisses der Menschheit« zu sein.

Thomas von Aquin
Summa Theologica

um 1270

Eine Kathedrale von Lehrbuch

Die *Summa Theologica* des heiligen Thomas von Aquin gilt als das wichtigste theologisch-philosophische Werk des christlichen Abendlandes. Durch Versöhnung der kirchlichen Lehren mit der Philosophie Aristoteles' führt Thomas die menschliche Vernunft als Weg zur Erkenntnis in die Theologie ein. Er verändert dadurch die Denkgewohnheiten seiner Zeitgenossen und wird zu einem Wegbereiter des Humanismus. Ob Theologie, Philosophie, Rechts- oder Politikwissenschaft: Die *Summa Theologica* ist für sie alle bis heute einer der wegweisenden Klassikertexte.

Was verbindet Thomas von Aquin mit dem Kölner Dom? Zunächst, dass er höchstwahrscheinlich der Grundsteinlegung am 15. August 1248 beiwohnte. Wir wissen, dass Albertus Magnus zugegen war, und Thomas war gerade als sein Assistent mit ihm an die Kölner Klosterschule gekommen. Es gibt aber auch eine tiefere Verbindung. In seinem Buch *Gotische Architektur und Scholastik* deutet der große Kunsthistoriker Erwin Panofsky die Kathedralen der Gotik als Ausdruck der scholastischen Theologie ihrer Zeit. Ein »Ursache-Wirkung-Zusammenhang«, der sich aus »Denkgewohnheiten« speist, die über die Schule, die Kanzel, den Besuch öffentlicher Disputationen – die damals Eventcharakter besaßen – und über vielfältige andere Kontakte vermittelt wurden.

Die Scholastiker betrieben aus heutiger Sicht die Verwissenschaftlichung der Theologie. Sie wollten Widersprüche zwischen den kanonischen Schriften aufklären, anfangs nur jener der Kirchenväter und der Bibel; später, in der Hochscholastik, ging es auch um die Harmonisierung kirchlicher und philosophischer Lehren. Dazu bediente man sich der sogenannten scholastischen Methode: Zwei auf den ersten Blick einander widersprechende Aussagen wurden gegenübergestellt, um durch logische Folgerungen schrittweise die Gegensätze zu versöhnen. Durch diese an der antiken Dialektik geschulte Methode wurden Schriften der Kirchenväter nicht selten in einem moderneren Sinne uminterpretiert.

Thomas von Aquin gilt bereits seinen Zeitgenossen als Vollender der Hochscholastik. Der um 1225 unweit von Rom geborene Thomas war als jüngster Sohn des Grafen von Aquino für den geistlichen Stand bestimmt. Gegen den Widerstand seiner Familie trat er dem Bettelorden der Dominikaner bei. Nach einem Grundstudium in Neapel studierte er Theologie in Paris, wo er sich 1245 Albertus Magnus anschloss. 1252 aus Köln nach Paris zurückgekehrt, hält er an der dortigen Universität Vorlesungen. Weitere Stationen als Dozent führen ihn nach Orvieto, Rom und Neapel. Als er 1274 auf der Reise zu einem Konzil überraschend stirbt, hinterlässt er ein gewaltiges Œuvre; die noch nicht abgeschlossene moderne Werkausgabe ist auf fünfzig voluminöse Bände angelegt.

Mit Albertus Magnus entdeckt Thomas Aristoteles neu, den er schlicht »den Philosophen« nennt. Unter aristotelischem Einfluss wird seine Theologie zur Universalwissenschaft. Eindrucksvolles Zeugnis ist das Hauptwerk des Aquinaten, die *Summa Theologica*, das wohl bedeutendste philosophisch-theologische Werk des christlichen Abendlandes. Das Wort *Summa* im Titel deutet an, dass Thomas eine umfassende und systematische Abhandlung über »Gott und die Welt« (im wörtlichen Sinne) vorlegen will. Zugleich ist der Begriff die damals gängige Bezeichnung für ein Lehrbuch. Ein solches Lehrbuch hätte es heute nicht leicht auf dem Markt. Obgleich unvollendet, umfasst es rund dreitausendfünfhundert Seiten!

Auf ihnen behandelt Thomas Fragen der Metaphysik, der Erkenntnistheorie, der Anthropologie, der Ethik, des Rechts und der Politik. Die Anlage ist zyklisch. Sie nimmt Gott zum Ausgang, dem der erste Teil gewidmet ist: von der Frage der Gotteserkenntnis bis zur göttlichen Schöpfung. Der zweite Teil gilt der »Krone der Schöpfung«, dem Menschen. Hier fragt Thomas nach dem Sinn des Lebens, entwickelt seine Ethik und Naturrechtslehre, seine politische Philosophie und die bis heute wirkmächtige Lehre vom »gerechten Krieg«. Da der Mensch aus eigener Kraft nicht vollkommen tugendhaft leben kann, bedarf es schließlich der Hilfe Christi, der Sakramente und der Kirche, denen der dritte, unvollendete Teil gewidmet ist.

Zentrales Anliegen der *Summa Theologica* ist die Versöhnung von Glauben und Vernunft. »Die heilige Wissenschaft«, so Thomas, »bedient sich [...] nicht bloß der göttlichen Autorität, sondern auch der menschlichen Vernunft.« Glaube und Vernunft sind für ihn zwei Wege zur Erkenntnis; da nicht alles durch die Vernunft und nicht alles durch den Glauben erkannt werden könne, müssten sich beide notwendigerweise ergänzen. Zu Lebzeiten ist Thomas eine unanfechtbare Kapazität. Schon bald nach seinem Tod allerdings formiert sich die Opposition gegen seinen vernunftgeleiteten Ansatz. 1277 werden in Paris zahlreiche seiner »aristotelischen« Lehrsätze verurteilt. Dennoch wird Thomas von Aquin 1323 heiliggesprochen, 1567 zum Kirchenlehrer erhoben (mit dem Beinamen *Doctor angelicus*, der »Engelsgleiche«). Erst seit 1879 allerdings ist der »Thomismus« offizielle philosophische Doktrin der katholischen Kirche.

Mit der Einführung der menschlichen Vernunft in die Theologie steht Thomas von Aquin am Übergang zwischen Mittelalter und Neuzeit. Über die Wiederentdeckung Aristoteles' hat er den Weg für den Humanismus in der Philosophie geebnet. Dafür hat Dante ihm in seiner *Göttlichen Komödie* ein Denkmal gesetzt (und das Gerücht gestreut, Karl von Anjou, der machtgierige König von Sizilien, habe ihn vergiften lassen). Mit dem Siegeszug des Aristotelismus im 13. Jahrhundert verbindet Erwin Panofsky übrigens auch die »lebensechten, noch nicht portraithaften, hochgotischen Statuen« mit ihrem beseelten Ausdruck. Thomas von Aquin, dem großen Umgestalter der Denkgewohnheiten seiner Zeit, verdanken wir Deutschen also nicht nur den Kölner Dom als steingewordene *Summa*, sondern in gewisser Weise auch die geheimnisvolle Uta im Dom von Naumburg.

um 1350

Giovanni Boccaccio
Dekameron

Die menschliche Komödie

Zehn mal zehn Geschichten, die sich eine Gruppe junger Florentiner auf einem Landsitz erzählt, während um sie herum die Pest wütet – mit seinem »Zehn-Tage-Werk«, dem *Dekameron*, ist Giovanni Boccaccio zum Begründer der Erzählform der Novelle geworden. Sein Hauptwerk setzt Diesseitigkeit an die Stelle der mittelalterlichen Jenseitsfixierung und spielt lustvoll mit der Scheinmoral seiner Zeitgenossen. Ein Schlüsselwerk der italienischen Renaissance, das einen neuen Ton anschlägt und in Inhalt und Form die europäische Literatur bis hinein in die Gegenwart geprägt hat wie wenige andere.

»Lies italienisch was du willst, nur den Decameron vom Boccaccio nicht«, warnt der sechzehnjährige Goethe seine Schwester Cornelia in einem Brief vom Dezember 1765. Schließlich steht das Werk im Ruf des Frivolen und ziemt sich kaum als Lektüre für junge Damen. Nicht deshalb freilich wurde es 1559 auf den päpstlichen Index gesetzt, sondern weil Boccaccio darin genüsslich die Kirche aufs Korn nimmt. Und so wurden in späteren Ausgaben aus Mönchen und Nonnen, die im Original recht irdischen Gelüsten nachgeben, kurzerhand Soldaten und Mägde.

Die »menschliche Komödie« lautet ein Spitzname des *Dekameron*, in Anspielung auf Dantes *Commedia*, der übrigens erst der Dante-Verehrer Boccaccio den Zusatz »göttlich« verlieh. Dante, Petrarca und Boccaccio – das sind die sogenannten drei Kronen, die *tre corone*, die die Toskana im 14. Jahrhundert der Weltliteratur schenkte. Zeit seines Lebens sollte sich Giovanni Boccaccio, 1313 als unehelicher Sohn eines Bankiers geboren, 1375 in Certaldo bei Florenz gestorben, den beiden anderen unterlegen fühlen. Der Vater hatte Giovanni erst eine Banklehre, dann ein Studium des Kirchenrechts in Neapel verordnet, doch den jungen Mann zog es zur Dichtung. Neben Versepen und Romanen schrieb er auch gelehrte Werke auf Lateinisch. Reich wurde er damit nicht, fand aber Anerkennung bei den Zeitgenossen. Petrarca und Dante werden bis heute verehrt; geliebt aber wird vor allem Boccaccio – wegen seines *Decamerone*, das er zwischen 1349 und 1353 verfasste.

1348 wütet die Pest in Florenz, Boccaccio schildert die Umstände als Zeitzeuge eingangs mit drastischer Deutlichkeit. In der Fiktion des Werks beschließen sieben junge Damen und drei junge Herren aus bester Gesellschaft, dem Sterben in der Stadt zu entfliehen. Auf einem toskanischen Landsitz verbringen sie die Zeit damit, sich einander Geschichten zu erzählen, ganze zehn Tage lang. Jeden Morgen wird jemand aus ihrem Kreis bestimmt, der das Thema für den Erzählreigen des Tages wählen darf. Zehn mal zehn Geschichten enthält das *Dekameron*, genauso viele wie Dantes *Göttliche Komödie* Gesänge. Ihre Protagonisten entstammen sämtlichen Gesellschaftsschichten. »Wenn einer über die Beschäftigungen und Lebensweisen der verschiedensten Menschen und Stände zu jener Zeit Genaueres erfahren will«, schreibt Hermann Hesse, »der wird in den sämtlichen Werken der Gelehrten nicht so viel finden und lernen wie in diesem Buche, welches das Treiben und Gebaren der Menschen von damals treuer und deutlicher als ein Spiegel vor unsre Augen stellt.«

Das Neue, das Unerhörte, ist die offene Diesseitigkeit der Erzählungen. Während manche in der Pest eine göttliche Strafe sehen und sich geißelnd durch die Lande ziehen, legt Boccaccio seinen jungen Florentinern ein Bekenntnis zur irdischen Freude in den Mund: »Wir wollen unser Leben festlich gestalten. Deshalb allein sind wir der Traurigkeit entflohen.« Das *Dekameron* lässt die Konventionen der mittelalterlichen Moritaten ebenso hinter sich wie die des höfischen Minnesangs. Boccaccios Prosa ist Literatur für die »schöne Gesellschaft« der oberitalienischen Städte, vor allem für deren

Damen, an die er sich in der Vorrede wendet. Und tatsächlich unterlaufen die Frauen im *Dekameron* – in der Rahmenhandlung wie in vielen der Erzählungen – gewitzt und elegant die Geschlechterrollen, die offenkundig in der florentinischen Oberschicht des Trecento so starr nicht mehr waren.

Boccaccio hat seine hundert Geschichten aus den unterschiedlichsten Quellen zusammengetragen. Manche sind antiken Ursprungs, manche folgen mündlichen Überlieferungen seiner Zeit, wieder andere mag er selbst erdacht haben. Wichtiger als der Ursprung der Geschichten ist, wie Boccaccio sie um einen Dreh- und Angelpunkt herum baut. Mit seinem Renaissance-Bestseller wurde er so nicht bloß zum Mitschöpfer der italienischen Hochsprache, sondern zum Begründer des modernen Erzählens in der europäischen Literatur. Vielen diente das *Dekameron* als Vorbild und Quelle. Nach seiner Vorlage entstanden Erzählzyklen wie die *Canterbury-Erzählungen* Geoffrey Chaucers, die *Exemplarischen Novellen* des Miguel de Cervantes oder die *Tolldreisten Geschichten* Honoré de Balzacs, Shakespeare entlehnte ihm Stoffe für *Ende gut, alles gut* und *Cymbeline*.

Auf Deutsch erscheint das *Dekameron* erstmals 1478 in Ulm *(Hie hebt sich an das puch von seinem meister in greckisch genant decameron)* und erlebt zahlreiche Auflagen. Hans Sachs verdankt ihm manche Inspiration für seine volkstümlichen Schwänke. Ging es zunächst vor allem um Boccaccios Stoffe, rückte mit der Romantik zunehmend seine Erzähltechnik ins Zentrum: Die Schilderung einer »unerhörten« Begebenheit, nicht selten verknüpft mit einer Rahmenhandlung, wurde zum Ausgangspunkt der Novellentheorie und stand Modell für Werke wie Heinrich von Kleists *Michael Kohlhaas*, Annette von Droste-Hülshoffs *Judenbuche* oder Theodor Storms *Schimmelreiter*. Die berühmteste Leihgabe, die die deutsche Literatur vom *Dekameron* empfangen hat, ist aber wohl die Geschichte vom reichen Juden Melchisedech, der klug der Falle entgeht, die Sultan Saladin ihm stellt. Dessen Antwort auf die Frage des Sultans, ob das Judentum, das Christentum oder der Islam die wahre Religion sei, ist als »Ringparabel« in Gotthold Ephraim Lessings *Nathan der Weise* ein zweites Mal unsterblich geworden.

Hafis
Diwān

um 1400

Rosen aus dem Orient

In seinen Ghaselen von Liebe und Wein verwebt der große persische Dichter Hafis kunstvoll Spiritualität und irdische Genüsse. In seiner Heimat wird er bis heute dafür verehrt. Vier Jahrhunderte nach seinem Tod entdeckt ihn auch die deutsche Literatur. Goethe widmet seinem »Zwilling« den *West-östlichen Diwan*, Rückert setzt dem »Welt-Poeten« in seinen *Östlichen Rosen* und durch Übersetzungen ein Denkmal. Romantische Dichter und Künstler machen in jener Zeit einen idealisierten und historisierten Orient zum Gegenentwurf der anbrechenden Moderne.

Er gilt als der größte persische Dichter. Sein *Diwān* findet sich bis heute in jedem iranischen Haushalt. Schah Reza Pahlavi ließ 1935 einen Pavillon über seinem Grab errichten, inmitten der Musalla-Gärten in Schiras, zwischen Zypressen und Blumenrabatten. Nicht nur ausländische Touristen zieht der Ort an, auch Iraner pilgern in Scharen, um ihrem Dichter die Ehre zu erweisen. Seine Verse sind ein beliebtes Orakel. Man schlägt den *Diwān* an beliebiger Stelle auf, um aus dem so getroffenen Gedicht die Zukunft zu erfahren. Am Eingang zur Grabstätte und auf den Basaren von Schiras stehen Versdeuter bereit, die gegen ein Entgelt helfen, die Antwort aus Hafis' Worten herauszulesen.

Solcher Hilfe bedarf es, denn gerade in ihrer Vieldeutigkeit liegt der Reiz von Hafis' Dichtung. Sie entstand zu einer Zeit, in der religiöse Mystik und Poesie eng miteinander verbunden waren. Hafis selbst war Anhänger des Sufismus, einer Strömung des Islam, für die die Einheit alles Seienden *(waḥdat al-wuğūd)*, spirituelle Versenkung und die Zwiesprache mit

Gott im Zentrum stehen. Die sufistische Dichtung bediente sich einer kodierten Bildersprache: Nachtigall und Rose versinnbildlichen die Vereinigung von Mensch und Gott, der Rosengarten das Paradies. Zur Größe Hafis' gehört indes, dass er nicht bloß Mystiker ist, sondern die Ambivalenz dieser Bildersprache nutzt. Ob er von göttlicher oder weltlicher Liebe spricht, von himmlischen oder irdischen Genüssen, das bleibt oft in der Schwebe. Und so lassen sich seine Lieder von der Schönheit der Geliebten und den Wonnen und Schmerzen der Liebe immer wieder neu lesen. »Saghi, schenk ein den Wein / und laß den Becher kreisen! / Im Anfang schien die Liebe leicht, / die dann zum Rätsel ward«, beginnt sein *Diwān* – und mag mit dem Weinglas ebenso auf die ekstatische Verbindung mit Gott anspielen wie auf einen Genuss, der in einem sittenstrengen Islam verpönt ist.

Auch wenn über das Leben des Hafis wenig bekannt ist: Ein Sittenwächter war er wohl kaum. Um 1315 wird er in Schiras geboren; er entstammt einfachen Verhältnissen. Den Ehrennamen »Hafis«, das heißt »der Bewahrer«, erhält Muḥammad Šams ad-Dīn, weil er schon in jungen Jahren den Koran auswendig kennt. Durch einen Förderer kommt er in Kontakt zum Hof von Schiras und steigt zum Hofdichter auf. In seinen letzten Lebensjahren – er stirbt um 1390 – soll Hafis noch Timur Leng, dem mongolischen Eroberer Persiens, gedient haben. Trotz dieser Nähe zu den Herrschenden blieb er Freigeist. Zahlreiche Gedichte durchzieht ein spöttisch-ironischer Ton; lustvoll wendet er sich gegen religiöse Dogmen und Scheinheiligkeit der Moralapostel und besingt stattdessen lieber die Schenken und den Wein. Erst nach seinem Tode entstehen Handschriften mit Sammlungen (persisch: *Diwān*) seiner Gedichte. Rund tausend von ihnen verbreiten sich im ganzen Orient. In wechselnden Zusammenstellungen und Varianten sind so fast fünfhundert Gedichte überliefert. Seine bevorzugte Gedichtform ist die Ghasele, ein Liebesgedicht aus mehreren Verspaaren, bei dem der Reim des ersten Paares in allen geraden Zeilen wiederholt wird.

Rund vierhundert Jahre sollte es dauern, bis Hafis' Lyrik auch deutsche Leser erreichte. 1812 macht die Übersetzung ausgewählter Gedichte durch den österreichischen Diplomaten und Orientalisten Joseph von Hammer-Purgstall in Literatenkreisen Furore. Goethe verschlingt das Buch förmlich. »Und mag die ganze Welt versinken, / Hafis mit dir, mit dir allein / Will ich wetteifern! Lust und Pein / Sei uns, den Zwillingen, gemein! / Wie du zu lieben und zu trinken, / Das soll mein Stolz, mein Leben sein.« Goethes »Zwilling« inspirierte den Geheimrat zu einem Hauptwerk seiner späten Jahre: dem *West-östlichen Diwan*, der 1819 erschien. Fünf Jahre hatte Goethe an dieser umfangreichsten seiner Gedichtsammlungen geschrieben, die zwölf Bücher und eine Nachschrift umfasst, in der er seine Leser in die islamische Kultur und Geschichte einzuführen sucht.

»Der Dichter betrachtet sich als einen Reisenden. Schon ist er im Orient angelangt. Er freut sich an Sitten, Gebräuchen, an Gegenständen, religiösen Gesinnungen und Meinungen, ja er lehnt den Verdacht nicht ab, daß er selbst ein Muselmann sey«, so kündigt Goethe seinen *Diwan* in Cottas *Morgenblatt* vom 24. Februar 1816 an. Natürlich war er nie im Orient; sein lyrisches Ich geht hier auf eine innere Reise. Geistesverwandt erschien Hafis dem deutschen Dichter in der Suche nach der Einheit alles Seienden als Quelle und als Ziel allen Lebens und Liebens. Die Haltung des Persers passte zu Goethes Pantheismus weit besser als das christliche Dreifaltigkeitsdogma, dem er in seinem *West-östlichen Diwan* einen Seitenhieb versetzt. Die sufistisch gefärbte All-Einheit des *Diwans* und die katholisch getönte Apotheose des Ewig-Weiblichen am Schluss des *Faust II* bergen das religiöse Bekenntnis des späten Goethe.

Wie der Dichterfürst von Weimar fand sich auch Friedrich Rückert durch Hafis inspiriert. In seiner Sammlung *Östliche Rosen* verneigt er sich 1822 vor dem Vorbild. Goethe empfiehlt sie in seiner Zeitschrift *Über Kunst und Altertum* vor allem den Musikern: »aus diesem Büchlein, zu rechter Stunde aufgeschlagen, wird ihnen gewiß manche Rose, Narzisse und was sonst sich hinzugesellt, entgegenduften.« Zahlreiche Komponisten sollten dem Aufruf folgen, unter ihnen Franz Schubert und Robert Schumann. Vor allem aber macht Rückert die Deutschen durch neue, poetischere Übertragungen mit Hafis vertraut. Bei Hammer-Purgstall hat er Türkisch, Persisch und Arabisch studiert, im Selbststudium weitere Idiome erlernt. Vierundvierzig Sprachen beherrscht er so lesend (wenn auch nicht immer sprechend) und vermag aus ihnen zu übersetzen. Auch den Koran überträgt er ins Deutsche – für die Islamwissenschaftlerin Annemarie Schimmel »die einzige deutsche Übersetzung, die etwas vom Stil und Geist des Originals spüren lässt«.

Auch andere Literaten waren im Ghaselen-Fieber, so August von Platen, der seinen 1821 erschienenen *Ghaselen* zwei Jahre darauf *Neue Ghaselen* folgen ließ. Über die orientalistische Mode seiner Kollegen in Nachahmung Goethes spottet Heinrich Heine: »Alter Dichter, du gemahnst mich, als wie Hamelns Rattenfänger; / Pfeifst nach Morgen, und es folgen all' die lieben, kleinen Sänger. / Aus Bequemlichkeit verehren sie die Kühe frommer Inden, / Daß sie den Olympus mögen nächst in jedem Kuhstall finden. / Von den Früchten, die sie aus dem Gartenhain von Schiras stehlen, / Essen sie zu viel, die Armen, und vomiren dann Ghaselen.« Dieser Spott wurde zum Auslöser des berüchtigten Streits zwischen Heine und Platen, in denen beide den jeweils anderen den antisemitischen beziehungsweise homophoben Ressentiments ihrer Zeitgenossen auslieferten; beider Leben würde schließlich im Exil enden. Heines Spott galt dem modischen Orientalismus seiner Zeit. War für Aufklärer wie Wieland und Lessing der Orient noch ein Ort der Weisheit, dessen Mystik und Geheimlehren auch auf Freimaurer oder Illuminaten anziehend wirkte (»ex oriente lux«: »aus dem Osten kommt das Licht«), wurde er zunehmend zur klischeehaften Welt exotischer Schönheiten und erotischer Begegnungen zwischen Gärten und Rosen, umhüllt von sinnlichen Klängen und Düften.

Die Faszination, die vom »Orient« auf den »Westen« ausging, sollte mit der imperialistischen Expansion und kolonialen Ausbeutung im späten 19. Jahrhundert ihre Unschuld verlieren. Um 1800 indes ist der Orient (ein Begriff, der ganz Asien, Arabien und Nordafrika meint) noch ein Sehnsuchtsort der aufziehenden Romantik. Bezeichnenderweise ist es gerade das *historische* »Morgenland«, das die Faszination ausübt: Hafis ist kein Zeitgenosse. Und so spiegelt sich in der romantischen Hinwendung zum Orient dieselbe ästhetische Flucht aus den Realitäten, die auch das neu erwachte Interesse am Mittelalter speist. Industrialisierung, Verzweckung des Lebens, Verstädterung und Verlust der Natur, politische Umstürze und Kriege werden aufgelöst in der Zeitlosigkeit der Rosengärten, der Lieder von Liebe und Vergänglichkeit, in Zauber und reiner Spiritualität. In Werken wie Tiecks *Schöner Magelone* oder Novalis' *Heinrich von Ofterdingen* begegnen sich europäisches Mittelalter und Orient in romantisierender Rückschau.

Nicht allen ging es um Weltflucht. »Daß ihr erkennt: Weltpoesie / Allein ist Weltversöhnung«, dichtete Friedrich Rückert, frei nach Konfuzius. Das mag auch uns eine Mahnung sein in Zeiten, in denen wir den Orient zuallererst mit dem Islam in seiner konservativen oder gar radikalisierten Variante identifizieren. An die Adresse islamophober Meinungsmacher gewandt schreibt der Literaturwissenschaftler Jürgen Link: »Höhere Aufklärung heißt, positive Religionen symbolisch aufzufassen – sie werden dadurch notwendigerweise auch pluralisiert und entdogmatisiert, das heißt entfanatisiert. Paradoxerweise stimmen die Fundamentalisten und die aktuellen Vulgäraufklärer in einer buchstäblichen Lektüre überein. Goethe hingegen scheint zu sagen: Lest alle heiligen Schriften symbolisch, gerade auch die Bibel – warum nicht auch den Koran?« Hafis, so dürfen wir vermuten, hätte dem wohl beigepflichtet.

Tausendundeine Nacht
Auch der Märchenzyklus um die kluge Scheherazade gelangte im Zuge der romantischen Orientbegeisterung in die deutsche Literatur. Die frühen Übersetzungen gaben sich noch biedermeierlich-sittlich, mit dazu passenden Illustrationen des Schubert-Intimus' Moritz von Schwind. Erst Anfang des 20. Jahrhunderts wagte man in Wien eine werkgetreue Ausgabe, die wegen ihrer freizügigen Inhalte einen handfesten Skandal auslöste. Vor allem die erotischen Illustrationen Franz von Bayros' erregten Aufsehen und zogen behördliche Verbote und Beschlagnahmen nach sich.

Heinrich Kramer

Der Hexenhammer

Das Handbuch der Hexenjäger

In ganz Mitteleuropa grassiert vom 15. bis zum 18. Jahrhundert der Hexenwahn. Bloße Verdächtigungen reichen aus, um eine Frau vor Gericht zu bringen; die Mittel zur Erprobung sind grausam. Als Handreichung dient der *Hexenhammer*, mit dem der Inquisitor Heinrich Kramer (Henricus Institoris) seine sexuellen Obsessionen in Verfolgungspolitik ummünzt. Das Buch trägt entscheidend zur Ausweitung der Hexenjagd bei und legitimiert sie theologisch und pseudowissenschaftlich. Zwar verhält sich die Amtskirche ambivalent; vor weltlichen Gerichten aber werden über die Jahrhunderte zigtausend Frauen der Hexerei für schuldig befunden und getötet.

Am 13. Juni 1782 fällt im schweizerischen Glarus die letzte Frau dem Hexenwahn zum Opfer, der über dreihundert Jahre lang in Mitteleuropa wütete. Auslöser war vermutlich eine mit der Kleinen Eiszeit einhergehende Agrarkrise, die zu Missernten führte; hierfür Hexen verantwortlich zu machen war bequem und bediente den verbreiteten Aberglauben. Auch die Angst vor dem Schwarzen Tod, Misogynie und persönliche Vorteile der Denunzianten heizten die Pogromstimmung an. Einen wesentlichen Beitrag dafür, dass der Hexenwahn sich epidemieartig ausbreiten konnte, leistete ein Buch, das erstmals 1486 in Speyer erschien und bis 1669 insgesamt neunundzwanzig Auflagen erlebte: Der *Malleus Maleficarum*, der *Hexenhammer*, fand dank des Buchdrucks schnelle Verbreitung in Gelehrtenkreisen und über die Kanzeln der Kirchen und wurde auch international zu einem Bestseller. In England etwa wurde im 16. und 17. Jahrhundert nur die Bibel häufiger verkauft.

Im ersten der drei Teile dieses Handbuchs für Hexenverfolger geht es um den Beweis, dass es Hexen gibt. Der Autor tritt nicht nur gegen die damals herrschende Lehrmeinung der Kirche an, die das verneint, sondern versteigt sich sogar zu der Aussage, die größte Ketzerei sei, die Existenz von Hexen zu bezweifeln. Der zweite Teil handelt vom Wesen und Wirken der Hexen, der dritte ist ein Leitfaden zur Führung von Hexenprozessen. Hier verschärft der Autor die etablierten Regeln. So sollen bereits Gerüchte ausreichen, um von Amts wegen eine Untersuchung einzuleiten; die Regel, wonach ein unter Folter gegebenes Geständnis anschließend ohne Folter bestätigt werden muss, wird ausgehöhlt, indem die verbotene Wiederholung der Folter zu deren Fortsetzung umgedeutet wird. Hauptanliegen des *Hexenhammers* ist es, Hexerei als Form der Ketzerei zu etablieren. Ketzerei unterlag nämlich damals neben der geistlichen auch der weltlichen Gerichtsbarkeit. Während die Inquisitionsgerichte nicht selten der Rettung des Seelenheils durch Buße den Vorzug gaben, erwartete Ketzer nach weltlichem Recht der Tod.

Autor des *Hexenhammers* ist Heinrich Kramer (Henricus Institoris, um 1430–1505), Dominikanermönch und Inquisitor für Süddeutschland. Schon Zeitgenossen erscheint er allzu fanatisch. Ein Prozess in Innsbruck platzt 1485 wegen diverser Verfahrensverstöße, vor allem aber, weil sich der bischöfliche Prozessbeobachter von Kramers sexuellen Obsessionen abgestoßen fühlt, die während der Befragung immer deutlicher werden. Solche Obsessionen und ein tief sitzender Frauenhass prägen auch den *Hexenhammer*: Frauen seien schwach im Glauben und von Natur aus wollüstig. Das mache sie anfällig für Unzucht mit Dämonen, die sie zum Teufelspakt verleiteten. Vor allem Sexuelles fasziniert Kramer, der auf die Liste der »Hexenwerke« neben dem Krankmachen von Mensch und Vieh, Töten und Verspeisen von Kindern und Verderben der Ernte auch Liebeszauber setzt sowie die Zufügung von Impotenz und das Weghexen des Penis.

Mit seinem *Malleus Maleficarum* scheint Kramer auf die in Innsbruck erlittene Demütigung zu reagieren. Zahlreiche Fehler in den ersten Auflagen deuten an, dass die Schrift in großer Eile verfasst wurde. Wichtig ist Kramer, mit größtmöglicher Autorität aufzuwarten. Dabei scheut er auch vor Fälschung nicht zurück. Das zustimmende Gutachten der Kölner theologischen Fakultät, das er einleitend abdruckt, wollen jedenfalls zwei der namentlich genannten Theologen nie unterzeichnet haben. Auch bestehen ernstliche Zweifel, ob der in späteren Auflagen als Co-Autor genannte Jacob Sprenger, ein angesehener Theologe und Inquisitor, am Werk beteiligt war. Authentisch ist zwar die päpstliche Bulle von 1484, die den Kampf Kramers und Sprengers gegen die Hexerei unterstützt; allerdings dürfte Kramer den Text vorformuliert haben.

Die Reaktionen der Kirche auf den *Hexenhammer* sind ambivalent. Die Inquisitoren in Spanien und Rom lehnen ihn als Prozessgrundlage ab; Kramer selbst aber wird innerhalb der Kirchenhierarchie befördert. Um die Reformatoren steht es kaum besser – im Gegenteil: Luther sieht in Hexenwerken die schlimmste Form der Ketzerei. Hexenprozesse finden in der Folge sowohl in katholischen als auch in protestantischen Gebieten statt, nicht nur in Deutschland. Folter und abergläubische »Beweisregeln« wie die berüchtigten »Hexenproben« waren dabei an der Tagesordnung.

Einspruch kam von Humanisten und frühen Aufklärern. Wohl am berühmtesten wurde die *Cautio criminalis*, die der Jesuit Friedrich Spee 1631 anonym veröffentlicht. Um nicht als Freund von Hexen verdächtigt zu werden, stellt Spee nicht die Existenz von Hexerei in Frage, sondern bezweifelt, dass sich mittels Folter die Wahrheit ermitteln lasse. Bis heute gilt seine geschickt argumentierende Schrift als Zeugnis aufgeklärter Humanität. Anfang des 18. Jahrhunderts konnte es der Hallenser Jurist und Philosoph Christian Thomasius dann endlich wagen, den Hexenwahn als solchen zu entlarven. Den *Malleus Maleficarum* verwirft er als eine »höchst verworrene Abhandlung«. Es sollte allerdings noch mehrere Jahrzehnte dauern, bis seine Ansicht sich allgemein durchsetzte. Bis dahin würden nach heutigen Schätzungen fünfunddreißig- bis vierzigtausend Frauen einen qualvollen Tod gefunden haben.

Christoph Kolumbus

1493

Von der Auffindung neuer Inseln im Indischen Meer

Auf dem Holzweg in die Weltgeschichte

Auch wenn er vermutlich zeitlebens davon überzeugt war, eine Westpassage nach Asien entdeckt zu haben, so gilt die erste Reise von Christoph Kolumbus 1492 nach Amerika als Epochenzäsur, als eines der Ereignisse, die die moderne Welt und das Selbstverständnis der Neuzeit begründen. Mit seinem Brief, in dem er von seinen Entdeckungen berichtet und der die Neuigkeiten wie ein Lauffeuer verbreitet, gibt Kolumbus quasi den Startschuss für den weltumspannenden Austausch von Waren und Menschen, den Beginn der Globalisierung und den rücksichtslosen Aufstieg Europas zur für Jahrhunderte dominierenden Weltregion. Das Zeitalter des Kolonialismus beginnt.

Spätestens seit Marco Polo Ende des 13. Jahrhunderts von seiner Asienreise berichtet hatte, erschien Indien (worunter man zumeist große Teile Süd- und Ostasiens verstand) vielen Europäern als verheißungsvolles Traumland voller Schätze. Zwar gab es seit Jahrtausenden Handelsbeziehungen mit Asien, da aber auf den bisher genutzten Wegen viele Zwischenhändler mitverdienen wollten, suchte man schon lange einen direkten Seeweg nach Indien und arbeitete sich langsam die Küste Afrikas entlang. Besonders Portugiesen und Spanier hatten aufgrund der jahrhundertelangen Kämpfe um die Vorherrschaft auf der Iberischen Halbinsel ein Interesse an Alternativen zu den bekannten Transportwegen durch muslimischen Einflussbereich. Vor diesem Hintergrund und bestärkt durch verschiedene Lektüren entwickelte Christoph Kolumbus, geboren 1451 in Genua, aber seit den 1470er Jahren in Portugal lebend, eine Art fixe Idee. Er wollte Indien erreichen, indem er nach Westen segelte, mit anderen Worten: eine Abkürzung in die Schatzkammer der Welt finden. Auf Grundlage falscher Entfernungsberechnungen und eines viel zu gering angesetzten Erdumfangs ging er davon aus, dass die Passage von Europa nach Asien in kurzer Zeit zu bewältigen sei. Er kam auf eine Distanz, die bei einem Fünftel der tatsächlichen Strecke lag, und entwickelte basierend darauf einen Plan, der, vom portugiesischen König abgelehnt, erst 1492 durch Unterstützung des spanischen Hofes umgesetzt werden konnte.

Nach einem Zwischenstopp auf Gomera stach Kolumbus am 6. September 1492 in See. Die Reise mit drei Schiffen und neunzig Mann dauerte länger als geplant, und die Mannschaften begannen nach vier Wochen unruhig zu werden. Immer wieder musste Kolumbus seine Männer zum Durchhalten überreden. Erst am 12. Oktober erreichten sie Land: die Bahamas. Kolumbus glaubte sich südlich von Japan und auf gutem Wege nach China. Er segelte weiter, gelangte nach Kuba und schließlich auf die Insel Hispaniola, die größte der Antillen, die er als Zeichen der Inbesitznahme »La Isla Española« nannte und auf der er mit fast vierzig Freiwilligen aus seiner Mannschaft die erste spanische Kolonie in der sogenannten Neuen Welt errichtete. Am 16. Januar 1493 machte er sich auf die beschwerliche und insgesamt dreimonatige Rückreise nach Spanien. Der Empfang am Königshof Ende März 1493 wurde zum strahlenden Höhepunkt in Kolumbus' Karriere. Er starb nach drei weiteren Reisen (1493–1504) verbittert und mit ramponiertem Ruf, galt er doch in seinem Amt als Gouverneur der von ihm entdeckten Gebiete als tyrannisch und inkompetent.

Noch auf dem Rückweg von der ersten Reise setzte Kolumbus am 15. Februar 1493 auf hoher See den Brief auf, der als erste Publikation über die Neue Welt in die Geschichte eingehen sollte. Adressiert an den Schatzmeister des spanischen Hofes wollte Kolumbus hier vor allem den Erfolg seiner Reise unterstreichen und die hohen Kosten rechtfertigen. Er beschreibt die entdeckten Gebiete (deren Größe er übertreibt) sowie deren Bewohner und skizziert ganz in christlicher Bildsprache ein Paradies auf Erden, das er der spanischen Krone gesichert habe. Er preist die Vegetation, die Fruchtbarkeit und den Reichtum an Bodenschätzen, Gewürzen und Baumwolle. Die nackten und schönen Inselbewohner, die Kolumbus als prädestinierte und perfekte Untertanen bezeichnet, seien gleichermaßen primitiv und furchtsam, aber auch ehrlich und hilfsbereit. Bereitwillig tauschten sie ihr Gold gegen wertlosen Plunder.

Da sich Kolumbus als gläubiger Katholik auch im Auftrag der gesamten Christenheit unterwegs wähnt, betont er, dass die Einheimischen keine rechte Religion besäßen und geglaubt hätten, die Spanier seien vom Himmel gekommen. Die entdeckten Gebiete erscheinen somit ideal für künftige Kolonisierung und Missionierung – nicht nur Spanien, sondern auch die Kirche, so legt es Kolumbus damit nahe, sei ihm zu Dank verpflichtet. Das in seinem Brief dominante Verständnis der indigenen Bevölkerung als einfach zu handhabende Verfügungsmasse der Europäer, dem die Versklavung der Einheimischen auf dem Fuß folgte, sollte die Ideologie des Kolonialismus insgesamt nachhaltig prägen.

Schon im Frühling 1493 wurde der Brief in Barcelona und noch im selben Jahr in lateinischer Übersetzung in Basel gedruckt. Die Sensation verbreitete sich schnell über ganz Europa und setzte Entwicklungen in Gang, die bis heute unser Leben bestimmen. Denn indem Kolumbus Amerika ins Bewusstsein der Europäer brachte und dort verankerte, war seine Reise der Ausgangspunkt für einen dauerhaften und kontinuierlichen Austausch zwischen den Kontinenten – mit anhaltenden Konsequenzen. Vor dem Hintergrund der umwälzenden Veränderungen in ökologischer, ökonomischer, sozialer und politischer Hinsicht, die die hier beginnende Globalisierung für Europa und Amerika mit sich gebracht haben, lässt sich festhalten, »dass die Reise des Kolumbus nicht die Entdeckung, sondern die Schaffung einer neuen Welt brachte« (Charles C. Mann). In diesem Sinne ist Kolumbus' Brief ein einzigartiges Dokument: die Geburtsurkunde dessen, was wir heute »die westliche Welt« nennen.

1494

Sebastian Brant
Das Narrenschiff

Der Narr als Spiegel der Gesellschaft

Sebastian Brants Moralsatire *Das Narrenschiff* zählt zu den Schlüsselwerken der Frühen Neuzeit. Am Ende des Mittelalters hält es seinen Zeitgenossen angesichts großer Umbrüche und grundlegenden Wandels den Spiegel vor. In einer Welt, die er voll von Narren sieht, bemüht sich Brant um die Durchsetzung eines gültigen Ordnungsschemas, das dem Einzelnen Orientierung bieten soll, indem es ihm Negativbeispiele vorführt. In diesem Sinne sind die gesammelten Narreteien in der Summe auch diagnostische Bestandsaufnahme und Sammlung von Krisenphänomenen der Zeit.

Wollte man Sebastian Brant und den Erfolg seines Werks *Das Narrenschiff* in heutiger Diktion beschreiben, so würde man ihn vermutlich einen Literaturstar und sein Werk einen Megaseller nennen müssen. Zu Lebzeiten war Brant, der 1457 in Straßburg geboren wurde und dort 1521 als Stadtschreiber und oberster Verwaltungsbeamter starb, jedenfalls der bekannteste deutschsprachige Autor, der vielen Zeitgenossen als größter deutscher Dichter galt.

Das Narrenschiff mit zahlreichen Illustrationen, von denen man viele Albrecht Dürer zuschreibt, erschien 1494 in Basel, und schon kurze Zeit später kamen sechs weitere Ausgaben und eine große Menge unautorisierter Nachdrucke auf den Markt. 1497 brachte ein Schüler Brants eine lateinische Übersetzung heraus, die die internationale Verbreitung des Werks in der gelehrten Welt maßgeblich beförderte und zur Grundlage weiterer Übersetzungen etwa ins Englische und Französische wurde. Damit avancierte

Brants *Narrenschiff* als erstes Werk der deutschen Literatur zu einem europäischen Phänomen. Es führte die Figur des Narren zwar nicht erstmalig in die Literatur ein, sicherte ihr dort aber einen festen Platz und wurde damit zum Ausgangspunkt einer ganzen literarischen Gattung, die in der Folge dann etwa durch die Geschichten um Till Eulenspiegel oder die Schildbürger im 16. Jahrhundert weiter popularisiert wurde. Die Beliebtheit des *Narrenschiffs* scheint das noch befördert zu haben: Bis zum Ende des 16. Jahrhunderts waren bereits siebenundsiebzig Ausgaben gedruckt worden.

Der Erfolg von Brants Werk dürfte wohl darin begründet liegen, dass es sich gleichermaßen an gelehrte wie weniger gebildete Leser richtete, dass ein dichtes Netz von philosophischen und literarischen Bezügen geknüpft wird, das Buch aber gleichzeitig unterhaltsam und sehr komisch ist. Neu war auch die enge Verzahnung von Text und Bild, die dem Werk gerade für nicht ganz so geübte Leser einen besonderen Reiz verlieh. *Das Narrenschiff* reiht sich ein in die Tradition moralisch-didaktischer Schriften in Versform, die ihre Leser in satirischem Gewand belehren, bessern und zu Weisheit führen wollen: Im Lachen soll Erkenntnis reifen. In hundertzwölf Kapiteln präsentiert es jeweils eine »Narrheit«, eine menschliche Schwäche, ein Laster oder ein Beispiel falschen Verhaltens, um so eine Art Narren-Katalog zu erstellen. Der gespannte Bogen der Narrheiten reicht dabei von Privatem (Erziehung der Kinder, Ehe, körperliche Reize), Fragen des gesellschaftlichen und sozialen Miteinanders bis zur Politik, zum Rechtsleben und zur Religion. Die wenig systematische Abfolge der einzelnen Kapitel, die wohl dem Prinzip der Abwechslung verpflichtet ist, wird durch das titelgebende Bild zusammengehalten – denn all die Narren haben sich auf einem Schiff versammelt, um gemeinsam nach »Narragonien« zu reisen.

Die individuellen Narrheiten werden in der Zusammenschau als Symptome einer Krise erkennbar, sie stehen für eine Zeit, die aus den Fugen geraten scheint. Der Narr ist bei Brant nicht mehr die Ausnahme, sondern der Standardfall in einer Welt, die zu einem Narrenschiff verkommen ist. Das Schiff als geläufiges Bild für das menschliche Dasein fungiert hier gleichzeitig als Gegenmodell zum Schiff des Glaubens. Auf dem Narrenschiff versammelt man sich eben nicht, um das Heil zu erlangen, sondern um in den Untergang zu segeln. Brants Ziel ist es, die Menschen wieder auf den richtigen Weg zu bringen, der für den Einzelnen immer schwerer zu finden sei.

Seine Zeitkritik verknüpft Brant ganz explizit mit der zentralen Medienrevolution, wenn er am Anfang seiner Vorrede den Buchdruck erwähnt, der zu einer Fülle an Publikationen und dadurch zu einer Unübersichtlichkeit und Entwertung der Schrift geführt habe: »Ja, Schrift und Lehre sind veracht't, / Es lebt die Welt in finstrer Nacht / Und tut in Sünden blind verharren; / Alle Gassen und Straßen sind voll Narren.« Aus Brants Perspektive geht mit dem Zuwachs an Druckerzeugnissen nicht automatisch eine Besserung der Menschen einher, sondern sie bedürfen nach wie vor der Anleitung – die aber nun glücklicherweise mit dem *Narrenschiff* vorliege. Derjenige, der also in den chaotischen Zeiten die Übersicht behält und den Weg zur gültigen Ordnung und zum guten Leben weisen kann, ist eben nicht derjenige, der Bücher anhäufe (auch ein Narr in Brants Typologie), sondern eben der »echte« Gelehrte, wodurch dem Werk in gewisser Hinsicht auch der Versuch einer Rechtfertigung des eigenen Tuns und einer Absicherung des eigenen Status eingeschrieben ist.

Brant gilt ungeachtet seiner pessimistischen Weltsicht und konservativen Einstellung als zentraler Vertreter einer humanistischen Erneuerung des geistigen Lebens in Deutschland. Der Erfolg unter Frühhumanisten war jedenfalls von Anfang an groß, weil das *Narrenschiff* als eine Art Heilmittel für die närrische Menschheit gelesen wurde. Man lobte, dass Brant den Stil Ovids für die deutsche Literatur fruchtbar gemacht habe, und verglich ihn in seiner Bedeutung für die Begründung einer Nationalpoesie mit Dante. In Brants Werk sah man die erste deutsche Satire in antiker Tradition und adelte es schon bald zu einem Klassiker. Es gilt noch heute als eines der wichtigsten Bücher seiner Zeit und blieb bis zum Triumph von Goethes *Werther* das erfolgreichste literarische Werk in deutscher Sprache.

Thomas Morus

Utopia

Von idealen Welten und Schildbürgerstreichen

Mit seinem Roman über die ferne Insel Utopia, in der die Menschen gleichberechtigt, besitzlos und glücklich in einem paternalistischen Wohlfahrtsstaat leben, hat der heilige Thomas Morus (1478 – 1535) das Referenzwerk schlechthin für soziale Utopien und fantastische Literatur gleichermaßen geschaffen. Auch deutsche Autoren haben sich früh inspirieren lassen. Wie sehr Morus selbst sein Utopia als Ideal begriff, ist bis heute umstritten. Vermutlich gerade wegen dieser Ambivalenz wirkt das Werk bis in unsere Tage in vielfältiger Weise als Inspiration für Denker, Literaten und Filmemacher.

Heiliggesprochen wurde Thomas Morus (More), ehemaliger Lordkanzler König Heinrichs VIII. von England, weil er wegen seines katholischen Glaubens 1535 geköpft wurde. Bleibenden Ruhm hat er sich mit einem Buch erworben, das einem ganzen Literaturgenre den Namen gab. *Utopia*, genauer *De optimo rei publicae statu deque nova insula Utopia* (etwa: *Von der besten Verfassung des Staates und der neuen Insel Utopia*), erschien 1516 im flandrischen Löwen, Nachdrucke aus Paris und Basel folgten alsbald.

Zunächst lässt der Autor einen portugiesischen Reisenden, Raphael Hythlodeus, Kritik an sozialen Missständen in England üben. Unter Bezug auf Platons *Politeia* stellt er fest, man dürfe »auf eine vollständige Behebung der Übelstände und auf den Eintritt eines erfreulichen Zustandes [...] ganz und gar nicht hoffen, solange jeder noch Privateigentum besitzt«. Sodann stellt Raphael die Insel Utopia (deutsch: Nicht-Ort) als Gegenentwurf vor. In deren egalitärer Gesellschaft gibt es kein Privateigentum; wie zu Maos

Zeiten oder im heutigen Nordkorea tragen die Menschen Einheitskleidung, sie essen in Gemeinschaftshäusern. Mehrere Religionen (das Christentum ist unbekannt) leben nebeneinander. Alle Utopier müssen ein Handwerk erlernen sowie einige Zeit auf den Feldern arbeiten. Anwälte gibt es nicht. Eine strikte Bevölkerungspolitik sorgt für Zwangsumsiedlungen, um die Einwohnerzahl auf der Insel und in ihren vierundfünfzig Städten konstant zu halten. In jedem Haushalt leben zehn bis sechzehn Erwachsene zusammen, je dreißig Haushalte (stimmberechtigt sind nur freie Männer) wählen jährlich einen Vorsteher, zehn Vorsteher einen Vorgesetzten. Der Bürgermeister wird auf Lebenszeit gewählt, sofern er nicht tyrannisch wird. Die Utopier kennen Sklaverei, drakonische Strafen für Ehebruch und unerlaubtes Reisen und praktizieren Euthanasie an Todkranken. Friedliebend, wie sie sind, führen sie Kriege nur aus »gerechtem« Grunde.

Morus' schmales Büchlein verbreitet sich schnell in Humanistenkreisen. Erasmus von Rotterdam betreut die erste Ausgabe, François Rabelais bezieht sich in seinem *Gargantua* 1534 namentlich auf das Werk; bekannte frühe Utopien sind 1602 Tommaso Campanellas *Sonnenstaat* und Francis Bacons *Neu-Atlantis* von 1627. Auch in Deutschland wird die Schrift rezipiert. 1521, drei Jahre vor Erscheinen einer Übersetzung (*Von der wunderbarlichen Innsul Utopia genannt*), entwirft Johann Eberlin von Günzburg in *Die fünfzehn Bundesgenossen* Wolfaria, einen protestantisch-frommen Wohlfahrtsstaat, in dem es recht sittenstreng zugeht. Aus der gegenreformatorischen Ecke stammt Kaspar Stiblins Macaria (in seinem *Commentariolus de Eudaemonensium Republica* von 1555), eine Nachbarinsel Utopias, deren sittlich wie technisch hoch entwickelte Gesellschaft ganz auf das Leben nach dem Tode ausgerichtet ist. 1619 erschafft Johann Valentin Andreae sein *Christianopolis*, eine protestantische Erziehungsdiktatur.

Bei so viel Frömmigkeit erfrischt das 1597 anonym veröffentlichte *Lalebuch* mit seiner Subversion (1598 erscheint es in Bearbeitung unter dem bekannteren Titel *Die Schiltbürger*). Dessen Laleburg ist kein Ort in der Ferne der Neuen Welt, sondern ein untergegangener Flecken, von dem nur noch Ruinen stehen. Vor seinem Vorbild verneigt sich der Autor nicht bloß, indem er Laleburg in ein Utopien genanntes Reich verpflanzt (erkennbar das Heilige Römische Reich), sondern auch, weil der Name Lale aus dem Griechischen stamme »und einen Schwetzer (wie die Griechen gemeinlich sind, doch nicht alle) heisset«. Als »Schwätzer« nämlich lässt sich auch der Nachname von Morus' Reisendem übersetzen...

Wie ernst war es also Morus mit seiner Utopie? Karl Kautsky, Theoretiker der frühen SPD, sah in ihm den »Vater des utopischen Sozialismus«; der Philosoph Ernst Bloch nannte den Roman »das erste neuere Gemälde demokratisch-kommunistischer Wunschträume«. Gerade die Namenswahl, aber auch innere Widersprüche sowie die Biografie Morus' (der Jurist, fromm und vermögend war) sprechen gegen eine rein affirmative Lesart von *Utopia*. Da das Buch aber gewiss auch dem England seiner Zeit den Spiegel vorhalten sollte, haftet dem »etwas hingehuschten, in sich widersprüchlichen Geniewerk« (Rudolf Augstein) etwas Spielerisches an. Der Verfasser des *Lalebuchs* scheint das ähnlich gesehen zu haben.

Schon der Abriss der frühen deutschen »Utopien« zeigt die Inspiration, die von Morus' *Utopia* ausgeht: sei es als Muster von Sozialkritik, als Entwurf einer besseren Gesellschaftsordnung oder als Satire. Ob Daniel Defoes *Robinson Crusoe* (1719) und spätere Robinsonaden (wie Johann Gottfried Schnabels Erfolgsroman *Die Insel Felsenburg*, 1731–1743), ob Jonathan Swifts *Gullivers Reiser* (1726), berühmte »negative Utopien« (Dystopien) des 20. Jahrhunderts, wie George Orwells *1984* und Aldous Huxleys *Schöne neue Welt*, oder aber die Science Fiction – sie alle verdanken sich Morus' Geniestreich, der heute längst auch ein Klassiker der politischen Philosophie ist.

Dass der Titel des Buchs in den allgemeinen Wortschatz übergegangen ist, mag auch damit zusammenhängen, dass die Menschheit ganz ohne Utopien ärmer wäre. Oder mit Jürgen Habermas' Worten: »Wenn die utopischen Oasen austrocknen, breitet sich eine Wüste von Banalität und Ratlosigkeit aus.«

1525

Albrecht Dürer

Underweysung der Messung

Mathematik als Grundlage der Malerei

Mit der ersten seiner kunsttheoretischen Schriften legt Albrecht Dürer (1471–1528) ein Lehrbuch der angewandten Geometrie in deutscher Sprache vor. Es soll Werkleuten – Kunst und Handwerk liegen noch dicht beieinander – die Grundzüge der Mathematik näherbringen und ihnen bei der korrekten Ausrichtung ihrer Entwürfe und Modelle helfen. Dazu entwickelt Dürer auf Grundlage seiner geometrischen Studien Techniken, mit denen die Zentralperspektive zur Geltung gebracht werden kann – jene Perspektive aus dem »Auge des Betrachters«, die wie kaum etwas anderes der europäischen Renaissance visuellen Ausdruck verliehen hat.

» Ich, Albrecht Dürer, bin am Prudentientage, der war am Freitag, da man gezählt hat 1471 Jahr, in der freien Reichsstadt Nürnberg geboren«, notiert er in sein Erinnerungsbuch. »Ich, Albrecht Dürer« – der Auftakt ruft die Selbstbildnisse des Künstlers ins Gedächtnis und erinnert daran, dass er als einer der ersten deutschen Maler und Grafiker seine Werke mit seinem Monogramm signierte, um deren Echtheit zu beglaubigen. Dieser Albrecht Dürer repräsentiert einen neuen Künstlertypus in Deutschland. Nicht als der demütige namenlose Meister frommer Altarbilder tritt der Nürnberger uns entgegen, sondern als ein Künstler, der sich seiner selbst und seines Wertes bewusst ist. Kaiser Maximilian I. gehört zu seinen Förderern und Auftraggebern, vergeblich bot man ihm in Venedig und in Antwerpen festen Sold, um ihn in der Stadt zu halten.

Dürer sucht und findet Anschluss an Humanistenkreise, er schafft vermutlich die Illustrationen zu Sebastian Brants *Narrenschiff* und gehört zu den frühen Anhängern Luthers. Vor allem aber gilt sein Interesse den exakten Wissenschaften, die mit der italienischen Renaissance neuen Aufschwung genommen haben. Gleich zweimal reist er nach Italien, von 1505 bis 1507 lebt er in Venedig. Von dort bringt er eine Neuausgabe von Euklids *Elementen* mit: »Dieses Buch habe ich zu Venedig um einen Dukaten gekauft im 1507ten Jahr«, trägt der stolze Besitzer ein und vertieft sich in die Mathematik der Antike. In der Geometrie sieht er nichts weniger als den Schlüssel zur Schöpfung Gottes. Sie erklärt den Aufbau der Natur, die Proportionen, die Verhältnisse der Dinge und Glieder zueinander. »Ars sine scientia nihil est«, »Kunst ohne Wissenschaft ist nichts«, wird der französische Baumeister der Spätgotik, Jean Mignot, zitiert, und daran glaubt auch Dürer fest.

1525 erscheint die erste seiner kunsttheoretischen Schriften, die zugleich ein Lehrbuch der angewandten Geometrie ist: *Underweysung der messung mit dem zirckel und richtscheyt*. Bewusst schreibt er auf Deutsch, gilt das Werk doch nicht Mathematikern, sondern »den Jungen und denen so sonst niemanden haben, der sie treulichst unterrichtet«. Für die geometrischen Figuren schafft er eigene Begriffe, zum Beispiel »Gabellinie« (für die Hyperbel), »Brennlinie« (für die Parabel), »Schneckenlinie« (für die Spirale). »Am Ende vermochte der ›arme Maler‹ nicht nur komplizierte geometrische Konstruktionen kürzer, klarer und erschöpfender zu beschreiben als irgendein professioneller Mathematiker seiner Zeit«, schreibt der Kunsthistoriker Erwin Panofsky, »er drückte auch historische Tatbestände und philosophische Ideen in einem Prosastil aus, der nicht weniger klassisch war als Luthers Bibelübersetzung.«

Wie die im Titel genannten Zeichenwerkzeuge andeuten, ging es Dürer aber nicht allein um die Veranschaulichung abstrakter Lehren. Sein Ziel war es, die Grundzüge der Geometrie für Werkleute zu erschließen, damit diese ihre Entwürfe und Modelle mathematisch korrekt ausrichten konnten. Die Synthese aus Mathematik und praktischer Kunstfertigkeit mag nicht bei jedem verfangen haben; immerhin jedoch erlebte Dürers *Underweysung* in den ersten acht Jahrzehnten nach ihrem Erscheinen fünf deutsche und fünf lateinische Neuauflagen. Für Dürer selbst jedenfalls waren Geometrie und Messung »die eigentliche Grundlage der Malerei«, wie er in der Widmung an seinen Freund, den Humanisten Willibald Pirckheimer, schreibt.

Davon zeugen nicht zuletzt jene berühmten Holzschnitte, auf denen Dürer die Werkstatt des Künstlers zeigt: wie etwa mittels dreier Fäden jeder Gegenstand perspektivisch getreu abgebildet werden kann *(Der Zeichner der Laute)*; wie ein Zeichner eine Liegende durch ein Gitterfenster auf ein kariertes Papier rastert *(Der Zeichner des liegenden Weibes)*; wie er sein Motiv mittels eines Glastafelverfahrens realitätsgetreu abzeichnet *(Der Zeichner der Kanne)*. Einige dieser Abbildungen bringt schon die erste Ausgabe der *Underweysung*, andere finden später ihren Weg in das Buch. Alle diese Verfahren dienen dazu, die Zentralperspektive zu treffen, jenes neue Verfahren der Darstellung, in dem der Bildraum den Sehraum zu imitieren versucht, um die Illusion von Tiefe zu erzeugen. Dürer brachte es aus Italien mit, wohin er, laut einem Brief an Pirckheimer im Herbst 1506, reiste »um der Kunst in geheimer Perspektive willen, die mich einer lehren will«.

Dass die Zentralperspektive ausgerechnet in der Malerei und Grafik der Renaissance den Siegeszug antritt, kommt nicht von ungefähr. Für den schon zitierten Erwin Panofsky spiegelt sich in der Art der künstlerischen Darstellung teils bewusst, teils unbewusst die Weltsicht einer Epoche. Dies gilt zumal für die Perspektive, die eine bestimmte Darstellungsweise mit einer bestimmten Anschauung der Welt, einer Weltanschauung, verknüpft. Die Zentralperspektive ordnet die Dinge so, wie sie sich dem menschlichen Auge präsentieren. Sie ist darum kaum realistischer als eine Perspektive, die etwa die Seiten eines Möbelstücks maßstabgerecht auf das Papier bannt. Mit ihrem subjektiven Standpunkt aber trifft sie den (Seh-)Nerv der Zeit. Einer Zeit, in der ein Künstler selbstbewusst schreiben kann: »Ich, Albrecht Dürer«.

Niccolò Machiavelli

Der Fürst

1532

Aus dem Maschinenraum der Macht

Obwohl er ein eher überschaubares Gesamtwerk vorlegte, hat es Niccolò Machiavelli in jedes Wörterbuch geschafft, denn mit dem Schlagwort vom »Machiavellismus« wird heute ganz allgemein eine bedenkenlose Machtpolitik bezeichnet. Das schmale Bändchen *Il Principe*, auf das diese Begriffsprägung zurückgeht, gilt auch fast fünfhundert Jahre nach der Erstveröffentlichung als einer der wichtigsten Texte der politischen Theorie. Erstmals wurde hier ein modernes Politikverständnis entfaltet, das (einseitig rezipiert) die Wahrnehmung des politischen Lebens noch immer weitgehend prägt.

Als 2013 die erste Staffel der TV-Serie *House of Cards* ausgestrahlt wurde, in der sich der fiktive Politiker Frank Underwood mittels strategischer Schachzüge, schmutziger Absprachen und skrupelloser Intrigen immer mehr Macht verschafft, überschlugen sich die Kritiker vor Begeisterung. Neben den spannenden Handlungsverwicklungen und der dichten Atmosphäre wurde allseits hervorgehoben, dass die Serie eine Umsetzung von Ideen und Konzepten sei, die zu Beginn des 16. Jahrhunderts von dem italienischen Philosophen und Politiker Niccolò Machiavelli zu Papier gebracht wurden: Frank Underwood sei »ein Machiavelli in Washington, der mit mathematischer Präzision seine Schachzüge plant«, meinte etwa Fritz Göttler in der *Süddeutschen Zeitung*. Die Erwähnung Machiavellis diente dabei zumeist als Kurzform einer bestimmten Lesart des politischen Geschäfts, derzufolge Politiker nur zwei Interessen hätten: erst an die Macht zu kommen und dann an der Macht zu bleiben.

Machiavellis Ideen, auf die sich die Kritiker beriefen, stammen vor allem aus seiner kurzen Abhandlung *Il Principe (Der Fürst)*, in der er sich tatsächlich vor allem mit dem Erwerb, der Verteidigung und dem Ausbau von Macht beschäftigt – allerdings nicht (was oft unterschlagen wird) um ihrer selbst willen. Denn der eigentliche Erfolg des Fürsten erweise sich erst in der Blüte des Gemeinwesens. Dass das Bändchen trotzdem oft als Ratgeber für machthungrige Herrscher verstanden wurde, liegt wohl vor allem an der strukturellen Entkopplung von Politik und Moral, die Machiavellis Ausführungen prägt. Denn er beabsichtigte nicht, die Tradition der antiken oder humanistischen Fürstenspiegel fortzuschreiben, in denen das Verhältnis vom guten Herrscher und den treuen Beherrschten meist einer idealistischen Wunschvorstellung folgte. Machiavelli wollte stattdessen eine Schrift vorlegen, die seinem eher pessimistischen Menschenbild entsprach und in diesem Sinne realitätsnah sein sollte – es schien ihm, wie er selbst es ausdrückte, »gerathener, der thatsächlichen Wahrheit der Dinge nachzugehen als der Einbildung von ihnen«. Vor diesem Hintergrund, so der Historiker Volker Reinhardt, »formulierte Machiavelli als Erster überhaupt die Grundsätze der Staatsräson: Der Herrscher, der dem Staat dient, muss die Gesetze der traditionellen Moral verletzen. Schreckt er davor zurück, geht er zusammen mit seinem Staat unter«. Damit profilierte Machiavelli erstmals ein modernes Verständnis von Politik als eigenständigem Handlungsfeld, das eigenen Werten und Regeln folgt, was nicht nur im Widerspruch zu herrschenden Moralvorstellungen stand, sondern womit er auch die Bedeutung der christlichen Tugendlehre als gesellschaftliches Fundament infrage stellte. So heißt es im Text etwa, »daß ein Fürst, zumal ein *neuer* Fürst, nicht alle die Dinge befolgen kann, derentwegen man die Menschen für gut hält« und »daß eben *die* Fürsten Großes vollbracht, die auf die Treue wenig gegeben, und die Gehirne der Menschen mit List zu bethören gewußt«. Die Fähigkeit zur Verstellung ist für Machiavelli eine Voraussetzung für den erfolgreichen Politiker, denn in der Politik gehe es mehr um Schein als um Sein. In diesem Verständnis ist Politik immer auch eine Frage der Inszenierung. Machiavellis Credo, das seine Idee der Staatsräson, sein Menschenbild und die Bedeutung der Inszenierung vereint, lautet: »Es sorge demnach ein Fürst, die Oberhand und den Staat zu behaupten, so werden die Mittel immer ehrenvoll, und von jedermann löblich befunden werden: weil der Pöbel immer von dem, was scheint, und der Dinge Erfolg befangen wird; und in der Welt ist nichts als Pöbel.« Der Herrscher müsse sich zwar das Image eines guten Fürsten erwerben, wenn es aber die Situation erfordere, auch zu Gewalt greifen, um Interessen durchzusetzen. Dass Machiavelli die Gewalt, die er auch die Kampfart der Tiere nennt, nur dann empfiehlt, wenn die Gesetze nicht ausreichen, wurde in der Rezeption oft übersehen. So plädiert er nicht für die grundsätzliche Amoralität des Herrschers, sehr wohl aber für eine gewisse Flexibilität, denn im Notfall und im Sinne des Gemeinwohls habe sich der Herrscher über die Zwänge der personalen Moral hinwegzusetzen.

Machiavellis negatives Weltbild ist biografisch als Resignation des gescheiterten Republikaners zu verstehen. Er wurde 1469 in ärmlichen Verhältnissen in der Republik Florenz geboren. In politisch unruhigen Zeiten – die bis dahin tonangebenden Medici waren 1494 vertrieben worden, und das kurze Zwischenspiel einer Art theokratischen Republik unter dem Dominikanermönch Savonarola endete 1498 mit dessen Hinrichtung – wurde er 1498 Staatsminister und verantwortete die Außen- und Verteidigungspolitik. In dieser Funktion setzte er verschiedene Reformen durch und wurde ein Experte auf dem politischen Parkett: So traf er

Die Macht des Wassers
Auf einer diplomatischen Mission lernte Machiavelli 1502 Leonardo da Vinci kennen, der als Militärarchitekt und -ingenieur am Hof Cesare de Borgias arbeitete. Während des mehrmonatigen Aufenthalts scheinen sich die beiden Männer schnell schätzen gelernt zu haben. Gemeinsam entwickelten sie ein komplexes Projekt: Um das immer wieder aufsässige Pisa in die Knie zu zwingen, planten sie, den Fluss Arno über einen Kanal teilweise um bis zu zwanzig Kilometer weit umzuleiten und so der Stadt wortwörtlich das Wasser abzugraben. Das (über-)ambitionierte Projekt wurde nie verwirklicht.

auf zahlreichen diplomatischen Missionen den französischen König und den Papst. Entsprechend tief fiel er, als 1512 die Medici wieder die Macht in Florenz übernahmen: Machiavelli wurde seines Amtes enthoben. Als vermeintlicher Verschwörer gegen die neuen Machthaber wurde er 1513 mehrfach gefoltert und anschließend verbannt. Außerhalb von Florenz brachte er dann in wenigen Monaten desselben Jahres *Il Principe* zu Papier, das erst posthum 1532 veröffentlicht wurde. Doch der Versuch, sich dadurch das Wohlwollen der neuen alten Machthaber zu erarbeiten, scheiterte: Bis zu seinem Tod 1527 bemühte sich Machiavelli vergeblich darum, in Florenz zu neuem Ansehen zu gelangen.

Bald nach seinem Tod stieg er dann allerdings aufgrund seiner Schriften (ergänzend zu *Il Principe* ist vor allem das ebenfalls erst posthum 1531 veröffentlichte Werk *Discorsi* zu nennen) zur bestimmenden Größe in den Debatten zur politischen Theorie auf. Manche (Francis Bacon, Baruch de Spinoza, Jean-Jacques Rousseau) lasen ihn quasi gegen den Strich und entdeckten in ihm den Republikaner, der keine Handlungsanleitung vorgelegt, sondern die brutale Praxis der Herrscher demaskiert und damit dem Volk die Augen zu öffnen versucht habe. Doch insgesamt dominierte bis ins 18. Jahrhundert eine kritische Lesart. Machiavelli galt als Theoretiker brutaler Machtpolitik, der den Herrschenden effektive Ratschläge gab, an denen sie ihr bisweilen grausames Handeln ausrichteten. Großen Anteil an der Verbreitung dieser Deutung hatte die katholische Kirche, die sich im Zuge der Gegenreformation um die Wiederherstellung ihrer Autorität bemühte und an Machiavelli ein Exempel statuieren wollte. 1557 wurde *Il Principe* vom Vatikan auf den Index verbotener Bücher gesetzt – dabei war die Erstausgabe noch in den vatikanischen Druckereien produziert worden. Die Diskussionen um Machiavellis Schriften beförderten aber nur seine Bekanntheit und führten zu einer breiten Rezeption. Schnell zirkulierten zahlreiche Drucke, Übersetzungen und Abschriften. Doch auch die Protestanten sahen in Machiavelli die Verkörperung des Bösen: Als 1572 in Frankreich Tausende Hugenotten abgeschlachtet wurden, führten das viele auf den Einfluss der Königinmutter Katharina von Medici zurück (Tochter desjenigen Medici, dem *Il Principe* gewidmet war), womit man den eigentlichen Urheber der Bartholomäusnacht schnell ausmachen zu können meinte: Machiavelli. Insgesamt lässt sich schon früh beobachten, was die Auseinandersetzung mit *Il Principe* bis heute prägt: ein Widerspruch zwischen Ablehnung der Theorie und ihrer Befolgung in der Praxis. Eindrucksvoll stellte das Friedrich der Große unter Beweis, dessen von Voltaire herausgegebener *Anti-Machiavel* 1740 zeigen sollte, dass Machiavelli auf ganzer Linie geirrt habe. Dass der Aufklärer Friedrich als Kronprinz die notwendige Trennung von Moral und Politik nicht gelten lassen wollte, liegt auf der Hand, auch wenn er als König dann oft im Sinne Machiavellis handelte.

Gegen Ende des 18. Jahrhunderts kommt es zu einer Neubewertung. Herder bemüht sich um eine Rehabilitierung Machiavellis, indem er betont, dass dessen »rein politisches Meisterwerk« ein Kind seiner Zeit sei, für italienische Fürsten nach deren Grundsätzen geschrieben. Im Gegensatz dazu bemühen sich Hegel und Fichte darum, seine Lehren für ihre Gegenwart zu akzentuieren. Sie ebnen den Weg zu jener Deutung, die die Machiavelli-Rezeption in Deutschland im 19. und 20. Jahrhundert prägen wird und ihn vor allem als Ratgeber auf dem Weg zu staatlicher Einheit versteht: Nur ein großer Politiker könne die Kleinstaaterei beseitigen, und vor diesem Hintergrund wurde etwa Bismarcks Vorgehen als machiavellistisch im positiven Sinne verstanden. Dass sich später dann Hitler in selbstlegitimierender Absicht auf Machiavelli berufen haben soll, zeigt einmal mehr: Jede Zeit konstruiert sich ihren eigenen Machiavelli.

Klar wird aber auch: Ungeachtet ihrer Entstehung in ganz spezifischen Zeitumständen kommt Machiavellis Überlegungen eine Allgemeingültigkeit zu. Indem er die Eigengesetzlichkeiten der Politik beschreibt und sie damit (in den Worten des Systemtheoretikers Niklas Luhmann) als autonomes System etabliert, verfolgt er einen Ansatz, der in seiner Neuartigkeit weit über seine Zeit hinausweist. In diesem Sinne wird Machiavelli von Otfried Höffe zu Recht als »Pionier der Moderne« bezeichnet.

1534

Martin Luther

Biblia, das ist die gantze Heilige Schrifft Deudsch

Spaltung der Kirche, Einheit der Sprache

Mit seiner Bibelübersetzung wollte Martin Luther eine volkstümliche Fassung der Heiligen Schrift vorlegen, die von jedermann verstanden würde. Dank seiner am Vortragsstil orientierten, kraftvollen und poetischen Sprache und dank der noch jungen Buchdruckkunst fand das Werk schnell und nachhaltig weite Verbreitung. Hierdurch gelang Luther ein wichtiger Beitrag zur Vereinheitlichung der deutschen Sprache. Zugleich schuf er ein Modell für Erbauungstexte generell. Ein Bestseller damals wie heute, ist die Lutherbibel vielleicht eines *der* Bücher der Deutschen schlechthin.

1534 erstmals erschienen, ist *Biblia, das ist die gantze Heilige Schrifft Deudsch* ein Meilenstein in der Entwicklung der deutschen Sprache. Dass Martin Luther Schöpfer der deutschen Hochsprache wäre, wie der Geniekult des 19. Jahrhunderts propagierte, davon kann zwar keine Rede sein; doch hat er mit seiner Bibelübersetzung die deutsche Sprache wie kein Zweiter geprägt. Er hat Begriffe (»friedfertig«, »Denkzettel«) und Redewendungen (»im Dunkeln tappen«, »Stein des Anstoßes«) erfunden, zur Vereinheitlichung der deutschen Sprache in Begriffen, Grammatik und Schreibweisen beigetragen – und jenes ästhetische Maß geschaffen, das wir bis heute an Predigten und Erbauungstexte legen. Jede Modernisierung der lutherschen Sprache scheint das Bibelwort zu profanieren. Wem wird schon weihnachtlich ums Herz, wenn es mit der Einheitsübersetzung von 2016 heißt: »Es geschah aber in jenen Tagen, dass Kaiser Augustus den Befehl erließ, den ganzen Erdkreis in Steuerlisten einzutragen«? Auch wenn das Wörtchen

»aber« und der »ganze Erdkreis« der Poesie des Vorbilds nacheifern – »richtig« muss es schließlich lauten: »Es begab sich aber zu der Zeit, dass ein Gebot von dem Kaiser Augustus ausging, dass alle Welt geschätzet würde.«

»Gottes Wort bleibt ewig« steht über der Titelseite der ersten Lutherbibel. Diese Aussage verweist auf einen zentralen Lehrsatz der Reformation: *Sola scriptura* – nur durch die Schrift – wird die Heilsbotschaft vermittelt, sie bedarf keiner kirchlich verordneten Glaubenslehren. Dass die Kirche und ihre Amtsträger nur dienende Funktion haben, ist Grundlage für die religiöse Mündigkeit der Laien. Diese sollen Gottes Wort selbst lesen, hören und verstehen können. Den Gläubigen die Heilige Schrift in deutscher Sprache in die Hand zu geben – das war somit ein zentraler Auftrag für den Reformator Martin Luther (1483–1546).

Für den damaligen Augustinermönch und Professor für Bibelauslegung an der Universität Wittenberg wurde eine Reise nach Rom zum Schlüsselerlebnis. Von dem ausschweifenden Leben am Hof Papst Julius' II. fühlte er sich abgestoßen. Vor allem aber begehrte er gegen den schwunghaften Ablasshandel auf. »Wenn das Geld im Kasten klingt, die Seele aus dem Feuer springt«, hieß es auf dem sogenannten Tetzel-Kasten, mit dem der Dominikaner Johann Tetzel durch deutsche Lande zog. Nicht durch Geld, sondern nur durch Buße, so Luther, sei Erlösung zu erlangen. Seinen Protest fasst er in fünfundneunzig Thesen. Ob er diese tatsächlich am 31. Oktober 1517 an die Tür der Schlosskirche zu Wittenberg nagelt, ist historisch nicht gesichert. Jedenfalls verbreitet sich seine Lehre so schnell, dass Rom Widerruf fordert und ihm mit dem Kirchenbann droht. Stattdessen provoziert Luther weiter. Auf die Verbrennung seiner Schriften reagiert er mit Verbrennung der Bannandrohungsbulle. Kaiser Karl V. zitiert ihn vor den Reichstag in Worms. Doch erneut weigert sich Luther zu widerrufen. Die Worte »Hier stehe ich, ich kann nicht anders« hat er so zwar nicht gesprochen, sie stimmen aber sinngemäß. Am 26. Mai 1521 wird über Luther die Reichsacht verhängt. Zwar ist ihm für die Rückreise aus Worms freies Geleit zugesichert, doch hält sein Landesherr, der sächsische

Kurfürst Friedrich der Weise, es für ratsam, eine Entführung zu fingieren und Luther auf der Wartburg in Eisenach in Schutzhaft zu nehmen. Hier lebt er knapp ein Jahr lang inkognito als »Junker Jörg«.

Im Dezember 1521 beginnt Luther mit seiner Arbeit an der Übersetzung der Bibel, zunächst des Neuen Testaments. Wichtig ist ihm, nicht nur auf die *Vulgata*, die übliche lateinische Übersetzung, zurückzugreifen, sondern in erster Linie auf die originalen Sprachfassungen. Denn: »Die Ebräer trinken aus der Bornquelle; die Griechen aber aus den Wässerlin, die aus der Quelle fließen; die Lateinischen aber aus den Pfützen.« Da Luthers Griechisch nicht das Beste ist, hilft ihm eine zweisprachige Ausgabe des Neuen Testaments aus der Feder Erasmus' von Rotterdam. Seine eigene Übersetzung geht rasant vonstatten; schon Anfang März 1522 kann er den Text Philipp Melanchthon zur Durchsicht geben. Mühseliger gestaltet sich die Übertragung des Alten Testaments. Im Hebräischen ist Luther Autodidakt; auch hat er keinen Kontakt zu Rabbinern, denen er misstraut. Die Übersetzung geriet ihm daher insgesamt recht christlich, da ihn seine »Wünschelrute« nur dort zur Texttreue führte, »wo das Alte Testament [...] für ihn, den Christen, lebendiges Gotteswort war« (Franz Rosenzweig). Durch Wiederaufnahme seiner Lehrtätigkeit und durch Reisen, durch den Aufbau der reformierten Kirche, durch die Bauernkriege und durch Krankheit verzögert sich der Abschluss des Projekts. Die letzten Übersetzungen fertigen Melanchthon und Justus Jonas. Melanchthon ist auch Mitglied des Redaktionsteams, dem die Schlussrevision obliegt. Alle Formulierungen werden überprüft; über Änderungsvorschläge entscheidet Luther selbst.

Luthers Bibel war nicht die erste Übersetzung der Heiligen Schrift ins

Von Münzen und Schafböcken
Um den Bibeltext möglichst präzise einzudeutschen, holten Luther und sein Übersetzungsteam sich Expertenrat. Der Numismatiker Wilhelm Reiffenstein beriet bei den antiken Münzen und ihrem Wert, und für die fachmännische Übersetzung der Passage zum Dankopfer in Leviticus (3. Buch Mose) ließ Luther den örtlichen Schlachter »etliche Schöpse [Schafböcke] abstechen«, um die genaue Bezeichnung der Innereien zu lernen.

Deutsche. Allein im Druck waren zuvor nicht weniger als achtzehn deutsche Bibelausgaben erschienen, die zumeist als Wort-für-Wort-Übersetzungen am Text der *Vulgata* klebten. Luther indes strebte nach sinngemäßer Übertragung. Er wollte dabei »dem Volk aufs Maul schauen«, das heißt im Unterschied zum gedrechselten Kanzleistil der Zeit einen bewusst volkstümlichen Stil finden – schließlich sollte seine Bibel auch von Laien verstanden werden. Luthers Satzbau orientiert sich an der gesprochenen Sprache und verzichtet meist auf die Verschachtelung von Haupt- und Nebensatz, denn die meisten Gläubigen konnten nicht lesen und würden das Gotteswort nur zu hören bekommen. Mittels einer poetischen Gestaltung durch sakraltypische Formeln (»siehe«), Sprachmalerei und Stab- und Binnenreime (»Stecken und Stab«, »Rat und Tat«) sollten sich die Wendungen besser einprägen.

Der Erfolg von Lutherbibel wie Reformation verdankt sich vor allem auch der Erfindung des Buchdrucks durch Johann Gutenberg. Schon zwischen 1452 und 1454 hatte dieser rund hundertachtzig aufwendige Ausgaben der *Vulgata* gedruckt. Nun fanden reformatorische Flugblätter, Streitschriften, Katechismen und Gesangbücher Verbreitung – und eben auch die Lutherbibel. »Die hohen Wohltaten der Buchdruckerei sind mit Worten nicht auszusprechen«, schwärmte Luther in einer seiner Tischreden. Seine 1534 veröffentlichte Bibel umfasst über neunhundert Blätter in Folio (Großformat). Dem Text sind ausführliche Vorreden und Randglossen beigegeben, die nicht selten Bezug auf Luthers Gegenwart nehmen oder seine theologischen Positionen spiegeln. In ihrem reichen Bilderschmuck (aus der Werkstatt Cranachs) knüpft die Lutherbibel an die Tradition der Buchmalerei an: Abbildungen im Text, durch Bilder und Ornamente eingefasste Seitenspiegel, Majuskeln und regelrecht erzählende Holzschnitte illustrieren und kommentieren die Texte. Auch hier wird deutlich Position bezogen, etwa wenn die Hure Babylon in der Apokalypse mit päpstlicher Tiara daherreitet – mit dem Zusatz: »Hie zeiget er die Römische kirche, inn irer gestalt unn wesen, die verdampt sol werden.«

Luthers Bibelübersetzung war ein Bestseller. Schon das im September 1522 auf der Leipziger Buchmesse vorgelegte Neue Testament (»Septembertestament«) war in dreitausend Exemplaren gedruckt worden. Es war so schnell vergriffen, dass bereits im Dezember eine zweite, verbesserte Auflage (»Dezembertestament«) erschien. Auch die Gesamtausgabe der Bibel verkaufte sich gut – obwohl ihr Preis zehn Monatslöhnen eines Schulmeisters entsprach (oder dem Preis von fünf Kälbern). 1534 wurden auch von ihr zunächst dreitausend Exemplare aufgelegt; 1535, 1536 und 1539 waren Nachdrucke fällig. Seinen Bibelausgaben fügte Luther ein Wappenschild mit dem Lamm Gottes mit Kreuzesfahne und Lutherrose bei, als »zeuge, das solche bucher durch meine hand gangen sind«. Das zielte gegen Raubdrucke. Ironischerweise trugen diese allerdings ihrerseits zur Verbreitung der Lutherbibel bei. Bis zum Tode Luthers im Februar 1546 erschienen mehr als dreihundert hochdeutsche Bibelausgaben mit einer Gesamtauflage von über einer halben Million Exemplaren – bei dreizehn Millionen Einwohnern, von denen der größte Teil nicht lesekundig war, eine immense Zahl. In der ersten Hälfte des 16. Jahrhunderts machten die Schriften Luthers ein Drittel der gesamten deutschsprachigen Buchproduktion aus.

Luther selbst hat bis zu seinem Tode an einer Verbesserung seines Textes gearbeitet. Die letzte von ihm überarbeitete Fassung erschien 1545. Als vermeintlich letztes Wort des Reformators wurde sie noch einige Zeit unverändert neu aufgelegt. Mit der Zeit jedoch wurde die »Lutherbibel« als Zeugnis einer lebendigen Sprache orthografisch wie sprachlich modernisiert. Wo dies zu radikal geschah (etwa in der als »Eimertestament« verspotteten Bearbeitung von 1975, die den von Luther geprägten sprichwörtlichen Scheffel, unter den man sein Licht nicht stellen solle, in einen moderneren Eimer verwandelte), haben spätere Ausgaben die Revisionen wieder revidiert. Ansonsten ist Luthers Vermächtnis eben auch, dem Volk »aufs Maul zu schauen«, um Gottes Wort so volkstümlich zu gestalten, dass es tatsächlich verstanden wird. Selbst wenn das heißen sollte, dass Kaiser Augustus seinen Statthalter Quirinius Steuerlisten anlegen lässt.

Paracelsus
Die große Wundartzney

1536

Streitbar für eine neue Medizin

Als Medizinrebell zieht Theophrastus von Hohenheim, genannt Paracelsus, quer durch Europa – von Lissabon bis Litauen, von Irland bis Italien. Streitbar fordert er die medizinischen Dogmen seiner Zeit heraus. Sein einziges zu Lebzeiten erschienenes Hauptwerk, *Die große Wundartzney*, gilt in erster Linie der Versorgung äußerer Wunden, doch baut der Autor auch hier auf seinen Gegenentwurf einer »chemischen Arznei«, für den er noch heute von Vertretern der Schulmedizin und Pharmakologie ebenso gefeiert wird, wie ihn Verfechter der Naturheilkunde als Vorbild nehmen.

Die große Wundartzney, 1536 in Ulm gedruckt, ist die einzige größere medizinische Schrift des bedeutenden Reformators der Medizin, die zu dessen Lebzeiten erschien. Ausgehend von seinen Erfahrungen als Feldchirurg kritisiert er die damals gebräuchliche Versorgung von Wunden durch Moose oder Dung, welche zu Entzündungen führen würde. Er propagiert, die Wunde möglichst sauber zu halten und den natürlichen Heilungsprozess des Körpers nicht zu behindern. Damit erweist sich Paracelsus als ein Vorläufer der im 19. Jahrhundert begründeten Antisepsis, der Lehre von der Bekämpfung von Keimen.

Zeit seines Lebens kämpft Paracelsus gegen medizinische Schulweisheiten, vor allem die der gelehrten Doktoren. Diese halten an der Vier-Säfte-Lehre fest, wie sie der griechische Arzt Galen und der persische Gelehrte Avicenna (ibn Sīnā) entwickelten. Danach sind Krankheiten auf ein Ungleichgewicht der Körpersäfte Blut, gelbe Galle, schwarze Galle und Schleim zurückzuführen, mit denen die vier Elemente (Luft, Feuer, Erde,

Wasser) und vier Temperamente (sanguinisch, cholerisch, melancholisch, phlegmatisch) korrespondieren. Aus diesem System leiten sich alle Diagnosen und Therapien ab.

In der Widmung zur *Wundartzney* an Kaiser Ferdinand I. spart Paracelsus nicht mit Kritik: »Allergnädigster Herr, der Haufe ist groß, der sich wider mich legt, klein aber ist ihr Verstand und ihre Kunst [...]. Ich setze meinen Grund, den ich habe und aus dem ich schreibe, auf vier Säulen, Philosophie, Astronomie, Chemie und die Tugend.« Damit umreißt Paracelsus die Grundgedanken seiner Lehren. Die Verankerung in Philosophie und Astronomie bringt ihn zur Erkenntnis, dass der Mensch nur vom Makrokosmos aus erfasst werden könne. Medizin muss in Gotteserkenntnis ebenso gründen wie in Naturerkenntnis.

Paracelsus deutet den menschlichen Körper als chemisches System, das mit Geist und Seele in Wechselwirkung steht und dessen drei Grundsubstanzen Schwefel, Quecksilber und Salz sind. Krankheiten beeinträchtigen deren Gleichgewicht und können »chemisch« kuriert werden. Aus pflanzlichen und mineralischen Substanzen fertigt er Destillate, die die chemische Balance wiederherstellen sollen. Zwar erscheint Paracelsus in manchem kaum weniger dogmatisch als seine Widersacher, doch gründen seine Lehren in weit stärkerem Maße auf Erfahrung und Empirie. In der *Wundartzney* bekennt er, er habe nicht allein »bei den Doctoren« gelernt, »sondern auch bei den Scherern, Badern, gelehrten Arzt-Weibern, Schwarzkünstlern«.

Von vielen verehrt, wurde Paracelsus vom Establishment als Scharlatan verfemt – ein Grund für sein unstetes Wanderleben. In ärmlichen Verhältnissen 1493 bei Einsiedeln (Schweiz) geboren, zog Theophrastus Bombastus von Hohenheim nach dem Tod der Mutter 1502 mit dem Vater nach Villach (Kärnten). Vom Vater lernte er Anfänge der Medizin und der Scheidekunst (Chemie). 1510 erlangte er in Wien das Bakkalaureat, 1516 in Ferrara wohl den Doktorgrad. Anschließend zog Theophrastus als Wundarzt durch ganz Europa. Sesshaft wurde er kaum. Seine einzige feste Stellung als Stadtarzt von Basel (wo er mit Erasmus von Rotterdam bekannt wurde) musste er nach einem Jahr aufgeben; zu sehr störten sich Fakultät und Obrigkeit an seinen Vorlesungen, die Predigten glichen und die er für das einfache Volk öffnete. Anschließend zog Paracelsus erneut durch die Lande. Versuche, seine Schriften zu veröffentlichen, scheiterten meist am Widerstand der Medizinfakultäten. 1541 nach Salzburg berufen, starb er dort noch im selben Jahr. Um seinen Tod ranken sich Legenden.

Dass Paracelsus aneckte, dürfte auch an seinem Selbstbewusstsein gelegen haben (nach einer Lesart soll sein selbst gewählter Name bedeuten, er stehe über – *para* – dem großen antiken Medizinschriftsteller Celsus) – und an seiner Kampflust. Die Schmähungen gegen seine Widersacher sind selbst für das 15. Jahrhundert derb. Dass er bewusst auf Deutsch schrieb (Uneinigkeit besteht, ob die praktizierenden Wundärzte oder Laien sein Zielpublikum waren), trug ihm schon zu Lebzeiten den Beinamen »Luther der Medizin« ein. Hierzu passte auch, dass er – wie Luther 1520 die Bannandrohungsbulle Leos X. – in Basel öffentlich die Werke Galens und Avicennas verbrannte.

»Bei meinen Zeiten werd ich das Fabelwerk nit umstoßen können«, schreibt der Rebell in der *Wundartzney*. Tatsächlich erlangt er erst nach seinem Tod legendären Status; nach und nach beginnt seine Medizin sich durchzusetzen. Heute bekennen sich viele zu ihm: Der Deutsche Ärztebund verleiht seit 1952 die Paracelsus-Medaille, ihr Namensgeber gilt als Vorläufer der Antisepsis, der Toxikologie, der Ernährungskunde und der Psychosomatik. Zugleich wird er als Urvater der Homöopathie und der Naturheilkunde gesehen. Auch moderne Mystiker berufen sich auf ihn. Das Werk Paracelsus' hat eben viele Facetten. Zum einen wegen einer – für die Frühe Neuzeit charakteristischen – Mischung aus präziser Naturbeobachtung und Esoterischem wie Hermetik (Geheim- und Offenbarungslehre), Alchemie, Astrologie und Magie; zum anderen, weil dem Feuerkopf der Kampf für seine Überzeugungen über die Kohärenz seines Werkes ging. Seiner Bedeutung für die Geschichte der Medizin, wie in der *Wundartzney* dokumentiert, tut dies keinen Abbruch.

Nikolaus Kopernikus
Von den Umlaufbahnen der Himmelskörper

Die große Wende am Himmel

Kurz vor seinem Tod veröffentlicht Nikolaus Kopernikus, Domherr im ermländischen Frauenburg, die Summe seiner astronomischen Forschungen. Darin tritt er erstmals auf Grundlage präziser Berechnungen den Beweis an, dass die Erde um die Sonne kreist – und nicht die Sonne um die Erde, wie bis dahin angenommen. Damit wurde Kopernikus zum Wegbereiter der modernen Astronomie. Johannes Kepler würde seine Theorie verfeinern, Galileo Galilei beweisen. Erst mit diesem Beweis begann der Konflikt mit der Kirche, deren Widerstand dazu beigetragen haben mag, unsere Vorstellung einer »kopernikanischen Wende« zu prägen.

Unter einer »kopernikanischen Wende« verstehen wir heute – modern gesprochen – einen Paradigmenwechsel, einen neuen Blick auf die Welt und die Dinge, der bis dahin sicher geglaubte Grundannahmen herausfordert. Verschiedene solcher Wenden wurden in den letzten gut zweihundert Jahren ausgerufen: Ob Immanuel Kant, Friedrich Schleiermacher, Friedrich Nietzsche oder Martin Heidegger – allen wurde attestiert, in der Philosophie eine solche kopernikanische Wende bewirkt zu haben, ähnlich wie in den Naturwissenschaften Charles Darwin mit der Evolutionstheorie, Albert Einstein mit der Relativitätstheorie oder Alfred Wegener mit seiner Theorie der Kontinentalverschiebung.

Das Original, gewissermaßen die Mutter aller kopernikanischen Wenden, verbindet sich mit einem Buch, das 1543 in Nürnberg veröffentlicht wird: *De Revolutionibus Orbium Coelestium Libri VI, Sechs Bücher von den Um-*

laufbahnen der Himmelskörper. Auf rund vierhundert Druckseiten mit über einhundertvierzig Holzschnittdiagrammen legt sein Verfasser Berechnungen über die Bewegungen der Planeten vor und erklärt den Abschied von dem bis dahin vorherrschenden geozentrischen Weltbild, das die Erde im Mittelpunkt des Universums sieht: Im Zentrum stehe die Sonne. Um sie kreise die Erde genauso wie die anderen Planeten. Sonnenauf- und -untergang seien dadurch zu erklären, dass sich die Erde um ihre eigene Achse drehe. »Kaum war die Welt als rund anerkannt und in sich selbst abgeschlossen«, beschreibt Goethe in seiner *Farbenlehre* das Unerhörte dieser These, »so sollte sie auf das ungeheure Vorrecht Verzicht tun, der Mittelpunkt des Weltalls zu sein.«

Der Autor erlebt die Veröffentlichung seines Hauptwerks nur knapp. Am 24. Mai 1543 stirbt Nikolaus Kopernikus in Frauenburg, wo er den größten Teil seines Lebens verbracht hat. 1473 wurde er als Niklas Koppernigk in der Hansestadt Thorn (heute das polnische Toruń) geboren. Früh verlor er den Vater und geriet unter die Obhut seines Onkels Lukas Watzenrode, des Fürstbischofs von Ermland. Dieser ermöglichte ihm das Studium der freien Künste an der Universität Krakau und vermittelte ihm den einträglichen Posten eines Domherrn von Frauenburg, dem Sitz des Bistums. Finanziell war Kopernikus damit abgesichert; den nötigen akademischen Grad sollte ihm ein Studium in Italien verschaffen. Ab 1496 studierte er zunächst in Bologna die Rechte, nahm später in Padua parallel dazu ein Studium der Medizin auf und wurde 1503 in Ferrara im Kirchenrecht promoviert. In Frauenburg, »jenem hintersten Winkel der Welt«, wie er ihn selbst im Vorwort nennt, war er von seiner Rückkehr bis ans Lebensende als Arzt tätig und wirkte in leitender Funktion an der Verwaltung des Bistums mit.

In Italien war Kopernikus auch in Kontakt mit der Astronomie gekommen. Diese stützte sich noch immer auf das Himmelsmodell des antiken Kosmografen Ptolemäus, der ein komplexes System aus Kreisen und Hilfskreisen (sogenannten Epizyklen) erdacht hatte, in dem sich die Planeten zeitweise rückwärts bewegten. Nur so schien deren Lauf erklärlich, der sich am Himmel beobachten ließ. Wie aber, wenn man statt der Erde die Sonne ins Zentrum setzte? Ein solches heliozentrisches Modell fand sich schon bei dem antiken Astronomen Aristarch von Samos. Auch auf Vorarbeiten von Nikolaus von Kues und der Wiener astronomischen Schule um Georg von Peuerbach und seinen Schüler Johann Müller, genannt Regiomontanus, konnte Kopernikus aufbauen. Sein Verdienst aber lag vor allem darin, die Beobachtungen der Planetenbewegungen zusammenhängend neu zu deuten und auf neue und präzisere Berechnungen zu stützen.

Schon vor *De Revolutionibus* war Kopernikus' These bekannt. Wesentliche Überlegungen und Daten hatte er bereits 1509 in seinem *Commentariolus*, dem *Kleinen Kommentar*, niedergeschrieben, der handschriftlich unter Eingeweihten zirkulierte. Von verschiedenen Seiten war er gedrängt worden, diesen zu einer großen Studie auszubauen und zu veröffentlichen. Kopernikus aber scheute noch davor zurück – vor allem, weil seine aus der aristotelischen Physik übernommene Annahme, die Planeten bewegten sich in Kreisbahnen, nicht so recht zu passen schien. Erst spät lässt er sich von seinem Schüler, dem Wittenberger Professor Georg Joachim Rheticus, zur Niederschrift überreden. Dieser übergibt schließlich das Manuskript einem Verleger in der freien Reichsstadt Nürnberg. *De Revolutionibus* wird zwar kein Bestseller; das Werk verbreitet sich aber in Fachkreisen und wird dort schnell zum neuen Goldstandard.

Einer Legende nach soll Kopernikus vor Entsetzen über das anonyme Vorwort gestorben sein, das seinem Werk vorangestellt wurde. Es stammt aus der Feder des Reformators Andreas Osiander, dem Rheticus die Veröffentlichung anvertraut hatte. Der stellte das heliozentrische Modell als eine bloße Hilfskonstruktion zur besseren Berechnung des Laufs der Planeten dar, aus dem nicht auf die wirkliche Beschaffenheit des Kosmos zu schließen sei. Protestanten wie Osiander taten sich besonders schwer mit der kopernikanischen Wende. Für sie stand schließlich der Bibeltext im Mittelpunkt, und schenkte nicht Gott Josua den Sieg über die Amoriter, indem er die Sonne stillstehen ließ? Und sagt nicht der Psalmist, »Du hast die

Erde auf Pfeiler gegründet, in alle Ewigkeit wird sie nicht wanken«? Luther soll in einer seiner Tischreden Kopernikus einen Narren gescholten haben, Philipp Melanchthon hielt das heliozentrische Modell gar für gefährlich.

Im Gegensatz dazu zeigte sich die katholische Kirche zunächst aufgeschlossen – als Domherr war Kopernikus ja einer der Ihren. Als ab 1512 die Reform des gregorianischen Kalenders anstand, holte man sich in Rom bei ihm Expertenrat, Papst Clemens VII. ließ sich 1533 persönlich über die neue Theorie aufklären. Dessen Nachfolger, dem »Heiligsten Vater« Paul III., widmete Kopernikus sein Hauptwerk. Doch auch in Rom galt das Interesse eher einer zuverlässigeren Berechnung astronomischer Ereignisse als einem neuen Modell des Kosmos. Denn auch für die Kirchenväter kreiste die Sonne um die Erde. Und ihre Schriften gehörten schließlich spätestens seit dem Konzil von Trient zum Bollwerk der kirchlichen Überlieferung gegen die Reformation in Europa.

In Astronomenkreisen hingegen machte Kopernikus Schule. Vor allem Johannes Kepler stützte sich auf ihn. Als Mathematiker am kaiserlichen Hof in Prag wertete er die Beobachtungen aus, die der dänische Astronom Tycho Brahe zusammengetragen hatte, und versuchte, diese mit Kopernikus' Thesen zu vereinbaren. Probleme bereitete Kepler dabei die unregelmäßige Flugbahn des Mars. In seiner *Astronomia Nova* verabschiedete er sich 1609 schließlich von der Idee einer kreisförmigen Umlaufbahn und stellte aufgrund eigener Berechnungen die Hypothese auf, dass die Bahn des Mars eine Ellipse beschreibe, in deren einem Brennpunkt sich der Mittelpunkt der Sonne befinde. Dass die Umlaufbahn aller Planeten unseres Sonnensystems elliptisch verläuft, diese Erkenntnis ist als erstes der sogenannten Kepler'schen Gesetze bis heute gültige Grundlage der Astronomie.

Beweisen konnte auch Kepler seine Theorie nicht. Das alte Weltbild geriet erst ins Wanken, als ihm ein Mann zu Leibe rückte, der als der erste Experimentalphysiker der Frühen Neuzeit gelten kann: Galileo Galilei. Mithilfe des neu erfundenen Fernrohrs gelangen ihm Beobachtungen, die das heliozentrische Weltbild stützten. Neben der Entdeckung der Jupitermonde und den Phasen der Venus war es vor allem der Wechsel von Ebbe und Flut, der für ihn belegte, dass Kopernikus und Kepler recht hatten. Dass deren Lehren nun nicht mehr bloß als Rechenexempel abgetan werden konnten, rief die Amtskirche auf den Plan, die Galileo zum Widerruf zwingen wollte. 1633 wurde er von einem Inquisitionsgericht wegen Ketzerei zu lebenslangem Hausarrest verurteilt. Dass Galileo, als dieses Urteil erging, trotzig »Und sie bewegt sich doch« gemurmelt habe, gehört wohl ins Reich der Legende.

Im Zuge der Verfahren gegen Galileo kommt auch *De Revolutionibus* auf den Prüfstand. Formell verboten wird es nicht; seine weitere Verbreitung aber wird 1616 an die Voraussetzung geknüpft, eine Reihe von Änderungen am Text vorzunehmen, die den spekulativen Charakter des Werks betonen sollen. Die päpstliche Zensur blieb wirkungslos, 1758 hob Papst Benedikt XIV. sie wieder auf. Zu sehr stand die kirchliche Lehrmeinung da schon einer neuen Auffassung der Ordnung des Weltalls entgegen, die unter allen Fachleuten Anerkennung gefunden hatte.

Ärger mit der Kirche
hatte Kopernikus zu Lebzeiten schon – allerdings nicht wegen seiner astronomischen Forschungen. Im Herbst 1538 ermahnte der neue Bischof von Ermland seinen Domherrn, den Zölibat zu achten und sich von Anna Schilling zu trennen, einer entfernten Verwandten, die ihm den Haushalt führte. Im Domkapitel galten beide als Liebespaar. Als Kopernikus nicht pariert, spricht der Bischof 1540 ein Machtwort und verbannt Schilling aus Frauenburg. Eine Rückkehr gestattet er selbst nach Kopernikus' Tod nicht – aus Angst, sie könnte auch anderen Geistlichen den Kopf verdrehen.

Inzwischen ist die Astronomie einige kopernikanische Wenden weiter: 1923 bewies Edwin Hubble, dass es Galaxien jenseits unseres Sonnensystems gibt, 1927 stellte Georges Lemaître die Urknalltheorie über Ursprung und Expansion des Weltalls auf. Den ersten Beweis für die Existenz von sogenannten Exoplaneten, Planeten, die außerhalb unseres Sonnensystems kreisen, traten 1995 Michel Mayor und Didier Queloz an. Seit der Benennung durch die Internationale Astronomische Union im Dezember 2015 umkreisen in einem dieser Planetensysteme die Exoplaneten »Galileo« und »Brahe« den Doppelstern »Copernicus«.

Giorgio Vasari

1568

Lebensbeschreibungen der berühmtesten Maler, Bildhauer und Architekten

Die Erfindung der Renaissance

Mit seinen Künstlerviten prägt der Maler, Architekt und Kunstfunktionär Giorgio Vasari das Bild von der italienischen Renaissancekunst bis heute. Spätere Generationen haben ihn darum als den Begründer der Kunstgeschichte bezeichnet. Schon Zeitgenossen ahnten, wie wirkmächtig das Werk werden würde, und versuchten, mit Autobiografien die Deutungshoheit über ihr eigenes Leben und Werk zu bewahren. So auch Vasaris Konkurrent Benvenuto Cellini, der in den Viten nur beiläufig erwähnt wird. Als Modell und Quelle sind Vasaris Künstlerviten trotz ihrer Parteilichkeit und Unzuverlässigkeit von bleibender Bedeutung für die Kunstgeschichte.

Er war ein Renaissancemensch: Giorgio Vasari, 1511 in Arezzo geboren, kam schon mit dreizehn Jahren nach Florenz, wo er neben der Malerlehre eine humanistische Ausbildung erhielt. Es folgten ausgedehnte Reisen durch ganz Italien. In Rom arbeitete er für den päpstlichen Hof und die mächtige Familie Farnese und freundete sich mit Michelangelo an. 1555 kehrte er nach Florenz zurück, an den Hof von Cosimo I. de' Medici. Er wurde dessen allmächtiger Kunstintendant, schuf als Hofarchitekt die Uffizien und malte die Kuppel des Doms aus. 1574 starb der einflussreiche Maler, Architekt, Kunsttheoretiker, Schriftsteller, Unternehmer und Kulturfunktionär in seiner florentinischen Wahlheimat.

Dass wir überhaupt »Renaissancemenschen« kennen, verdanken wir Vasari selbst. Zwar wurde der Begriff »Renaissance« im deutschen Sprachraum erst 1860 durch den großen Schweizer Kunsthistoriker Jacob Burckhardt und seine *Kultur der Renaissance in Italien* popularisiert; Vasari aber lieferte die Vorlage, indem er von einer Wiedergeburt (italienisch: *rinascita*) der bildenden Künste in seiner Zeit sprach und sie von einem vorangegangenen Stil abgrenzte, den er »gotisch« nannte. In Vasaris italienischer Heimat hatten sich die Künstler vom vermeintlich barbarischen Einfluss der eingewanderten Goten befreit und der Kunst der griechisch-römischen Antike zu neuem Leben verholfen – so Vasari.

Als Architekt und Maler ist Vasari heute weitgehend vergessen. Sein Ruhm gründet sich auf eine Buchpublikation: *Le Vite de' più eccellenti pittori, scultori, e architettori* (*Lebensbeschreibungen der berühmtesten Maler, Bildhauer und Architekten*), 1568 in definitiver Auflage veröffentlicht (eine erste Auflage stammt von 1550). Sie liefert Biografien und Werkanalysen von mehr als dreihundert Künstlern der italienischen Renaissance, von dem 1240 geborenen Cimabue bis zu Vasari selbst. Dieser legt seine Kunstgeschichte als Entwicklungsprozess an, der von der Zeit Giottos und des Trecento zur Frührenaissance führt und schließlich in der Hochrenaissance gipfelt, für die Genies wie Leonardo da Vinci und Michelangelo stehen. Vor allem die Anekdoten und Indiskretionen, mit denen Vasari seine Künstlerviten spickte, haben ihm eine aufmerksame Leserschaft gesichert.

Für die europäische Kunstgeschichte haben Vasaris Künstlerviten dreifach bleibende Bedeutung erlangt. Erstens schuf Vasari mit *Le Vite* ein neues Genre: die Künstlerbiografie. Erstmals wurden hier Künstler als Persönlichkeiten vorgestellt, deren Leben berichtenswert ist. Bis dahin waren Lebensbeschreibungen vor allem Heiligen und Herrschern gewidmet. Vasaris Künstler sind nicht mehr bloß namen- und ranglose Handwerker im Dienst eines Auftraggebers, sondern Schöpfer im Dienste der Kunst. Darin steckte eine gehörige Portion Utopie, denn auch in der Renaissance ging die Kunst meist nach Brot. Vasari aber kehrte die Verhältnisse programmatisch um: Der Künstler erhält Aufträge wegen seines besonderen Talents; auch Konkurrenz um Aufträge behindert nicht die freie Schöpferkraft, sondern setzt diese erst frei. Mit seinen Künstlerbiografien legte

Vasari zugleich das Fundament der Kunstgeschichte, auf das viele aufbauten, unter ihnen der Nürnberger Joachim von Sandrart mit seiner *Teutschen Academie der Edlen Bau-, Bild- und Mahlerey-Künste* von 1675 und 1679. Ohne sie etwa wüssten wir vermutlich nichts mehr über jenen deutschen Maler, dem Sandrart den Namen Matthias Grünewald gab.

Bedeutsam sind Vasaris Viten zudem, weil sie die italienische Renaissance zu einer Epoche zusammenfassen. Ohne diese ideologische Klammer blickten wir wohl auf eine Ansammlung von Gemälden, deren Schöpfer uns oftmals namentlich nicht bekannt wären. Vieles von dem, was noch heute als Allgemeinwissen über die Kunst der Renaissance gilt, geht auf Vasari zurück – und auf spätere Exegeten und Bewunderer wie Jacob Burckhardt. Dabei war Vasari alles andere als unparteiisch. Was seine eigene Person betraf, war er ein Meister der Selbststilisierung. Dem von ihm verehrten Michelangelo gab er fast übermenschliche Züge. Zudem waren für Vasari die Zentren der *rinascita* Florenz und Rom. Venedig spielt in seinen Viten keine nennenswerte Rolle. Der Venezianer Tizian erhielt überhaupt erst in der zweiten Auflage einen Eintrag. Eine herausragende kunsthistorische Bedeutung wird ihm darin nicht attestiert.

Schließlich liefern Vasaris Künstlerviten Informationen über die dort porträtierten Maler, Bildhauer und Architekten. Frühere unkritische Zitierungen sind großer Vorsicht gewichen, denn mit Daten ging Vasari recht freihändig um; manche Anekdoten erwiesen sich als Übernahmen antiker Legenden. Sogar ganze Künstlerpersönlichkeiten scheint Vasari erfunden zu haben, etwa den phantomhaften Morto da Feltro. Manche deuten daher *Le Vite* heute als literarisches Werk, als Novellensammlung im Stile Boccaccios, und bestreiten die Absicht Vasaris, ein Sachbuch zu verfassen. Andere wiederum sehen in dem Werk eine säkulare Heilsgeschichte nach dem Muster mittelalterlicher Universalchroniken – die noch dazu nicht von Vasari allein, sondern von einem ganzen Autorenkollektiv verfasst worden sei. Was auch immer zutreffen mag: Es ändert nichts an den Wirkungen jener Künstlerviten von 1568, Wirkungen, die bis in unsere Gegenwart reichen.

Michel de Montaigne
Essais

Die Geburt des Essays aus dem Geist des Zweifels

In einem Turmzimmer schreibt Michel Eyquem, Seigneur de Montaigne, mit unkonventioneller Offenheit seine Gedanken auf. Neuartig und ungewöhnlich ist, dass er dabei sich selbst ebenso wie das Wissen seiner Zeit infrage stellt, statt neue Weisheiten zu verkünden. In seiner skeptischen Haltung gegenüber vermeintlich sicherer Erkenntnis erscheint Montaigne heute erstaunlich modern. Und auch formal hat er mit seinen *Essais*, die frei dem Gang seiner Gedanken folgen, eine neue offene literarische Form geschaffen, die in unserer Zeit allgegenwärtig ist.

Über *die allmähliche Verfertigung der Gedanken beim Reden* lautet der Titel eines Essays Heinrich von Kleists. Darin rät dieser einem Freund, Probleme, die durch Nachsinnen nicht zu lösen sind, einer anderen Person zu erzählen. »Weil ich doch irgendeine dunkle Vorstellung habe, die mit dem, was ich suche, von fernher in einiger Verbindung steht, so prägt, wenn ich nur dreist damit den Anfang mache, das Gemüt, während die Rede fortschreitet, in der Notwendigkeit, dem Anfang nun auch ein Ende zu finden, jene verworrene Vorstellung zur völligen Deutlichkeit aus.« Dasselbe Verfahren hatte, über zwei Jahrhunderte zuvor, Michel de Montaigne (1533–1592) angewandt. *Essais*, »Versuche«, nannte er die Texte, in denen er über sich selbst, über Gott und die Welt nachsinnt. Nicht zielgerichtete Analyse und Argumentation, sondern mäandernde, oft assoziative Reflexionen sind es, die Montaigne zu Papier brachte.

Sein Schreiben war auch ein Reden: zu dem früh verstorbenen Étienne La Boétie. Mit nur achtunddreißig Jahren hatte sich der Karrierejurist Montaigne auf sein Landschloss zurückgezogen, um in der Abgeschiedenheit seiner Turmbibliothek mit dem schmerzlich vermissten Freund schreibend Zwiesprache zu halten. Ein Einsiedler wurde Montaigne dennoch nicht. Eines Nierenleidens wegen ging er auf eine Reise durch die Schweiz und Deutschland nach Italien, über die er ein – erfrischend diesseitiges – Reisetagebuch verfasste. Von 1581 bis 1585 diente er seiner Heimatstadt Bordeaux als Bürgermeister. Mit dem weitgehenden Rückzug ins Private wollte er vor allem Distanz gewinnen zum gewaltsamen Kampf der Konfessionen und Fraktionen, der Frankreich spaltete.

Die Verbissenheit und Selbstgewissheit, mit der andere fochten, war Montaigne fremd. Er hatte aus Kirchenspaltung und kopernikanischer Wende einen Schluss gezogen: dass unser Wissen fehlbar ist, weil unsere Sinne und unser Verstand uns irreführen können. Aus dieser fundamentalen Skepsis heraus entwickelt er eine Haltung, für die Mäßigung und Selbstbescheidung im Mittelpunkt stehen. »Que sais je?« (»Was weiß ich?«), lautet sein Wahlspruch. Nicht selten nimmt er daher ein klassisches Zitat zum Ausgangspunkt, um es an seinen Beobachtungen zu prüfen und von dort aus allgemeinere Betrachtungen anzustellen. Das Themenspektrum ist bunt: Moralische und theologische Fragen finden sich Seit' an Seit' mit Gedanken zu Postwesen und Reisekutschen. Selbst von seinen heftigen Blähungen erfahren wir. Montaignes schonungslos offener Selbstbeobachtung haftet, dank Selbstironie und farbiger Sprache, nichts Schwermütiges an.

1580 erstmals veröffentlicht, erschien 1588 eine erweiterte Auflage. Bis zu seinem Tode überarbeitete Montaigne seine *Essais*, die 1595 posthum als Ausgabe letzter Hand herauskamen. Das Publikumsinteresse war groß, vor allem in Frankreich und in England, wo schon 1597 der Philosoph Francis Bacon eigene *Essays* publizierte. In Deutschland tat man sich hingegen schwer mit dem bewussten Verzicht Montaignes auf System und Geschlossenheit. Frühe Übersetzungen trugen kaum zur Verbreitung bei. Die freie essayistische Form fand daher erst bei den Frühromantikern Anklang. Friedrich Schlegel griff die Form programmatisch auf; ihm folgten sein Bruder August Wilhelm, Novalis und andere. Freilich sprachen sie lieber von »Fragmenten« und beriefen sich als Vorbild auf Lessings nichtfiktionale Prosa – die allerdings ihrerseits Montaigne vieles verdankt.

Ab Mitte des 19. Jahrhunderts wurde – über England kommend – der Begriff »Essay« schließlich auch in Deutschland heimisch, um sich im Fin de siècle zu einer der beliebtesten Textformen auf der Grenze zwischen Literatur, Literaturkritik und Feuilleton zu entwickeln. Hugo von Hofmannsthal, Thomas und Heinrich Mann bedienten sich seiner, Georg Lukács versuchte sich 1911 an der theoretischen Erschließung des Genres. Seither ist der Essay allgegenwärtig: Versessays, essayistische Romane und Filmessays zeugen von der Fruchtbarkeit eines Formats, das gerade daraus seinen Reiz gewinnt, dass es keine klaren Konturen kennt und daher immer neu gedeutet werden kann.

Es würde zu kurz greifen, Montaigne auf den Begründer eines literarischen Genres zu reduzieren. Denn bei ihm lässt sich die Form nicht von einem Standpunkt trennen, der Dogmen und Fundamentalismus mit Skepsis begegnet. Nietzsche hat »diese freieste und kräftigste Seele« hierfür verehrt: »Mit ihm würde ich es halten, wenn die Aufgabe gestellt wäre, es sich auf der Erde heimisch zu machen«, schreibt er über Montaigne. Auch andere deutschsprachige Dichter und Denker hat er beeindruckt – von Lessing und Lichtenberg über Schopenhauer bis hin zum großartigen österreichischen Kulturhistoriker Egon Friedell.

Erst nach 1945 aber ist Montaigne als ein Vor-Denker der modernen und postmodernen Philosophie wiederentdeckt worden, der Essay als Ausdruck des Fragmentarischen aller Erkenntnis. Montaigne wird heute gelesen als Vertreter eines Toleranzdenkens, der mit seinem Plädoyer eines mitgeschöpflichen Umgangs mit Tieren sogar als Vorläufer der modernen Tierethik gilt. Zu dieser späten Rezeption passt, dass die *Essais* erst seit 1998 in einer vollständigen zeitgemäßen Übersetzung von Hans Stilett vorliegen. Damit ist Montaigne endlich auch in Deutschland wirklich »heimisch« geworden.

Gerardus Mercator
Atlas oder Kosmographische Meditationen

Die Welt, von Duisburg aus beschrieben

1595 posthum veröffentlicht, ist Mercators *Atlas* weit mehr als nur ein Kartenwerk. Zusammen mit einer 1569 erschienenen Chronologie der Weltgeschichte und den 1578 publizierten Tafeln des antiken Kartografen Ptolemäus stellt er nichts weniger als den Versuch einer umfassenden Beschreibung der Welt dar. Den Zeitgenossen galt Mercator gar als der »neue Ptolemäus«. Der Kosmograf Mercator ist heute vergessen. Die Zeiten überdauert haben dagegen eine geniale kartografische Erfindung (»Mercator-Projektion«) – und der Titel seines Hauptwerks.

Als Gerhard Mercator 1594 in Duisburg stirbt, hinterlässt er sein Hauptwerk unvollendet. Sein Sohn Rumold wird ein Jahr später die unveröffentlichten Teile unter dem Titel *Atlas sive Cosmographicae meditationes de fabrica mundi et fabricati figura* (*Atlas oder Kosmographische Meditationen über die Erschaffung der Welt mit Darstellung des Erschaffenen*) herausgeben. Den Titel hatte Mercator selbst gewählt, nach dem ersten Geografen und Astronomen der antiken Legende, König Atlas von Mauretanien – Sohn jenes Titanen Atlas, der das Himmelsgewölbe zu stützen hatte.

Zu seinen Lebzeiten war Mercator der berühmteste Kartograf. Kaiser Karl V. gehörte zu seinen Kunden, Seefahrer überquerten nach seinen Karten den Atlantischen Ozean. Dabei hatte er bescheiden angefangen. Als Geert de Kremer 1512 im flandrischen Rupelmonde als Sohn eines Schusters geboren, ermöglichte ihm ein wohlhabender Onkel den Besuch der Lateinschule. Anschließend studierte Kremer (nun latinisiert als Mercator) an der Universität Löwen. Der frischgebackene Magister schloss sich 1532 dem Mathematiker und Geografen Gemma Frisius an, mit dem er gemeinsam seine ersten Globen fertigte. Seit der Erfindung durch Martin Behaim rund vierzig Jahre zuvor gehörte ein Globus zur Ausstattung gebildeter wohlhabender Haushalte. Ihre Fertigung war aufwendig, der Preis hoch. Umgerechnet zehntausend Euro mussten für einen guten Globus gezahlt werden. Die Herstellung von Globen sollte die wichtigste Einnahmequelle für Mercator bleiben. Längst als Kartograf selbstständig, verkaufte er ab 1551 seinen Globus im Paar mit einem Himmelsglobus, der für astronomische und astrologische Studien benötigt wurde.

1552 übersiedelte Mercator von Löwen nach Duisburg im Herzogtum Kleve-Jülich-Berg. Zwei Gründe dürften dafür ausschlaggebend gewesen sein. 1543 war Mercator der »Lutherei« verdächtigt und von der Inquisition sieben Monate eingekerkert worden, bevor er durch Fürsprache einflussreicher Gönner freikam. Zum Luthertum hat er sich nie öffentlich bekannt; allerdings hatte er reformatorische Neigungen und stand mit Philipp Melanchthon in Briefkontakt. Im Herzogtum Kleve herrschte religiöse Toleranz. Ein zweiter Grund dürften die Pläne Herzog Wilhelms des Reichen gewesen sein, in Duisburg eine Universität zu gründen, an der sich Mercator Anstellung erhoffte. Tatsächlich ließ die Gründung noch hundert Jahre auf sich warten. Daher erhielt Mercator nur einen Lehrauftrag am Akademischen Gymnasium und wurde Hofkosmograf.

Zunehmend unterstützt durch seine Söhne schuf Mercator von Duisburg aus bedeutende Kartenwerke, vor allem die große Weltkarte von 1569, die für die Schifffahrt immense Bedeutung erlangte. Ein zentrales Problem war, dass das bisherige Kartenmaterial der Krümmung der Erdoberfläche wegen die Schifffahrtswege verzerrte. Durch eine zylindrische Projektion gelang es Mercator, diese gerade und doch ihrem Verlauf gerecht darzustellen. Die sogenannte Mercator-Projektion findet bis heute Verwendung und liegt, trotz optischer Verzerrung zu den Polen hin, noch immer Weltkarten zugrunde. Der beste Kartograf seiner Zeit reiste übrigens kaum. Seine Karten erstellte er auf Grundlage von Büchern (seine Bibliothek zählte tausend Bände) und mithilfe einer umfangreichen Korrespondenz, die er in sechs Sprachen unterhielt.

Sich selbst verstand Mercator nicht als Kartenzeichner, sondern als Kosmograf. In der Frühen Neuzeit war die Kosmografie eine Art Universalwissenschaft, die Geografie, Astronomie, Astrologie und Geschichte vereinte. Dies prägte auch den Plan seines *Atlas*, der fünf Teile umfassen sollte: eine Schöpfungsgeschichte; eine Beschreibung des Himmels; eine Beschreibung der Welt, bestehend aus modernen Karten, den Karten des Ptolemäus und Karten der vorptolemäischen Zeit; eine Genealogie und politische Geschichte; eine Chronologie aller Ereignisse seit Erschaffung der Welt. Die Chronologie erschien bereits 1569 auf mehr als vierhundert Seiten. Gespeist wurde sie aus Bibellektüre und Arbeiten anderer Autoren. Besonders bemerkenswert an ihr ist, dass Mercator anhand astronomischer Beobachtungen die Zeiten der Sonnen- und Mondfinsternisse errechnete und hiervon ausgehend biblische und andere Ereignisse datierte. 1578 veröffentlichte er als Verbeugung gegenüber dem Altmeister die von ihm korrigierten Karten des Ptolemäus, des großen Kartografen des 2. Jahrhunderts. Nie gezeichnet bzw. verfasst wurden die Karten der Antike sowie die Himmelsbeschreibung. Die Schöpfungsgeschichte und die modernen Karten erschienen schließlich 1595 im *Atlas*. Auch dessen Kartenwerk blieb unvollendet. Auf seinen detaillierten Tafeln dokumentierte er nur Europa; und selbst hier fehlten Spanien und Portugal.

Der Unvollständigkeit wegen, aber auch weil das Konkurrenzwerk des Abraham Ortelius reicher ausgestattet war, erwies sich Mercators *Atlas* zunächst als Misserfolg. Erst mit der durch Jodokus Hondius vervollständigten Neuausgabe von 1606, die parallel als eine Art Taschenbuchausgabe erschien, etablierte er sich als Standardwerk. Gemessen am Selbstverständnis Mercators ist es tragisch, dass seine kosmografischen und theologischen Arbeiten heute vergessen sind. Dafür hat er uns mit seinem Hauptwerk einen Begriff geschenkt, den heute jeder kennt: In allen europäischen Sprachen nennt man seit Mercator eine Kartensammlung »Atlas«.

Miguel de Cervantes
Don Quijote

Der Roman der modernen Subjektivität

Cervantes' Geschichte über den »Ritter von der traurigen Gestalt« wird oft als erster moderner Roman bezeichnet. Der in zwei Teilen 1605 und 1615 erschienene Text entwirft archetypische Figuren und rückt dabei Charakterzeichnung und Psychologie ins Zentrum, spielt virtuos mit Versatzstücken unterschiedlicher literarischer Genres und macht sich immer wieder auch als Kunstwerk selbst zum Thema. Seine literarische Kunstfertigkeit und der nachhaltige Einfluss, den der Roman über die Jahrhunderte und Kulturen hinweg ausübt, sichern ihm einen Platz unter den bedeutendsten Werken der Weltliteratur.

Als 2002 in einer weltweiten Umfrage einhundert Autoren das bedeutendste Buch aller Zeiten benennen sollten, siegte mit weitem Vorsprung der vierhundert Jahre alte Roman *Don Quijote*. Und wenn es der Protagonist eines literarischen Werkes auch in den Wortschatz verschiedener Sprachen schafft, dann muss er wohl etwas Überzeitliches und Universales an sich haben. Erste Hinweise darauf, was das sein könnte, liefern die entsprechenden Wörterbücher: Im *Duden* etwa heißt es, ein »Don Quichotte« sei ein »lächerlich wirkender Schwärmer, dessen Tatendrang an den realen Gegebenheiten scheitert«, und laut dem *Cambridge Dictionary* charakterisiert das Adjektiv »quixotic« jemanden, der ungewöhnliche, aber nicht praktikable und erfolglose Ideen verfolge. Das Aufeinanderprallen von Fantasie und Realität führt tatsächlich ins Zentrum des Romans.

Alonso Quijano lebt als verarmter Landadeliger in der Region La Mancha und kann nach der Lektüre zu vieler Ritterromane Fiktion und Wirklichkeit nicht mehr auseinanderhalten. So will er in seinem literarischen Wahn als Don Quijote hinaus in die Welt, um jene Abenteuer zu suchen, von denen er bisher nur gelesen hat. Auf dem Rücken seines alten Gauls und in einer schäbigen, teils selbst gebastelten Rüstung zieht er nach einem ersten Rückschlag an der Seite des Bauern Sancho Panza, der als sein Knappe fungiert, los. Die beiden begründen ein Gegensatzpaar (groß, dürr und versponnen versus klein, dick und lebenspraktisch), das als Strukturmodell bis in die Populärkultur der Gegenwart reicht. Im sprichwörtlich gewordenen Kampf gegen Windmühlen, die Don Quijote für Riesen hält, zeigt sich das Grundproblem, das der Roman in immer neuen Episoden durchspielt: Don Quijote betrachtet seine Gegenwart durch die Brille der Romanlektüren, die von längst vergangenen Zeiten handeln. Er deutet die Herausforderungen der Realität als Motive aus den Romanen, zu denen er sich unzeitgemäß ritterlich zu verhalten habe, was oft zu Prügel führt und Anlass für Komik ist. Am Ende des ersten Teils wird Don Quijote in seine Heimat zurückgebracht.

Miguel de Cervantes (1547–1616), selbst Spross einer verarmten Adelsfamilie, war Ende fünfzig, als er den ersten Teil des Romans veröffentlichte. Bis dahin hatte er ein äußerst bewegtes Leben geführt, wurde nach einem Theologiestudium als Soldat in der spanischen Marine schwer verletzt und von Piraten als Sklave nach Algerien verschleppt, wo er fünf Jahre ausharren musste, bevor er freigekauft werden und nach Spanien zurückkehren konnte. Er kämpfte erneut als Soldat und begann in den 1580er Jahren ohne größeren Erfolg zu schreiben, arbeitete als Steuereintreiber und wurde wegen Veruntreuung 1597 für einige Monate ins Gefängnis gesteckt, wo er die Arbeit am *Don Quijote* aufgenommen haben soll, der ihm dann den Durchbruch brachte.

Der Roman, der mit einer Herausgeberfiktion operiert, denn Cervantes behauptet, die Geschichte *Don Quijotes* in den Schriften eines arabischen Historikers gefunden zu haben, wurde ein Riesenerfolg. Schon bald kursierten nicht nur verschiedene Raubdrucke, sondern zirkulierte auch eine unautorisierte Fortsetzung. Cervantes distanziert sich im zweiten Teil seines Romans, der zehn Jahre nach dem ersten erscheint, in origineller Weise von dieser Fortsetzung aus fremder Feder: Er lässt Don Quijote und Sancho Panza am Ende auf die Figuren der falschen Fortsetzung treffen, worauf sich die beiden eine notarielle Urkunde beschaffen mit der Aussage, dass sie nichts mit jenen zu tun hätten. Außerdem lässt Cervantes den ersten Romanteil auch zum Bestandteil des zweiten werden, indem er zu Beginn Don Quijotes Rolle als bekannte literarische Figur des ersten Teils thematisiert und dort offengebliebene Fragen diskutieren lässt. In ihren neuen Abenteuern werden Don Quijote und Sancho Panza dann häufig als die Protagonisten aus dem ersten Teil erkannt, wodurch das Wechselspiel von Fiktion und Wirklichkeit, das der Roman problematisiert, auf eine neue Ebene gehoben wird. Am Ende kehren beide in die Heimat zurück und Don Quijote erkennt auf dem Totenbett seine Verirrung, die »Torheit und die Gefahr«, die ihm das Lesen der Bücher beschert habe.

Eine erste deutsche (Teil-)Übersetzung erscheint 1648, eine vertiefte Beschäftigung setzt in Deutschland allerdings erst mit der Übersetzung Ludwig Tiecks am Ende des 18. Jahrhunderts ein, die dafür umso nachhaltiger ausfällt. Viele Erzählwerke, etwa der deutschen Romantik, sind grundlegend von Cervantes' avancierten Techniken (etwa der Illusionsbrechung) und selbstreferenziellen Thematiken (»Buch im Buch«, »literarischer Wahn«) beeinflusst. Doch die Bedeutung des Romans geht weit über Techniken und Motive hinaus, stellt er doch das Subjekt an der Schwelle zur Moderne dar, in jener unmöglichen Sinn- und Identitätssuche, die die Existenz im Zeichen abnehmender Bindekräfte von Tradition und Religion kennzeichnet: »Dieser erste große Roman der Weltliteratur« stehe, so der Philosoph Georg Lukács, am Beginn jener Zeit, in der »der Mensch einsam wird«, weil die Welt »ihrer immanenten Sinnlosigkeit preisgegeben wird«. Vor diesem Hintergrund ist der Roman, »in dem sich seither das moderne Bewusstsein wiedererkennt« (Hans Ulrich Gumbrecht), von bleibender Aktualität.

Mr. William Shakespeares Comedies, Histories, & Tragedies

1623

Die ganze Welt ist Bühne

»Seele des Zeitalters« nennt Ben Jonson ihn, den Zeitlosen. Er ist der größte aller Dichter, auch in Deutschland verehrt. Seine Werke: philosophisch, voll Leben, von nie erreichter Musikalität; meisterlich verwebt er Tragisches und Komisches. Nur knapp die Hälfte seiner Bühnenwerke erscheint zu Lebzeiten im Druck. 1623 rettet posthum eine großformatige Folio-Ausgabe sein Bühnenschaffen vor dem Vergessen. Es ist aber nur der halbe Shakespeare, den sie überliefert: Der Dichter wird ausgespart. Die »First Folio« prägt das Shakespeare-Bild bis heute – obwohl Jonson den Leser gleich zu Beginn mahnt, nicht auf das Bild, sondern allein auf das Werk zu vertrauen ...

Er ist der meistgespielte Autor auf deutschsprachigen Bühnen: William Shakespeare. Mit mehr Theater-Dauerbrennern im Portfolio als jeder andere Dichterkollege – darunter *Ein Sommernachtstraum*, *Hamlet*, *Romeo und Julia* und *Was ihr wollt* – schlägt der englische Dramatiker selbst Friedrich Schiller und Bert Brecht. Doch was heißt schon englischer Dramatiker? »Unsern Landsmann« nannte ihn der Stürmer und Dränger Jakob Michael Reinhold Lenz und schuf selbst Übersetzungen von *Love's Labour's Lost* (*Amor vincit omnia*) und *Coriolanus*. Macht die Zahl an geflügelten Worten und Wendungen einen Autor zum Einheimischen, dann ist Shakespeare wirklich unser Landsmann. »Sein oder Nichtsein; das ist hier die Frage«. »Etwas ist faul im Staate Dänemarks«, »Wenn die Musik der Liebe Nahrung ist, spielt weiter« oder »Gut gebrüllt, Löwe!« sollten für den Einbürgerungsnachweis genügen. Der »deutsche Shakespeare« ist uns vor allem in der Schlegel-Tieck-Übersetzung im Ohr. Der Literaturpapst Marcel Reich-Ranicki hielt sie für die schönste überhaupt. Sie sei bei der Bildung einer deutschen Nationalsprache »nicht hoch genug einzuschätzen«, zitiert er den Germanisten Gerhard Schulz. Zwischen 1797 und 1810 hatte August Wilhelm Schlegel siebzehn Shakespeare-Dramen übersetzt und auf Drängen seines Verlegers hin eingewilligt, dass Ludwig Tieck die übrigen Stücke eindeutschte. Diese Aufgabe übertrug der seiner Tochter Dorothea und Wolf Heinrich von Baudissin und machte sich selbst lieber an die »Verbesserung« von Schlegels Texten. Schlegel drohte dem Verleger mit Klage, und so veröffentlichte der 1841 eine neue Gesamtausgabe, die Schlegels Shakespeare wiederherstellte, ergänzt um die von Dorothea Tieck und Baudissin übersetzten Werke.

Der sogenannte Schlegel-Tieck war nicht die erste Übertragung der Bühnenwerke Shakespeares ins Deutsche. Den Anfang machte ein preußischer Diplomat, Caspar Wilhelm von Borcke, der 1741 *Julius Cäsar* ins modische Versmaß der Zeit, den französischen Alexandriner, brachte. Die Übersetzung des Gesamtwerks nahm ab 1762 Christoph Martin Wieland in Angriff, der in fünf Jahren ganze zweiundzwanzig Bühnenwerke übertrug; vollendet wurde die Ausgabe durch Johann Joachim Eschenburg. Die Pionierleistung ist ein Zeitstück, bemerkte Wieland doch in *König Heinrich der Vierte* zu den Falstaff-Szenen, »die ekelhafte Unsittlichkeit derselben verbietet uns sie zu übersetzen«. Schufen Wieland und Eschenburg Prosatexte, versuchte sich der Schlegel-Tieck-Kreis als Erster an einer Übertragung der Versform. Ihrem Shakespeare folgten weitere Übersetzungen, die meist Schlegel-Tieck zu verbessern trachteten, bisweilen aber auch einen Neuansatz versuchten.

»Es kamen die Philologen und die Schwärmer, die Oberlehrer und die Rhapsoden, die Macher und die Kulissenzauberer«, fasste es der Literaturkritiker Ernst Stein einmal zusammen. Übersetzungsprojekte im 20. Jahrhundert gingen teils in Richtung einer Poetisierung (Friedrich Gundolf, ein Jünger Stefan Georges), teils zielten sie auf moderne Bühnentauglichkeit (so die im Berlin der Roaring Twenties entstandenen Adaptionen von Hans Rother). Jede Übersetzung ist eben immer auch Deutung. Längere Zeit gaben die deutschsprachigen Bühnen Erich Frieds Shakespeare den Vorzug, heute nutzen sie oft Kombinationen verschiedener Versionen. Seit Jahrzehnten arbeitet Frank Günther an der wohl einfühlsamsten Übersetzung sämtlicher Shakespeare-Dramen. Wo Schlegel Prosperos Worte »We are such stuff as dreams are made on« mit »Wir sind solcher Zeug, wie der zu Träumen« verdeutscht und Fried »Wir sind solcher Stoff, aus dem Träume gemacht sind« wählt, dichtet Günther: »Wir sind vom Stoff, aus dem die Träume sind«.

Die deutschen Übersetzungen beginnen etwa zur selben Zeit, in der Shakespeare in seiner Heimat wiederentdeckt wird. Unter dem puritanischen »Langen Parlament« (1640 –1660), während Bürgerkrieg und Cromwell-Protektorat, blieben die Theater als Sündenorte geschlossen, danach passte Shakespeare nicht recht in die Zeit – der Dichter Nahum Tate versah 1681 ausgerechnet *König Lear* publikumstauglich mit einem Happy End! Erst Mitte des 18. Jahrhunderts setzt die »Bardolatrie« ein. Auf Betreiben des Dichters Alexander Pope wird 1741 die Shakespeare-Statue in Westminster Abbey errichtet; um dieselbe Zeit beginnt der Aufstieg des gefeierten Schauspielers David Garrick, dessen Shakespeare-Fest in Stratford-upon-Avon 1769 den endgültigen Durchbruch markiert. Nur zwei Jahre später jubelt der junge Goethe in einer Rede *Zum Schäkespears Tag*: »Er wetteiferte mit dem Prometheus, bildete ihm Zug vor Zug seine Menschen nach, nur in kolossalischer Größe.« Und Kollege Lenz stimmt ein: »Seine Sprache ist die Sprache des kühnsten Genius, der Erd und Himmel aufwühlt, Ausdruck zu den ihm zuströmenden Gedanken zu finden.«

Aus diesem Geniekult spricht das 18. Jahrhundert. Davor war man mit

Der Shakespeare-Mixer
1974 regte Hans Magnus Enzensberger einen Poesieautomaten an. Mit automatisierten Übersetzungen und ihren oft poetischen Ergebnissen sind wir inzwischen bestens vertraut. Weniger mit dem Shakespeare-Mixer, von dem Marcel Reich-Ranicki berichtete: »In dieses Gerät werden von oben alle in deutscher Sprache veröffentlichten Übersetzungen hineingesteckt. […] Schon nach siebenundzwanzig Minuten erhalten wir unten eine neue Übersetzung, eine durchaus beachtliche. Denn die Firma Siemens war klug genug, das Gerät vor allem mit der Schlegel-Tieck-Übersetzung zu füttern.«

Shakespeare robuster umgesprungen, auch in Deutschland. Von Mitte der 1580er Jahre an tourten Gruppen englischer Schauspieler durch deutsche Lande, darunter der berühmte Shakespeare-Clown Will Kempe. Um möglichst viel Publikum anzulocken, wurden die Stücke allerdings auf besonders effektvolle und grelle Szenen heruntergestutzt und mit allerlei musikalischen und akrobatischen Einlagen garniert. Einen Eindruck vermittelt die 1620 veröffentlichte Sammlung *Engelische Comedien und Tragedien*, darin ein verstümmelter *Titus Andronicus*. Zeitgenössisch ist möglicherweise auch eine 1779 als Manuskript aufgefundene »arge Zerarbeitung des Hamlet«, *Der bestrafte Brudermord*. Auch Jakob Ayrer (1544–1605), ein Nürnberger Stückeschreiber und fleißiger Plagiator, bediente sich freimütig bei Shakespeare: Für seine *Schöne Phaenicia* etwa bei *Viel Lärm um Nichts*, für die *Zwey Brüder aus Syragusa* bei der *Komödie der Irrungen*, und in seiner *Schönen Sida* rächt sich – *Sturm*-reif – ein verbannter König, indem er mit Zauberkräften den Sohn des Usurpators in seine Gewalt bringt, der sich sodann in des Königs Tochter verliebt...

Erst nach Ende des Dreißigjährigen Krieges entwickelt sich in Deutschland ein eigenständiges Theaterleben mit deutschen Schauspielgruppen und Autoren. Doch Shakespeares Stoffe bleiben präsent. In Andreas Gryphius' *Absurda Comica oder Herr Peter Squenz* von 1657 führt – gleich dem *Sommernachtstraum* – eine Gruppe Handwerker bei Hofe mehr schlecht als recht *Pyramus und Thisbe* auf, während Christoph Blümel 1670 den *Juden von Venetien* auf die Bühne stellt. Anonym erscheinen 1672 die *Kunst über alle Künste, ein bös Weib gut zu machen*, nach Shakespeares *Der Widerspenstigen Zähmung*, 1677 ein *Tugend- und Liebesstreit*, der sich an *Was ihr wollt* und dem *Wintermärchen* orientiert. Ohne Shakespeare, so scheint es, gäbe es schon in jener frühen Zeit kein deutsches Theater – auch wenn der Name des Autors damals unbekannt gewesen sein dürfte.

Doch: »What's in a name?« – »Was ist ein Name?« *(Romeo und Julia)*. Auch in England waren Shakespeares Dramen zunächst anonym in mehr oder minder zuverlässigen Raubdrucken erschienen. Erst ab 1598 taucht als Autor »William Shake-Speare« auf den sogenannten Quarto-Ausgaben auf. Das Shakespeare-Bild späterer Epochen wurde freilich durch eine posthume Werkausgabe geprägt, die großformatige Erste-Folio-Ausgabe von 1623: *Mr. William Shakespeares Comedies, Histories, & Tragedies*. Die Textfassungen ihrer sechsunddreißig Bühnenstücke weichen teils erheblich von den Quartos ab; die Hälfte der Stücke wurde hier erstmals veröffentlicht, darunter populäre Klassiker wie *Der Sturm*, *Macbeth* oder *Wie es euch gefällt*.

Auffällig ist, was die Werkausgabe nicht enthält. Jene Werke nämlich, die zu Lebzeiten als Allererstes mit dem Namen Shakespeare assoziiert wurden: seine beiden eleganten Versepen *Venus und Adonis* und *Die Schändung der Lucrezia*. *Venus und Adonis* war ein Bestseller gewesen, mit dem sich Shakespeare in »das unsterbliche Buch des Ruhmes« eingetragen hatte, wie Richard Barnfield 1598 dichtete. Ebenso fehlen in der First Folio die 1609 von Thomas Thorpe veröffentlichten Sonette »unseres unsterblichen Dichters«, die Stefan George und Paul Celan im 20. Jahrhundert zu deutschen Nachdichtungen inspirierten. Es ist nur ein halber Shakespeare, den die Folio-Ausgabe überliefert, und verschweigt den wegen seiner Eleganz und klassischen Bildung gerühmten Dichter. Dafür legt sie erstmals mit Andeutungen Fährten nach Stratford-upon-Avon.

Dort scheint man bis zu diesem Zeitpunkt einen großen Dichter nicht vermutet zu haben. Als William Shaksper oder Shaxper 1616 in Stratford stirbt, hinterlässt er kein einziges Buch, kein einziges Manuskript. Es gibt keine Nachrufe auf ihn wie bei anderen Dichtern oder berühmten Schauspielern der Zeit. Sein eigener Schwiegersohn, der voller Stolz seinem Tagebuch anvertraute, als Arzt den Dichter Michael Drayton behandelt zu haben, notiert knapp: »Mein Schwiegervater ist am Donnerstag gestorben.« Shakspers Mitbürger kennen ihn als gerissenen Geschäftsmann, Geldverleiher und Steuerpächter, der selbst wegen kleiner Summen vor den Kadi zieht, während ihm das Schicksal »seiner« Werke – die er in den *Sonetten* als unsterblich besingt – gleichgültig ist. Gegen Raubdrucke geht er nicht vor, die Werkausgabe müssen andere besorgen. Dass ihn der Tod darum gebracht habe, die First Folio zu redigieren, wie es in einer der Vorreden heißt, trifft sicher nicht zu. Selbst orthodoxe Forscher gehen davon aus, dass Shaksper in seinen letzten Jahren das Schreiben an den Nagel gehängt hatte. Ein rastloses Genie mit überbordendem Schaffensdrang geht in Rente.

Das Problem ist nicht, dass wir über den Mann aus Stratford zu wenig wissen, sondern dass das, was wir über ihn wissen, so gar nicht zum Shakespeare-Kanon passen will. Aus dem spricht eine Geringschätzung von Geld und Pfennigfuchsern, wie Shaksper einer war. Die Frauenfiguren sind geistreich und gebildet; Shakspers Töchter blieben Analphabetinnen. Im Mittelpunkt praktisch aller Dramen stehen Adlige; das einfache Volk ist für die komischen Einlagen zuständig. Selbst Sigmund Freud wollte hier nicht an eine Persönlichkeitsspaltung glauben und war »nahezu überzeugt davon«, dass unter dem Namen Shakespeare der »hochgeborene und feingebildete, leidenschaftlich unordentliche, einigermaßen deklassierte Aristokrat Edward de Vere, siebzehnter Earl of Oxford« publizierte. Auch der eingefleischte Demokrat Walt Whitman knurrte, dass nur einer jener »wölfischen Grafen«, die Shakespeares Königsdramen bevölkern, die Stücke geschrieben haben könne.

Das Beste am Leben des Mannes aus Stratford ist, dass wir nicht wissen, was er zwischen 1585 und 1592 getan hat (davor wissen wir, dass er getauft wurde, geheiratet hat, drei Kinder bekam). Diese »verlorenen Jahre« lassen sich füllen mit allem, was aus den Werken spricht: Italienreisen, private Rechtsstudien zum Zeitvertreib, Sprachkurse und viel, sehr viel Lektüre. Mit dem Brontosaurus-Skelett im Metropolitan Museum verglich Mark Twain Shakespeare-Biografien: »neun Knochen und sechshundert Fässer Gips«. Eines immerhin scheint unzweifelhaft: dass es vernünftige Zweifel daran geben kann, ob Shaksper aus Stratford wirklich die Werke Shake-Speares geschrieben hat. Dies zu verbreiten, dafür treten die Initiatoren und Unterzeichner einer *Declaration of Reasonable Doubt* ein, unter ihnen die Shakespeare-Mimen Derek Jacobi, Mark Rylance und Michael York (https://doubtaboutwill.org).

Hugo Grotius
Vom Recht des Krieges und des Friedens

1625

Ein Völkerrecht ohne Theologie

Im Pariser Exil schreibt der niederländische Rechtsgelehrte Hugo Grotius gegen den entfesselten Krieg an. Aus der menschlichen Vernunft leitet er ein Naturrecht ab, das dem Recht zum Kriege ebenso Grenzen errichtet, wie es zur Mäßigung im Kriege verpflichtet. Dem Naturrecht stellt er das durch Verträge und Übereinkommen gesetzte Recht gegenüber – innerstaatlich wie zwischenstaatlich. Indem er das Naturrecht von der Moraltheologie löst und mit dem positiven, das heißt dem gesetzten und gelebten Recht in ein System bringt, bereitet er die Bahn für die Rechtsphilosophie der Aufklärung und gilt noch heute als Vater des Völkerrechts.

Im Stadtmuseum von Münster hängt eine Allegorie auf den Westfälischen Frieden, der 1648 den Dreißigjährigen Krieg in Europa und den achtzig Jahre währenden Unabhängigkeitskrieg der Niederlande beendete. Auf dem Gemälde aus der Werkstatt Gerard Ter Borchs stehen die Delegierten versammelt um den Marmorsarkophag Hugo Grotius'. Der große niederländische Rechtsgelehrte erlebte den Friedensschluss nicht mehr. Drei Jahre zuvor war er in Rostock gestorben. Wohl aber beeinflusste der Geist seines Werks – so dürfen wir den Maler verstehen – die Friedensverträge, die dem Blutvergießen in Europa ein spätes Ende bereiteten und eine neue Ordnung stifteten.

In Rostock ging 1645 ein bewegtes Leben zu Ende. Huig de Groot war 1583 in eine wohlhabende Delfter Familie geboren worden. Mit elf Jahren bereits besucht das Wunderkind die Universität Leiden; der Junge spricht sechs Sprachen fließend, schreibt lateinische Gedichte. »Das Wunder von

Holland« nennt der französische König Heinrich IV. den Fünfzehnjährigen, als dieser Johan van Oldenbarnevelt auf diplomatischer Mission nach Frankreich begleitet. Oldenbarnevelt, der mächtigste Mann der niederländischen Politik, baut Grotius Schritt für Schritt zu seinem Nachfolger auf. 1618 endet die politische Karriere jäh: Der Statthalter Moritz von Oranien putscht sich mit Unterstützung fundamentalistischer Calvinisten an die Macht, lässt Oldenbarnevelt hinrichten und Grotius zu lebenslanger Festungshaft verurteilen. 1621 gelingt dem mithilfe seiner Frau Marie die filmreife Flucht – versteckt in einer Bücherkiste! Praktisch sein ganzes weiteres Leben verbringt Grotius im Exil. Abgesehen von zwei Jahren in und um Hamburg lebt er in Paris, ab 1634 als Botschafter Schwedens. Er stirbt auf der Rückreise von einer Dienstbesprechung in Stockholm an den Folgen eines Schiffsunglücks.

In Paris verfasst Grotius sein bedeutendstes Werk: *De iure belli ac pacis libri tres* (»Drei Bücher vom Recht des Krieges und des Friedens«). In ihm unternimmt er eine systematische Grundlegung eines Rechts, das von seinen theologischen Fesseln befreit ist. Angesichts von Religionskriegen und der Begegnung mit außereuropäischen Kulturen durch Kolonisierung und Fernhandel entspricht dies einem Bedürfnis der Zeit. Das Naturrecht leitet Grotius aus der menschlichen Vernunft ab. Von Aristoteles und den Stoikern entlehnt er den natürlichen Trieb des Menschen zur Geselligkeit sowie die Fähigkeit, sich mittels Sprache Regeln zu geben. Damit erwachsen Grundregeln des Rechts aus der »vernünftigen« Natur des Menschen: Achtung fremden Eigentums, Einhaltung von Versprechen, Wiedergutmachung von Schäden, Strafe für schwere Schuld. Diese Regeln, so Grotius, würden selbst gelten, wenn es Gott nicht gäbe oder er sich nicht um die Menschen scherte. Sicherheitshalber aber verankert Grotius sein Vernunftrecht zusätzlich im göttlichen Ratschluss und in »ununterbrochener Überlieferung«.

Modern ist Grotius darin, dass er einen Platz für »positives«, von Menschen gesetztes Recht, schafft. Zwar ist der Vertrag eine »natürliche« Institution, sein Inhalt aber ist frei gestaltbar, soweit er nicht naturrechtliche

Verbote verletzt. Indem er auch die staatliche Ordnung als Vertrag der Bürger untereinander interpretiert, schafft Grotius ein Modell, das auf naturrechtlicher Grundlage verschieden ausgestalteten Rechtsordnungen Raum gibt – und sie nebeneinander bestehen lässt. Für die neue politische Ordnung nach 1648 war das schon einmal eine gute Grundlage. Bei der Vermessung des Rechts innerhalb des Staates will Grotius nicht stehen bleiben. »Wie nun das Recht eines jeden Staates auf den Nutzen des Staates eingerichtet ist, so hat sich auch unter allen oder mehreren Staaten durch Übereinkommen ein Recht gebildet.« Dieses Völkerrecht *(ius gentium)* mag Durchsetzungsprobleme haben, ist aber darum nicht wirkungslos. Grotius appelliert an das Gewissen der Herrscher und verweist auf Kooperationsgewinne selbst mächtiger Staaten, wenn sie sich rechtstreu verhalten. Vor allem ist ihm daran gelegen, den Krieg einzudämmen. Wann ein Recht zum Kriege *(ius ad bellum)* besteht und welche Regeln im Krieg *(ius in bello)* zu achten sind, folgt den »ewigen und für alle Zeiten geltenden Gesetzen« des Naturrechts, die Grotius in seinem Hauptwerk entfaltet.

Der Einfluss dieses Werks ist groß. Gustav II. Adolf von Schweden soll *De iure belli ac pacis* stets mitgeführt haben, und als Herzog Christian Albrecht von Schleswig-Holstein 1665 in Kiel einen Lehrstuhl für das Natur- und Völkerrecht einrichtet, bestimmt er, dass die Studenten Grotius lernen sollen. (Da das Werk als schwierig gilt, kursieren schon bald Studientexte mit Exzerpten und Merksätzen.) Spätere Autoren würden Grotius' Ansatz weiterentwickeln. Über Samuel Pufendorf (1632–1694), Christian Thomasius (1655–1728) und Christian Wolff (1679–1754) erlangte seine Naturrechtslehre entscheidenden Einfluss auf die deutsche Aufklärung. In der zweiten Hälfte des 18. Jahrhunderts schießen in Deutschland Lehrbücher des Naturrechts förmlich aus dem Boden, die alle auf dem Fundament aufbauen, das Hugo Grotius legte. Zugleich machte der den ersten Schritt zu einer Emanzipation des *ius gentium* von der theologischen Scholastik und wurde so zur Stifterfigur des Völkerrechts, als die ihn jenes Gemälde in Münster verewigt.

1637

René Descartes
Abhandlung über die Methode

Am Anfang aller Erkenntnis

»Ich denke, also bin ich«, lautet der Satz, mit dem René Descartes 1637 in seinem *Discours de la méthode* die Philosophie revolutioniert. Als Erster rückt er konsequent das denkende Subjekt ins Zentrum und wird so zum eigentlichen Begründer der philosophischen Moderne. Kaum minder revolutionär ist die Methode, mit der er zu Werke geht. Die Idee, der Erkenntnis mit mathematischer Logik zu Leibe zu rücken, beeinflusst nicht nur Zeitgenossen und macht Descartes – als Philosophen wie als Mathematiker – zu einem der einflussreichsten Denker der Geistesgeschichte.

Die moderne Philosophie kommt an einem Novembertag des Jahres 1619 auf einer Ofenbank bei Neuburg an der Donau zur Welt. Dorthin hatte sich der dreiundzwanzigjährige René Descartes, Söldner im Dienste des Herzogs von Bayern, zurückgezogen, um der winterlichen Kälte zu entgehen. Einen ganzen Tag lang blieb er ungestört, sich und seinen Gedanken überlassen. Am Ende dieses Tages ist er zu der Erkenntnis gelangt, dass das Gebäude der Philosophie *more geometrico*, nach geometrischem Muster, von Grund auf neu errichtet werden muss. Vier Grundsätze nimmt er aus jenem Ofenzimmer mit auf seine Entdeckungsreise: keine Sache als wahr anzuerkennen, die sich nicht offenkundig als wahr erkennen lässt; jedes Problem in seine Einzelteile zu zerlegen, um es einer Lösung zuzuführen; Schritt für Schritt von einfachen Erkenntnissen zu den komplexeren Fragen voranzuschreiten; stets zu prüfen, ob man auch nichts übersehen hat. Der Weg zur Erkenntnis, so die Erkenntnis jenes Wintertages, ist eine Frage der richtigen Methode.

Im Mittelpunkt der cartesianischen Methode steht der Zweifel. Descartes übernimmt ihn von Skeptikern wie Montaigne, glaubt aber im Gegensatz zu diesen, dass ihn der Pfad des Zweifels zur sicheren Erkenntnis führen wird. Unsere Sinne können uns täuschen, unser Denken auf Irrwege führen. Eines aber ist für Descartes unwiderlegbar: Indem ich zweifle, denke ich, und weil ich denke, muss es ein denkendes Subjekt geben. Wer das bezweifeln wollte, würde selbst denken und sich so in Widerspruch verwickeln. »Ich denke, also bin ich«, »Je pense, donc je suis«, »Cogito ergo sum«, so lautet der feste Grund, auf dem Descartes sein Gedankengebäude errichtet. Von hier gelangt er über eine Kette von Ableitungen (Deduktionen) zu Aussagen über Gott, die Welt und den Menschen.

Nicht alle dieser Ableitungen haben die Zeiten überdauert. Der Dualismus zwischen Geist (»denkender Substanz«) und Körper (»ausgedehnter Substanz«) stellte die Cartesianer vor die knifflige Aufgabe zu erklären, wie wir willentlich Arme und Beine bewegen können, wenn zwischen Geist und Körper keine Verbindung bestehen soll. Die strikt mechanistische Deutung alles Körperlichen führte Descartes zu der Annahme, dass Tiere bloße mechanische Apparaturen seien, weil es ihnen an »Geist« fehle. Und dass er Gott zur bloßen Bedingung der Möglichkeit aller Erkenntnis machte, störte schon Descartes' frommen Zeitgenossen Blaise Pascal.

Dass die Schrift, mit der die Philosophie des Abendlandes auf das denkende Ich ausgerichtet wird, in Form einer Autobiografie abgefasst ist, spricht für sich. In seinem *Discours de la méthode pour bien conduire sa raison et chercher la vérité dans les sciences* (»Abhandlung über die Methode, seine Vernunft gut zu gebrauchen und die Wahrheit in den Wissenschaften zu suchen«) schildert Descartes seine intellektuelle Entwicklung von der Schulzeit über die Lehr- und Wanderjahre bis zur großen Eingebung und ihren Weiterungen. 1596 in der Touraine geboren, besuchte Descartes die Jesuitenschule in La Flèche und studierte Jura in Poitiers. Von Skepsis gegenüber den Schulweisheiten seiner Zeit durchdrungen (einzig in der Mathematik findet er festen Halt), wendet er sich von der Wissenschaft ab, geht auf Reisen und verdingt sich als Söldner. 1620 demissioniert er, um sich ganz dem Nachdenken zu widmen, zunächst in Paris, ab 1628 dann in den Niederlanden, wohin es ihn des liberalen geistigen Klimas wegen zieht. Aus Angst vor Verfolgung (er weiß von Galileis Verurteilung) publiziert er den *Discours* 1637 anonym in Leiden. Die späteren Werke – *Meditationes de prima philosophia* und *Principia philosophiae* – erscheinen unter dem Namen des inzwischen berühmten René Descartes. 1648 ruft ihn Königin Christine von Schweden an ihren Hof. Bei den frühmorgendlichen Audienzen im kalten Palast zieht sich der Wärme liebende Descartes eine Lungenentzündung zu und stirbt 1649 in Stockholm.

Descartes' Werk war epochal, gerade auch weil es sich so perfekt in die geistigen Strömungen seiner Zeit einfügte. Der Streit der Konfessionen und immer neue naturwissenschaftliche Entdeckungen hatten überkommene Lehren infrage gestellt. Nicht wenige Philosophen sahen in Mathematik und Geometrie den einzigen festen Bezugspunkt: Ob Descartes oder Pascal, Spinoza oder Leibniz, Hobbes oder Newton – sie alle waren zugleich Philosophen und Mathematiker. Die Lösung von Problemen *more geometrico* erschien daher als Königsweg der Erkenntnis, den z.B. 1660 die *Grammatik von Port-Royal*, aus der Feder Antoine Arnaulds und Claude Lancelots, erstmals für die Sprache beschritt.

Einflussreich war Descartes auch durch seine Rückführung aller Erkenntnis auf den Geist des denkenden Subjekts. Damit begründete er den philosophischen Rationalismus, der vor allem von Nicolas Malebranche in Frankreich, Baruch de Spinoza in Holland und Gottfried Wilhelm Leibniz in Deutschland fortentwickelt wurde und dem auch die Erkenntnisphilosophie Kants und des deutschen Idealismus Entscheidendes verdankt. Für Hegel ist Descartes daher »der wahrhafte Anfänger der modernen Philosophie«, seine »Wirkung auf sein Zeitalter und die neue Zeit kann nicht ausgebreitet genug vorgestellt werden«. Ein epochemachendes Werk also, das da 1619 auf einer bayerischen Ofenbank seinen Anfang nahm!

Thomas Hobbes

1651

Leviathan

Die neuzeitliche Geometrie des Staates

Mit seinem *Leviathan* revolutioniert der Engländer Thomas Hobbes die politische Philosophie. Unter Verzicht auf Werte und ethische Prinzipien entwickelt er den Staat ausgehend vom rationalen Eigeninteresse seiner Bürger. Um dem »Krieg aller gegen alle« im Naturzustand zu entkommen, schließen diese einen Vertrag, mit dem sie das Gewaltmonopol einem Souverän übertragen der unumschränkte Macht besitzt. Damit legt Hobbes die philosophische Grundlage für den Absolutismus. Indem er das Individuum zum Ausgangspunkt der Begründung von Herrschaft macht, bahnt er aber vor allem den Weg für Locke, Rousseau und Kant und die gesamte politische Philosophie des Liberalismus.

Es dürfte eines der berühmtesten Titelblätter überhaupt sein: Eine Herrscherfigur mit Schwert und Krummstab ragt gottgleich und schützend hinter Land und Stadt auf; seinen Körper formen Hunderte menschlicher Köpfe, die Gesichter dem Herrscher zugewandt. In der unteren Bildhälfte finden sich, einem Setzkasten gleich, die Insignien weltlicher und geistlicher Macht, dazwischen ein drapierter Vorhang mit der Aufschrift *Leviathan or the Matter, Forme and Power of a Commonwealth Ecclesiasticall and Civil* (»Leviathan oder Stoff, Form und Gewalt eines kirchlichen und staatlichen Gemeinwesens«) *by Thomas Hobbes of Malmesbury*. Über allem steht ein lateinisches Zitat aus dem Buch Hiob: »Auf Erden ist keine Macht, die seiner vergleichbar wäre« (»Non est potestas super terram quae comparetur ei«). Es bezieht sich auf den Leviathan, ein mythisches Seeungeheuer, dessen Kraft hier mit der Allmacht des Staates assoziiert wird.

Das vom Pariser Kupferstecher Abraham Bosse in Zusammenarbeit mit dem Autor entworfene Titelbild ist eine präzise Illustration dessen, worum es in Hobbes' *Leviathan* geht: um die philosophische Begründung des Staates und der allumfassenden politischen Herrschaft durch einen Vertrag der Untertanen. Ähnlich wie Descartes zuvor in seinem *Discours de la méthode* der menschlichen Erkenntnis auf den Grund gegangen ist, will Hobbes die politische Philosophie neu erfinden. Wie Descartes verwirft er die aristotelisch-scholastischen Traditionen und setzt stattdessen auf das mathematisch-naturwissenschaftliche Paradigma des Rationalismus. *More geometrico*, nach Art der Geometrie, zerlegt auch Hobbes seinen Untersuchungsgegenstand, den Staat, in seine kleinste Einheit, das Individuum, um ihn von dort aus, Schritt für Schritt und rein der Logik verpflichtet, wieder zusammenzusetzen.

Hobbes beginnt also – getreu dem »geometrischen« Untersuchungsdesign – beim Menschen. Seine anthropologischen Prämissen unterscheiden sich von allem, was bis dahin gelehrt wurde. Hobbes' mechanisch-materialistische Sicht auf die Welt kennt nur Ursache und Wirkung, keine übergeordneten Zwecke oder Prinzipien. Der Mensch ist für ihn kein *zoon politikon*, kein nach Gemeinschaft mit anderen strebendes Tier, sondern ein rationaler Maximierer eigener Interessen. Diese Menschen setzt Hobbes nun in einen vorstaatlichen »Naturzustand«, in dem alle gleich sind und jeder ein »Recht auf alles« besitzt. Die Knappheit der Güter, die konflikthafte menschliche Natur, vor allem aber das gegenseitige Misstrauen führen geradewegs in den »Krieg aller gegen alle«. Weil sich niemand sicher sein kann, dass sein Nachbar ihm nicht schaden will, ist präventive Gewaltanwendung eine rationale Strategie zur Selbsterhaltung.

Ihre Vernunft leitet die Menschen zu der Einsicht, dass sie alle besser fahren, wenn sie wechselseitig auf ihr Recht auf alles verzichten. Hierüber schließen sie einen Vertrag *(covenant)*, zu dessen Sicherung ein Gemeinwesen *(commonwealth)* errichtet werden muss, dem ein Gewaltmonopol und das Recht zu strafen übertragen wird. Dieser Verzichts- und Übertragungsvertrag errichtet den Staat: »Dies ist die Erzeugung jenes großen Leviathan oder besser [...] jenes *sterblichen Gottes*, dem wir unter dem *unsterblichen Gott* unseren Frieden und Schutz verdanken.« Der Souverän, dem alle Macht übertragen wird, ist nicht Partei des Vertrages, er wird durch ihn nicht gebunden. Als absoluter Herrscher setzt er allein das Recht und beschneidet die natürliche Freiheit der Untertanen, um das Gemeinwesen gegen den Rückfall in den Naturzustand zu sichern. Die Einzelnen werden mit dem Vertragsschluss Teile des Staatsvolkes, verlieren ihre natürliche politische Freiheit und gewinnen neben der Sicherheit die Pflicht zum Gehorsam, selbst gegenüber einem Tyrannen.

Im pessimistischen Menschenbild Thomas Hobbes' erkennt man die Erfahrungen der Konfessions- und Bürgerkriege. 1588 geboren und 1679 gestorben, erlebte Hobbes neben dem Dreißigjährigen Krieg den englischen Bürgerkrieg, die Enthauptung Karls I., das Protektorat Oliver Cromwells und die Restauration unter Karl II. Seinen *Leviathan* schrieb er im Pariser Exil, bis er – seiner Kritik an der katholischen Kirche wegen ungelitten – nach England zurückkehrte und sich Cromwell unterwarf. Diese zeithistorischen Bedingungen haben Spuren im Werk hinterlassen. Dennoch gelang Hobbes die »revolutionäre Neubegründung der politischen Philosophie in der Neuzeit« (Wolfgang Kersting).

Das Erbe des *Leviathan* ist ambivalent: Betont man die Apologie absoluter Herrschermacht, gelangt man zum autoritären Staatsrechtler Carl Schmitt und seiner Faszination für die »gesetz- und ordnungschaffende staatliche Diktatur«, als deren Künder er Hobbes sah. Die größere konstruktive Leistung Hobbes' liegt darin, dass er an die Stelle einer göttlichen Ordnung das freie, seine Zwecke verfolgende Individuum setzte, »dessen souveräner rationaler und vernünftiger Wille alleinige Geltungsgrundlage staatlicher Herrschaft und politischer Ordnung ist« (Kersting). In diesem Sinne wurde Hobbes zum Begründer einer Schule des Gesellschaftsvertrages, die über John Locke, Jean-Jacques Rousseau und Immanuel Kant die Philosophie des politischen Liberalismus bis in unsere Tage prägt.

Hans Jakob Christoffel von Grimmelshausen
Der Abentheuerliche Simplicissimus Teutsch

Mehr als nur ein Schelmenroman

»Es hat mir so wollen behagen, mit Lachen die Wahrheit zu sagen.« Unter diesem Lebensmotto zieht der Ich-Erzähler des *Simplicissimus* hinaus in eine Welt, in der der Krieg die Grenzen zwischen Freund und Feind, Gut und Böse, Vernunft und Narrheit verwischt. Der Roman findet reißenden Absatz. Dass sein Verfasser virtuos mit den Erzählkonventionen seiner Zeit spielt und sich hinter der Maske des ungebildeten Einfaltspinsels verbirgt, hat manchen Leser auf falsche Fährten gelockt. Heute erkennt man in dem einzigartigen Werk vor allem eines: den bedeutendsten deutschen Roman der Barockzeit.

Der *Simplicissimus*, genauer: *Der Abentheuerliche Simplicissimus Teutsch, Das ist: Die Beschreibung deß Lebens eines seltzamen Vaganten genant Melchior Sternfels von Fuchshaim*, gilt als einer der wichtigsten frühen deutschen Beiträge zur Weltliteratur. »Herr, das ist göttlich!«, schreibt Clemens von Brentano im Juni 1803 begeistert an Friedrich Carl von Savigny, und selbst der sonst streng urteilende Thomas Mann spendet hymnisch Lob, nennt es »ein Literatur- und Lebens-Denkmal der seltensten Art«, »ein Erzählwerk von unwillkürlichster Großartigkeit, bunt, wild, roh, amüsant, verliebt und verlumpt, kochend von Leben, mit Tod und Teufel auf Du und Du, zerknirscht am Ende und gründlich müde in einer in Blut, Raub, Wollust sich vergeudenden Welt, aber unsterblich in der elenden Pracht seiner Sünden«.

Die so beschriebene Welt ist das Deutschland des Dreißigjährigen Krieges, in der sich der Ich-Erzähler dieser fiktiven Autobiografie durchschlagen muss. Bei Bauern im Spessart wächst er auf, bis der Krieg in die ländliche Idylle einbricht und Mord, Folter, Vergewaltigung und Plünderung ihn zur Flucht zwingen. Ein Einsiedler nimmt den namenlosen Buben auf und unterweist ihn im Christentum. Von diesem – in dem er erst später den leiblichen Vater erkennt – erhält er den Namen Simplicius (der Einfältige). Der Eremit stirbt, die Einsiedelei wird geplündert und niedergebrannt, Simplicius flieht abermals – an den Hof des Gouverneurs von Hanau. Mag bis hierhin sein Schicksal den Erlebnissen vieler Menschen seiner Generation gleichen, geht es von nun an »abentheuerlich« weiter. Die Ereignisse überschlagen sich und katapultieren den jungen Mann in die verschiedensten Situationen und Rollen.

In Hanau vom Höfling zum Narren degradiert, flieht Simplicius, schließt sich zunächst den kaiserlichen, dann den schwedischen Truppen an, macht sich als Beutejäger selbstständig und gelangt als »Jäger von Soest« zu Reichtum, der schnell zerrinnt. Er geht nach Paris, wo er unter dem Namen »Beau Alman« (»Der schöne Deutsche«) als Opernsänger und Frauenheld Karriere macht, bis ihn die Blattern entstellen und er – nunmehr als Quacksalber – nach Deutschland zurückkehrt. Es folgen erzwungene Kriegsdienste, Raubzüge auf eigene Rechnung, beinahe ein Eremitendasein und eine Existenz als Forscher und Privatgelehrter. Bis dahin hat er bereits leibhaftig mit dem Teufel getanzt, den Venusberg betreten, die Geister vom Mummelsee beschworen. Doch auch die Forscherexistenz ist nicht von Dauer. Verschleppung und Flucht führen Simplicius nach Moskau, Korea, Japan, Macau, Ägypten; auch auf einer Galeere dient er einige Zeit. Ein Schiffbruch auf dem Pilgerweg nach Santiago de Compostela spült ihn auf eine einsame Insel. Hier findet der Rastlose scheinbar endlich zur Ruhe und verfasst seinen Lebensbericht ...

Es fällt schwer, den *Simplicissimus* eindeutig einem literarischen Genre zuzuordnen. In erster Linie gilt er als Schelmenroman, eine Gattung, die in Spanien entstand und den Ritterromanen mit ihren edlen Helden und hehren Gefühlen den Antihelden gegenüberstellte. Aus der Unterschicht stammend, gewitzt und durchtrieben, wurstelt sich der durchs Leben, satirische Seitenhiebe inklusive. Doch der *Simplicissimus* spielt lustvoll mit einer Fülle weiterer literarischer Konventionen seiner Zeit. Christliche Bekehrungsliteratur, Fantastik und die barocktypischen Versatzstücke aus dem zeitgenössischen Bildungsgut finden Eingang in ein Werk, dem heutige Interpreten auch eine emblematische, sinnbildliche Lektüre angedeihen lassen, in der das Werk über seine Handlung hinaus verschlüsselt philosophische und religiöse Fragen traktiert.

Dieser erste deutsche Roman war von Anfang an ein Bestseller. Kein Buch verkaufte sich damals besser. 1668 in fünf Büchern bei Wolff Eberhard Felsecker in Nürnberg erschienen (das Titelkupfer verschleiert Erscheinungsort und Erscheinungsjahr), erlebte es in schneller Folge Neuauflagen und Raubdrucke, so schnell, dass die Fehler und typografischen Schnitzer selbst in den offiziellen Ausgaben notorisch geworden sind.

Doch nicht nur das: Simplicius und weitere Figuren des Romans tauchten in der Folgezeit in einer ganzen Reihe sogenannter simplicianischer Schriften auf. Die Marke Simplicissimus garantierte gute Verkaufszahlen. Sie diente auch der Verbreitung der simplicianischen Jahreskalender, die erbauliche Texte und Kurzgeschichten unters Volk brachten. Ob und inwieweit Grimmelshausen in den ebenfalls von Felsecker verlegten *Europäische Wundergeschichten Calender* involviert war (der bis 1809 fortgeführt wurde!), ist bis heute nicht abschließend geklärt.

Wie sehr der simplicianische Kosmos zusammenhing, stellte sich erst

Die rote Bulldogge
Der *Simplicissimus* stand Pate für die gleichnamige Münchner Satirezeitschrift, die ab 1896 zunächst die wilhelminische Politik, später dann die Verhältnisse in der Weimarer Republik aufs Korn nahm. Unter ihrem Markenzeichen, der roten Bulldogge, schrieben und zeichneten neben den »Hauskünstlern« Ludwig Thoma, Thomas Theodor Heine und Olaf Gulbransson unter anderem Erich Kästner, Käthe Kollwitz, Heinrich Mann, Frank Wedekind und Heinrich Zille. Mit der Namenswahl bekannten die Herausgeber sich zum Motto ihres Vorbildes: »Es hat mir so wollen behagen, / mit Lachen die Wahrheit zu sagen.«

1837 heraus, als der Schriftsteller und Publizist Hermann Kurz die fantastisch anmutenden Namen dechiffrierte. In »German Schleifheim von Sulsfort«, dem Pseudonym auf dem Titel des *Simplicissimus*, erkannte er das Anagramm des Christoffel von Grimmelshausen (1622–1676), Schultheiß und Gastwirt im badischen Renchen, ebenso wie im Namen von dessen Helden »Melchior Sternfels von Fuchshaim«. Doch auch die Autoren und Helden anderer simplicianischer Werke erwiesen sich als Umstellungen desselben Namens: »Philarchus Grossus von Trommenheim«, »Michael Rechulin von Sehmsdorff«, »Simon Leugfrisch von Hartenfels«, »Israel Fromschmidt von Hugenfelß«, »Samuel Greifnson von Hirschfeldt« oder, unaussprechlich, »Aceeeffghhiillmmnnoorrssstuu«. Insgesamt zehn simplicianische Bücher stammen aus Grimmelshausens Feder. Indem sie sich wechselseitig kommentieren und widersprechen, ergibt sich ein barockes Vexierspiel, in dem sich Konzepte von Autorschaft und Werk vielfältig gebrochen finden.

Es ist vermutlich diese Vielstimmigkeit, die eine nicht minder vielfältige Rezeption des *Abentheurlichen Simplicissimus Teutsch* begünstigt hat. Bei Zeitgenossen war der Roman als unterhaltsame Lektüre populär. Nicht nur das einfache Publikum schätzte ihn; auch die Kurfürstin von Hannover soll sich über die Erlebnisse des Titelhelden und über Grimmelshausens Sprache, die Mundart und Umgangssprache nicht scheut, prächtig amüsiert haben. Ganz anders ein Jahrhundert später Goethe, der im Gespräch mit Wilhelm Grimm mäkelte: »Es ist zwar viel Poesie darin, aber kein Geschmack.« Für den Weimarer Klassiker fehlte es dem Werk schlicht an organischer Einheit und klarer Form. Das indes war es gerade, was die Literaten der Romantik so begeisterte. Nicht nur der eingangs zitierte Brentano, auch Schlegel, Tieck, Eichendorff, Wilhelm Grimm und viele andere verschlangen den *Simplicissimus*. Dabei saßen sie dem Trugschluss auf, der Autor sei ein urwüchsiger »Bauernpoet«, und verkannten die Maskerade, die Grimmelshausen betrieb, wenn er von sich selbst schrieb, er habe »nehmlich nichts studirt«, und sich andernorts als »Illiteratus Ignorantius, genant Idiota« vorstellte.

Diese unironische Lesart des *Simplicissimus* ermöglichte auch, ihn als Tatsachenbericht über die Gräuel des Dreißigjährigen Krieges heranzuziehen. Vor allem der Schriftsteller Gustav Freytag berief sich auf Grimmelshausen, um in seinen *Bildern aus der deutschen Vergangenheit* die Verwüstung und Zerschlagung der deutschen Nation durch ausländische Mächte zu schildern und für die Überwindung der historischen Schmach zu werben – durch Herstellung der Reichseinheit unter protestantisch-preußischer Führung. So dominant war diese von Freytag und dem Historiker Johann Gustav Droysen gestrickte Meistererzählung im Bismarckreich, dass das preußische Kultusministerium eine – sittsam entschärfte – Jugendbuchbearbeitung zur Anschaffung durch »gehobene Volksschulen und Präparandenanstalten« empfahl. Der Protest der katholischen Zentrumspartei gegen die staatlich geförderte Verbreitung eines päpstlich indizierten Romans löste im März 1876 im Preußischen Landtag die sogenannte Simplicissimus-Debatte aus.

Gewiss, ohne die Erfahrung des Zerfalls der alten Ordnung, der Entwurzelung und der schlagartigen Wechselfälle des Schicksals, die der Dreißigjährige Krieg lehrte, wäre der *Simplicissimus* nicht denkbar. Auch finden sich dessen Schilderungen der Kriegsgräuel vielfach durch Augenzeugenberichte bestätigt; dennoch bleibt das Werk eine Fiktion, die ihren Reiz nicht zuletzt aus Übertreibung gewinnt. Diese Lust am Exzess und das Verwirrspiel um Autorschaft und Werk dürften heute die besondere Wertschätzung für den Roman begründen. Ein Haupthindernis für dessen breitere Rezeption freilich stellt eine Sprache dar, die uns in vielem fremd geworden ist. Versuche einer sprachlichen Aktualisierung sind auf geteiltes Echo gestoßen. Allerdings: Schon der erste Raubdruck ersetzte manch mundartlichen Ausdruck, um das Buch einem breiteren Leserkreis zugänglich zu machen. Grimmelshausen und sein Verleger griffen dies damals dankbar für ihre Zweitauflage auf, denn schließlich galt es, das Buch zu verbreiten. Hätte Grimmelshausen gewusst, dass sein *Simplicissimus* einstmals sogar auf Esperanto publiziert werden würde, er hätte seine diebische Freude daran gehabt.

Maria Sibylla Merian

Die Verwandlung der surinamischen Insekten

Ein neuer Blick auf die Welt

1705

Maria Sibylla Merian, Naturforscherin und Künstlerin gleichermaßen, war eine Pionierin auf ihrem Gebiet, die unbekannte Wege beschritt und sich nicht von Bedenken abhalten ließ. Sie etablierte eine ganz neue Sicht auf das Zusammenspiel von Insekten und Pflanzen. Mit ihren Zeichnungen und Bildern der tropischen Flora und Fauna erweiterte sie den Horizont ihrer Zeitgenossen und prägte deren Wahrnehmung.

Das Bundesministerium für Bildung und Forschung hat vor einigen Jahren eine neue Initiative gestartet: Seitdem finanziert es internationale Forscherkollegs, die in wissenschaftlich prosperierenden Regionen in Asien, Lateinamerika und Afrika angesiedelt sind und die deutschen Geistes- und Sozialwissenschaften internationalisieren und interdisziplinär vernetzen sollen. Der Ansatz dieser Maria Sybilla Merian Centres schließt ganz bewusst an den Kern der Arbeit der Namensgeberin an: Bestimmte Fragestellungen könne man am besten oder überhaupt nur im Ausland in Zusammenarbeit mit den Kollegen vor Ort erforschen.

Dass einmal Forschungseinrichtungen nach ihr benannt würden, hätte die 1647 in Frankfurt geborene Maria Sibylla Merian vermutlich selbst nicht geglaubt, obwohl sie sich ansonsten fast alles zutraute: Sie war selbstbewusst, wissbegierig, eigenständig und abenteuerlustig. Ihr Vater Matthäus Merian, der als Vorreiter auf dem Gebiet der Stadtansichten und Stadtpläne gilt, starb, als sie drei war. Ihr Stiefvater, der Maler Jacob Marrel, förderte sie, indem er ihr die handwerklichen Voraussetzungen der Malerei vermittelte und sie in seinem Atelier arbeiten ließ. Schon früh zeigte sich ihr Interesse an der Insektenwelt, der man zur damaligen Zeit ansonsten wenig Beachtung schenkte. Denn seit der Antike war die Urzeugungstheorie, derzufolge Insekten spontan aus Schlamm entstünden, weit verbreitet – Insekten galten vielen schlicht als Strafe Gottes und Höllenbrut.

Nach der Heirat zog sie 1670 mit ihrem Mann, dem Maler Johann Andreas Graff, in dessen Heimatstadt Nürnberg und steuerte fortan einen bedeutenden Teil zum Lebensunterhalt der Familie bei. Sie gründete eine Malschule, in der sie die höheren Nürnberger Töchter im Malen und Sticken ausbildete. Ihre erste Publikation war eine Kupferstichsammlung, die aus Vorlagen für den Unterricht hervorging (*Das Blumenbuch*, drei Bände, 1675–1677). Ihr zweites Werk, *Der Raupen wunderbare Verwandlung und sonderbare Blumennahrung* (drei Bände, 1679–1683 und 1717), ist Ergebnis ihrer konsequenten Beobachtungen der Entwicklung der Schmetterlinge.

Merian erkannte die Abhängigkeit der verschiedenen Insektenarten von ganz bestimmten Wirtspflanzen und stellte jeweils die kompletten Entwicklungszyklen der Schmetterlinge dar. Diese ganzheitliche Sichtweise, die die Bedeutung des Zusammenspiels von Insekt und Pflanze herausstellte, war neu. Merian ergänzte die Kupferstiche, die wegen ihrer Natürlichkeit und lebendigen Kolorierung bis heute beeindrucken, durch ausführliche Anmerkungen und machte mit ihrem Buch die Entstehung von Schmetterlingen erstmals einer breiteren Öffentlichkeit bekannt. Und sie widersetzte sich dem Vorurteil, dass Insekten der Beschäftigung nicht würdig seien. Ihr Beobachtungseifer trug dazu bei, dass schon in Zedlers *Universal-Lexicon* 1739 zu lesen war: »Es ist kein Wurm so abscheulich und so geringe in unseren Augen, der uns nicht, wenn wir nur die gehörige Aufmercksamkeit daran wenden wollten, von der Weisheit des grossen Baumeisters des Himmels und der Erden völlig überzeugte.« Dass sie auf Deutsch schrieb, vergrößerte ihr Publikum, führte aber auch dazu, dass sie in der gelehrten Welt, die auf Latein verkehrte (welches sie erst später lernte), nicht wirklich ernst genommen wurde.

Die Verwandlung der surinamischen Insekten

1685 verließ sie ihren Mann, übersiedelte mit ihren zwei Töchtern in die Niederlande und startete 1699 von Amsterdam aus in ein waghalsiges Abenteuer: Sie verkaufte einen Großteil ihres Besitzes und brach mit ihrer jüngsten Tochter zu einer Expedition in die niederländische Kolonie Surinam auf, wo sie die südamerikanische Insekten- und Pflanzenwelt erforschen wollte. Dezidierte Forschungsreisen waren zur damaligen Zeit noch eher ungewöhnlich, Reisen von Frauen ohne männliche Begleitung nachgerade unerhört. Merian knüpfte Kontakte zur indigenen Bevölkerung, lernte verschiedene heimische Nutzpflanzen kennen, sammelte Insekten und Kleintiere, beobachtete und zeichnete.

Malariakrank kehrte sie 1701 aus dem tropischen Regenwald nach Amsterdam zurück und verarbeitete ihre Beobachtungen zu jenem Buch, das ihren Ruhm begründete: *Metamorphosis insectorum Surinamensium* (1705). Auf sechzig kolorierten Kupferstichen präsentierte sie ihrem ganzheitlichen Ansatz folgend die exotische Insekten- und Pflanzenwelt der Tropen. Von ihrer Reise brachte Merian auch zahlreiche aufgespießte oder eingelegte Insekten und Tiere mit, die sie in den Niederlanden verkaufte, um sich ihren Lebensunterhalt zu finanzieren. Denn ihr Buch, das qualitativ hochwertig und deshalb sehr teuer war, konnte nur eine kleine Lesergruppe als Käuferschaft ansprechen und ruinierte sie finanziell. Sie starb verarmt 1717 in Amsterdam. Fast schon zynisch ist es daher, dass in den 1990er Jahren ihr Konterfei die Vorderseite des 500-Mark-Scheins zierte, auf dessen Rückseite man eine ihrer Pflanzenzeichnungen studieren konnte.

Auch wenn die wissenschaftlichen Erkenntnisse aus ihrem Surinam-Buch heute überholt sind, beeindruckt noch immer die Verbindung von besonderer wissenschaftlicher Neugier, Beobachtungsgabe, Verständnis für die Insektenwelt und künstlerischer Ausdrucksfähigkeit. Merians Zeichnungen waren Kunstwerke, die neue Welten eröffneten. Sie setzten Maßstäbe und beeinflussten Wissenschaftlergenerationen. Vor allem aber beeindruckt ihr Leben, in dem sie sich nicht um Konventionen scherte, sondern ihre eigenen Wünsche umsetzte und mit Mut voranging.

1719

Daniel Defoe
Robinson Crusoe

Ein Schiffbrüchiger als Zivilisationsgründer

Wer kennt sie nicht, die Geschichte von Robinson Crusoe, dem Schiffbrüchigen, den es auf eine einsame Insel verschlagen hat? Der Roman von Daniel Defoe (1660 – 1731) hatte riesigen Erfolg: Binnen weniger Wochen war die erste Auflage ausverkauft, innerhalb weniger Monate erschienen drei weitere und nach einem Jahr bereits die ersten Übersetzungen etwa ins Französische und Deutsche. Doch nicht allein das abenteuerliche Element des Stoffes trug zu seiner ungebrochenen Popularität bei, vielmehr erlaubte er es, Spannung mit einer Lehre zu verbinden und zugleich den bürgerlichen Eskapismus zu bedienen.

Auf der Suche nach einem guten Stoff las der gescheiterte Geschäftsmann, kritische Essayist und Journalist Daniel Defoe wohl 1713 in einer Zeitung vom Schicksal des schottischen Seemannes Alexander Selkirk. Defoe erkannte gleich das Potenzial der Geschichte: Selkirk hatte 1704 als Freibeuter angeheuert und wurde nach einem Streit mit dem Kapitän allein auf einer Hunderte Kilometer vor Chile gelegenen, unbewohnten Insel zurückgelassen, auf der er bis zu seiner Rettung fast viereinhalb Jahre überlebte. Um aus dem Stoff allerdings ein Buch zu machen, das bei seinen Zeitgenossen erfolgreich sein und deren Erwartungen gerecht werden würde, musste Defoe das Kunststück gelingen, eine gleichermaßen spannende wie lehrreiche Erzählung zu Papier zu bringen. So wurde aus den Erlebnissen Alexander Selkirks die Geschichte der Romanfigur Robinson Crusoe.

Zu Beginn des 18. Jahrhunderts stand der Roman als literarische Gattung beim Publikum hoch im Kurs. Die Attraktivität des Romans für ein bürgerliches Publikum im Zeitalter der Aufklärung leitete sich aus der Tatsache ab, dass hier »die drängenden Fragen nach der diesseitigen Bestimmung des Menschen im Zusammenhang konkreter Beispiele verhandelt« wurden. Dafür veranschaulichten die Romanautoren Erfahrungen im Rahmen individueller Fallgeschichten, die exemplarischen Status hatten. Literatur sollte nützlich im Hinblick auf die Umsetzung des aufklärerischen Programms sein und einem Zweck dienen: den Menschen moralisch besser zu machen. Gleichzeitig eröffnete der Roman Spielräume der Imagination und erlaubte es seinen Lesern, in exotische Regionen oder utopische Wunschwelten vorzustoßen. Man konnte also Vergnügen haben und wurde gleichzeitig belehrt. Vor dem Hintergrund des aufklärerischen Denkens, das den Menschen als vernünftig und moralisch Handelnden auf dem stetigen Weg der Vervollkommnung sah, konnte die Gefährdung der Moral nur als temporäre Krise verstanden werden. Diese Krisen wurden im Roman als Abenteuer gestaltet, die glücklich durchgestanden wurden. Der Roman der Aufklärung hatte also stets ein Happy End, weil die Laster überwunden wurden, mithin aus dem Chaos des Anfangs die geordnete Welt hervorging.

In diesem Sinne ist das, was Defoe aus der Geschichte Selkirks machte, inhaltlich ein Paradebeispiel für einen Roman der Aufklärung: Quasi als gerechte Strafe für sein Aufbegehren gegen die Normen der bürgerlichen Gesellschaft strandet ein junger Europäer auf einer vermeintlich unbewohnten Insel, schafft aus dem Nichts eine Kulturwelt und kehrt am Ende geläutert nach Hause zurück. Denn Defoe lässt seinen Robinson aus einem bürgerlichen Umfeld, das ihm ein bequemes und ruhiges Leben verspricht, ausbrechen. Entgegen den Empfehlungen und Bitten seines Vaters, doch dem vorgezeichneten Weg zu folgen, denn »der Mittelstand ist dazu angethan, alle Arten von Tugenden und Freuden gedeihen zu lassen«, geht er an Bord eines Schiffes. Robinson gerät in Afrika in Gefangenschaft, kommt nach Südamerika, wo er eine Tabakplantage bewirtschaftet, und strandet schließlich auf der Suche nach zusätzlichen Sklaven nach einem

Daniel Defoe

Schiffbruch als einziger Überlebender auf einer im Flusslauf des Orinoko gelegenen einsamen Insel. Mithilfe von aus dem Schiffswrack geborgenen Utensilien richtet er sich auf der Insel ein. Er baut Getreide an, züchtet Vieh und vollzieht auf sich allein gestellt die Geschichte der menschlichen Zivilisation nach. Im Zuge einer Erkrankung stößt er in einer Kiste auf eine aus dem Schiff gerettete Bibel, beginnt zu lesen und erkennt in seinem Schicksal einen göttlichen Plan. Da er den Kontakt zu den kannibalischen Ureinwohnern auf der Insel meidet, lebt Robinson in Einsamkeit, die erst nach fünfundzwanzig Jahren endet, als er einen »Wilden« rettet, den die Kannibalen zu verspeisen vorhaben, da es »jetzt die Zeit sei, mir einen Diener und in ihm vielleicht zugleich auch einen hülfreichen Freund zu verschaffen«. Der »Wilde«, den er Freitag nennt, wird von ihm im kolonialistischen Geiste »erzogen«, was den Roman auch zu einem Erziehungsroman werden lässt. Am Schluss befreien Robinson und Freitag den Kapitän eines Schiffes, der von Meuterern auf der Insel ausgesetzt werden soll, erobern es und brechen Richtung Europa auf. Nach über achtundzwanzig Jahren kehrt Robinson nach Hause zurück, wo er heiratet und eine Familie gründet. Nach dem Tod seiner Frau packt ihn die Reiselust erneut – und der Anknüpfungspunkt für eine sehr erfolgreiche Fortsetzung, die noch im selben Jahr erscheint, ist gesetzt.

Defoe inszenierte seinen Roman als tagebuchartigen Tatsachenbericht: Die autobiografische Ich-Erzählung des fiktiven Robinson Crusoe wird von einem wohlwollenden Herausgeber dem Publikum vorgelegt. Darauf weist auch die deutsche Übersetzung hin, die bereits 1720 unter dem Titel *Das Leben und die gantz ungemeinen Begebenheiten des Robinson Crusoe. Von ihm selbst erzählt* erscheint. Auf diese Weise wurden die Authentizität und damit Identifikation sowie didaktischer Mehrwert gesteigert, weil man in der damaligen Annahme mit den Erlebnissen einer realen Person besonders intensiv mitfiebern und aus »Geschichten, die das Leben schrieb«, besonders viel lernen konnte. Vor allem aber angesichts des im England des frühen 18. Jahrhunderts noch sehr einflussreichen Puritanismus war die Maskierung des Textes als faktual zur Absicherung wichtig. Denn die Puritaner, die einzig das »Buch der Wahrheit«, die Bibel, gelten ließen, lehnten Fiktion als lügnerisch ab und verteufelten deren Lektüre, weil sie vom nützlichen Tun abhielte und deshalb sündig wäre.

Der Roman Defoes beschreitet im Kontext der Aufklärung einen Mittelweg: Er betont die Entwicklungs- und Widerstandsfähigkeit des Menschen, ohne deshalb auf den Glauben an Gott zu verzichten. So spiegelt der Roman die Lebensideale und Sehnsüchte einer ganzen Epoche. Gleichzeitig ist der Text offen für unterschiedliche Lesarten mit je eigener Akzentuierung: vom pädagogischen Erziehungsroman – so soll sich Émile in Rousseaus gleichnamigem Roman (1762) als Robinson entdecken und an ihm ein Vorbild nehmen – bis zum exotischen Abenteuerroman im Kontext der Kolonialexpansion des 19. Jahrhunderts. Der Roman rief eine Welle von Nachahmungen und Variationen hervor und begründete damit eine eigene literarische Gattung: die Robinsonaden. Auch in Deutschland kam es schnell zu einer endlosen Reihe von Nachdichtungen und Adaptionen, die einen »niedersächsischen«, »schlesischen« oder einfach auch »teutschen« Robinson ins Zentrum stellten. In einer der wichtigsten Nachdichtungen, Johann Gottfried Schnabels *Insel Felsenburg* (vier Teile ab 1731), wird das Motiv der einsamen Insel mit dem der Staatsutopie verbunden: Die Bürger reisen freiwillig auf das Eiland, um eine ideale Gesellschaft zu verwirklichen. Der Roman wird einer der meistverbreiteten des 18. Jahrhunderts überhaupt. Besonders einflussreich wurde ferner Joachim Heinrich Campes Buch *Robinson der Jüngere* (1779/80), das zum erfolgreichsten Kinderbuch des 18. Jahrhundert aufstieg. Ab 1805 sah sich Johann Christian Ludwig Haken angesichts der Flut von Robinsonaden dazu veranlasst, eine *Bibliothek der Robinsone* herauszugeben, um die Spreu vom Weizen zu trennen. Der Erfolg der Robinsonaden ist auch als Bemühen um eine Standortbestimmung des europäischen Bürgertums zu verstehen, die gleichermaßen von Kritik und Hoffnung geprägt war.

Johann Jacob Winckelmann
Geschichte der Kunst des Altertums

Die Erfindung der Antike aus dem Wesen der Schönheit

Johann Jacob Winckelmann prägt bis heute unseren Blick auf die Kunst der alten Griechen. Die von ihm wiederentdeckte Antike und ihre Deutung als ästhetisches und ethisches Vorbild für Kunst und Gesellschaft drückten einer ganzen Epoche ihren Stempel auf. Ohne seine Schriften sind der Klassizismus in der bildenden Kunst und die Literatur der Klassik nicht zu denken. Dass er darüber hinaus als Wegbereiter der Archäologie und der modernen Kunstgeschichte gilt, macht ihn zu einem der einflussreichsten Denker seiner Zeit.

Im Juni 1768 schockierte eine Nachricht die gebildete Welt Europas: In Triest war Johann Jacob Winckelmann im Alter von fünfzig Jahren erstochen worden. »Dieser ungeheure Vorfall«, so fasste Goethe später in seiner Autobiografie die Reaktionen auf Winckelmanns Ende zusammen, »tat eine ungeheure Wirkung; es war ein allgemeines Jammern und Wehklagen.« Winckelmann, der sein Leben der Erforschung der Schönheit verschrieben hatte, war der unglaubliche Aufstieg vom Sohn eines Schuhmachers aus der Provinz zum geachteten Oberaufseher der päpstlichen Antikenverwaltung in Rom und weithin verehrten Gelehrten gelungen. Seine Überlegungen revolutionierten die ästhetischen Ansichten seiner Zeit, und sein früher Tod ließ ihn endgültig zum Mythos unter den jungen Dichtern und Denkern aufsteigen.

In der Darstellung der Schönheit lag für Winckelmann der »höchste Endzweck und Mittelpunkt der Kunst«. Vor dem Hintergrund der überladenen Formen von Barock und Rokoko suchte er nach einem ästhetischen Gegenmodell und fand es in der Kunst der griechischen Antike. Schon in seiner ersten epochemachenden Schrift Gedanken über die Nachahmung der griechischen Werke in der Malerei und Bildhauerkunst hielt er 1755 apodiktisch fest: »Der einzige Weg für uns, groß, ja, wenn es möglich ist, unnachahmlich zu werden, ist die Nachahmung der Alten.« Die Kunst der Griechen erschien ihm als überzeitlich gültiger Maßstab im Streben nach Vollkommenheit. Man solle sich am Vorbild der Griechen orientieren, ihrer Handhabung von Harmonie, Maß und Proportion nacheifern, denn nur auf diesem Wege sei das Idealschöne zu erreichen. Das Bewundernswerte der griechischen Kunst fasst Winckelmann in einer Formulierung zusammen, die auch heute noch in fast jedem Schulbuch zu finden ist: »Das allgemeine vorzügliche Kennzeichen der griechischen Meisterstücke ist endlich eine *edle Einfalt*, und eine *stille Größe*, sowohl in der Stellung als im Ausdrucke. So wie die Tiefe des Meers allezeit ruhig bleibt, die Oberfläche mag noch so wüten, ebenso zeiget der Ausdruck in den Figuren der Griechen bei allen Leidenschaften eine große und gesetzte Seele.« Die berühmte Formel war das Credo, das er der verspielten Kunst seiner Zeit entgegenhielt – Schönheit und »gesetzte Seele« erschienen darin als zwei Seiten einer Medaille. Winckelmanns idealisiertes Antikenbild und sein normatives Kunstverständnis prägten Goethe, Herder, Wieland und Schiller nachhaltig, auch wenn sie sich bald schon kritisch damit auseinandersetzen sollten. Unzweifelhaft ist das Humanitätsideal der deutschen Klassik ganz wesentlich beeinflusst von Winckelmanns Vorstellung der Wechselbeziehung zwischen Kunst und Leben in der Antike. Die grundlegende Bedeutung, die er für die Kultur des 18. Jahrhunderts insgesamt hatte, manifestierte sich exemplarisch im Titel von Goethes 1805 veröffentlichter Denkschrift: *Winckelmann und sein Jahrhundert*.

Doch Winckelmanns Bedeutung beschränkt sich nicht allein darauf, dass er ein jahrhundertelang dominierendes Antikenbild entwickelte. Vielmehr formulierte er mit seiner Idee der Stilgeschichte, derzufolge die antike Kunst verschiedene Stilstufen durchlaufen hatte, ein Konzept, das die Grundlage für die Herausbildung neuer wissenschaftlicher Disziplinen bildete. Spätestens mit der Veröffentlichung seines Hauptwerks über die *Geschichte der Kunst des Altertums* im Jahr 1764 verdiente sich Winckelmann das Prädikat, Begründer der Archäologie und der modernen Kunstgeschichte zu sein. Grundvoraussetzung seiner eingehenden Beschäftigung mit den Kunstwerken früherer Epochen war für ihn neben dem Bücherstudium die Inaugenscheinnahme der Kunstwerke selbst. Er besuchte unter anderem Grabungen in Herkulaneum und Pompeji und war entsetzt über das zumeist praktizierte »unwissende unverantwortliche Verfahren«. Er erkannte zudem die Beschreibung von Kunstwerken als methodische Herausforderung und entwickelte dafür ein Modell. In der direkten Auseinandersetzung mit den Kunstwerken formulierte Winckelmann erstmals ein entwicklungsgeschichtliches Konzept der antiken Kunst, das die historische Einordnung einzelner Werke erlaubte. Damit verankerte er die historische Perspektive in der Kunstgeschichte, die sich fortan nicht mehr vornehmlich mit den Biografien herausragender Einzelkünstler in der Tradition Vasaris befasste, sondern die Werke ins Zentrum rückte, die anhand bestimmter Merkmale einem spezifischen Epochenstil zuzuordnen waren und damit in einem geschichtlichen Verlauf positioniert werden konnten – aus der Künstlergeschichte war die Kunstgeschichte geworden.

Winckelmanns Ansatz veränderte den Blick auf die Kunst grundlegend, und dass er selbst davon ausging, mit seinem Hauptwerk ein gültiges System zum Verständnis der Kunst zu präsentieren, macht schon der erste Satz deutlich: »Die Geschichte der Kunst des Altertums, welche ich zu schreiben unternommen habe, ist keine bloße Erzählung der Zeitfolge und der Veränderung in derselben, sondern [...] meine Absicht ist, einen Versuch eines Lehrgebäudes zu liefern.« Das ist ihm ohne jeden Zweifel gelungen. Auch wenn viele Überlegungen Winckelmanns zur antiken Kunst und sein wertend normativer Ansatz heute als überholt gelten, so ist dennoch seine Wirkung bleibend.

Johann Gottfried Herder

Abhandlung über den Ursprung der Sprache

Der Mensch als Sprach-Schöpfer

Herder, der später neben Goethe, Schiller und Wieland zum sogenannten Weimarer Viergestirn gehören sollte, begründete sein Renommee als junger Mann unter anderem mit einer sprachphilosophischen Schrift, in der er die Entstehung der Sprache als Leistung des Menschen begründete. Damit markiert er nicht nur eine wichtige Position im Hinblick auf ein modernes Sprachverständnis, sondern lieferte auch einen zentralen Baustein für das aufklärerische Denksystem insgesamt.

Es war Symptom einer nachhaltigen Emanzipation von christlichen Gewissheitsaussagen, dass die Frage nach dem Ursprung der Sprache im Zeitalter der Aufklärung ins Zentrum der intellektuellen Debatten rückte und damit die Gültigkeit der biblischen Erklärungen (»Im Anfang war das Wort...«) in Zweifel zog. Die Frage führte unmittelbar zu ganz grundsätzlichen Diskussionen über das Verhältnis von Sprache und Denken und damit über die menschlichen Erkenntnismöglichkeiten überhaupt. Entsprechend trieb der Sprachursprung auch die Gelehrten der im Jahr 1700 gegründeten Königlich-Preußischen Akademie der Wissenschaften in Berlin um. Schon 1710 hatte ihr erster Präsident Gottfried Wilhelm Leibniz die Sprachphilosophie zum Thema gemacht und ihr die erste Akademieveröffentlichung gewidmet. In der lebhaften sprachphilosophischen Auseinandersetzung der ersten Hälfte des 18. Jahrhunderts, die sich im Wechselspiel mit französischen Positionen (Rousseau, Condillac, Maupertuis) entwickelte, setzte 1756 der protestantische Theologe Johann Peter Süßmilch in einem Vortrag vor der Akademie einen Punkt, in dem er herausstellte, »daß die erste Sprache ihren Ursprung nicht von Menschen, sondern vom Schöpfer hat«. Er argumentierte, dass Sprache Voraussetzung für das Denken, sie ihrerseits aber so perfekt sei, dass ihr Hervorbringer bereits über Verstand verfügt haben müsse, was ohne Sprache ausgeschlossen sei. Daher könne die Entstehung der Sprache nur göttlichen Ursprungs sein. Vermutlich hat es auch mit der Publikation des Beitrags zehn Jahre später zu tun, dass die Akademie ihre für das Jahr 1770 ausgeschriebene Preisfrage diesem Thema widmete – sie lautete: »Haben die Menschen, ihrer Naturfähigkeit überlassen, sich selbst Sprache erfinden können? Und auf welchem Wege wären sie am füglichsten dazu gelangt?«

Der junge Johann Gottfried Herder sah in einer Antwort auf diese Preisfrage eine gute Möglichkeit, sich einer noch größeren Öffentlichkeit bekannt zu machen. 1744 in Ostpreußen geboren, hatte er erst Chirurg werden wollen, dann aber in Königsberg Theologie studiert und neben anderen bei Kant gehört. Er verdiente sein Geld zunächst als Lehrer (unter anderem in Anstellung an mehreren Fürstenhäusern), ab 1771 dann als Hofprediger in Bückeburg, und hatte schon eine Reihe von kulturhistorischen Abhandlungen vorgelegt, als er seine sprachphilosophischen Überlegungen formulierte, die ihn schon länger beschäftigten.

In seinem preisgekrönten und 1772 veröffentlichten Beitrag betrachtet Herder Sprache nicht nur als Werkzeug des Menschen, sondern als grundsätzlichen Bestandteil der menschlichen Natur. Damit wertet er die Sprache deutlich auf und weist dem Menschen anthropologische und kognitive Entwicklungsmöglichkeit neuen Ausmaßes zu. Das Aufkommen der Sprache ist bei Herder nicht an die Mitteilung von elementaren Lebensäußerungen gebunden (worin andere Sprachphilosophen den Ursprung des menschlichen Sprechens sahen), sondern wird im Denken (bei Herder: »Besonnenheit«) ausgemacht: »diese Besonnenheit (Reflexion) zum erstenmal frei würkend, hat Sprache erfunden.« Er schildert dazu eine anschauliche Szene: Der noch nicht sprechende Mensch, qua Natur mit einem Interesse am Kennenlernen der Welt ausgestattet, hinter das er (im Gegensatz zu anderen Lebewesen) Instinkte zurückstellen konnte, begegnete einem Schaf: »Weiß, sanft, wollicht – seine besonnen sich übende Seele sucht ein Merkmal – das Schaf *blöket!* sie hat Merkmal gefunden.« In dem Moment, in dem der Mensch das blökende Schaf später dann wiedererkannte, war im Geist der Schall des Blökens »als Kennzeichen des Schafs wahrgenommen« und damit zum »*Namen* des Schafs« geworden: »Er erkannte das Schaf am Blöken: es war gefaßtes Zeichen, bei welchem sich die Seele an eine Idee deutlich besann – was ist das anders als Wort? Und was ist die ganze menschliche Sprache als eine Sammlung solcher Worte?« Die Seele, so Herder, »hat gleichsam in ihrem Inwendigen geblökt, da sie diesen Schall zum Erinnerungszeichen wählte, und wiedergeblökt, da sie ihn daran erkannte – *die Sprache ist erfunden! ebenso natürlich und dem Menschen notwendig erfunden, als der Mensch ein Mensch war.*«

Damit bestreitet Herder ganz klar den »höheren Ursprung« der Sprache. Er wirft Süßmilch einen Zirkelschluss vor und wählt deutliche Worte: »In allen Fällen wird die Hypothese eines göttlichen Ursprungs in der Sprache – versteckter, feiner Unsinn!« Ganz am Ende seines Beitrags wendet Herder die Diskussion ins Grundsätzliche, wenn er listig argumentiert, dass die Idee des göttlichen Ursprungs der Sprache letztlich die Existenzberechtigung einer Institution wie der Akademie infrage stelle: »Der höhere Ursprung ist zu nichts nütze und äußerst schädlich. Er zerstört alle Würksamkeit der menschlichen Seele, erklärt nichts und macht alles, alle Psychologie und alle Wissenschaften unerklärlich – denn mit der Sprache haben ja die Menschen alle Samen von Kenntnissen von Gott empfangen? Nichts ist also aus der menschlichen Seele? Der Anfang jeder Kunst, Wissenschaft und Kenntnis also ist immer unbegreiflich?« Na dann, so der Schluss, den Herder den Akademiemitgliedern nahelegt, könne man sich die Mühe gleich sparen und als Wissenschaftsakademie einpacken.

Herder geht einen zentralen Schritt in Richtung eines modernen Verständnisses von Sprache, indem er die Idee einer Evolution der Sprache skizziert. Auch wenn das Denkmodell von Evolution im heutigen Sinne noch nicht zirkulierte, so ist Herders Beitrag doch ein wichtiger Meilenstein im Hinblick auf ein säkulares Verständnis einer prozesshaften Entwicklung des Menschen. Herders Ansatz, der von einer Art Ur-Menschen ausgeht, der zunächst noch »als Tier« existiert hatte und sich erst zum eigentlichen Menschen entwickeln musste, war ein radikaler Schnitt: In dieser Theorie war der Mensch eben nicht von Anfang an »fertig«, sondern seine Fähigkeiten bildeten sich erst allmählich heraus (auch wenn es sich hier noch um das Ergebnis einer aktiven Anpassung und nicht – wie später bei Darwin – passiver Selektion handelt).

Die Orientierung an den Gesetzmäßigkeiten der Natur und die Abkehr von einem auf göttliche Eingriffe ausgerichteten Weltbild, das die *Abhandlung über den Ursprung der Sprache* prägt, zeichnet sich auch in Herders anderen Texten aus dieser Zeit ab. So entwirft er in seiner Schrift *Auch eine Philosophie der Geschichte zur Bildung der Menschheit* (1774) das Konzept einer durch lebendige Kräfte bestimmten Universalgeschichte und fordert gegen einen als mechanisch verstandenen Zeitgeist: »Herz! Wärme! Blut! Menschheit! Leben!« Diese Gedanken ließen den Text zu einer Art Programmschrift des Sturm und Drang avancieren, als deren Vordenker sich Herder schon mit seinen Fragmenten *Über die neuere deutsche Literatur* von 1767 ausgewiesen hatte. Sein Aufsatz *Shakespear* (1773), in dem er Genie, Größe und Gefühl als kunsttheoretische Leitkategorien einführte, untermauerte diesen Status.

Vor diesem Hintergrund wird deutlich, dass Herder, der als Schriftsteller, Übersetzer und Literaturhistoriker wirkte, Religions-, Geschichts- und Sprachphilosoph war, für eine ganzheitliche, nicht allein aufs Rationalistische abstellende Aufklärung steht. Seine Überlegungen zum Ursprung der Sprache sind Zeugnis des aufklärerischen Ideals von der Vervollkommnungsfähigkeit des Menschen, vor allem aber sind sie ein Plädoyer dafür, sich selbstbestimmt seines Verstandes zu bedienen: Denn wenn der Mensch aus sich heraus Sprache erschaffen konnte, was sollte er dann nicht erreichen können?

Johann Wolfgang Goethe
Die Leiden des jungen Werthers

Die Macht der Gefühle

Die Leiden des jungen Werthers läuteten eine neue Zeit ein. Goethes Roman über eine unglückliche Liebe, die mit einem Selbstmord endet, sprach einer ganzen Generation aus der Seele. Doch vor allem machte er die Stimme des Herzens literatur- und gesellschaftsfähig. Der Text wurde zur literarischen Sensation, zum Manifest des Sturm und Drang, und hatte wesentlichen Anteil daran, dass die aufklärerische Betonung des Verstandes als engstirnig kritisiert wurde. In diesem Sinne markiert der Roman eine Zeitenwende, und von vielen Zeitgenossen wurde die Lektüre als befreiend empfunden. Darin liegt der Grund für den überwältigenden Erfolg und die erstaunliche Wirkung des Textes.

Der junge, geschäftstüchtige Verleger Johann Friedrich Weygand war gezielt auf der Suche nach verkaufsträchtigen Titeln, als er 1774 Johann Wolfgang Goethe anschrieb. Der fünfundzwanzigjährige Dr. jur. hatte im Sommer des vorangegangenen Jahres im Selbstverlag das Drama *Götz von Berlichingen* publiziert und damit im Frühjahr 1774 einen ziemlichen Publikumserfolg gelandet. Deshalb fragte Weygand ihn nach einem weiteren Drama, das er zur Ostermesse herausbringen wollte. Goethe arbeitete zwar an einem Stoff, wusste aber selbst noch nicht genau, ob das Ergebnis ein Drama oder ein Prosatext sein würde. Weygand war enttäuscht, als ihn dann schon im Mai 1774 das fertige Manuskript Goethes in Leipzig erreichte. Denn was er da auf den Tisch bekam, war ein Roman: *Die Leiden des jungen Werthers* (in dessen Titel das Genitiv-S des Protagonisten erst in der Neuausgabe von 1787 gestrichen wurde). Weygand ahnte da noch nicht, dass ein epochales Meisterwerk vor ihm lag. Mit diesem Roman, zur Michaelismesse im Herbst 1774 ohne Autoren-Nennung auf den Markt gebracht, landete der Verleger den größten Bucherfolg seiner Zeit. Es dauerte nicht lange, bis dem anonym erschienenen Werk der Verfassername zugeordnet wurde, und Goethe, der schon mit seinem Erstlingsdrama für Wirbel in der Jugend des Sturm und Drang gesorgt hatte, wurde über Nacht zu einer Berühmtheit. Der Text entwickelte sich zu einem frühen deutschen Bestseller und erlebte allein bis 1790 um die dreißig Auflagen. Rund neunzig Prozent der zeitgenössischen deutschen Leser sollen den Roman verschlungen haben. Eine spektakuläre Quote! Die Verwirrungen um Werther, Lotte und Albert wurden umgehend in zahlreiche europäische Sprachen übersetzt, sodass aus dem Debütroman des jungen Deutschen ein früher internationaler Publikumserfolg wurde, der der deutschen Literatur auch im Ausland Gewicht verlieh.

Der Roman beginnt wie eine Allerweltsgeschichte: Ein junger Mann, der sensible Werther, begegnet eines Tages auf einer Reise zufällig einer Frau, der schönen Lotte, die ihn von Anfang an beeindruckt. Als ihnen beiden am Abend ihrer ersten Begegnung beim Anblick der von einem Gewitterregen triefenden Natur dieselbe Ode des Dichters Klopstock in den Sinn kommt, ist es um Werther geschehen: Er erkennt in Lotte seine Seelenverwandte. Anfangs stört es ihn nicht, dass Lotte mit Albert, den Werther bald darauf kennen- und schätzen lernt, so gut wie verlobt ist, denn die Zuneigung Werthers zu Lotte ist zunächst rein geistiger Art. Kompliziert wird es erst, als Werther bemerkt, dass er leidenschaftliche Gefühle für Lotte hegt, denen er nicht nachgeben darf. Werther verlässt seinen Aufenthaltsort Wahlheim, tritt eine Stelle an, die ihn zunehmend unglücklich macht, und kehrt schließlich, obwohl er erfahren hat, dass Lotte und Albert inzwischen verheiratet sind, zurück. Von nicht eindeutigen Signalen Lottes immer wieder ermutigt, erhofft sich Werther die Erfüllung seiner Wünsche, muss am Ende aber einsehen, dass er um Lottes Ehre willen das Ganze beenden muss – und entscheidet sich für die radikale Lösung: Er schießt sich mit einer von Albert unter einem Vorwand geliehenen Pistole in den Kopf und stirbt an der Verwundung.

Werthers Schicksal berührte die Leser in einem bis dahin unbekannten Ausmaß. Der Roman wurde nicht nur zum verlegerischen Ausnahmefall, sondern die Leserreaktionen trieben derart neue Blüten, dass sie als sogenanntes Wertherfieber in die Literaturgeschichte eingegangen sind. Die Leser identifizierten sich so stark mit Werthers Lieben und Leiden, dass sie sich ihm anverwandeln wollten. Weil man wie Werther fühlte, sprach man wie Werther, weil man wie er aussehen wollte, kopierte man seinen Kleidungsstil. Die »Werthertracht« – eine Kombination aus blauem Frack und gelber Hose – wurde zum Mode-Statement, das schon aus der Ferne die Lebenseinstellung des Trägers signalisierte. Damit erkannten sich die »Jünger« auf den ersten Blick und fanden Gleichgesinnte, die die Tiefe der Empfindungen mit dem gemeinsamen Vorbild teilten. Und einige wenige Leser gingen sogar so weit, Werthers Ende zu imitieren, sich das Leben zu nehmen. So ist Goethes *Werther* auch das erste literarische Kultbuch überhaupt: Poesie wird in Wirklichkeit verwandelt, weil der Roman für die Leser zum Orientierungsmaßstab wird, an dem sie ihr Leben ausrichten.

Zu dieser extremen Wirkung des Romans hat auch seine besondere Erzählform beigetragen: Der Hauptteil besteht aus Briefen, die Werther an seinen in der Heimat gebliebenen Freund Wilhelm richtet. Auf diese Weise wird der Leser unmittelbar zum Beteiligten des Geschehens, kann er sich doch als Empfänger der Briefe Werthers fühlen. Am Schluss des Romans bedient sich Goethe eines kunstvollen Tricks – denn wie hätte er Werther vom eigenen Selbstmord und Sterben in Briefform berichten lassen können? Daher tritt ein Herausgeber auf den Plan, der das Ende zusammenfasst und so den Eindruck unterstreicht, dass hier keine erfundene Geschichte, sondern ein reales Schicksal geschildert wird. Flankierend dazu hat Goethe, der sich später gern kokett darüber beschwerte, dass viele *Werther*-Leser nicht zwischen Literatur und Realität zu unterscheiden wüssten, zur Entstehungszeit des *Werther* selbst einiges dafür getan, die

Grenzziehung zwischen Fiktion und Wirklichkeit zu verwischen. So betont er verschiedentlich, dass der Werther stark autobiografisch gefärbt sei und er im Roman seine unerfüllte Liebe zu Charlotte Kestner (geb. Buff, die als Vorbild für die Lotte des Romans gilt) verarbeitet habe. Außerdem sei er vom tragischen Ende seines Bekannten Karl Wilhelm Jerusalem inspiriert worden, der sich 1772 aus Liebeskummer erschossen hatte.

Als Goethe 1832 in Weimar stirbt, ist er einer der bedeutendsten Repräsentanten des deutschen Geisteslebens. Er kann nicht nur auf zahlreiche politische Ämter, sondern auch auf ein beeindruckendes Werk zurückblicken, dessen Einfluss auf die literarische Entwicklung der Zeit kaum zu überschätzen ist. So hat er nicht nur den Deutschen »ihren« Faust geschenkt, sondern auch mit seinem Wilhelm Meister, den Wahlverwandtschaften oder seinen Reiseberichten Maßstäbe gesetzt. Doch am Beginn von Goethes internationaler Karriere stand nun einmal der Werther – ein Umstand, der dem Geheimrat mit zunehmendem Alter immer weniger behagte. Im Laufe der Jahre ging er auf Distanz zu seinem Debütroman, wollte er doch vor allem als Großmeister der Klassik in die Geschichte eingehen und nicht als Autor einer leidenschaftlich-unglücklichen Liebesgeschichte. So kommt Goethe in seiner Autobiografie selbst auf den Erfolg des Romans zu sprechen, den er zu erklären versucht, wenn es heißt: »Die Wirkung dieses Büchleins war groß, ja ungeheuer, und vorzüglich, deshalb weil es genau in die rechte Zeit traf.« Und er liefert leicht indigniert seine Erklärung für die ungewöhnlichen Reaktionen gleich mit, indem er fortfährt: »Denn wie es nur eines geringen Zündkrauts bedarf, um eine gewaltige Mine zu entschleudern, so war auch die Explosion, welche sich hierauf im Publikum ereignete, deshalb so mächtig, weil die junge Welt sich schon selbst untergraben hatte, und die Erschütterung so groß, weil ein jeder mit übertriebenen Forderungen, unbefriedigten Leidenschaften und eingebildeten Leiden zum Ausbruch kam.« Damit macht er zum einen bestimmte Zeitumstände als Ursache für die besondere Wirkung des Werther-Romans aus und erkennt zum anderen in individuellen Dispositionen den Grund für die besondere Aufnahme des Textes. Es ist dieser doppelte Fokus, der das Phänomen der *Werther*-Rezeption erst verständlich macht.

Viele der Leserinnen und Leser erlebten die Lektüre des Romans vor allem deshalb als Befreiung, weil mit Werther eine Figur auf den Plan tritt, die die eigenen Emotionen zur Richtschnur des Handelns macht und rationales Nützlichkeitsdenken hintanstellt. Darin besteht das widerständige Potenzial des Textes, das ihn gerade auch für junge Leute so attraktiv machte. Werther lässt bürgerliche Wertvorstellungen zwar nicht völlig außer Acht (denn er respektiert schließlich Lottes Ehe), aber sie sind für ihn nicht das Maß aller Dinge. Dass ihm als Selbstmörder ein christliches Begräbnis verwehrt wird, ist daher nur konsequent. Indem sich Werther eine Kugel in den Kopf schießt, besiegelt er seinen Außenseiterstatus, der die zeitgenössischen Leser weniger abschreckte als anzog. Mit Werther zu leiden markierte in diesem Verständnis auch den Status der eigenen Besonderheit – man zählte zu den »Auserwählten« und fand sich zudem in einer Gemeinschaft Gleichgesinnter aufgehoben. Dass der *Werther* mit seiner schwärmerischen Naturbegeisterung, dem Glauben an die Kraft des Genies und der Gefühlsbetonung als einer der Initialtexte der Romantik gilt und ästhetische Konzepte aufruft, die erst Jahrzehnte später ihre volle Wirkung entfalten, unterstreicht die kulturhistorische Bedeutung des Romans. Wie grundsätzlich und überzeitlich gültig die von Goethe verhandelten Probleme sind, beweist schließlich die Tatsache, dass der Roman auch heute noch zahllose Leser in seinen Bann schlägt.

Napoleon als *Werther*-Fan

1808 weilte Napoleon zum Fürstenkongress in Erfurt und lud Goethe zum Gespräch. Der Napoleon-Bewunderer Goethe traf dabei auf einen Kaiser, der sich als Kenner und Liebhaber des *Werthers* bewies. Siebenmal soll Napoleon ihn gelesen und sogar beim Ägyptenfeldzug bei sich getragen haben. Eine Sache hatte Napoleon allerdings nie verstanden: Wieso Werther nicht aktiv um Lotte kämpft – das sei doch »nicht naturgemäß«. Ob Goethes Erklärung, der Dichter bediene sich halt bestimmter Kunstgriffe, um gewisse Wirkungen hervorzubringen, Napoleon überzeugt hat, ist nicht überliefert.

Gotthold Ephraim Lessing
Nathan der Weise

Eine Schule der Toleranz

Es ist ein Glanzstück der Aufklärung, ein Plädoyer für Humanität und Manifest gegen religiöse Intoleranz: Angesiedelt vor dem Hintergrund des dritten Kreuzzugs in Jerusalem bringt Lessings Drama Vertreter der drei großen Weltreligionen in einen Dialog und lässt sie zueinanderfinden. Dass das Stück, dessen Kern die berühmte Ringparabel bildet, einen Juden als positive Figur ins Zentrum rückt, galt damals als unerhört und führte zu leidenschaftlichen Debatten. Noch heute zählt es zu den meistgespielten Stücken auf deutschen Bühnen, ist seine Thematik doch aktueller denn je.

Seine Befürchtung, dass die Zeit für das Stück noch nicht reif und es am Publikumsgeschmack vorbei geschrieben sei, sollte sich bewahrheiten: Zwar war der *Nathan* als Buch 1779 ein Erfolg, aber zu Lessings Lebzeiten (1729–1781) fand sich kein Theater, das es zur Aufführung bringen wollte. Erst über zwei Jahre nach seinem Tod wurde das Stück 1783 in Berlin uraufgeführt – und fiel beim Publikum durch. Es bedurfte einer Bearbeitung durch Friedrich Schiller, der das Stück 1801 in Weimar inszenierte, um es endgültig auf dem Spielplan der deutschen Bühnen zu verankern.

Die unmittelbaren Reaktionen auf die Buchpublikation – begeistert im Freundeskreis oder zurückhaltend bis ablehnend in der Öffentlichkeit – konzentrierten sich auf die inhaltliche Tendenz des Werks. Das war kein Wunder, denn es wurde als Stellungnahme in der wichtigsten theologischen Grundsatzdebatte der Zeit gewertet. Ab 1774 waren in einer von Lessing verantworteten Zeitschrift unter dem Titel *Fragmente eines Unge-*

nannten eine Reihe von Beiträgen veröffentlicht worden, die in bis dahin unbekannter Radikalität die Vernunft gegen die Bibel in Stellung brachten. Sie zweifelten an der Glaubwürdigkeit der Evangelien und legten damit die Axt an den Stamm der Offenbarungsreligion. Obwohl Lessing deutlich machte, dass die Texte nicht von ihm stammten (was stimmte), und er einige durch kritische Anmerkungen flankierte, wurden sie ihm zugerechnet. Als sich 1777 der Hamburger Hauptpastor Johann Melchior Goeze einschaltete und Lessing direkt angriff, nahm die Debatte an Schärfe zu, und Lessing publizierte unter dem Titel *Anti-Goeze* einige eigene Streitartikel. 1778 wurde ihm daraufhin von seinem Herzog verboten, weiter zu Fragen der Religion zu publizieren, ein Verbot, das er mit seinem *Nathan* umging. Er versah das Stück mit der Gattungsangabe »dramatisches Gedicht«, was suggerieren sollte, dass das Drama jenseits der aufgeheizten Debatte stünde, aber auch betonte, dass die dramatische Wirkungsabsicht in den Hintergrund trat. Stattdessen präsentierte das Stück ein Modell der Wahrheitssuche im Diskurs.

Ausgangspunkt der Handlung ist die Rettung der Tochter Nathans durch einen christlichen Tempelritter aus den Flammen des brennenden väterlichen Hauses. Das Leben des Tempelherrn war zuvor vom muslimischen Herrscher Saladin verschont worden, weil er Ähnlichkeit mit seinem Bruder zu erkennen glaubte. Saladin bestellt Nathan ein, der jene Frage beantworten soll, die im Zentrum des Stückes steht: Welche ist die wahre Religion? Nathan erzählt darauf die Ringparabel: Ein Vater besaß einst einen Ring, der immer an den am meisten geliebten Sohn weitergegeben wurde und die Kraft besaß, »vor Gott und Menschen angenehm zu machen«. Da sich der Vater zwischen seinen drei Söhnen aber nicht entscheiden konnte, ließ er zwei exakte Duplikate anfertigen und hatte also für jeden seiner Söhne einen Ring. Nach dem Tod des Vaters wollten die Söhne Klarheit darüber, wer den echten Ring besaß, und zogen vor einen Richter. Dieser antwortete, wenn der echte Ring beliebt mache, läge die Lösung doch auf der Hand: Man träfe sich in tausend Jahren wieder und bis dahin

»eifre jeder seiner unbestochnen / Von Vorurteilen freien Liebe nach! / Es strebe von euch jeder um die Wette, / Die Kraft des Steins in seinem Ring' an Tag / Zu legen!« Es sei sinnlos, so die Quintessenz des Gleichnisses, im Rückblick bestimmen zu wollen, welche der drei Religionen die wahre sei. Der Beweis lasse sich nur in der Zukunft finden: Die wahre Religion zeichne sich durch Vorurteilsfreiheit und Liebe aus und entfalte ihre positive Wirkung für das Leben der Menschen. Indem sich die Wahrheit der Religion erst in der Praxis erweist, formuliert die Parabel eine Art moralischen Imperativ, dem die Vertreter der drei Religionen im Stück gleichermaßen gerecht werden (im Gegensatz zu den kirchlichen Würdenträgern, die fanatisch und gefährlich sind): Der Tempelherr rettet Recha, der Sultan begnadigt den Tempelherrn, und der Jude zieht Recha, ein ihm anvertrautes Christenmädchen, als seine Tochter groß, obwohl Nathans Frau und seine sieben Söhne von Christen ermordet worden waren. Die Erkenntnis am Ende des Stückes, dass fast alle miteinander verwandt sind, führt noch einmal den gemeinsamen Ursprung der Religionen vor Augen.

Vor dem Hintergrund ihrer Situation in der deutschen Gesellschaft der Aufklärung stellt *Nathan der Weise* einen mutigen Versuch dar, die Rechtlosigkeit der Juden zu problematisieren. In den Diskussionen um den Umgang der deutschen Mehrheitsgesellschaft mit der jüdischen Minderheit entwickelte sich das Stück zu einem wichtigen Beitrag. Zudem spielte es für das Selbstverständnis der deutschen Juden bis weit ins 20. Jahrhundert hinein eine ebenso zentrale Rolle. So wählten es die Mitglieder des Kulturbunds der Deutschen Juden, der 1933 als Reaktion auf die Verdrängung aus dem Kulturleben gegründet wurde und Veranstaltungen von Juden für Juden organisierte, für ihre erste Theaterinszenierung. Schon bald darauf sollte das Stück von allen Theaterspielplänen und aus den Schulbüchern verschwinden. Noch der oft polarisierten Gesellschaft des 21. Jahrhunderts möchte man als Modell zur Überwindung von Vorurteilen und zur Förderung von Toleranz Lessings Drama ans Herz legen.

Immanuel Kant

1781

Kritik der reinen Vernunft

An den Grenzen des menschlichen Verstandes

Immanuel Kant gilt als der deutsche Philosoph schlechthin. Von Königsberg aus errichtete er ein Gedankengebäude, das den Menschen »aus seiner selbstverschuldeten Unmündigkeit« führen sollte. Der Durchbruch gelang ihm siebenundfünfzigjährig mit der *Kritik der reinen Vernunft*. In ihr legte er den Grundstein seiner Transzendentalphilosophie, die nach den Bedingungen der Möglichkeit von Erkenntnis und Vernunftgebrauch fragt. Ausgehend vom denkenden Subjekt erschließt er in dieser ersten seiner »kritischen« Schriften philosophisch die Welt der Erkenntnis und der Ideen und entscheidet so den Streit zwischen Rationalismus und Empirismus über die »letzten Dinge«.

Heinrich von Kleist ist erschüttert. Drei schlaflose Wochen plagt er sich, bevor er seiner Verlobten Wilhelmine von Zenge am 22. März 1801 schreibt: »Wenn alle Menschen statt der Augen grüne Gläser hätten, so würden sie urteilen müssen, die Gegenstände, welche sie dadurch erblicken, sind grün – und nie würden sie entscheiden können, ob ihr Auge ihnen die Dinge zeigt, wie sie sind, oder ob es nicht etwas zu ihnen hinzutut, was nicht ihnen, sondern dem Auge gehört. So ist es mit dem Verstande. Wir können nicht entscheiden, ob das, was wir Wahrheit nennen, wahrhaft Wahrheit ist, oder ob es uns nur so scheint.« Das Buch, das Kleist »tief in seinem heiligsten Innern [...] verwundet« hat, ist Kants *Kritik der reinen Vernunft*, eines der einflussreichsten Werke der Philosophiegeschichte, das seinem Verfasser den Weg in den philosophischen Olymp bahnt. Kant selbst sah in ihm nichts weniger als die kopernikanische Wende der Philosophie.

Als die *Critic der reinen Vernunft* 1781 erstmals erscheint, ist ihr Verfasser bereits siebenundfünfzig Jahre alt. Seit 1770 bekleidet er den Lehrstuhl für Logik und Metaphysik an der Albertus-Universität zu Königsberg, auf den er lange hingearbeitet hat. Als Sohn eines Riemenmachers 1724 in Königsberg geboren, ermöglicht ein Onkel ihm den Besuch des örtlichen Collegium Fridericianum und anschließend der Albertina. Nach dem Tod des Vaters verlässt Kant 1746 die Universität und verdingt sich als Hauslehrer im Umland – das einzige Mal, dass er seine geliebte Heimatstadt verlassen würde. 1754 an die Universität zurückgekehrt, schließt er 1755 sein Studium ab und habilitiert sich im selben Jahr. Den nach dem Tod seines Lehrers Martin Knutzen vakanten Lehrstuhl erhält Kant jedoch nicht, obwohl die Vorlesungen des Privatdozenten beträchtlichen Zulauf haben. Die Königsberger Poetikprofessur lehnt er ebenso ab wie Rufe an die Universitäten Erlangen und Jena. Stattdessen arbeitet er ab 1762 als Unterbibliothekar der Schlossbibliothek, bis er 1770 endlich »seinen« Lehrstuhl erhält, den er rund dreißig Jahre lang innehaben wird. 1804 stirbt Kant in Königsberg. »Es ist gut!« sind seine letzten Worte.

Über zehn Jahre brütete Kant – eigentlich ein Schnellschreiber – über seiner *Kritik der reinen Vernunft*, bis er sie dann innerhalb weniger Monate abfasste. Den Anstoß gab die Frage nach der Möglichkeit der Metaphysik, der Lehre von den letzten Fragen nach Gott, der Welt und dem Sein. Die Rationalisten bejahten diese. Wenn, wie Descartes schreibt, »die Dinge, welche wir sehr klar und sehr deutlich [...] begreifen«, wahr sind, ist Metaphysik denkbar und somit möglich. Anders die Empiristen. Weil, nach John Locke, für sie nichts im Verstand ist, was nicht vorher in den Sinnen war, fehle uns für jene letzten Fragen schlicht der Sinn. Vor allem die Zuspitzung der Locke'schen Gedanken durch David Hume, der an die Stelle des Verstandes bloße Denkgewohnheiten setzte, machte Kant zu schaffen. In seiner *Kritik der reinen Vernunft* unternimmt er die Versöhnung der beiden Lager, denn »Gedanken ohne Inhalt sind leer, Anschauungen ohne Begriffe sind blind«.

Im Zentrum der *Kritik der reinen Vernunft* steht die Frage, welche Rolle Sinneswahrnehmung (»Sinnlichkeit«) und Verstand im Erkenntnisprozess spielen. Da diese Frage über die Erkenntnis hinausreicht und die Bedingungen ihrer Möglichkeit betrifft, nennt Kant seine Philosophie Transzendentalphilosophie. »Daß all unsere Erkenntnis mit der Erfahrung anfange, daran ist gar kein Zweifel«, räumt er zu Beginn ein. Ihn aber interessieren Grenzen der Erfahrung. Existieren Erkenntnisse a priori, die der Erfahrung – den Erkenntnissen a posteriori – vorausliegen? In solchen unserem Verstand einbeschriebenen Ordnungsmustern, die nicht aus Erfahrung oder Empfindung rühren, erkennt Kant das Wirken einer »reinen Vernunft«, die er »kritisieren« (das heißt: prüfen) will.

Für die sinnliche Anschauung entdeckt Kant solche reinen Formen in den Konzepten von Raum und Zeit: Alles, was wir wahrnehmen, kann zwar irgendwann und irgendwo sein, es kann aber nicht nirgendwo und außerhalb der Zeit existieren. Auch für die Verstandesleistung identifiziert Kant »transzendentale Kategorien«: der Quantität (eins, viel, alles), der Qualität (vorhanden, nicht vorhanden, begrenzt), der Relation (inbegriffen, abhängig, zusammen) und der Modalität (un/möglich, in/existent, notwendig/zufällig). Diese Kategorien sind unabhängig von der sinnlichen Wahrnehmung; sie ermöglichen uns erst, das Wahrgenommene zu erkennen. Aus ihnen speisen sich die Schemata, mit deren Hilfe wir die Erscheinungen begreifen können. Begreifen, das heißt

Imperative des Alltags
Kants Tag folgte einem Ritual. Um 4.45 Uhr weckte ihn sein Diener Lampe (»Es ist Zeit!«). Bei zwei Tassen Tee und einer Tabakspfeife bereitete er seine Vorlesungen vor, die er von 7 bis 9 Uhr hielt. Bis 12.45 Uhr arbeitete er an Veröffentlichungen, bevor er ab 13 Uhr die einzige Mahlzeit des Tages einnahm – in Gesellschaft, denn »allein zu essen [...] ist für einen philosophierenden Gelehrten ungesund; [...] erschöpfende Arbeit, nicht belebendes Spiel der Gedanken«. Pünktlich um 16 Uhr dann der tägliche Spaziergang, nun wieder allein und stets auf demselben Pfad. Ab 19 Uhr war Lektürezeit bis zur Bettruhe um 22 Uhr – und Lampes Weckruf am folgenden Morgen: »Es ist Zeit!«

für Kant »auf den Begriff bringen«, denn »Denken ist das Erkenntnis durch Begriffe«.

Unser Verstandesapparat verfügt danach über bestimmte »angeborene« Regeln, mit denen er unsere Wahrnehmung beurteilt. Dass diese apriorischen Regeln nur dazu dienen, unsere Sinneswahrnehmungen zu ordnen, hat für Kant zwei Konsequenzen: zum einen, dass »dasjenige, was nicht Erscheinung ist, kein Gegenstand der Erfahrung sein« kann. Damit muss der Verstand vor den letzten Fragen nach Gott und dem Sinn des Lebens kapitulieren. Zum anderen bedeutet die Abhängigkeit des Verstandes von der Wahrnehmung, dass wir die Dinge nur so erkennen können, wie sie uns erscheinen, nicht aber das Ding an sich: »Was es für eine Bewandtnis mit den Gegenständen an sich und abgesondert von aller dieser Rezeptivität unserer Sinnlichkeit haben möge, bleibt uns gänzlich unbekannt.« Dass unser Verstand keinen Zugang zur Wahrheit findet, ja nicht einmal die Dinge erfassen kann, wie sie sind, stürzt Kleist in seine Kant-Krise.

Kants *Kritik* stößt zunächst auf wenig Resonanz – nicht zuletzt wegen ihrer abstrakten Sprache. Moses Mendelssohn schreibt im April 1783: »Ihre Kritik der reinen Vernunft ist für mich auch ein Kriterium der Gesundheit. So oft ich mich schmeichele an Kräften zugenommen zu haben, wage ich mich an dieses Nervensaft verzehrende Werk, und ich bin nicht ganz ohne Hoffnung, es in diesem Leben noch ganz durchdenken zu können.« Kant schiebt eine Kurzfassung nach, die aber wegen der gerafften Darstellung noch dunkler daherkommt. Dank der Bemühungen verschiedener Kollegen finden Kants Ideen dennoch Verbreitung, und so ist das Werk bereits berühmt, als 1787 die zweite, stark überarbeitete Auflage erscheint.

Ein früher Rezensent warf Kant vor, letztlich nur einen Aufguss der empiristischen Lehren vorgelegt zu haben. Kant widersprach dem heftig – zu Recht. Denn im Abschnitt zur »transzendentalen Dialektik« zeigt er auf, dass Metaphysik möglich und nötig ist. Den Ausgangspunkt bildet die Vernunft, die den Menschen treibt, über die Grenzen seines Erkenntnisvermögens hinauszudenken. Dies liegt in der Natur der Vernunft, die beständig nach Gründen sucht, auch wenn sie »durch Fragen belästigt wird«, auf die sie keine definitiven Antworten geben kann. Für Kant ist es Aufgabe der Vernunft, die Begriffe und Urteile unseres Verstandes an übergeordneten Prinzipien auszurichten. Diese Prinzipien entstammen nicht der Welt der Erkenntnis, sondern sind auf (transzendentale) Ideen zurückzuführen, deren letzte Gründe (das Unbedingte) die Seele (als unbedingte Einheit des menschlichen Subjekts), die Welt (als unbedingte Einheit aller Erscheinungen) und schließlich Gott (als das Wesen aller Wesen) sind.

Der Fehler der klassischen Metaphysik war nach Kant, diese Ideen als reale Gegenstände anzusehen und letztlich einem »transzendentalen Schein« nachzujagen. Für ihn sind sie Illusionen, als solche aber ebenso unvermeidlich wie unverzichtbar. Wir bedürfen »regulativer Ideen«, um unser Urteilen und Handeln an Prinzipien (des Glaubens, der Moral usw.) auszurichten. Damit hat Kant der Metaphysik einen neuen Standort zugewiesen – auf schwankendem Boden zwar und in der Sphäre des Als-Ob, zugleich aber als unvermeidliche und notwendige Zumutung an die menschliche Vernunft.

Mit diesen Überlegungen schlägt Kant in der *Kritik der reinen Vernunft* die Brücke zu seinem zweiten großen Thema. Auf die Frage »Was kann ich wissen?« folgt die Frage »Was soll ich tun?«. Kant wird ihr in der *Kritik der praktischen Vernunft* (1788) und der *Metaphysik der Sitten* (1797) weiter nachgehen. So wie Kant in seiner *Kritik der reinen Vernunft* die Erkenntnis in das erkennende Subjekt legt, überträgt er der Vernunft die Aufgabe zur Selbstgesetzgebung: »Handle nur nach derjenigen Maxime, durch die du zugleich wollen kannst, daß sie ein allgemeines Gesetz werde«, lautet sein »kategorischer Imperativ«. Wie beides, Erkenntnis und Orientierung in der Welt, bei Kant zusammenstimmt, hat er nirgends schöner beschrieben als im Beschluss der *Kritik der praktischen Vernunft*: »Zwei Dinge erfüllen das Gemüt mit immer neuer und zunehmender Bewunderung und Ehrfurcht, je öfter und anhaltender sich das Nachdenken damit beschäftigt: Der bestirnte Himmel über mir, und das moralische Gesetz in mir.«

Adolph Freiherr von Knigge
Über den Umgang mit Menschen

Gesellschaftliche Bestandsaufnahme im Ratgeberformat

Geht man heute in eine beliebige Buchhandlung, steht man vor einer ganzen Wand mit Ratgeberliteratur. Viele Exemplare rufen dabei ganz bewusst eine bestimmte Traditionslinie auf, wenn sie sich mit dem Namen von Adolph Freiherr von Knigge schmücken – da findet man dann den Kreuzfahrt-Knigge, den Business-Knigge oder den Handy-Knigge. »Knigge« wird heute zumeist als Oberbegriff für Benimmbücher gebraucht, was allerdings den grundsätzlichen Charakter der Sozialstudie des Freiherrn übersieht.

Dass Bücher ihre Leser beraten wollen, ist keine neue Erscheinung – man denke an mittelalterliche Fürstenspiegel oder barocke Komplimentierbücher, die den Umgang der Menschen in Standardsituationen behandelten und sich an den Adel richteten. In allgemeinen Gebrauch kommen Ratgeber allerdings erst im Laufe des 18. Jahrhunderts, denn in dieser Zeit veränderte sich die Gesellschaft und wurde durchlässiger. Konnte zuvor das Wissen um zwischenmenschliche Interaktion vorausgesetzt werden, weil die Standeszugehörigkeit relativ klare Kommunikationsstrukturen vorgab, so wurde das adressaten- und situationsangemessene Verhalten nun immer häufiger zur Herausforderung. Darauf reagierte Adolph Freiherr von Knigge (1752 – 1796) mit seinem 1788 vorgelegten Werk *Über den Umgang mit Menschen*. Der Titel rückt von vornherein das zwischenmenschliche Miteinander ins Zentrum. Vor diesem Hintergrund liefert Knigge letztlich viel mehr als nur einen Ratgeber für Umgangs- und Verhaltensfragen, nämlich eine Art soziologische Bestandsaufnahme seiner Zeit und ihrer Strukturen.

Das Neuartige seines Zugriffs unterstreicht Knigge in der Vorrede zur dritten Auflage 1790: »Wenn die Regeln des Umgangs nicht bloß Vorschriften einer konventionellen Höflichkeit oder gar einer gefährlichen Politik sein sollen, so müssen sie auf die Lehren von den Pflichten gegründet sein, die wir allen Arten von Menschen schuldig sind, und wiederum von ihnen fordern können. – Das heißt: ein System, dessen Grundpfeiler Moral und Weltklugheit sind, muß dabei zum Grunde liegen.« Damit setzt er sich deutlich von den Vorläufern ab, will er doch einen allgemeingültigen, aufklärerischen und überständischen Verhaltenskodex einführen. Ging es noch Ende des 17. Jahrhunderts um das genaue Nachahmen von minutiös festgelegten Handlungsabläufen, so werden bei Knigge nun wenige verbindliche Grundideen präsentiert, aus denen der Einzelne eigenverantwortlich situationsangemessene Reaktionen ableiten können soll.

Knigge begründet mit seinem Buch ein Strukturmuster, das bis heute in vielen Ratgebern zu finden ist: Auf die legitimatorische Vorrede, in der der Autor erklärt, warum er befugt sei, Rat zu erteilen, folgen allgemeine Ausführungen zum Thema, an die eine Reihe von Einzelabschnitten zu mehr oder weniger spezifischen Fragen des situationsangemessenen Verhaltens anschließen. Die Struktur der einzelnen Abschnitte von Knigges Ausführungen sieht so aus: Eingeleitet werden die Abschnitte meist mit Thesen oder Imperativen zum jeweiligen Thema, häufig gefolgt von der Schilderung konkreter Begebenheiten, die dieses Thema respektive das zugrunde liegende Problem veranschaulichen, positive oder negative Beispiele liefern, damit im Anschluss daran aus dem konkreten Fall die Berechtigung der einleitenden These, andernfalls die Berechtigung des Imperativs gezogen werden kann. Dieser Binnenstruktur ist auch die aktuelle Ratgeberliteratur noch in weiten Teilen verpflichtet.

In einer Schlussbemerkung verleiht Knigge dem Wunsch Ausdruck, dass sein Leser nach festen Grundsätzen immer konsequent, edel und geradlinig handeln möge, denn dann könne er »fast jede gute Sache am Ende durchsetzen. Und hierzu die Mittel zu erleichtern und Vorschriften zu geben, die dahin einschlagen – das ist der Zweck des Buchs«. Damit bringt Knigge das bis heute gültige Versprechen der Ratgeberliteratur insgesamt auf den Punkt, das da lautet: Nach der Lektüre sollte der Leser das Leben – oder zumindest bestimmte Situationen – besser meistern können, weil er Verhaltens- und Entscheidungshilfen an die Hand bekommen hat. Ratgeber erwecken den Eindruck, einen Beitrag dazu leisten zu können, dass der Einzelne zu einem selbstbestimmten und selbstverantwortlichen Individuum wird. Diese heute stärker denn je greifende gesellschaftliche Forderung hat allerdings seit jeher eine Licht- und eine Schattenseite. So scheint hinter dem Wunsch nach Orientierungshilfe und Beratung eine gesellschaftliche Entwicklung durch, die von immer mehr Selbstrationalisierung geprägt ist. Indem Ratgeber die Hoffnung nähren, die gesellschaftliche Forderung nach Erfolg, Selbstoptimierung und Funktionstüchtigkeit ließe sich bei Einhaltung einiger Regeln und Hinweise einlösen, wecken sie den Anschein, dass das sogenannte gute Leben für jeden Einzelnen mit ein bisschen Mühe zu erreichen sei und erhöhen so den Druck.

Seit Knigge oszillieren Ratgeber also zwischen Sozialdisziplinierung und souveräner Selbstermächtigung und wirken auf besonders nachhaltige Weise daran mit, zwischen Individuum und gesellschaftlichen Rahmenbedingungen zu vermitteln. Damit sind Ratgeber insgesamt ein Schlüsselformat für das Verständnis von Mentalitäten und Gesellschaftsstrukturen. Knigges Werk ist in diesem Kontext besonders wichtig, weil es gleichermaßen Indikator eines sozialen Umbruchs ist, wie Maßstäbe für die Ratgeberliteratur setzt. In der Betonung von Kommunikation und Interaktion als gesellschaftlichen Kernelementen erweist sich Knigge als sehr modern.

Ob man den Ratschlägen aus dem Buchhandelsregal indes folgt oder nicht, sollte jeder im Einzelfall genau prüfen, schließlich wusste schon Knigge: »Bei der Menge unnützer Schriften tut man übrigens wohl, ebenso vorsichtig im Umgange mit Büchern als mit Menschen zu sein.«

Thomas Paine

1791

Die Rechte des Menschen

Der Funke der Revolution in Europa

Mit seiner Streitschrift *Rights of Man* antwortet der Engländer Thomas Paine auf die Abrechnung Edmund Burkes mit der Französischen Revolution. Paines eindringliche Sprache macht die Philosophie der Aufklärung für eine breite Leserschaft verständlich. Autoren wie Georg Forster und Adolph Freiherr von Knigge setzen sich für die Verbreitung seiner Gedanken in Deutschland ein. Obgleich ihnen der unmittelbare politische Erfolg versagt bleibt, ist Paines Schrift ein wichtiges Dokument des Frühliberalismus und der politischen Aufklärung, dessen Argumente fortwirken und liberale Politik bis ins 20. Jahrhundert hinein beeinflussen.

Die erste Republik auf deutschem Boden ist heute weitgehend vergessen. Am 17. März 1793 rief in Mainz ein von den dortigen Jakobinern ins Leben gerufener Nationalkonvent die Rheinisch-Deutsche Republik aus. Schon vier Monate später kapitulierte der selbst ernannte Freistaat vor den vereinigten österreichisch-preußischen Truppen. Zentrale Figur der »Mainzer Republik« war Georg Forster (1754–1794), Ethnologe, Reiseschriftsteller und radikaler Politiker, seit 1788 Bibliothekar in Mainz. Von den Idealen der Französischen Revolution beflügelt, verbreitete er republikanisches Gedankengut, unter anderem durch Übersetzung von Schriften liberaler Autoren aus dem Ausland. Als im Herbst 1790 Edmund Burke, Abgeordneter der Liberalen im englischen Unterhaus, seine *Reflections on the Revolution in France* ankündigte, versprach Forster seinem Verleger Voß eine Übersetzung – etwas voreilig, wie sich nach Erscheinen des Buches herausstellen sollte. Zwar trat Burke nach wie vor für eine Beschränkung königlicher

Macht ein; eine Revolution wie in Frankreich lehnte er jedoch ab. Staat und Gesellschaft nach philosophischen Prinzipien radikal umzubauen müsse in ein Blutbad führen. Mit seinem Plädoyer für »Monarchie, Aristokratie, Eigentum, Erbfolge und die Weisheit der Jahrhunderte« (Stephen Greenblatt) gilt Burke heute als ein Wegbereiter des Konservatismus.

Burkes Generalabrechnung mit der politischen Aufklärung provozierte Widerspruch, allen voran von Thomas Paine (1737 – 1809). Als seine *Rights of Man* 1791 erscheinen, ist Paine bereits eine Berühmtheit. 1774 war er auf Empfehlung Benjamin Franklins von England nach Pennsylvania gereist und hatte sich dem Kreis um George Washington angeschlossen. Schon bald als Journalist erfolgreich, war er mit *Common Sense* (1776) zum geistigen Vater der US-amerikanischen Unabhängigkeitserklärung geworden. Seine Artikelserie *The American Crisis* hatte im Unabhängigkeitskrieg Durchhalteparolen geliefert (»These are times that try men's souls«) – noch in seiner Antrittsrede im Jahre 2009 würde US-Präsident Obama hieraus zitieren. Seit 1787 lebt Paine wieder in England. Als die Französische Revolution ausbricht, begrüßt er die Befreiung Europas von der Despotie: Der revolutionäre Funke scheint übergesprungen.

Nur zwei Monate nach Erscheinen der *Reflections* übergibt Paine seinem Verleger den ersten Teil seiner *Rights of Man*. Die Eile ist nicht allein der Sache geschuldet. Mit Burke verband Paine eine politische Freundschaft, die er nun aufgekündigt sieht. In Burkes Verteidigung der englischen Regierungsform erblickt er eine Herrschaft der Toten über die Lebenden: »Jedes Geschlecht besitzt und muß die Freiheit besitzen, alles zu thun, was seine Lage erfordert. Für die Lebenden, und nicht für die Todten muß gesorgt werden.« Der Sache nach wiederholt Paine Positionen der Aufklärung, namentlich John Lockes. Der große Erfolg seiner Streitschrift erklärt sich daraus, dass es ihm gelang, aufklärerische Gedanken in verständlicher Sprache und mit Bezug auf die politische Praxis zu popularisieren. Origineller ist ein zweiter Teil, 1792 veröffentlicht. Hier entwirft Paine einen demokratischen Wohlfahrtsstaat und skizziert Steuermodelle zu dessen Finanzierung. Erfolg hat Paine bei seinen Zeitgenossen vor allem mit dem ersten Teil der Schrift. Schätzungen gehen von hunderttausend bis zu einer Million verkauften Exemplaren aus. Forster ist begeistert und schlägt Voß vor, anstelle von Burkes *Reflections* Paines »bewunderungswürdige Schrift« zu veröffentlichen. Mit der Übersetzung betraut er Meta Forkel. Forkel (1765–1853) gehörte mit Forsters Frau Therese, Caroline Schelling und Dorothea Schlözer zum Kreis der sogenannten Universitätsmamsellen, einer Gruppe Göttinger Professorentöchter, die auch literarisch gegen Geschlechterrollen aufbegehrten. Wenig später würde sie den Forsters nach Mainz folgen und im Zuge der Turbulenzen um die Mainzer Republik kurzzeitig in Festungshaft geraten. Wegen der Qualität der Übersetzung lehnt Voß die Veröffentlichung zunächst ab – vermutlich fürchtet er aber auch die Zensur. Schließlich enthält das Buch politischen Sprengstoff. Forkel insistiert brieflich, »weil ich fest überzeugt bin, wenn Sie das Buch sehen, so können Sie nichts weiter als es drucken, und wenn Hochverrath drauf stünde«. Tatsächlich publiziert Voß den ersten Teil noch 1791, die Rechte für den 1793 erscheinenden zweiten Teil tritt er an einen Verleger in Kopenhagen ab.

Wie oft sich *Die Rechte des Menschen* in Deutschland verkaufen, ist nicht überliefert. Den Mainzer Revolutionären zumindest sind Paines Gedanken wohlbekannt. Diese kursieren weit über Mainz hinaus auch durch Autoren, die sich von Paine beeinflussen lassen. In der *Wiener Zeitschrift* heißt es 1792 zu einer Schrift Knigges: »Man beklatscht den Volksaufwiegler Knigge wegen der unzählbaren Pasquillen, die er um des lieben Brotes willen schrieb. Alle deutschen Demokratennester sind der Widerhall Kniggescher Grundsätze und Knigge ist der Widerhall des amerikanischen Schwärmers Paine und der ganzen deutschen Aufklärer-Propaganda.« Schon bald siegen die reaktionären Kräfte über Paines, Forsters und Knigges Projekt, auch in Deutschland. Zu sehr scheint der blutige Verlauf der Französischen Revolution Burke recht zu geben. Paines Ideen aber bleiben in den Köpfen liberaler Denker bis ins 20. Jahrhundert hinein lebendig.

Carl Friedrich Gauß
Arithmetische Untersuchungen

Eine mathematische Zeitenwende

Seinen Namen tragen mehr als zwanzig Entdeckungen auf dem Gebiet der Mathematik, der Astronomie und der Physik, und die Geschichte der Mathematik lässt sich in eine Zeit vor und nach ihm einteilen: Carl Friedrich Gauß (1777–1855). Erst nach seinem Tode ließ die Auswertung seiner Aufzeichnungen das Ausmaß seines Genies erkennen, denn Gauß publizierte nur einen Bruchteil seiner Entdeckungen. Doch auch damit machte er zu Lebzeiten Furore. Schon der mathematische Erstling des Zweiundzwanzigjährigen, die *Disquisitiones Arithmeticae*, genügte, um der Mathematik neben Paris ein neues Zentrum zu geben: Braunschweig.

1796 kündigt ein knapp Neunzehnjähriger im *Intelligenzblatt der allgemeinen Literaturzeitung* an, es sei ihm gelungen, woran seit zweitausend Jahren alle Mathematiker gescheitert waren: ein regelmäßiges Siebzehneck geometrisch zu konstruieren. Als wäre das nicht genug, fügt er hinzu: »Diese Entdeckung ist eigentlich nur ein Corollarium einer noch nicht ganz vollendeten Theorie von größerm Umfange, und sie soll, sobald diese ihre Vollendung erhalten hat, dem Publicum vorgelegt werden.« Das geschieht fünf Jahre später. Abgeschlossen hatte Carl Friedrich Gauß seine *Disquisitiones Arithmeticae*, seine »Arithmetischen Untersuchungen«, bereits 1798; Probleme mit dem Drucker verzögerten jedoch das Erscheinen.

Das sechshundert Seiten starke Werk macht Eindruck. Mehr noch als in Deutschland sorgt »das Buch aller Bücher« (so der Mathematiker Leopold Kronecker) in Paris für Aufsehen, damals das Mekka der Mathematik in Europa. In strenger Beweisführung entfaltet Gauß Schritt für Schritt die »höhere Arithmetik« (wie er sie nennt) und begründet damit die moderne Zahlentheorie. Er führt Erkenntnisse der antiken und der zeitgenössischen Mathematik zusammen, ergänzt um eigene Entdeckungen. Vor allem Primzahlen haben es ihm angetan. So legt er Vermutungen über deren Intervalle vor und tritt den Beweis für das sogenannte quadratische Reziprozitätsgesetz an. Dass Gauß seine jüngste Veröffentlichung zu jenem Problem nicht gewürdigt hatte, irritierte den Mathematik-Papst Adrien-Marie Legendre. Allerdings war diese erschienen, als die *Disquisitiones* beim Drucker lagen.

Mit Legendre kam es wenig später zum offenen Konflikt. Dieser hatte 1805 vorgestellt, wie sich auf Grundlage früherer Messergebnisse mittels einer »Methode kleinster Quadrate« künftige Messungen vorbestimmen lassen. Gauß hatte diese mathematische Grundlage der später so genannten Gaußschen Normalverteilung schon 1796 seinem Tagebuch anvertraut; ihre Veröffentlichung 1809 löste einen Prioritätsstreit aus. Auch das war typisch für Gauß: Viele Entdeckungen behielt er für sich – sei es, weil er mit Unverständnis rechnete, sei es, weil der Perfektionist seine Beweisführung noch nicht für abgeschlossen hielt. Als ihm sein Studienfreund Wolfgang (ungarisch: Farkás) Bolyai von revolutionären geometrischen Studien seines Sohnes berichtet, teilt Gauß per Brief vom 6. März 1832 mit, »sie loben hiesse mich selbst loben«. Schon vor über dreißig Jahren habe er erkannt, dass Euklids Gesetz, wonach parallele Linien sich nicht kreuzten, keineswegs zwingend, eine nichteuklidische Geometrie mithin möglich sei.

Eine nichteuklidische Geometrie hilft, gekrümmte Oberflächen zu berechnen. Gauß konnte hier praktische Erfahrungen sammeln: Von 1797 bis 1801 assistierte er bei der Vermessung des Herzogtums Westfalen; 1820 bis 1826 war er oberster Landvermesser des Königreichs Hannover. In seinem Roman *Die Vermessung der Welt* lässt Daniel Kehlmann den jungen Carl Friedrich in einem Fesselballon aufsteigen: »Das in die Ferne gekrümmte Land. Der tiefe Horizont, die Hügelkuppen, halb aufgelöst im Dunst. [...] Und der Raum selbst [...]. Seine feine Biegung, von hier oben war sie fast zu sehen.« Nach der unsanften Landung teilt Gauß dem Ballonführer mit, er wisse es jetzt: »Daß alle parallelen Linien einander berühren.«

Denn auch die angewandte Mathematik lag dem 1777 in Braunschweig geborenen Gauß. Aus ärmlichen Verhältnissen stammend, hatte er dank Fürsprache seines Lehrers Büttner und des Braunschweiger Professors Zimmermann zunächst das Katharineum, danach das Collegium Carolinum seiner Heimatstadt besucht und konnte anschließend mit herzoglichem Stipendium die Universität in Göttingen beziehen (die Promotion erfolgte im braunschweigischen Helmstedt). Dass Gauß 1807 sein geliebtes Braunschweig wieder verließ und als Professor nach Göttingen zurückkehrte, hatte nicht nur mit dem Tod seines Herzogs und Förderers zu tun: Die Methode kleinster Quadrate hatte Gauß 1801 gestattet, die Flugbahn des Asteroiden Ceres präzise zu berechnen, was ihm höchste Anerkennung in Astronomenkreisen verschafft hatte. Diese Forschungen konnte er nun als Direktor der Göttinger Sternwarte fortführen.

Auch in seinen alltäglichen Obsessionen schlug Gauß die Brücke zwischen Zahl und Welt. An Alexander von Humboldt schrieb er im Dezember 1853: »Es ist dies der Tag, wo Sie, mein hochverehrter Freund, in ein Gebiet übergehen, in welches noch keiner der Koryphäen der exacten Wissenschaften eingedrungen ist, der Tag, wo Sie dasselbe Alter erreichen, in welchem Newton seine durch 30 766 Tage gemessene irdische Laufbahn geschlossen hat.« Carl Friedrich Gauß, Mitglied der Bayerischen Akademie der Wissenschaften, der American Academy of Arts and Sciences, Träger der Copley-Medaille der Royal Society, Ehrenbürger von Braunschweig und Göttingen, starb am 28 424sten Tag seines Lebens.

Das vertauschte Gehirn
Gauß galt als das größte Genie seiner Zeit. Auch deshalb präparierte man nach seinem Tod sein Gehirn; Untersuchungen ergaben jedoch keine Auffälligkeiten. Erst 2013 wurde entdeckt, dass die Hirnpräparate noch im 19. Jahrhundert versehentlich vertauscht worden waren. Das Ergebnis der neuen Untersuchung? »Das Gehirn des genialen Mathematikers und Astronomen Gauß ist [...] anatomisch weitgehend unauffällig«, so die Presserklärung der Max-Planck-Gesellschaft.

Novalis

1802

Heinrich von Ofterdingen

Von der blauen Blume der Romantik

Friedrich von Hardenbergs Pseudonym, das er sich für seine Dichterkarriere wählte, war Programm. Er entschied sich in Anlehnung an den alten Beinamen einer Seitenlinie seiner Familie De Novali für den Künstlernamen Novalis, was so viel bedeutet wie »der Neuland Bestellende«. Inspiriert von der mittelalterlichen Sagengestalt des Minnesängers Heinrich von Ofterdingen betrat Novalis mit seinem Roman tatsächlich unbekanntes Terrain und stieg zur wichtigen Bezugsgröße der Romantiker auf. Der unvollendete Text bildet nicht nur ein unerschöpfliches Ideenreservoir, sondern führt auch idealtypisch das frühromantische Denk- und Lebensverständnis vor.

Heinrich von Ofterdingen, ein junger Mann, ist aufgewühlt von den Erzählungen eines Fremden. Es sind nicht die Berichte von Schätzen, um die Heinrichs Gedanken kreisen, sondern es ist »die blaue Blume«, die ihm nicht mehr aus dem Kopf geht: »So ist mir noch nie zu Muthe gewesen: es ist, als hätt' ich vorhin geträumt, oder ich wäre in eine andere Welt hinübergeschlummert.« Er schläft ein und gleitet tatsächlich im Traum in eine andere Welt, in der er jene Blume findet, die sich ihm zuneigt und aus deren Blütenblättern ein Kragen erwächst, in dem ein zartes Gesicht schwebt. Nach dem Aufwachen erkennt er, dass jeder Traum »ein bedeutsamer Riß in den geheimnisvollen Vorhang ist, der mit tausend Falten in unser Inneres hereinfällt«. Der Traum der letzten Nacht könne daher kein Zufall gewesen sein: »Ich fühle es, daß er in meine Seele wie ein weites Rad hineingreift, und sie in mächtigem Schwunge forttreibt.« Heinrich muss sich auf die Suche nach dieser Blume machen.

So beginnt Novalis' Romanfragment *Heinrich von Ofterdingen*, in dem die Reifung eines jungen Mannes zum Dichter als Reise ins eigene Innere erzählt wird. Mit der blauen Blume etabliert Novalis das Zentralsymbol der Romantik, das für die Sehnsucht nach Entgrenzung, nach neuen Denk- und Reflexionshorizonten, nach Liebe und Vereinigung, nach dem allumfassenden Zusammenhang von Geist und Natur, von Empirie, Sinnlichkeit und Übersinnlichem steht. Heinrichs Entwicklungsreise nach Innen entwirft explizit ein Gegenmodell zu Goethes Bildungsroman *Wilhelm Meisters Lehrjahre* (1795/96). Wie Goethes Protagonist soll auch Heinrich die Welt erkennen – aber über einen entgegengesetzten Weg und mit einem völlig anderen Ziel: Während Wilhelm seine Lehren aus eigenen Erfahrungen und Erlebnissen in der prosaischen Realität bezieht, um in der empirischen Lebenswirklichkeit zu reüssieren, erwirbt sich Heinrich in einem vor allem über Gespräche und Erzählungen vermittelten Prozess ein Verständnis für das innere Geheimnis der Welt, für die Poesie des Lebens. Nachdem Reformation und Aufklärung der Welt allen Zauber genommen und dafür gesorgt hätten, dass nur noch das rational Fassbare Gültigkeit besitze, so Novalis in einer Rede, sei es die Aufgabe der Literatur, das Wunderbare wieder ins Recht zu setzen. In diesem Sinne versteht Novalis den Poeten gewissermaßen als transzendentalen Arzt: »Die Poesie heilt die Wunden, die der Verstand schlägt.« Und er fährt fort: »Die Poesie mischt alles zu ihrem großen Zweck der Zwecke – der Erhebung des Menschen über sich selbst.«

Hier artikuliert sich die Idee von der romantischen Poesie als »progressiver Universalpoesie«, die Novalis' Freund Friedrich Schlegel im sogenannten 116. Athenäums-Fragment ausformuliert hatte. Schlegel plädiert hier für ein offenes und gattungsübergreifendes Konzept von Poesie, das die Grenzen zur Kritik und Wissenschaft überschreitet, sich auf möglichst viele Lebensbereiche erstrecken sollte und so letztlich das Leben selbst zur Poesie werden lasse, dessen Totalität wiederum nur in der Kunst erfahrbar werde. Vor allem der Roman schien dazu geeignet, diesem Anspruch gerecht zu werden. Ganz in diesem Sinne jedenfalls überschritt Novalis in seinem Roman die Gattungsgrenzen, wenn er Märchen, Lieder und Gedichte integrierte, erzählende mit reflexiven und dialogisch-dramatischen Passagen kombinierte und plante, auch inhaltlich einen Rundumschlag zu liefern: »Es sollte darin alles seinen Platz finden«, so Rüdiger Safranski, »die Entstehung des christlichen Abendlandes, griechisch-antike Einflüsse, morgenländische Weisheit, römisches Herrschaftswissen, die hohe Zeit der Stauferkaiser, die politischen und geistigen Schicksale Deutschlands von den Anfängen bis zur Gegenwart.«

Doch auch wenn dem Konzept der »progressiven Universalpoesie« Unabschließbarkeit und ein ewiges Werden eingeschrieben waren, so wurde der Roman *Heinrich von Ofterdingen* 1802 nicht aus programmatischen Gründen als Fragment veröffentlicht. Friedrich von Hardenberg war einfach nicht mehr in der Lage gewesen, den Roman fertigzustellen. Er war im Jahr zuvor an einer Lungenkrankheit im Alter von nur neunundzwanzig Jahren gestorben. Obwohl er wohl seit Jahren an Tuberkulose litt, hatte er sich nicht geschont und war zwischen seiner Arbeit als Bergbaubeamter, die er mit Interesse und großem Engagement ausübte, und der Poesie aufgerieben worden. Als Ludwig Tieck und Friedrich Schlegel im Jahr nach Novalis' Tod eine erste Ausgabe von dessen Werken herausbrachten, stieg dieser schnell zur mythischen Figur der Romantiker auf, dessen Leben mit der Kunst zu verschmelzen schien: der ätherisch schöne, schwärmerische Poet und Philosoph, der akribische Mineraloge und technisch versierte Geologe, der todgeweiht durchs Leben schreitet und mit traumwandlerischer Sicherheit der Romantik ihr Sinnbild schenkt. In einem Aphorismus schrieb Novalis: »Nach Innen geht der geheimnisvolle Weg. In uns, oder nirgends ist die Ewigkeit mit ihren Welten – die Vergangenheit und Zukunft.« *Heinrich von Ofterdingen* ist in diesem Sinne auch eine Feier des menschlichen Unbewussten und dessen Wirkmächtigkeit.

1804

Friedrich Schiller
Wilhelm Tell

Ein deutsches Drama

Friedrich Schillers letztes abgeschlossenes Drama schlägt einen Bogen zu seinem 1781 erschienenen Debütstück *Die Räuber:* Beide handeln von Auflehnung und den Möglichkeiten eines selbstbestimmten Lebens. Während es in *Die Räuber* allerdings um die Befreiung von den Zwängen und Demütigungen durch die Vätergeneration im Zeichen eines überkommenen Feudalsystems geht, rückt Schiller im *Wilhelm Tell* die Unterdrückung eines Gemeinwesens ins Zentrum. Das Stück avancierte im 19. Jahrhundert zum deutschen Nationaldrama und ist noch heute zumindest über zahlreiche geflügelte Worte Bestandteil unseres (Sprach-)Alltags.

Nach seinen großen Geschichtsdramen *Don Carlos, Maria Stuart* und der *Wallenstein*-Trilogie nahm sich Schiller im Anschluss an die *Jungfrau von Orleans* mit *Wilhelm Tell* einen weiteren personifizierten Nationalmythos vor. Das Stück setzt ein am sonnenbeschienenen Vierwaldstättersee, dessen Idylle allerdings trügt, denn das Schweizer Volk leidet unter der Willkürherrschaft der Habsburger. Nicht nur sind Frondienste zu leisten, sondern die Vögte nehmen sich auch alle Freiheiten zur Demütigung und Quälerei. So schließen sich Vertreter der Ur-Kantone im Rütlischwur zusammen, um den »verhassten Zwang« abzuschaffen und zu überlegen, wie die ererbten Rechte wieder in Kraft zu setzen seien. Tell ist nicht Teil dieser Verschwörung, da er als Tatmensch nach dem Motto »Der Starke ist am mächtigsten allein« lebt. Als er den Hut des Landvogts Gessler, dem die gleiche Ehrerbietung wie seinem Besitzer zu erbringen ist, aus Unwissenheit nicht grüßt, nützt keine Entschuldigung und kein Appell. Gessler zwingt Tell dazu, mit der Armbrust auf einen Apfel zu schießen, der auf dem Kopf von Tells Sohn platziert wird. Tell trifft den Apfel und fasst den Entschluss, den Landvogt zu ermorden. Das gelungene Attentat wird zum Auslöser einer umfassenden Revolte gegen die Unterdrücker.

Tell wird als Individualist gezeichnet, der sich der politischen Aktion zwar nicht grundsätzlich verweigert, aber einen konkreten Anstoß benötigt. Er ist kein Revolutionär aus abstrakter Überzeugung, sondern wird aktiv, weil die Trennung zwischen Politischem, womit er anfangs nichts zu tun haben möchte, und privatem Glück, das er um jeden Preis schützen will, nicht mehr aufrechtzuerhalten ist, als der Vogt Tells Sohn zur Zielscheibe macht. Dabei wird auch klar, dass Tells Kampf nicht dem Adel an sich gilt, sondern einem bestimmten Tyrannen. Mit der Deutung seiner Tat als Befreiungsakt und der Stilisierung seiner Person zum Freiheitshelden kann er selbst nichts anfangen. Während am Ende des Stücks der kollektive Ausruf »Es lebe Tell! der Schütz und der Erretter!« erschallt, bleibt Tell selbst stumm. Die Öffentlichkeit konstruiert sich mithin eine Vorstellung von Tell und dessen Motivation, die vor allem den eigenen Wünschen entspricht.

Bisweilen wurde das Stück im Sinne einer konservativen Restitution des idyllischen Ausgangszustands gelesen. Doch zum mythologisch-ursprünglichen Daseinszustand gibt es keinen Weg zurück. Der mörderische Befehl Gesslers stellt den Bruch mit der Ordnung des »natürlichen« Lebens dar, der nicht zu heilen, auf den nur zu reagieren ist. Tell wird gezwungen, Verantwortung zu übernehmen und den Tyrannen strategisch planend aus dem Weg zu räumen. In diesem Sinne führt das Stück auch die Bewusstwerdung des modernen Subjekts vor Augen, das eigenes und fremdes Handeln kritisch und selbstreflexiv hinterfragt und selbst ein handlungsleitendes ethisches Fundament ausbildet. Tell erkennt sehr wohl, dass sein Plan moralisch ambivalent ist, entscheidet sich eingedenk aller Risiken aber bewusst für die Mordtat. Auch das ist nämlich eine mögliche Deutung von Tells Schweigen am Schluss: Während alle jubeln, schweigt er, weil er um den nie zu verwindenden Verlust weiß – weder für ihn noch für die anderen wird fortan ein Leben in Unschuld möglich sein.

Wilhelm Tell wurde im März 1804 unter der Regie Goethes am Weimarer Hoftheater uraufgeführt und war der größte Triumph zu Lebzeiten Schillers, der schon im Jahr darauf starb. Der 1759 Geborene litt besonders seit einer Malaria-Infektion 1783 immer wieder an schweren Erkrankungen und körperlichen Gebrechen. Sein beeindruckendes Œuvre, das er in nur etwas mehr als zwanzig Jahren seinem siechen Körper abgetrotzt hatte, prägte verschiedene Epochen der deutschen Literatur maßgeblich mit. Schillers Frühwerk, das dem Sturm und Drang zuzurechnen ist, rückt Freiheit und Gefühl ins Zentrum, feiert das Originalgenie und steht damit im Kontrast zur aufklärerischen Vernunftbetonung, die auf Ordnung und Regeln baute und auch Schillers strenge Erziehung bestimmt hatte. Ungeachtet der Kritik blieb Schiller im Hinblick auf den Wirkungsanspruch des Theaters den erzieherischen Idealen der aufklärerischen Theatertheorie stets treu. So formulierte er in seiner berühmten Rede *Die Schaubühne als eine moralische Anstalt betrachtet* (1784/85): »Die Schaubühne ist der gemeinschaftliche Kanal, in welchen von dem denkenden bessern Theile des Volks das Licht der Weisheit herunterströmt, und von da aus in milderen Strahlen durch den ganzen Staat sich verbreitet. Richtigere Begriffe, geläuterte Grundsätze, reinere Gefühle fließen von hier durch alle Adern des Volks; der Nebel der Barbarei, des finstern Aberglaubens verschwindet, die Nacht weicht dem siegenden Licht.«

Aus aller Welt in die schwäbische Provinz
Seit 1859 ist Schillers Geburtshaus in Marbach am Neckar ein Museum. Es wurde 1903 durch einen Museumsneubau auf der nahen Schillerhöhe ergänzt, in dem man auch das Schiller-Archiv unterbrachte. 1955 wurde es zum Deutschen Literaturarchiv ausgebaut, wo man heute über eintausendvierhundert Nachlässe deutscher Schriftsteller und Gelehrter vom 18. Jahrhundert bis in die Gegenwart aufbewahrt. 2006 kam schließlich das Literaturmuseum der Moderne hinzu. Die Schillerhöhe ist damit eine der wichtigsten Anlaufstellen zur Erforschung des deutschen Geisteslebens und ein Anziehungspunkt für Literaturfreunde aus aller Welt.

Auch in seinen programmatischen kultur- und moralphilosophischen Abhandlungen *Über die ästhetische Erziehung des Menschen* (1795) und *Über naive und sentimentalische Dichtung* (1795/96), die deutlich vom Antike-Ideal Winckelmanns und der Philosophie Kants beeinflusst waren, beschäftigte er sich ausführlich mit der Funktions- und Wirkungsweise von Kunst. Ästhetische Erfahrung markierte für Schiller das zentrale Element bei der Erlangung und Sicherung menschlicher Freiheit, weil nur sie die Entfremdungserfahrungen der Moderne, die Kluft zwischen Wirklichkeit und Ideal überwinden könne, indem sie Sinnlichkeit, Gefühl und Vernunft in Harmonie bringe. Schiller war davon überzeugt, dass die Kunst den Menschen bessern und in Wechselwirkung damit die Gesellschaft zum Positiven entwickeln helfen könne, ja, dass »es die Schönheit ist, durch welche man zu der Freiheit wandert«. Schiller war Idealist, der angesichts der Auswüchse der Französischen Revolution, die für ihn den Menschen zwischen »Verwilderung« und »Erschlaffung« in den »zwei Äußersten des menschlichen Verfalls« gezeigt hätten, nur umso stärker die Perfektabilität des Menschen propagierte. Dem Streben nach Freiheit, Harmonie, Humanität und Zeitlosigkeit, Eckpfeiler der Weimarer Klassik, sind spätestens alle Theaterstücke Schillers ab dem *Don Carlos* (1787) verpflichtet. Noch der *Wilhelm Tell* führt den Idealismus des Dichters vor Augen, den er in einem Brief an Wilhelm von Humboldt kurz vor seinem Tod am 2. April 1805 auf die Formel brachte, dass der Mensch die Dinge forme und nicht die Dinge den Menschen beherrschten.

Die Druckversion des *Wilhelm Tell* vom Dezember 1804 führte dazu, dass sich zahlreiche Künstler mit dem Buch in der Tasche auf den Weg zu den Schauplätzen in den Schweizer Bergen machten. Das Stück wurde schnell zum populärsten Drama Schillers und trug wesentlich dazu bei, dass er im 19. Jahrhundert von Zeitgenossen als »der Lieblingsdichter der deutschen Nation« (Wilhelm Wiedasch) und als »der eigentliche Nationaldichter« (Rudolf Benfey) betrachtet wurde. Goethe wurde zwar durchaus von vielen als der größere Autor gesehen, galt aber oft eher als Repräsentant internationaler Strömungen, während man in Schillers Texten etwas originär Deutsches zu erkennen meinte. Mit seinem *Tell* legte Schiller, der sich im 1800 veröffentlichten *Lied von der Glocke*, dem »meistparodierten deutschen Gedicht« (Wulf Segebrecht), als Vordenker der nationalen Einheit gezeigt hatte, ein Stück vor, das als Manifest des Widerstands gegen eine Unterdrückungsherrschaft gelesen perfekt in die Zeit passte. Entsprechend soll man vor der Völkerschlacht bei Leipzig 1813 die deutschen Soldaten mit der Rütlischwur-Szene gegen Napoleon in Stimmung gebracht haben. Auch im Ersten Weltkrieg wollte man die Moral der deutschen Truppen mit *Tell*-Aufführungen direkt hinter der Front heben.

Hitler zählte anfangs gleichfalls zu den großen Verehrern des *Tell* und wählte sogar den Ausspruch vom Starken, der allein am mächtigsten sei, zur Überschrift eines Kapitels in *Mein Kampf*. Das Stück zählte als eine Art Vorzeigedrama, das Vaterlandsliebe, »Volksgemeinschaft« und Führergedanken veranschaulichte, in den ersten Jahren der NS-Diktatur zu den meistgespielten Stücken, und fast jedes Schulbuch druckte mindestens eine Auswahl der zahllosen Sentenzen, die aus dem Drama in den Schatz der deutschen Redewendungen eingegangen waren (»Früh übt sich, was ein Meister werden will«, »Die Axt im Haus erspart den Zimmermann«, »Durch diese hohle Gasse muss er kommen« etc.). Damit war allerdings 1941 Schluss, als die Reichskanzlei eine vertrauliche Order verschickte, in der es hieß: »Der Führer wünscht, dass Schillers Schauspiel ›Wilhelm Tell‹ nicht mehr aufgeführt wird und in der Schule nicht mehr behandelt wird.« Hitler hatte wohl erkannt, dass ein Stück, das einen Tyrannenmord als Akt des Widerstands moralisch rechtfertigt, zu einer Bedrohung seiner persönlichen Sicherheit hätte werden können. Diese 180-Grad-Wende führt in aller Deutlichkeit vor Augen, was Schillers *Tell* auch problematisiert und dem Stück besondere Aktualität verleiht: Die Antwort auf die Frage, ob gewaltsamer Widerstand gegen Unterdrückung Ausdruck von Freiheitsliebe oder Terrorismus ist, hängt immer auch vom Standpunkt des Antwortenden ab.

Code Napoléon 1804

Ein Gesetzbuch erobert Europa

Der *Code Napoléon* bzw. *Code civil*, das französische Zivilgesetzbuch von 1804, legte die rechtliche Grundlage für den Übergang von der vorrevolutionären ständisch-feudalen Ordnung in eine Gesellschaft, die sich auf Freiheit, Gleichheit, Laizismus und Marktwirtschaft gründete. Über die napoleonischen Eroberungskriege breitete er sich in ganz Europa aus und galt auch in weiten Teilen Deutschlands noch bis 1900. Über die formale Geltung als Gesetzbuch hinaus liegt die Bedeutung des *Code Napoléon* in der Etablierung der bürgerlichen Gesellschaft. Hierdurch prägt er auch die deutsche Rechts- und Gesellschaftsordnung bis heute.

» Ich gebe Ihnen sechs Monate; machen Sie mir ein Zivilgesetzbuch!«, soll der Konsul Napoleon Bonaparte gesagt haben, als er am 14. August 1800 – dem 24. Thermidor des VIII. Revolutionsjahres – vier Juristen beauftragte, einen neuen *Code civil* zu erarbeiten. Das Projekt war eminent politisch. Es ging um die dauerhafte Sicherung der Grundprinzipien der Revolution von 1789 gegen eine ständisch-feudale Restauration und um den weiteren Ausbau des Zentralstaats. Eine von Paris aus gesteuerte Verwaltung und Justiz bedurfte einheitlicher Gesetze. Daher waren aus dem Mosaik regionaler Rechte Regeln auszuwählen, die sich für ein Zivilgesetzbuch der gesamten Republik eigneten. Zudem musste der neue Kodex den revolutionären Idealen von Freiheit und Gleichheit verpflichtet sein und über die Abschaffung der Zünfte und Anerkennung des Privateigentums die Grundlagen für eine marktwirtschaftliche Ordnung legen. Dabei hatten die Revolutionäre in erster Linie die Rechte der Bürger im Sinn, nicht die der Bürgerinnen. Nach ihrer Vorstellung galt die mit der Revolution erkämpfte Gleichheit vor dem Gesetz nur für Männer, die Frau hatte dem

Mann zu dienen. Erst 1946 wurde die Gleichberechtigung der Geschlechter in die französische Verfassung aufgenommen.

Der Plan, ein allgemeines ziviles, also bürgerliches Gesetzbuch zu schaffen, war nicht allein den politischen Umständen in Frankreich geschuldet. Die Kodifikationsidee – die Idee eines umfassenden, systematisch aufgebauten Gesetzeskodex' – hatte im 18. Jahrhundert ganz Europa erfasst. Einem »Bündnis des Vernunftrechts mit der Aufklärung« (Franz Wieacker) verdankte sich die Forderung, das Recht vernunftmäßig zu ordnen. Auf diese Weise sollten die Bürger nicht länger der Willkür von Behörden und Gerichten ausgeliefert sein, sondern ihre Rechte und Pflichten klar dem Gesetz entnehmen können. In diesem Geiste war 1794 das – vor allem von Carl Gottlieb Svarez ausgearbeitete – *Allgemeine Landrecht für die Preußischen Staaten* erlassen worden, 1811 folgte Österreich mit dem *Allgemeinen Bürgerlichen Gesetzbuch*.

Damit »jeder sein eigener Anwalt« (Jeremy Bentham) werden konnte, sollten die Gesetzbücher in verständlicher Sprache verfasst sein. Vom deutschen Rechtsgelehrten Rudolf von Jhering ist der Ausspruch überliefert, der Gesetzgeber müsse »denken als Philosoph und sprechen als Bauer«. Betont rustikal kam der *Code civil* zwar nicht daher; seine klare und schnörkellose Sprache aber rühmte noch 1840 der französische Schriftsteller Stendhal. In einem Brief an den Freund Balzac schrieb er, er habe während der Arbeit an seiner *Kartause von Parma* jeden Tag im *Code civil* gelesen, »um den richtigen Ton zu treffen«.

Während das deutsche *Bürgerliche Gesetzbuch (BGB)* bis zu seiner Verkündung dreiundzwanzig Jahre brauchte (1873 bis 1896) und die Planungen zu einem Europäischen Zivilgesetzbuch seit mindestens ebenso langer Zeit andauern, entstand der *Code civil* in Rekordzeit. Nur vier Monate, nachdem sie den Auftrag erhalten hatte, legte die Redaktionskommission ihren Entwurf vor. Drei Jahre lang wurde dieser in intensiven Beratungen vom Gesetzgebungsausschuss des Staatsrates unter der Leitung des zweiten Konsuls, Jean-Jacques-Régis de Cambacérès, ausgearbeitet; auch

Napoleon mischte sich immer wieder ein. Schließlich konnte er das neue Gesetzbuch am 21. März 1804 verkünden, das ihm zu Ehren während des 19. Jahrhunderts zeitweilig auch offiziell den Namen Code Napoléon trug. Ergänzt wurde es durch vier weitere »napoleonische« Kodizes: Zivilprozessordnung (1806), Handelsgesetzbuch (1807), Strafprozessordnung (1808) und Strafgesetzbuch (1810).

Mit seinem Inkrafttreten galt das neue Zivilgesetzbuch im gesamten Reich, einschließlich der annektierten ehemals deutschen linksrheinischen Gebiete. Seine gesamteuropäische Bedeutung erhielt es indes durch die napoleonischen Eroberungen. Wo immer französische Truppen einmarschierten, hatten sie den Code civil im Gepäck. So breitete sich der Geltungsbereich des Gesetzes über Deutschland, Belgien, Luxemburg und Holland bis nach Italien und in das Herzogtum Warschau aus, eine spätere Ausbreitung schloss das gesamte Süd- und Westeuropa, Nordafrika und Lateinamerika ein. In Deutschland galt der Code civil unmittelbar in jenen nordwestdeutschen Territorien, die sich das französische Imperium einverleibt hatte; vor allem aber hatten die Staaten des Rheinbundes – darunter die Königreiche Bayern, Württemberg, Sachsen und Westphalen sowie das Kurfürstentum Baden – das französische Zivilgesetzbuch eingeführt, teils mit lokalen Abweichungen.

Auch nach der Niederlage Napoleons galt der Code civil vor allem im Westen und Südwesten Deutschlands als Rheinisches bzw. Badisches Recht weiter. Eine Rückkehr in die ständische und feudale Ordnung war aber auch in den anderen deutschen Staaten nicht mehr möglich. Damit waren die Grundsätze der bürgerlichen Revolution in Deutschland ebenfalls unumkehrbar verankert. Die Geltung des Code civil in Deutschland endete erst, als mit dem BGB am 1. Januar 1900 eine reichseinheitliche deutsche Kodifikation in Kraft trat. Dass das BGB in vielem dem französischen Vorbild verpflichtet ist, sichert Napoleons Zivilgesetzbuch seine Bedeutung in Deutschland bis in die Gegenwart.

1807

Georg Wilhelm Friedrich Hegel
Phänomenologie des Geistes

Der Weltgeist betritt die Bühne

Hegel gilt als Vollender des Idealismus in der deutschen Philosophie. In seinem wirkmächtigsten Werk, der *Phänomenologie des Geistes*, legt er den Grund für seine Natur-, Staats- und Rechtsphilosophie. In allen Natur- und Kulturerscheinungen wie auch im Menschen wirkt für Hegel der »absolute Geist«, der in Stufen der Selbstbefreiung zu sich selbst findet. Von manchen kultisch verehrt, von anderen scharf abgelehnt, beeinflusst Hegel vor allem mit seinem Modell der Dialektik, in dem Gegensätze in einer Synthese auf höherer Stufe aufgehoben werden, Philosophie, Theologie, Geschichts-, Rechts- und Sozialwissenschaften bis heute.

»Jetzo sank eine hohe edle Gestalt mit einem unvergänglichen Schmerz aus der Höhe auf den Altar hernieder, und alle Toten riefen: ›Christus! ist kein Gott?‹ Er antwortete: ›Es ist keiner. [...] Ich ging durch die Welten, ich stieg in die Sonnen und flog mit den Milchstraßen durch die Wüsten des Himmels; aber es ist kein Gott. [...] Starres, stummes Nichts! Kalte, ewige Notwendigkeit! Wahnsinniger Zufall!«« Mit seiner *Rede des toten Christus vom Weltgebäude herab, daß kein Gott sei*, übersetzt Jean Paul 1796 ein Unbehagen seiner Zeit in eine albtraumhafte Vision. Philosophie und Naturwissenschaft haben nach und nach die Welt zergliedert und in aufklärerischem Furor Gott verabschiedet. Für Kant und seine Schule ist es zwar vernünftig, Gottes Existenz zu vermuten, um uns unserer Sittlichkeit zu vergewissern – das war es dann aber auch schon.

Bei aller Kritik an den theologischen Dogmen, mit denen ihre Lehrer sie traktieren, wollen sich die Bewohner einer Tübinger Studenten-WG mit diesem Befund des Zeitgeistes nicht abfinden. Die drei Studenten der Philosophie und Theologie Friedrich Hölderlin, Georg Wilhelm Friedrich Hegel und Friedrich Wilhelm Joseph Schelling werden teils gemeinsam, teils auf getrennten Wegen nach der verloren gegangenen Totalität suchen, die der christliche Gott lange Zeit unhinterfragt garantierte. Für den 1770 in Stuttgart geborenen Hegel speist sich aus diesem gemeinsamen romantischen Interesse das eine zentrale Element seiner Philosophie: die Einheit des Ganzen, durchaus in der christlichen Tradition der *unio mystica*, der mystischen Vereinigung von Mensch und Gott.

Auch das zweite zentrale Element seiner Philosophie zeigt Hegel als Kind seiner Zeit: der Wandel als Prinzip. Dass nach Heraklit und Platon »alles im Fluss«, alles »ein ewiges Werden und Wandeln« ist, musste angesichts der politischen Umwälzungen jener Epoche jedem einleuchten. Den Jahrestag der Französischen Revolution soll Hegel stets mit einer Flasche Bordeaux begangen haben; und als Napoleon im Oktober 1806 in Jena einreitet, erblickt der sechsunddreißigjährige außerordentliche Professor der Philosophie mit eigenen Augen diese »Weltseele« zu Pferde (Hegel an Friedrich Immanuel Niethammer). Unmittelbar zuvor hat er den letzten Federstrich unter das Manuskript seiner *Phänomenologie des Geistes* gesetzt.

Erschienen ist das Werk 1807 in Bamberg, wohin Hegel, der in Jena kriegsbedingt ohne Einkünfte ist, noch im selben Jahr als Redakteur der *Bamberger Zeitung* zieht. Das journalistische Geschäft entspricht nicht seinem Temperament, und so wechselt er schon 1808 durch Vermittlung eines Freundes als Direktor des Egidiengymnasiums nach Nürnberg. Eine akademische Blitzkarriere wie sein Freund Schelling macht Hegel zwar nicht, dennoch: Seine philosophischen Schriften ebnen ihm den Weg zurück an die Hochschule. Auf den Ruf nach Heidelberg 1816 folgt 1818 die Berufung an die Berliner Universität, als Nachfolger Fichtes. In Berlin wird Hegel – obschon kein glänzender Redner und stark schwäbelnd – zum gefeierten Philosophiestar, dessen Vorlesungen weit über Fachgrenzen hinaus starken Andrang finden. In Berlin stirbt er schließlich 1831 an der Cholera.

Hegels Werk gilt als eines der unzugänglichsten überhaupt. Das liegt an der Komplexität seiner Gedankenwelt ebenso wie an der Faktur seiner Texte. Fordert Kant durch ein Übermaß an Definitionen und Kategorisierungen den Leser heraus, erschwert bei Hegel gerade der Verzicht auf Trennschärfe den Zugang. Besonders liebt er auf den ersten Blick paradoxe (»Das Bekannte ist darum, weil es bekannt ist, nicht erkannt«) oder tautologische (»Was vernünftig ist, das ist wirklich; und was wirklich ist, das ist vernünftig«) Aussagen. Hinzu kommt eine etwas schwerfällige Sprache. In der Philosophie Hegels ist die *Phänomenologie des Geistes* das zentrale und wirkmächtigste Werk. Hier entwickelt er die Grundlagen, auf denen er, bei gewissen Korrekturen am Rande, in allen späteren Arbeiten aufbaut. Gedacht ist sie als Einleitung in ein umfassendes System der Wissenschaften. Ihre zentralen Themen sind das Verhältnis von Geist und Sein und die Suche nach einer Logik jenseits der Grenzen des Verstandes.

Ausgangspunkt ist die Überwindung der Kant-Schule. Mit den anderen Vertretern des deutschen Idealismus wie Fichte und Schelling lehnt Hegel deren Trennung der Welt der Dinge an sich von der Welt der Erkenntnis ab. Schließlich setzt unser Bewusstsein selbst diese Unterscheidung von »Dingen für das Bewusstsein« und »Dingen an sich«, von Wissen und Wahrheit, von Begriff und Gegenstand. Das Bewusstsein ist damit Schöpfer nicht nur des Ich, sondern auch des Nicht-Ich, der dem Ich entgegengesetzten Welt. Hegel spricht von der »Identität der Identität und Nichtidentität«. Dass wir solche Entgegensetzungen vornehmen, entspricht einer List der Vernunft, die das

Dialektik der Liebe

Die Idee der gegenseitigen Anerkennung und der dialektischen Aufhebung der Gegensätze entwickelte Hegel zuerst an der Liebe. Wie dies zu verstehen ist, durfte die zwanzigjährige Patriziertochter Marie von Tucher erfahren, die der Einundvierzigjährige nach manchen Eskapaden (die Jenaer Vermieterin war Mutter seines unehelichen Sohnes) 1811 in Nürnberg heiratete. Als Marie in einem Brief von ihrer Liebe schrieb, belehrte Hegel sie: »Falsch, meine Teure, es gibt in Wahrheit nur unsere Liebe, von der meine und deine Gefühle jeweils nur Pole sind.«

Bewusstsein mit seinen Begrenzungen konfrontiert, um es Stufe um Stufe zu besserer Erkenntnis und schließlich zur Wahrheit selbst zu führen. Den Ablauf dieses Prozesses nennt Hegel »dialektisch« und verdeutlicht dies an dem berühmten Beispiel von Herr und Knecht. Beider Selbstbewusstsein ist zunächst auf ihre jeweilige Rolle im Herrschaftsverhältnis bezogen; zwischen beiden besteht ein »einseitiges und ungleiches Anerkennen«. Aus Furcht vor dem Herrn arbeitet der Knecht, durch die Arbeit aber kommt das vormals »knechtische Bewußtsein« »zu sich selbst«. Durch Bearbeitung der Dinge erkennt der Knecht seine eigene gestaltende Kraft und gewinnt »Selbstbewußtsein«. Damit wird die Überwindung der Asymmetrie zwischen Herr und Knecht möglich: »Sie anerkennen sich als gegenseitig sich anerkennend.« Was Hegel nur als Gleichnis für die Arbeit des Geistes auf dem Wege zu besserer Erkenntnis meinte, würde später von Marx in eine Theorie des Klassenkampfes umgemünzt werden.

Hat sich Hegels Dialektik bis in die Gegenwart in Schulbüchern erhalten, wirkt das eigentliche Herzstück seiner Philosophie heute etwas esoterisch. Denn die dialektische »Selbstreproduktion der Vernunft« ist für ihn ein zielgerichteter Prozess, an dessen Ende der »absolute Geist« das »Ganze«, als das Einheit stiftende Prinzip steht. Dieses »Absolute« ist für Hegel eine »konkrete Einheit«, die zugleich eigenständige Größe sowie Summe aller ihrer Teile ist, Einheit und Vielheit in einem. Der »absolute Geist« nimmt daher die Summe aller individuellen Bewusstseinsinhalte (also der sich in jedem Menschen selbst entfaltenden subjektiven Vernunft) in sich auf, den »objektiven Geist«. So gelingt Hegel der Übergang vom individuellen Bewusstsein zum jeweils herrschenden »Zeitgeist«.

Wie das subjektive Bewusstsein entfaltet sich nämlich auch der objektive Geist in dialektischem Widerspruch, wie ein Schlüsselzitat aus der *Phänomenologie des Geistes* verdeutlicht: »Das Wahre ist das Ganze. Das Ganze aber ist nur das durch seine Entwicklung sich vollendende Wesen. Es ist von dem Absoluten zu sagen, dass es wesentlich *Resultat*, dass es erst am *Ende* das ist, was es in Wahrheit ist; und hierin eben besteht seine Natur, Wirkliches, Subjekt oder Sichselbstwerden zu sein.« In diesem Sinne skizziert Hegel eine Menschheitsgeschichte, in der der Weltgeist sich Stufe für Stufe weiter selbst befreit – Spötter bemerkten: bis zur Vollendung im preußischen Staat, in dem sich der beamtete Großphilosoph behaglich eingerichtet hatte.

Die Geister scheiden sich an Hegel, damals wie heute. Erbarmungslos ging Schopenhauer mit ihm ins Gericht: »ein platter, geistloser, ekelhaft-widerlicher, unwissender Scharlatan, der, mit beispielloser Frechheit, Aberwitz und Unsinn zusammenschmierte.« Doch selbst Junghegelianer näherten sich in kritischer Verehrung, allen voran Karl Marx, der meinte, Hegels Philosophie »vom Kopf auf die Füße stellen« zu müssen, als er schrieb: »Es genügt nicht, daß der Gedanke zur Verwirklichung drängt, die Wirklichkeit muß sich selbst zum Gedanken drängen.« Gerade dass Hegel schwer zu verstehen ist, hat seine vielfältige Rezeption begünstigt. Die Neuhegelianer um Wilhelm Dilthey versuchten Anfang des 20. Jahrhunderts, das Primat der Geisteswissenschaften gegen die Dominanz der Naturwissenschaften zu behaupten, indem sie Hegels dialektische Vernunft dem Paradigma einer überzeitlichen, also objektiven Erkenntnis entgegensetzten. Die Existenzphilosophie verdankt Hegel wichtige Impulse; der Neomarxismus Georg Lukács und die Frankfurter Schule um Adorno und Horkheimer griffen auf Hegels Dialektik für eine Kritik des bürgerlichen Denkens zurück. In jüngerer Zeit haben Axel Honneth und Rainer Forst Hegels Jenaer Schriften zum Ausgangspunkt einer Philosophie der Anerkennung und der Toleranz gemacht.

Wo Hegel heute noch inspiriert, werden eher einzelne Elemente dem Gesamtwerk entlehnt. Die Idee eines »Absoluten« als Endziel steht nach den Erfahrungen mit mörderischen Ideologien unter Totalitarismusverdacht – das Individuum droht vom Weltgeist verschlungen zu werden. Vor allem liest man ihn heute wieder als kontemplativen Denker, nicht als politischen Visionär. Hegel scheint eben dann am bekömmlichsten, wenn man ihn von den Füßen auf den Kopf stellt.

Johann Wolfgang Goethe

Faust

Der Mensch ist ein Meister aus Deutschland

Goethes *Faust*-Dramen zählen zu den Leuchttürmen der deutschen Kultur. Der 1808 veröffentlichte erste Teil galt schon bald als »Menschheitsdrama«, in dem es um das ganz Grundsätzliche der menschlichen Existenz unter den Bedingungen der sich anbahnenden Moderne geht. Der zweite Teil stellt ob seiner Komplexität bis heute eine Herausforderung dar. Mit dem *Faust* schuf Goethe gewissermaßen ein deutsches Nationalheiligtum und prägte mit »dem Faustischen« eine Denkfigur, die bald als Synonym für den deutschen Charakter Karriere machte.

Wenn es um Goethes *Faust. Der Tragödie erster Teil* geht, wimmelt es vor Superlativen. Da heißt es dann, das Stück sei das am häufigsten zitierte und interpretierte Drama der deutschen Literatur, »das bedeutendste, das schönste Werk in deutscher Sprache« (Reich-Ranicki), oder markiere gar »einen der größten Gipfel der Literatur- und Kulturgeschichte« (Reinhardt). Doch das 1808 veröffentlichte Drama stellt nur eine Station in Goethes Auseinandersetzung mit dem Faust-Stoff dar, den er mit Unterbrechung fast sein ganzes schriftstellerisches Leben lang bearbeitete und der schon seit dem 16. Jahrhundert durch die deutsche Mythen-Landschaft geisterte. Der historische Faust blieb zwar ein Phantom, doch zahlreiche Anekdoten zirkulierten über das seltsame Leben eines Mannes, der als Magier und Wahrsager, als Alchemist und Astrologe durch die deutschen Lande gezogen sein und bei seinen Mitmenschen große Beachtung gefunden haben soll. Sagenhafte Versatzstücke ganz verschiedener Herkunft lagerten sich um diesen Kern an und wurden zusammengeschmolzen. 1587 erschien die anonym verfasste *Historia von D. Johann Fausten, dem weitbeschreyten Zauberer vnnd Schwartzkuenstler* als erster Höhepunkt der Legendenbildung. Faust fungierte von Anfang an – und bis heute – als eine Art Leinwand, auf die jede Zeit ihre eigenen Ängste, Imaginationen und Wünsche projizieren konnte. So ist er zu Beginn der Überlieferung vor allem ein Aufschneider, der mit seinen bösen Streichen Aufsehen erregt. Spätestens seit der Reformation war er dann ein eitler und unbotmäßiger Sünder, der mit dem Teufel einen Bund geschlossen hatte. Entsprechend fand er etwa bei Luther und Philipp Melanchthon Erwähnung. Christopher Marlowe, der neben Shakespeare wichtigste englische Dramatiker des späten 16. Jahrhunderts, machte Faust erstmals zum Gegenstand eines Dramas *(The Tragicall History of D. Faustus)*. Über wandernde englische Schauspieltruppen kam das Stück in freien Adaptionen nach Deutschland und inspirierte eine Reihe von Faust-Puppenspielen. In ihnen wurde der Stoff zu Belustigungs- und Unterhaltungszwecken trivialisiert und so in der Volkskultur verankert.

Auch Johann Wolfgang Goethe, geboren 1749, hatte nach eigener Aussage als Kind seine erste Begegnung mit Faust im Rahmen des Besuchs eines solchen Puppenspiels. Schon mit Anfang zwanzig widmete er sich erstmals dem Stoff, und so entstand parallel zum *Werther* die frühe Fassung eines Dramas über Faust, der hier ein Titan des Sturm und Drang ist, sich vor nichts fürchtet, auf Gefühl und Kraft vertraut, sich vom verstaubten Bücherstudium ab- und der Erkenntnis in der Natur zuwendet. Den Hauptteil dieser Fassung macht allerdings die sozialkritische Gretchen-Handlung aus. Das von Faust verführte junge Mädchen tötet das uneheliche Kind und stirbt, von Kirche und Gesellschaft verstoßen, dem Wahn verfallen, als sie im Kerker auf ihre Hinrichtung wartet. Der in den späteren Dramen-Fassungen so zentrale Teufelspakt fehlt in dieser frühen, auch als *Urfaust* bekannten Version noch. Obwohl das Drama bei Lesungen im kleineren Kreis gut ankam, verschwand es zunächst in der Schublade.

Erst fünfzehn Jahre später holte Goethe den Stoff zum Faust-Drama wieder hervor, kürzte die Gretchen-Handlung und ergänzte weitere Szenen. 1790 erschien dann *Faust. Ein Fragment* als erste Publikation Goethes zu Faust und verursachte einigen Wirbel. Zum einen, weil sich Goethe um die Tradition des bekannten Stoffes nicht kümmerte, sondern seinen ganz eigenen Faust entwarf. Zum anderen, weil er Faust aus den Niederungen des Marktplatz-Amüsements in neue literarische Sphären führte (auch wenn sich u.a. bereits Lessing um die Aufwertung Fausts verdient gemacht hatte). In dieser frühen publizierten Version erscheint der Titelheld nicht mehr als der derbe Magier des *Urfaust*, seine Ziele wirken humaner, auch wenn er weiter egoistisch und hochmütig bleibt. Die Rezeption sah in diesem Faust nicht mehr denjenigen, der selbst teuflisch handelt, sondern einen Willensmenschen, der auf der Suche nach »der ganzen Wahrheit« den Teufel benutzt und überwindet. Friedrich Schlegel lobte, dass hier deutsche Mythologie, »naive Kraft« und Tragik zusammengekommen seien. Damit war der dem deutschen Mythos entstiegene, anderen überlegene, tragische Tatmensch geboren. Schelling erkannte in dem Fragment »nichts anderes als die innerste, reinste Essenz unseres Zeitalters« und sah in Faust und »dem Faustischen« – also dem ewigen Streben nach dem Höchsten – stellvertretend Grundzüge des »deutschen Charakters«. Schon in den Reaktionen auf die Fragment-Fassung also etablierte sich Goethes *Faust* als wichtigstes Manifest eines zentralen deutschen Mythos, wurde Faust als Prototyp »des Deutschen« konturiert.

1797 nimmt Goethe, wohl auf Drängen Schillers, die Arbeit am *Faust* wieder auf und konzipiert einen Gesamtentwurf für zwei Teile. 1808 erscheint schließlich *Faust. Der Tragödie erster Teil*, dessen vorgeschalteter *Prolog im Himmel* den Rahmen für die Dramenhandlung liefert, zugleich in das Grundthema des Stücks einführt und ein ganz neues Verständnis der Teufelsfigur präsentiert. So wird von Anfang an klar, dass Mephisto Teil des göttlichen Schöpfungsplans und im Auftrag des Herrn unterwegs ist. Dem Teufel kommt die Aufgabe zu, den Menschen aus dessen Neigung zur Trägheit in die ihm eigentlich gemäße Tätigkeit zu führen. Das Böse, das Mephisto verkörpert ist in diesem Verständnis nun Katalysator für die Entfaltung der eigentlichen Qualitäten der Menschen, was einer radikalen Umwertung der Teufelsfigur gleichkommt. Zudem verleiht Mephisto als gewitzter Ironiker, der Fausts schweres Pathos immer wieder unterläuft, dem Stück ungeachtet der inhaltlichen Tiefe eine ganz eigene Leichtigkeit.

Faust wird in diesem ersten Teil als herausragender Vertreter seiner Spezies vorgestellt, als nach absoluter Erkenntnis strebender Sinnsucher, der ungeachtet einiger Um- und Irrwege seinem Herrn zur Ehre gereicht. Er wird hier also vom sündigen Teufelsbündler zum Menschheitsideal umgedeutet, denn am Beispiel Fausts soll der ständig nörgelnde Mephisto die Vollkommenheit der Schöpfung erkennen. Auf der Suche nach dem, »was die Welt im Innersten zusammenhält«, wobei ihm auch das ganze Wissen seiner Zeit nichts hilft, ist Faust bereit, alle Grenzen zu überschreiten. Mephistos Angebot, »Ich gebe dir, was noch kein Mensch gesehn«, kommt da wie gerufen. Mephisto verspricht, auf Erden Fausts Knecht sein zu wollen, sofern sich dieser darauf einlasse, Mephisto »drüben« – also in der Hölle – zu Diensten zu sein. Da schlägt Faust eine Wette vor: »Werd' ich zum Augenblicke sagen: / Verweile doch! du bist so schön! / Dann magst du mich in Fesseln schlagen, / Dann will ich gern zu Grunde gehn!« Für Faust ist es schlicht undenkbar, dass er irgendwann nicht mehr nach Neuem streben, sondern sich »auf ein Faulbett« legen, dass er Gefallen am Müßiggang finden könnte. Mephisto nimmt die Wette an.

Als Stellvertreter der Menschheit, zu dem Gott und Teufel Faust auserkoren haben, muss dieser nun unter Beweis stellen, was es heißt, ein Mensch zu sein, während sich in der Wette gleichzeitig die Tragik der Menschheit abzeichnet: Der Moment des Glücks (»Verweile doch!«) markiert das Ende des Lebens – man kann nicht beides haben. Neben diesem Strang des Gelehrtendramas wird auch in dieser *Faust*-Version die Gretchen-Tragödie entfaltet. Das verführte Mädchen tötet unabsichtlich die Mutter, Faust ersticht ihren Bruder und verschwindet aus der Stadt. Er erfährt, dass Gretchen aus Verzweiflung ihr Kind getötet hat und zum Tode verurteilt ist. Faust will Gretchen aus dem Kerker befreien, doch sie folgt ihm nicht, vertraut ihr Schicksal lieber Gott an und wird von ihren Sünden erlöst. Mephisto und Faust fliehen – und am Ende des Dramas ist fast keine handlungsrelevante Frage geklärt.

Unter Romantikern, die schon vom *Faust*-Fragment begeistert waren, setzte nun ein regelrechtes »Faust-Fieber« (Klaus Manger) ein. Sie feierten Fausts Ausbruch aus den geregelten Lebensbahnen, seinen Wunsch, hinter die Dinge zu schauen und eine ganzheitliche Sicht auf das Leben zu erlangen. Mit Spannung wartete man fast ein Vierteljahrhundert, bis 1832 kurz nach Goethes Tod *Der Tragödie zweiter Teil* erschien. Die Reaktionen darauf fielen allerdings verhalten aus, denn das Drama überforderte viele Leser.

Im Gegensatz zum ersten Teil folgt der zweite einer strengen Gliederung in fünf Akte, in denen Faust Raum und Zeit überwindet. Er lässt die kleine Welt, in die ihn Mephisto im ersten Teil geführt hat, hinter sich und stürzt sich in die große Politik von Macht und Wirtschaft. Er saniert einen Staatshaushalt, indem er das Papiergeld erfindet, erschafft einen Homunkulus und findet im Reich der antiken Mythologie die schöne Helena, mit der er einen Sohn zeugt. Er erwirbt ein Lehen, wird zum erfolgreichen Unternehmer und autokratischen Herrscher und stirbt schließlich hundertjährig. Seine Seele wird von Engeln Mephisto vor der Nase weggeschnappt, und das Fazit der gut zwölftausend Verse lautet: »Wer immer strebend sich bemüht, den können wir erlösen.« In seinem Essay *Phantasie über Goethe* hält Thomas Mann 1948 fest, der zweite Teil sei »wohl geehrt, ja bewundert und philologisch durchpflügt, aber wenig geliebt worden; immer galt er als ein Ausbund frostig allegorischer Geheimniskrämerei und als ein ›nationaler Besitz‹ von schrulliger Ungenießbarkeit«. Heute wird das Stück oft als visionär gelesen, weil es die Chancen und Bedrohungen aufzeige, die das Leben in der ausdifferenzierten Gesellschaft mit sich bringe.

Ab Ende des 19. Jahrhunderts wird Goethes *Faust* als unerschöpfliches Reservoir der nationalen Standortbestimmung genutzt. Der sich gegen alle Widerstände durch- und über alle Regeln hinwegsetzende Willensmensch Faust steigt auf zum idealtypischen Vertreter eines nach Weltgeltung lechzenden Deutschlands. So erkannte der Historiker Heinrich von Treitschke 1879 in Goethes *Faust* »ein symbolisches Bild der vaterländischen Geschichte« und der Publizist Herman Grimm behauptete 1876 gar: »Dadurch, daß wir Faust und Gretchen besitzen, stehen die Deutschen in der Dichtkunst aller Zeiten und Nationen an erster Stelle.« Goethes *Faust* versinnbildlicht in dieser Sicht eine Sonderstellung der deutschen Kultur und veranschaulicht im Faustischen letztlich die Überlegenheit des »deutschen Charakters«. Mit dem *Faust* im Tornister zogen die Soldaten in den Ersten Weltkrieg. Ohne Goethe, so hält es der Literaturwissenschaftler Gert Mattenklott rückblickend fest, wäre Faust nie zu »einem Zentralgestirn deutscher Mythologie« geworden: »Mit ›dem Faustischen‹ prägt er einen Gemeinplatz deutscher Ideologiegeschichte von Spengler über die Ideologen des deutschen Nationalismus und Faschismus bis zu deren marxistischen Kritikern.«

Goethes Faust gilt heute als »Symbolfigur der Neuzeit und des menschlichen Herrschaftswillens, aber auch der Dialektik des Fortschritts« (Manuel Bauer). Indem der sich von der Religion emanzipierende Universalgelehrte, der das Menschenmögliche auslotet, bei Goethe in den Mittelpunkt gerückt wird, werden grundsätzliche Fragen der Moderne adressiert: Was macht den Menschen im Kern aus? Wo liegen die Grenzen des Wissens? Welchen Preis wollen wir für den Fortschritt bezahlen? Goethes *Faust*-Dramen sind nicht nur herausragende künstlerische Leistungen, die Maßstäbe setzten, sondern führen noch immer vor Augen, was es bedeutet, ein Mensch zu sein.

Ach, die Juristerei ...
1971 fällte das Bundesverfassungsgericht ein Grundsatzurteil zur Freiheit der Kunst. Anlass war Klaus Manns *Mephisto*, eine Art Schlüsselroman über den Schauspieler Gustaf Gründgens (1899 – 1963), dessen Paraderolle der Teufel aus Goethes *Faust* war. Der Aufstieg der Romanfigur unter den Nazis wird als Pakt mit dem Teufel geschildert. Gründgens' Erbe sah in dem Roman eine Schmähschrift und klagte. Das Verfassungsgericht bestätigte ein vorinstanzliches Verbot des Romans und setzte damit der Kunstfreiheit in der BRD erstmals Grenzen.

Jacob und Wilhelm Grimm
Kinder- und Hausmärchen

ab 1812

Märchenwelt und Weltmärchen

Ob Rotkäppchen, Hänsel und Gretel oder Aschenputtel – die Geschichten um diese Figuren sind so ziemlich jedem Kind vertraut. Zusammengetragen von den Brüdern Grimm in ihrer Sammlung der *Kinder- und Hausmärchen* zu Beginn des 19. Jahrhunderts, sind sie auch heute noch allgemein bekannt und werden im Rahmen von Filmen und anderen Medien permanent aktualisiert, gelten sie doch im Inhalt als zeitlos und in der Wirkung als universal. Mit der Begründung, dass die *Kinder- und Hausmärchen* »neben der Lutherbibel das bekannteste und weltweit am meisten verbreitete Buch deutscher Sprache« sind und ihnen globale Strahlkraft zukommt, hat die UNESCO die Grimm'schen Märchen 2005 zum Weltkulturerbe erklärt.

Es ist eine Kunst, mit nur wenigen Sätzen eine ganze Welt heraufbeschwören zu können. Die Brüder Grimm waren absolute Meister darin, reichen ihnen doch lediglich drei Wörter, um sofort einen Kindheitskosmos vor Augen stehen zu lassen: »Es war einmal ...« Doch der Aufstieg ihrer Märchensammlung zu einem zentralen Bestandteil der abendländischen Kultur verlief für die Grimms alles andere als märchenhaft.

Jacob (1785–1863) und Wilhelm (1786–1859) Grimm waren die Sammler unter den deutschen Sprach- und Literaturforschern. Von der Ausbildung her eigentlich Juristen, entdeckten sie bald ihre Leidenschaft für die Volksdichtung, was durch die Bekanntschaft mit Clemens Brentano gefördert wurde, der sie für ein geplantes Nachfolgeprojekt zu der von ihm und Achim von Arnim verantworteten Sammlung von Volksliedtexten (*Des Kna-*

ben *Wunderhorn*, 1806/08) mit Recherchen beauftragte. Sie durchforsteten alle möglichen Bibliotheken nach Märchentexten, und als Brentano das Interesse an der Märchensammlung verlor, betrieben die Grimms es auf eigene Faust weiter und planten eine zweibändige Ausgabe. Sechs Jahre haben sie für ihren ersten Band nach eigener Aussage Funde zusammengetragen und vor allem »nach mündlicher Überlieferung gesammelt«, wie sie in der Einleitung zum ersten Band 1812 behaupten.

Die Grimms zeigen sich davon überzeugt, dass sich in den gesammelten Märchen überzeitliche Werte aufgehoben fänden, die quasi göttlichen Ursprungs seien: »Was so mannichfach und immer wieder von neuem erfreut, bewegt und belehrt hat, das trägt seine Notwendigkeit in sich, und ist gewiss aus jener ewigen Quelle gekommen, die alles Leben betaut.« Sie markieren deutlich, dass sie im Nachgang der Französischen Revolution und vor dem Hintergrund der napoleonischen Kriege, in Zeiten der gesellschaftlichen und politischen Umbrüche, das bewahren wollen, was ausgelöscht zu werden droht, denn vom »Reichtum deutscher Dichtung in frühen Zeiten« sei schon so vieles verschwunden, dass »nur Volkslieder, und diese unschuldigen Hausmärchen übrig geblieben sind«. Diese rückblickend-bewahrende Perspektive wird verbunden mit einem durchaus auch politisch zu verstehenden Blick nach vorn, wenn gesagt wird, dass in den Märchen »vielleicht auch der einzige Samen für die Zukunft« liege.

In der Vorrede zum zweiten Band formulieren sie 1815 eine Legende, die in verschiedener Hinsicht bemerkenswert ist. Sie hätten zufälligerweise in einem Dorf bei Kassel eine Bäuerin um die fünfzig kennengelernt, die »Viehmännin«, die ihnen einige neue Märchen und viele Nachträge zu ihnen bereits bekannten erzählt habe. Tatsächlich war Dorothea Viehmann eine von französischen Hugenotten abstammende Schneiderwitwe. Indem die Grimms auf die vermeintliche bäuerliche Herkunft verweisen, unterstreichen sie die Volkstümlichkeit des mündlich überlieferten Märchenschatzes. Unumstritten ist heute, dass Dorothea Viehmann viel von der französischen Märchentradition ihrer Ahnen in ihre Erzählungen einfließen ließ, was zeigt, in welchem Ausmaß die Grimms die Volksmärchen der Deutschen, die sie als Reservoirs eines »urdeutschen Mythus« deuteten, nicht nur tradierten, sondern überhaupt erst konstruierten. Ihre Aussage, der zufolge alles, »was aus mündlicher Überlieferung hier gesammelt worden, sowohl nach seiner Entstehung als Ausbildung [...] rein deutsch und nirgends her erborgt« sei, scheint daher vor allem die Rezeptionshaltung beeinflussen zu sollen als tatsächlich die Stoffherkunft zu beschreiben.

Wie sehr die Grimms auch jenseits der Stoffzusammenstellung selbst konkret formend eingriffen, zeigt ein Vergleich zwischen der ersten Edition von 1812/15 und der zweiten von 1819. Denn mit dem ausbleibenden Erfolg der ersten Ausgabe – der erste Band verkaufte sich noch ganz passabel, der zweite hingegen floppte – nahmen die Grimms ein anderes Publikum in den Blick. Auch wenn schon für die erste Ausgabe eine Funktion als »Erziehungsbuch« mitformuliert wurde, so war sie doch vor allem als Archivierungsprojekt geplant, das sich an künstlerisch-akademische Kreise richtete, mit zahlreichen Anmerkungen auf den Seiten operierte und auch Fragmente präsentierte. Viele Kritiker bemängelten im Hinblick auf die erste Ausgabe die ungehobelte Sprache der Märchen und empfahlen den Eltern, es von Kindern fernzuhalten. Die Grimms entschlossen sich daher, ihre Sammlung einer sprachlichen und inhaltlichen Überarbeitung zu unterziehen. Sie nahmen zahlreiche Märchen neu auf, strichen und ergänzten Passagen aus den bereits aufgenommenen und lagerten die Anmerkungen in einen eigenen Band aus. Sie schmückten die Märchen aus – viele wurden doppelt so lang wie in der ersten Ausgabe – und vermieden Obszönitäten oder Derbheiten. Demgegenüber sahen die Grimms in der Gewalttätigkeit vieler Passagen anscheinend kein Problem, ja, sie verschärften diese bisweilen noch: So werden etwa Aschenputtels Stiefschwestern erst in der zweiten Ausgabe die Augen ausgepickt, und während das Rumpelstilzchen in der ersten Ausgabe am Ende einfach zornig fortläuft und »nimmermehr« zurückkehrt, endet das Märchen in der zweiten Fassung bekanntermaßen brutal: »›Das hat dir der Teufel gesagt! das hat dir der Teufel gesagt!« schrie das Männlein und stieß mit dem rechten Fuß vor Zorn so tief in die Erde, daß es bis an den Leib hineinfuhr, dann packte es in einer Wuth den linken Fuß mit beiden Händen und riß sich mitten entzwei.« Bis zur siebten Ausgabe 1857 feilte vor allem Wilhelm Grimm immer weiter am perfekten Märchenton, nutzte beispielsweise intensiv Verkleinerungsformen (»Tischlein«, »Tellerchen«) und längst vergessene Wörter, streute Sprichwörter und stehende Wendungen ein und passte die Geschichten den Moralvorstellungen der Zeitgenossen an: Aus bösen Müttern wurden böse Stiefmütter, Rapunzel war nicht mehr schwanger und der zurückverwandelte Froschkönig wurde am Ende dem Vater vorgestellt und verschwand nicht einfach mit der Prinzessin.

Dass die zweite Ausgabe von 1819 sich dann vor allem als pädagogische Lektüre versteht, macht gleich der erste Satz der Einleitung deutlich: »Kindermärchen werden erzählt, damit in ihrem reinen und milden Lichte die ersten Gedanken und Kräfte des Herzens aufwachen und wachsen.« Gleichzeitig wird aber betont, das Märchen stehe »abseits der Welt in einem umfriedeten, ungestörten Platz, über welchen es hinaus in jene nicht weiter schaut. Darum kennt es weder Namen und Orte, noch eine bestimmte Heimat, und es ist etwas dem ganzen Vaterland Gemeinsames.« In diesem Sinne ist nun das erzieherische Projekt einer Märchensammlung ganz klar auch erkennbar als ein Mittel zur Stiftung einer nationalen Identität über die Grenzen der deutschen Kleinstaaten hinweg. Das Projekt der Märchensammlung der Grimms, die intensiven Austausch mit den federführenden Romantikern pflegten, ist dabei auch im Kontext der frühromantischen Programmatik zu sehen, die über eine Erneuerung der Kultur die Erneuerung der Gesellschaft anstrebte. Der Grimm'sche Rekurs auf Volkstümlichkeit und Volksdichtung ist vor diesem Hintergrund auch als Plädoyer für Ursprünglichkeit und Einfachheit zu verstehen, zwei Begriffe, die als Grundpfeiler eines zeitgenössischen Gegenmodells zu einer wahlweise als überkommen oder orientierungslos apostrophierten Elitenkultur gesehen wurden. Den veralteten Leitkategorien Rationalität, Regelkonformität und Nutzen setzte man »das Wunderbare« als zentralen Bestandteil eines allumfassenden Welterfassens entgegen. Ihre Sammlung von Märchen, in denen, so die Grimms, »fortdauernde deutsche Mythen« zu erkennen seien, ist vor diesem Hintergrund dem Programm nach ein romantisches Projekt der gemeinschaftsstiftenden Selbstvergewisserung und Volkserziehung. Die geteilten Geschichten sind als Sinnstiftungserzählungen für die Grimms neben der gemeinsamen Sprache das einende Band der Deutschen.

Aber auch die zweite Ausgabe entwickelte sich nicht zum erhofften Verkaufsschlager, wurde allerdings Grundlage einer ersten Übersetzung ins Englische: 1823 kam der Band *German Popular Stories* heraus, der eine illustrierte Auswahl der Grimm'schen Märchen brachte und ein riesiger Erfolg wurde. Davon angeregt legten die Grimms 1825 ihre *Kleine Ausgabe* mit fünfzig ausgewählten Märchen vor, die erstmals auch sieben Illustrationen druckte. Diese *Kleine Ausgabe* markierte zwar den Grundstein für die Durchsetzung der Märchensammlung als zentralen Bestandteil der deutschen Kultur, doch dauerte es noch bis in die 1870er Jahre, bis die *Kinder- und Hausmärchen* in fast jedem Bücherschrank zu finden waren.

Die Grimms stellten auch in anderen Projektzusammenhängen ihre Leidenschaft für das Sammeln mit identitätsstiftender Zielsetzung unter Beweis: Sie legten etwa Sammlungen deutscher Sagen vor (1816/18), und Jacob Grimm veröffentlichte unter anderem ein Buch zur deutschen Mythologie (1835) und eine *Deutsche Grammatik* (ab 1819). Ab Ende der 1830er Jahre verfolgten sie dann ihr ehrgeizigstes Vorhaben: das *Deutsche Wörterbuch*, das »von Luther bis auf Goethe den unendlichen Reichthum unserer vaterländischen Sprache, den noch niemand übersehen und ermessen hat, in sich begreifen« sollte, wie es in einer Ankündigung in der *Leipziger Allgemeinen Zeitung* am 29. August 1838 hieß. Damit war ganz klar eine politische Stoßrichtung verbunden. Besonders deutlich erkennbar war diese auch in den Worten, mit denen Jacob den ersten Germanistentag 1846 in Frankfurt eröffnete, eine Veranstaltung, zu der sich Wissenschaftler trafen, die sich mit deutschem Recht, deutscher Geschichte, Sprache oder Literatur beschäftigten, um zu diskutieren, was denn die deutsche Nation sei. »Ein Volk«, so stellte Jacob in seiner Rede klar, »ist der Inbegriff von Menschen, welche dieselbe Sprache reden.« Über ihre Grammatik- und Archivierungsprojekte wollten die Grimms also die Verwirklichung des deutschen Nationalstaats befördern. Aufgrund ihrer vielfältigen Beiträge zur historischen Literatur- und Sprachforschung gelten sie heute als »Väter« der Germanistik.

In das kulturelle Gedächtnis haben sich die Brüder Grimm aber mit ihrer Märchensammlung eingeschrieben, die ein universales Erzählmuster begründete: die »Gattung Grimm«. Es gibt wohl wenige Bücher, die das Deutschlandbild im Ausland so nachhaltig geprägt haben. In der zweiten Hälfte des 20. Jahrhunderts wurden die Märchen ideologiekritisch hinterfragt, ihre Bedeutung für die Tradierung bürgerlicher Werte diskutiert oder problematisiert, inwieweit sich in der Grausamkeit der Märchen ein typisch deutscher Wesenszug abzeichne. Die weltweite Verbreitung und andauernde Aktualisierung der *Kinder- und Hausmärchen* in den verschiedenen Medienformaten belegt, dass sie archetypische Vorstellungswelten und Konfliktsituationen spiegeln, psychologische Urängste durchspielen und weitverbreitete Kollektivphantasien vorführen. So sind die Grimms zwar gestorben, ihre Märchen leben aber noch heute.

Die Grimms als Politiker
Die Brüder Grimm haben sich immer wieder auch dezidiert politisch für ihre Ziele engagiert. Sie zählten zu den sogenannten Göttinger Sieben und unterzeichneten 1837 einen Aufruf, der gegen die Aufhebung der freiheitlichen Verfassung durch den Hannoveraner König protestierte (woraufhin sie ihre Professuren in Göttingen verloren). Im Rahmen der sehr politischen ersten Germanistentage 1846 und 1847 übernahm vor allem Jacob eine zentrale Rolle, und beide waren Mitglieder des Vorparlaments zur Vorbereitung der Frankfurter Nationalversammlung 1848. Als parteiloser Abgeordneter war Jacob Mitglied des ersten deutschen Nationalparlaments – ihm wurde aufgrund seiner Verdienste ein Ehrenplatz im Mittelgang direkt gegenüber der Rednertribüne eingeräumt.

Friedrich Arnold Brockhaus

Conversations-Lexicon oder Handwörterbuch für die gebildeten Stände

ab 1812

Auf dem Weg in die Wissensgesellschaft

Das vielbändige Lexikon aus dem Verlagshaus F. A. Brockhaus war jahrhundertelang das renommierteste Nachschlagewerk der Deutschen. Es stand nicht nur für genaue Fakten, sondern war auch Prestigeobjekt. Sein Aufstieg im 19. Jahrhundert spiegelt die Interessen und Entwicklungen der Gesellschaft und wirkte seinerseits auf gesellschaftliche Vor- und Einstellungen zurück. Ungeachtet zahlreicher Konkurrenzunternehmen konnte »der Brockhaus« seine beherrschende Position auf dem Lexikonmarkt behaupten, bis er den Anschluss ans digitale Zeitalter verpasste.

Der Buchhändler und Verleger Friedrich Arnold Brockhaus musste von seiner Weitsicht und seinem Gespür fest überzeugt gewesen sein, als er 1808 ins Lexikongeschäft einstieg. Denn das 1796 von Gotthelf Löbel begründete und von Christian Wilhelm Franke fortgesetzte *Conversations-Lexicon*, dessen Restbestände und Verlagsrechte er für eine bescheidene Summe erwarb, stand eigentlich kurz vor dem Scheitern. Brockhaus warf die Lagerbestände schnell auf den Markt und brachte die erste Auflage noch 1808 zu einem Ende. Er selbst verantwortete federführend erst die zweite, komplett umgearbeitete Ausgabe des Lexikons, die in zehn Bänden zwischen 1812 und 1819 erschien. Der ausführliche Titel dieser zweiten Auflage war Programm: *Conversations-Lexicon oder Hand-Wörterbuch für die gebildeten Stände über die in der gesellschaftlichen Unterhaltung und bei der Lectüre vorkommenden Gegenstände, Namen und Begriffe, in Beziehung auf Völker- und Menschengeschichte; Politik und Diplomatik; Mythologie und Archäologie; Erd-, Na-*

tur-, Gewerb- und Handlungs-Kunde; die schönen Künste und Wissenschaften; mit Einschluß der in die Umgangssprache eingegangenen ausländischen Wörter und mit besonderer Rücksicht auf die älteren und neuesten merkwürdigen Zeitereignisse. Damit legte Brockhaus den Grundstein für einen neuen Typus von Lexikon, der bald in aller Welt verbreitet sein sollte. Zwar hatte es umfangreiche Nachschlagewerke auch vorher schon gegeben, wie etwa das zwischen 1732 und 1754 unter dem Titel *Grosses vollständiges Universal-Lexicon* von Heinrich Zedler herausgegebene achtundsechzigbändige Monumentalwerk oder natürlich die berühmte französische *Encyclopédie* (1751–1780) von Diderot und d'Alembert. Doch diese aufklärerischen Projekte hatten den Anspruch, das komplette Wissen ihrer Zeit zu versammeln, während sich das enzyklopädisch ausgeweitete Konversationslexikon, das Brockhaus popularisierte, nicht an Gelehrte, sondern an Laien richtete und übergreifend, vereinfachend und vorsortiert nur jenes Wissen zusammentrug, das »den Gebildeten« ausmachte.

Der Titel des Brockhaus'schen Lexikons verweist gleichzeitig auf die eigentliche Aufgabe, die der Konzeption zugrunde lag, nämlich die Leser als Gesprächspartner interessant zu machen, damit sie in den zeittypischen Salons der »gebildeten Stände« reüssieren konnten. Für die bewunderte Fähigkeit, gepflegt Konversation treiben zu können, war ein entsprechendes Wissen vonnöten, das nicht zu detailliert, aber auch nicht zu oberflächlich sein durfte. Genau auf dieses Wissen war das Lexikon aus dem Hause Brockhaus abgestimmt, wobei auch die gemeinsame Lektüre einzelner Einträge als Gesprächsanlass und Möglichkeit der geselligen Nutzung des Lexikons mitgedacht war.

Damit sich der Verlag langfristig tragen und regelmäßig hohe Auflagen absetzen konnte, musste das Lexikon permanent den Bedürfnissen und Ansprüchen der jeweiligen Zeit angepasst werden, wobei es durch Auswahl der Themen und deren Präsentation seinerseits auch prägend auf die Gesellschaft wirkte. Vor diesem Hintergrund änderte sich die Konzeption des *Brockhaus* schon bald und der Fokus verschob sich: Die Geselligkeit geriet in den Hintergrund und die Bedeutung der Allgemeinbildung als Grundlage des gesellschaftlichen Erfolgs und der persönlichen Entwicklung trat in den Vordergrund. Das spiegelt sich wiederum im Titel des Brockhaus'schen Lexikons wider, das ab 1819 als *Allgemeine deutsche Real-Encyclopädie für die gebildeten Stände (Conversations-Lexicon)* firmierte und als Ziel »die Flüssigmachung und Popularisierung der wissenschaftlichen, künstlerischen und technischen Ergebnisse, nicht für die geschäftliche Praxis, sondern für die Befriedigung und Förderung der allgemeinen Bildung« ausgab, wie es am Ende der elften Auflage 1868 rückblickend hieß.

Friedrich Arnold Brockhaus war ein guter Geschäftsmann und wusste, dass Aktualität als Verkaufsargument für Neu- und Bestandskunden von überragender Bedeutung war. Gerade angesichts der zahlreichen politischen und gesellschaftlichen Umbrüche, aber auch der technischen und wissenschaftlichen Entwicklungen in der ersten Hälfte des 19. Jahrhunderts war es eine besondere Herausforderung, das dargebotene Wissen auf dem neuesten Stand zu halten. Der *Brockhaus* musste dem Anspruch einer Gesellschaft im Wandel gerecht werden, in der Wissen als Ressource immer wichtiger wurde und sich rasch weiterentwickelte. Aufgrund der rasanten Veränderungen entschloss man sich im Brockhaus-Verlag, ab 1824 eine Art Doppelstrategie zu fahren, die man in der Vorrede zur sechsten Auflage darlegte: Das eigentliche Lexikon wurde so umgebildet, dass es »als ein Gesammtmagazin des Wissenswürdigen für die gebildeten Stände der Gesellschaft,

Raubdruck als Geschäftsmodell
Brockhaus' Erfolg rief schnell Trittbrettfahrer auf den Plan. Weil das zersplitterte Deutschland kein einheitliches Urheberrecht kannte, war es dem württembergischen Verlag Macklot möglich, die dritte Auflage 1816 ohne Genehmigung oder Honorarzahlungen nachzudrucken und erfolgreich zu verkaufen. Brockhaus konnte diesen Angriff nur kontern, indem er sich für die vierte Auflage, deren Erscheinen er zeitlich vorzog, ein württembergisches Privileg sicherte und den Raubdruck öffentlichkeitswirksam als geistigen Diebstahl anprangerte. Das Publikum stellte sich auf seine Seite, und letztlich festigte die Affäre sogar Brockhaus' Marktführerschaft.

den Kern aller Lebensbildung und das Bleibende in der Masse des nöthigen Wissens so viel als möglich enthalten sollte«. Gleichzeitig gab man eine zweibändige *Neue Folge* heraus, »welche das in dem öffentlichen Leben neu sich Gestaltende und Fortbildende zu beschreiben [...] bestimmt war«. Dieses zunächst noch als Nebenwerk gedachte Vorhaben wurde schon bald zu einem eigenständigen vierbändigen *Conversations-Lexikon der neuesten Zeit und Literatur* (1832 – 34) ausgebaut und in der Folge (1848 – 56) zu einer umfassenden zwölfbändigen Darstellung erweitert – Echos der Revolutionsjahre 1830 und 1848 im Verlagsprogramm. Von 1857 bis 1891 erschien unter dem Titel *Unsere Zeit* ein *Jahrbuch zum Conversations-Lexikon*, zeitweise auch eine Monatsschrift. Doch auch wenn diese Werke ihrerseits sehr erfolgreich wurden, so blieb das Kerngeschäft doch die *Allgemeine Real-Encyclopädie*. Schon den achten Band der zweiten Auflage hatte Brockhaus 1817 in 15 000 Exemplaren drucken lassen, eine in Deutschland bis dahin ungekannte Größenordnung für ein zehnbändiges Werk. Ab der fünften Auflage (ab 1819) wurden jeweils mehr als 30 000 Exemplaren gedruckt. Wenn man bedenkt, dass der *Brockhaus* mit jeder Auflage neue Leser hinzugewann, dann kann man schon früh von einer enormen Verbreitung des Lexikons sprechen. Im Jahr 1892 erschien es bereits in vierzehnter Auflage.

Bis zu seinem Tod 1823 hatte Brockhaus selbst mit wenigen Mitarbeitern das Lexikon redigiert, doch die Wissensexpansion machte spätestens zur Mitte des 19. Jahrhunderts eine Neuorganisation der Lexikonredaktion notwendig. Der Mitarbeiterstab wuchs immer stärker und man bildete Spezialabteilungen, in denen Fachredakteure die Beiträge kompetenter externer Mitarbeiter koordinierten. Schon an der vierzehnten Ausgabe des *Brockhaus* arbeiteten fünfundzwanzig Fachredakteure und um die fünfhundert freie Mitarbeiter. Der bisweilen subjektiv gefärbte Plauderton der frühen Ausgaben war schon länger dem Paradigma der Objektivität gewichen, leitende Grundsätze waren nach Selbstaussage ausschließlich die Prinzipien der modernen Wissenschaft und einer aus dieser hervorgehenden humanen Lebensanschauung. Während die Einträge in der Regel einige Zeilen bis sehr wenige Seiten umfassten (ab 1882 dann in der typischen zweispaltigen Form gesetzt), nahmen neben den erwartbar ausführlich behandelten Themen (wie »Adel« oder »deutsche Kunst«) immer wieder auch Artikel zu jenen Phänomenen, die für das moderne Leben besonders wichtig waren, Aufsatzlänge an (etwa zu »Desinfektion« oder »Eisenbahn«).

Die Gattung Lexikon stieg zur Leitgröße des bürgerlichen Lebens auf und genoss bald überragende Autorität. Jeder Haushalt, der etwas auf sich hielt, schaffte sich einen *Brockhaus* an, sodass das Lexikon bald neben der Bibel zur Grundausstattung des bürgerlichen Bücherbestands gehörte. In diesem Sinne wurde der Besitz eines *Brockhaus* bald auch als Mittel der Distinktion und Prestigesteigerung eingesetzt. Der Verlag reagierte darauf, indem er die Ausgaben in immer hochwertigerer Ausstattung in Leder gebunden mit Goldschnitt als kostspieligen Bestandteil bürgerlicher Wohn- und Repräsentationskultur inszenierte und gleichzeitig verschiedenste Finanzierungsmodelle anbot, um den Absatz zu gewährleisten.

Ungeachtet der Konkurrenz, die den *Brockhaus* von Anfang begleitete, konnte er seine Dominanz auf dem deutschen Lexikonmarkt immer weiter ausbauen. Der Name Brockhaus stand bald als Synonym für »Lexikon«, und konsequenterweise wurde das Nachschlagewerk ab 1928 unter dem Titel *Der große Brockhaus* vermarktet. Doch mit der Weitsicht und dem Gespür, das den Lexikonvater Brockhaus ausgezeichnet hatte, waren seine Nachfolger am Ende des 20. Jahrhunderts nicht mehr gesegnet. Im Gegensatz zu anderen Lexikonunternehmen (wie etwa der *Encyclopædia Britannica*) verschlief man zunächst das digitale Geschäft, um dann erschreckt festzustellen, dass neuartige Konkurrenzprojekte wie *Wikipedia* einen längst abgehängt hatten. Die 2006 abgeschlossene einundzwanzigste Auflage sollte die letzte gedruckte Ausgabe des *Brockhaus* werden, das angekündigte Vorhaben, das Lexikon als Online-Version fortzuführen, wurde nie realisiert. Damit ist das Kapitel Brockhaus-Lexikon in der deutschen Kulturgeschichte endgültig zugeschlagen.

1815

Zacharias Werner

Der vierundzwanzigste Februar

Rettungsanker Schicksalsdrama

Mit seinem Erfolgsdrama *Der vierundzwanzigste Februar* trat Zacharias Werner eine Lawine los. Allerorten wurden in der Folge Stücke auf die Bühnen gebracht, in denen das Schicksal eine zentrale Rolle spielte. Es schien so, als suchten viele Zuschauer angesichts der sie überfordernden historischen Entwicklungen Halt im Glauben an eine alles bestimmende und in allem wirkende Kraft. Die Mode der Schicksalsdramen verweist gleichermaßen auf die Verunsicherung der Gesellschaft wie die Leistungen des Theaters.

Daran, dass Zacharias Werner (1768–1823) zu den ganz Großen seiner Zeit zählte, gab es für Madame de Staël gar keinen Zweifel. So hielt sie in ihren 1813 veröffentlichten Aufzeichnungen *Über Deutschland* im Hinblick auf die zeitgenössische Theaterlandschaft fest: »Seitdem Schiller tot ist und Goethe nicht mehr für das Theater schreibt, ist Werner unter den dramatischen Schriftstellern Deutschlands der erste.« Es war der auf Anregung Goethes geschriebene Einakter *Der vierundzwanzigste Februar*, der Werner über Nacht berühmt machte und in die erste Reihe der zeitgenössischen Literatur katapultierte. Mit diesem Stück begründete Werner die Modegattung des Schicksalsdramas, die in der ersten Hälfte des 19. Jahrhunderts die Spielpläne der deutschen Bühnen maßgeblich prägte und stets für volle Theater sorgte.

Am titelgebenden Datum des Jahres 1810 im Hoftheater Weimar erstmals öffentlich aufgeführt (und fünf Jahre später gedruckt bei Brockhaus erschienen), spielt das Stück in einer unheimlichen Nacht in den Schweizer Bergen und präsentiert eine Stunde aus dem Leben des verarmten Ehepaars Kunz und Trude. Der Zuschauer erfährt aus den Erzählungen der Figuren den Grund für das Elend: Das Paar ist verflucht. An einem 24. Februar hatte Kunz einst ein Messer nach seinem bösartigen Vater geworfen, und seither realisiert sich der Fluch des daraufhin vor Schreck an einem Herzschlag Gestorbenen an den Jahrestagen der Freveltat. An einem 24. Februar tötet der Sohn von Kunz und Trude im Spiel seine Schwester, woraufhin er vom Vater verbannt wird und verschwindet. Wenn eine Lawine die Weide zerstört, die Scheune abbrennt oder das Vieh an einer Krankheit stirbt – immer ist es an einem 24. Februar. Dass die Handlung des Stückes an einem 24. Februar spielt, lässt Böses ahnen, als es mitten in der Nacht an der Tür klopft. Es ist der verschollene Sohn, der unerkannt bei seinen Eltern für einen Nacht Unterschlupf sucht, bevor er ihnen am nächsten Tag seine Identität offenbaren und den erworbenen Reichtum mit ihnen teilen möchte. Der Vater sieht im Geldvorrat des Besuchers die Lösung aller Probleme und will ihn bestehlen. Doch der Besucher erwacht, der Vater sticht – mit jenem Messer, durch das schon sein Vater und seine Tochter umgekommen waren – zu, der Sohn gibt sich sterbend zu erkennen und vergibt seinem Vater. Ganz am Schluss des Stücks empfiehlt sich Kunz vertrauensvoll der irdischen und himmlischen Gerichtsbarkeit.

Das Publikum durchstand ein Wechselbad der Gefühle: Es war erst geschockt und dann begeistert. Doch ein solcher Erfolg war keineswegs selbstverständlich: Noch 1803 war Schiller mit seinem Drama *Die Braut von Messina* durchgefallen, mit jenem Stück, das als Vorläufer des Schicksalsdramas gelten muss. Die vehemente Ablehnung, die Schiller für sein Drama erfuhr, wies allerdings von Anfang an darauf hin, dass es hier nicht um das Stück, sondern um etwas ganz anderes ging: um konkurrierende Geschichts- und Menschenbilder nämlich. So warf man Schiller vor, mit der Wiedereinführung des Schicksals als handlungsbestimmender Macht nicht nur die Idee der menschlichen Freiheit infrage zu stellen, sondern gleich die Würde des Menschen an sich zu verneinen. Diese Lesart setzte sich schnell durch – das Stück floppte, und die Idee des sich aus eigenem

Antrieb perfektionierenden, sein Leben selbst gestaltenden Individuums schien gerettet. Nur sechs Jahre später erwies sich dann Werners Drama, in dem ein ungut waltendes Schicksal tatsächlich als den Menschen beherrschende Größe erscheint, als Kassenschlager. Was war geschehen?

Schon Zeitgenossen sahen im plötzlichen Erfolg der Schicksalsdramen das Symptom einer Welt im Wandel: Nach endlosen Kriegen hätte 1806 die Niederlage Preußens gegenüber Napoleons Truppen die Deutschen entmutigt. Die Unterzeichnung der Rheinbundakte im selben Jahr, in deren Rahmen sich sechzehn süd- und westdeutsche Fürsten mit Frankreich verbündeten, hätte eine grundlegende Irritation und Demoralisierung bewirkt. In dieser Situation hätten die Gedemütigten und Niedergeschlagenen nach Sinn gesucht – den die Schicksalsdramen lieferten.

Und es stimmt ja: Auch wenn das Geschehen bei Werner und seinen Nachfolgern mit dem Verweis auf das Schicksal letztlich nicht erklärt wird (denn es bleibt eben Schicksal), so bekommt es eben doch einen Sinn. Schicksal fungiert hier letztlich als Lagerfeuer, an das man sich angesichts unverstandenen Weltgeschehens und der Zumutungen einer sich wandelnden Gesellschaft noch flüchten kann. Die Stücke spielen zudem gekonnt auf der Klaviatur der Emotionalisierung: Die unheilvolle Atmosphäre löst beim Zuschauer Spannung aus und die grauenhaften Ereignisse lassen ihm die Haare zu Berge stehen. Er fühlt sich gut unterhalten und bekommt gleichzeitig Sicherheit geboten, denn immerhin liefern die Stücke ja eine universale Verstehenskategorie und betten sie in ein vertrautes Muster ein.

Vermutlich hängt es damit zusammen, dass die Möglichkeiten plausibler Variationen, die das Schema der Stücke zuließ, im Laufe der Zeit immer begrenzter wurden – um 1820 mehrten sich jedenfalls die kritischen Stimmen, die der Schicksalsdramen überdrüssig waren. Auch wenn sie schon Ende der 1820er Jahre nur noch wenige Theatergänger hinter dem Ofen hervorlockten und Zacharias Werner inzwischen längst vergessen ist: Für einen kurzen Zeitraum hatte die von ihm ausgelöste Mode einer Gesellschaft auf der Suche nach Sinn eine kurzweilige Atempause verschafft.

E.T.A. Hoffmann
Nachtstücke

1816

Abgründe der deutschen Romantik

Seine *Nachtstücke* mit der berühmten Erzählung *Der Sandmann* gehören zu den bekanntesten Werken der Schwarzen Romantik in Deutschland. Dem 1776 in Königsberg geborenen Ernst Theodor Wilhelm Hoffmann (der sich aus Verehrung für Mozart Amadeus nannte) trugen sie endgültig den Beinamen »Gespenster-Hoffmann« ein. Mehr als irgendein anderer deutscher Autor seiner Zeit radikalisierte er die Gefühls- und Seelenschau der Romantik. Einerseits ein Meister der Ironie, führt Hoffmann andererseits seine Protagonisten an den Rand des Wahnsinns und darüber hinaus – und gilt gerade im Ausland damit als Inbegriff des deutschen Romantikers.

Nachtstücke betitelt Robert Schumann seine vier Klavierstücke opus 23 und verneigt sich so vor E.T.A. Hoffmann (1776–1822), dessen exzentrischem Kapellmeister Johannes Kreisler er schon zuvor mit seinen *Kreisleriana* ein Denkmal gesetzt hat. Hoffmanns geheimem Künstlerbund, den *Serapionsbrüdern*, eifern auch Schumanns *Davidsbündler* nach, die er am Ende seines Klavierzyklus' *Carnaval* gegen die Philister marschieren lässt. »Philister«, das sind für die Künstler der deutschen Romantik die Fantasielosen, die, wie Hoffmann es im *Goldenen Topf* nennt, »im Kristall« festsitzen. Die Romantiker wenden sich gegen den bürgerlichen Pragmatismus und die beginnende Industrialisierung. Im »Prinzip der traumvergessenen Nützlichkeit in der bürgerlichen Welt« sieht Rüdiger Safranski einen der Gründe für das »romantische Unbehagen an der Normalität«. So lässt Eichendorff seinen *Taugenichts* 1826 gegen das bürgerliche Arbeitsethos und just in jene Natur ziehen, deren Unschuld Fabriken und Verstädterung bedrohen. Als anderen Grund nennt Hoffmann den »Verlust der Mannigfaltigkeit«. Einheit und Uniformität (für Eichendorff auch durch fortschreitende Militarisierung) treiben der Kultur die Vielfalt aus und setzen das Kalkül an die Stelle der Fantasie. Gefühle zu zeigen ist unschicklich und wird ins biedermeierliche Idyll der eigenen vier Wände verbannt.

Diese Verdrängung wie auch eine allgemeine Verunsicherung durch den allzu schnellen Wechsel der politischen Umstände (Napoleons Eroberungen, Befreiungskriege, Restauration) mögen die verbreitete Faszination am Menschlich-Abgründigen erklären, wie sie sich etwa zeigte, als 1828 in Nürnberg der rätselhafte Findling Kaspar Hauser auftaucht, anscheinend ohne Gedächtnis und von jahrelanger Gefangenschaft traumatisiert. Ganz zeitgemäß betitelt Hausers Gönner, der Appellationsgerichtspräsident Johann Paul Anselm von Feuerbach, seine 1832 erschienene Schrift *Kaspar Hauser oder Beispiel eines Verbrechens am Seelenleben eines Menschen*. In der Literatur war es Ernst Theodor Amadeus Hoffmann (auch er ein Gerichtsrat), der die Abgründe im Seelenleben der Menschen zu Papier brachte. Zu seinem Beinamen »Gespenster-Hoffmann« trugen nicht unwesentlich die *Nachtstücke* bei, acht Erzählungen, die in zwei Bänden 1816 und 1817 in Berlin erschienen.

Die erste Erzählung ist die bekannteste. *Der Sandmann* schildert das Schicksal des Studenten Nathanael, der durch ein Kindheitstrauma in den Tod getrieben wird. Als Junge wurde Nathanael vor dem Sandmann gewarnt, der Kindern nachts die Augen ausreiße und den er mit einem Bekannten seines Vaters, dem Advokaten Coppelius, identifiziert. Diesen Coppelius glaubt er Jahre später in dem Wetterglashändler Coppola wiederzuerkennen. Seine Verlobte Clara und ihr Bruder Lothar versuchen, Nathanael zur Vernunft zu bringen. Dessen Furcht vor Coppelius belastet die Beziehung zu Clara immer mehr. Als er von Coppola ein Fernrohr kauft und mit ihm Olimpia, die Tochter Professor Spalanzanis erblickt, verliebt er sich in sie; zu spät erkennt er, dass Olimpia nur ein Automat ist. Scheinbar von seinem Wahn geheilt, kehrt Nathanael zu Clara zurück. Bei einer gemeinsamen Turmbesteigung betrachtet er sie durch Coppolas Fernrohr und will Clara, die er plötzlich für eine Puppe hält, vom Turm stoßen. Von Lothar zurückgedrängt, erkennt Nathanael unten in einer Menschenmenge Coppelius und stürzt sich in den Tod. Indem Hoffmann in der Schwebe lässt, was Wahn ist und was Wirklichkeit, und die Erzählung mit starker Symbolik auflädt, lässt er »mannigfaltige« Interpretationen zu.

Mit seinen *Nachtstücken*, aber auch mit anderen Werken, namentlich den *Fantasiestücken* und den *Elixieren des Teufels* (einer schaurigen Geschichte von Doppelgängertum, Wahn, Verbrechen und Sühne), wird Hoffmann zum »Star der Frauentaschenbücher« (Safranski). Nicht wenige dürften dem Multitalent – dem exzellenten Juristen, der nicht nur Schriftsteller war, sondern auch Komponist, Kapellmeister und Zeichner – den Erfolg und die Leichtigkeit missgönnt haben, mit der er schuf. Den *Sandmann* etwa entwarf Hoffmann während einer langweiligen Sitzung im Kammergericht. Manch ein Kollege äußerte sich kritisch. Goethe sprach, spürbar einer anderen Zeit verhaftet, von den »krankhaften Werken jenes leidenden Mannes«; Heine rühmte die *Prinzessin Brambilla*, blieb aber im Übrigen ambivalent. Angesichts der Radikalität von Hoffmanns Seelenschau urteilte Eichendorff: »Sein Mangel war [...] weniger ein literarischer als ein ethischer, und es ist keineswegs zufällig, daß die ganz unmoralische sogenannte Romantik in Frankreich ihn fast ausschließlich als ihren deutschen Vorfechter anerkennt.«

Im Ausland galt Hoffmann vielen als der deutsche Romantiker schlechthin. Wichtige Einflüsse verdanken ihm etwa Ambrose Bierce und Edgar Allan Poe. Und so verwundert es auch nicht, dass Hoffmann im Ausland – in Frankreich – auf die Opernbühne gestellt wurde. Basierend auf einem Bühnenstück von Jules Barbier und Michel Carré komponierte der Deutsch-Franzose Jacques Offenbach Ende der 1870er Jahre seine »fantastische« Erfolgsoper *Hoffmanns Erzählungen*. Auf diese Weise ist E. T. A. Hoffmann bis heute auf den Opernbühnen der Welt präsent – wenn auch anders, als es sich der Komponist der Zauberoper *Undine* erträumt hat.

1819

Arthur Schopenhauer
Die Welt als Wille und Vorstellung

Die Welt, der Ort des Leidens

Arthur Schopenhauer ist sicher einer der einflussreichsten deutschen Philosophen des 19. Jahrhunderts, dessen Gedanken weit ins 20. Jahrhundert ausstrahlten. Mit seiner Kernidee, dass es ein rastlos nach Befriedigung strebender Wille sei, der den Gang der Welt bestimme, setzte er einen Kontrapunkt zum Optimismus seiner Zeit und avancierte gleichzeitig zum »Vater aller modernen Seelenkunde« (Thomas Mann). Zahlreiche Zeitgenossen sahen Schopenhauer als Vertreter eines neuen Weltbildes, das dem eigenen Erleben entsprach.

Man muss sich Arthur Schopenhauer nach allem was man weiß als misanthropischen Einzelgänger denken. Ein Mann, der täglich stundenlang einsame Spaziergänge unternahm, begleitet nur von seinem Pudel. 1788 in eine Händlerdynastie geboren, hatte Schopenhauer dem Vater zuliebe zunächst eine Kaufmannslehre aufgenommen, diese aber nach dessen Tod 1805 abgebrochen. Das beträchtliche Erbe im Rücken studierte er Philosophie und promovierte. Obwohl er sich auch habilitierte, hat es mit einer akademischen Karriere nicht geklappt, was zu einem lebenslangen Kampf Schopenhauers gegen die »Universitäts-Philosophie« führte, die er regelrecht verachtete. Bis zu seinem Tod 1860 führte er das Leben eines Privatgelehrten. Ein Außenseiter war Schopenhauer aber nicht nur biografisch, sondern auch was die Stellung seines Denkens im philosophischen Diskurs der Zeit anging. Denn mit dem damals dominierenden Idealismus eines Fichte oder Hegel, die auf die Freiheit des Ichs oder das Wirken der Vernunft in der Geschichte setzten, konnte er nichts anfangen. Das wurde spätestens deutlich, als Schopenhauer mit dreißig Jahren das Werk vorlegte, das seinen zentralen Gedanken schon im Titel trug: *Die Welt als Wille und Vorstellung*.

Gleich zu Beginn der Vorrede wagt Schopenhauer hier die große Geste, denn das, wovon seine Schrift handele, sei »ein einziger Gedanke«, allerdings derjenige, den »man unter dem Namen der Philosophie sehr lange gesucht hat, und dessen Auffindung, eben daher, von den historisch Gebildeten für so unmöglich gehalten wird«. Das war natürlich auch als selbstbewusste Ansage an die Kollegenschaft zu verstehen. Darüber, ob sich dieser eine Gedanke in einem Satz zusammenfassen lasse oder nicht vielmehr das ganze Werk in Summe diesen Gedanken vorführe, wurden in der Forschung lange Debatten geführt. Fest steht, dass Schopenhauer in seiner Schrift drei zentrale Ideen entfaltet.

Die Welt als Vorstellung: Die Welt, hier schließt er explizit an Kant an, ist immer nur im Modus der Vorstellung gegeben. Unsere Erkenntniswerkzeuge bilden Eindrücke nicht einfach ab, sondern passen sie mittels Vernunft und Verstand in ein Ordnungssystem (Raum und Zeit) ein, lassen Objekte zu Objekten werden, indem sie sie zu Vorstellungen des Subjekts machen. Die Erscheinungen der Welt haben eine bestimmte Form, weil wir sie so wahrnehmen, weil wir sie uns so vorstellen.

Die Welt als Wille: Die Welt ist zwar unsere Vorstellung, aber ihrem inneren Wesen nach noch etwas anderes. Das erfahren wir an uns selbst: Wir sind einerseits als Körper Objekte, aber gleichzeitig spüren wir am eigenen Leib, dass da noch etwas anderes wirkt. »Dem Subjekt des Erkennens«, so führt Schopenhauer aus, sei der Leib »auf zwei ganz verschiedene Weisen gegeben: einmal als Vorstellung in verständiger Anschauung, als Objekt unter Objekten, und den Gesetzen dieser unterworfen; sodann aber auch zugleich auf eine ganz andere Weise, nämlich als jenes Jedem unmittelbar Bekannte, welches das Wort *Wille* bezeichnet«. Als äußerliche Erscheinung ist der Mensch also Vorstellung, im inneren Kern aber Wille. Diesen Gedanken überträgt Schopenhauer auf alle Erscheinungen der Welt: Wir müssten davon ausgehen, dass Realität »also an sich und ihrem innersten Wesen nach Das sei, was wir in uns selbst unmittelbar als Willen finden«. Fragt man also danach, so Schopenhauer weiter, was »das innere Wesen der Welt« ausmacht, so kommt man unweigerlich zu der Einsicht, dass es »nichts Anderes seyn kann, als *Wille*, der sonach das eigentliche *Ding an sich* ist«. Dieser Wille, den Schopenhauer auch als »einen blinden Drang« und eine »finstere treibende Kraft« bezeichnet, ist als Lebenstrieb oder Drang zum Dasein zu verstehen, den der Mensch mit dem Tier teile: »Im Thiere sehen wir den Willen zum Leben gleichsam nackter, als im Menschen, wo er mit so vieler Erkenntniß überkleidet und zudem durch die Fähigkeit der Verstellung verhüllt ist, daß sein wahres Wesen fast nur zufällig und stellenweise zum Vorschein kommt.« Der Mensch erscheint hier als das sich verstellen könnende Willenswesen. Der Wille als Treibstoff des Lebens ist allerdings der Anlage nach keine positive Kraft, denn er müsse an sich selbst zehren, »weil außer ihm nichts da ist und er ein hungriger Wille ist. Daher die Jagd, die Angst und das Leiden«. Hier kommt dann die dritte zentrale Idee ins Spiel.

Die Welt als Ort des Leidens: Da der Wille immer nach etwas strebt, das er nicht hat, ist Unbefriedigtsein vorprogrammiert. Die Diskrepanz zwischen grenzenlosem Wollen und begrenzter Erfüllung markiert für Schopenhauer die Ursache allen Leidens, mithin sei die Welt »in stetem Leiden begriffen und ohne bleibendes Glück«: »Denn alles Streben entspringt aus Mangel, aus Unzufriedenheit mit seinem Zustande, ist also Leiden, so lange es nicht befriedigt ist; keine Befriedigung aber ist dauernd, vielmehr ist sie stets nur der Anfangspunkt eines neuen Strebens. Das Streben sehen wir überall vielfach gehemmt, überall kämpfend; so lange also immer als Leiden: kein letztes Ziel des Strebens, also kein Maaß und Ziel des Leidens.« Einen Ausweg bietet für Schopenhauer, der von östlicher Philosophie beeinflusst war, nur die »Verneinung des Willens«, die Askese, »das Verneinen und Aufgeben alles Wollens und eben dadurch die Erlösung von einer Welt, deren ganzes Daseyn sich uns als Leiden darstellte«. Und er beendet sein Werk mit einem für einen Philosophen damals unerhörten Gedanken: »Wir bekennen es vielmehr frei: was nach gänzlicher Aufhebung des Willens übrig bleibt, ist für alle Die, welche noch des Willens voll sind, allerdings Nichts. Aber auch umgekehrt ist Denen, in welchen der Wille sich gewendet und verneint hat, diese unsere so sehr reale Welt mit allen ihren Sonnen und Milchstraßen – Nichts.« Für Schopenhauer ist die ganze Schöpfung als Leidenswelt so grundsätzlich missglückt, dass der einzige Ausweg nur in der totalen Verneinung, im Nichts, zu finden ist – das war ein radikaler Schluss. Unmissverständlich verabschiedet er damit die Idee der perfekten Schöpfung und des alles lenkenden Schöpfers, mit der er sowieso nicht viel anfangen kann. Wenn ein Gott diese Welt gemacht habe, so notiert er in seinem Reisetagebuch, dann wolle er dieser Gott nicht sein, denn der Jammer der Welt würde ihm das Herz zerreißen. Mit seiner Schrift negiert Schopenhauer zwar keineswegs die Vernunft, diese ist ja Voraussetzung für die Idee von der »Welt als Vorstellung«, aber er markiert ihre Grenzen: den Willen. Denn dieser treibe als eigentliche Urkraft das Leben an. Damit akzentuiert Schopenhauer ein gänzlich anderes Menschenbild, das er der Idee von der Beherrschbarkeit der Welt entgegensetzt.

Schon bald nach der Veröffentlichung zog Schopenhauer die Publikation einer überarbeiteten Ausgabe in Erwägung, aber sein Verleger hatte aufgrund der mangelnden Nachfrage kein Interesse daran. Erst 1844 kam dann eine überarbeitete und um einen zweiten Band erweiterte Auflage heraus, 1859 eine abermals ergänzte dritte. Zu diesem Zeitpunkt hatte die Schopenhauer-Rezeption im Nachgang der Publikation seiner *Kleinen philosophischen Schriften* (1851) nachhaltig eingesetzt. Zwischen 1870 und 1920 zählte er schließlich zu den meistgelesenen deutschen Denkern, dessen Schriften zahlreiche nachfolgende Philosophen und Künstler beeinflusst haben. Wagner sprach etwa angesichts von *Die Welt als Wille und Vorstellung* von einem »Himmelsgeschenk« und notierte am 16. September 1854 in einem Brief an Franz Liszt über seine Lektüre: »Sein Hauptgedanke, die endliche Verneinung des Willens zum Leben, ist von furchtbarem Ernste, aber einzig erlösend.« Nietzsche widmete 1874 seine Schrift *Schopenhauer als Erzieher* der Bedeutung des Vorbilds für das eigene Denken: Schopenhauer habe sich von den Traditionen seiner Zeit emanzipiert, sei so zu geistiger Autonomie gelangt und habe es geschafft, »*einfach* und *ehrlich*, im Denken und Leben, also unzeitgemäß zu sein«. In ihm wusste Nietzsche »jenen Erzieher und Philosophen gefunden zu haben, den ich so lange suchte«.

Sigmund Freud, der die »weitgehenden Übereinstimmungen der Psychoanalyse mit der Philosophie Schopenhauers« selbst eingestehen musste, versuchte sich damit zu verteidigen, dass er »Schopenhauer sehr spät im Leben gelesen« habe. Thomas Mann, der deutlich von der Philosophie Schopenhauers beeinflusst war, lobte an dessen Hauptwerk, es sei »von solcher kosmischer Geschlossenheit und einschließender Gedankenkraft, daß man eine sonderbare Erfahrung damit macht: Hat es einen längere Zeit beschäftigt, so kommt einem alles andere – aber auch alles –, was man zwischendurch oder gleich danach liest, fremd, unbelehrt, unrichtig, willkürlich vor«.

Den Anfang der Verehrung seines Werks hat Schopenhauer noch miterlebt – und er hat darauf in ganz eigener Weise reagiert: Als Wagner ihm die Textfassung des *Ring des Nibelungen* mit der Widmung »aus Verehrung und Dankbarkeit« übersendet, lässt Schopenhauer diesem über einen Bekannten lediglich ausrichten, doch, zum Dichten habe der Herr Wagner durchaus Talent, aber das mit dem Komponieren solle er besser bleiben lassen. Nein, ein sonderlich umgänglicher Mensch ist Schopenhauer wohl wirklich nicht gewesen.

Lebenstipps eines Pessimisten
Besonders populär wurden Schopenhauers *Aphorismen zur Lebensweisheit*. Hier nimmt er als distanzierter Beobachter durchaus bösartig, pointiert und unterhaltsam das menschliche Wesen und Miteinander aufs Korn. Dabei scheint stets seine Weltsicht durch, wenn er etwa schreibt, »Die Freunde nennen sich aufrichtig; die Feinde sind es«, und mit vielem spricht er Lesern vermutlich noch heute aus der Seele, beispielsweise mit der Feststellung: »Überhaupt ist es geratener seinen Verstand durch das, was man verschweigt, an den Tag zu legen, als durch das was man sagt. Ersteres ist Sache der Klugheit, letzteres der Eitelkeit.«

Monumenta Germaniae Historica

Ein geschichtsphilologisches Mammutprojekt

ab 1826

Anfangs gar nicht so »monumental« geplant, sind die *Monumenta Germaniae Historica*, die »historischen Denkmäler Deutschlands«, zu einem die Jahrhunderte überspannenden Editionswerk mittelalterlicher Quellen geworden, an dem bis heute ununterbrochen gearbeitet wird. Es hat die deutsche Mediävistik nachhaltig geprägt, nicht nur als Quellensammlung. Ungeachtet aller Wandlungen des Selbstverständnisses der Geschichtswissenschaft sind die *Monumenta* jenem philologischen Ideal treu geblieben, mit dem der Historismus des 19. Jahrhunderts dazu aufforderte zu zeigen, »wie es eigentlich gewesen« ist.

Am Anfang stand der Freiherr vom Stein. Den ehedem mächtigen preußischen Reformminister hatten nach dem Ende der napoleonischen Kriege die restaurativen Kräfte aufs politische Abstellgleis geschoben. Stets auf der Suche nach neuen Projekten lud er am 20. Januar 1819 zur Gründung einer »Gesellschaft für ältere deutsche Geschichtskunde« in seine Frankfurter Wohnung. Ziel war die Sammlung mittelalterlicher deutscher Quellen, um »zur Erhaltung der Liebe zum gemeinsamen Vaterland und Gedächtnis unserer großen Vorfahren beizutragen«. Das Vorhaben passte in die Zeit, die in romantischer Verklärung des Mittelalters nach den Wurzeln eines Deutschland suchte, das in der politischen Realität von vaterländischer Einheit noch weit entfernt war. Mit ihren Märchen- und Sagensammlungen oder mit der Sammlung von sogenannten Weistümern, alten lokalen Rechtsquellen, verfolgten die Brüder Grimm dasselbe Ziel.

Das *Monumenta*-Projekt war zunächst – dem reichlich klotzigen Titel zum Trotz – nicht übermäßig ambitioniert. Einige Gelehrte sollten über ein paar Jahre hinweg verstreute Texte sammeln, als Grundlage für eine vaterländische Geschichtsdarstellung. Heute, zweihundert Jahre und nahezu fünfhundert Bände später, ist die Sammlung noch immer nicht abgeschlossen. Dass das Projekt jeden Rahmen sprengen sollte, lag vor allem an Georg Heinrich Pertz (1795-1876), der 1823 die Leitung der Monumenta übernahm. Er trieb die Verwissenschaftlichung der Sammlung im Geiste des Historismus voran, jener neuen Schule der Geschichtswissenschaft, als deren Leitfigur Leopold von Ranke (1795-1886) gilt. Sie wandte sich von der Tradition der philosophischen Geschichtsschreibung ab, um zu zeigen, »wie es eigentlich gewesen« ist (Ranke). Dieses Streben nach größtmöglicher Objektivität setzte voraus, seine Quellen offenzulegen und im Fachdiskurs der Kritik zu stellen. Dazu dienten neben neu etablierten Fachzeitschriften und Historikertagen vor allem gründliche – und möglichst umfassende – Quelleneditionen.

Diesem Anliegen verpflichtet, wurden die Monumenta nach und nach auf fünf Abteilungen erweitert: »Scriptores« (erzählende Quellen), »Leges« (Rechtsquellen), »Diplomata« (Urkunden), »Epistolae« (Briefe) und »Antiquitates« (Vermischtes wie Gedichte oder Nekrologe). Durch den immensen Arbeitseinsatz von über zweihundert Mitarbeitern allein in den ersten hundert Jahren wuchs die Sammlung stetig an. Die große Zahl der Mitarbeiter täuscht allerdings, weil viele nur kurz für die Monumenta Frondienst leisteten. Die Bezahlung war schlecht, jedoch galt die Mitarbeit als Ehre und erwies sich als Sprungbrett für die Universitätskarriere. Die meisten Inhaber der im 19. Jahrhundert neu errichteten Lehrstühle für mittelalterliche Geschichte hatten ihre Gesellenzeit bei den Monumenta absolviert, die so – obwohl selbst bis 1935 als privater Verein organisiert – die deutsche Mediävistik nachhaltig prägten.

Kehrseite des Dokumentationsdrangs war eine bienenfleißige Sammeltätigkeit, die zum Selbstzweck zu werden drohte und sich in immer feinerer Spezialisierung verlor. Der Suche nach Objektivität setzten Historiker wie Johann Gustav Droysen eine erzieherische Aufgabe der Geschichtswissenschaft entgegen. Diese erfordere, das Material nicht nur zu sichten, sondern auch zu verstehen – und das heißt zu interpretieren. In diesem Punkt war er mit Jacob Burckhardt einig, der fragte, wie viele eingesehen hätten, »daß eine Zusammenstellung lauter wahrer, gut erforschter Thatsachen doch immer noch keine Wahrheit, d. h. keinen wirklichen geschichtlichen Eindruck ausmacht«. Noch 1921 bemerkte Paul Kehr, von 1919 bis 1935 immerhin selbst Präsident der Monumenta, als Gutachter in einem Berufungsverfahren, der Kandidat stünde in der »Monumenta-Tradition«, womit zugleich gesagt sei, »daß er kein synthetischer Kopf ist, kein Denker, kein Mann von Horizont. Also der geborene Professor an einer mittleren Universität«.

Die Monumenta dachte Pertz von Anfang an monumental, was sich auch daran zeigt, dass er seinen Sohn dem Freiherrn von Stein bereits mit der Geburtsanzeige 1828 als Nachfolger anpries. Derart dynastisch ging es nicht weiter. Wohl aber folgte Pertz mit Georg Waitz (1813–1886) ein Schüler nach, der in dessen Sinne die Monumenta weiterprägte, für die fortan die Akademien der Wissenschaft in Berlin, Wien und München verantwortlich zeichneten. Während des Nationalsozialismus in ein »Reichsinstitut für ältere deutsche Geschichtskunde« verwandelt, wurden die Monumenta nach dem Zweiten Weltkrieg von Berlin nach München verlegt und in eine Körperschaft des öffentlichen Rechts umgewandelt.

Solchen Wandlungen trotzend sind die Monumenta Germaniae Historica den philologischen Grundsätzen ihrer Anfangszeit stets treu geblieben. Ermöglicht wurde dies auch dadurch, dass begleitende Schriftenreihen heute Raum für stärker interpretierende Annäherung bieten. Technologisch ist die Sammlung längst in der Gegenwart angekommen: Auf der Seite der digitalen Monumenta (dMGH) finden sich inzwischen sämtliche Quelleneditionen. Eigentümlich anachronistisch mutet indes der Wahlspruch an, der bis heute unverändert lautet: »Sanctus amor patriae dat animum« – »Die heilige Liebe zum Vaterland stiftet den Geist«.

ab 1830

Auguste Comte
Die positive Philosophie

Das Wissenschaftsverständnis der Moderne

Auguste Comte hat den Grundstein für die moderne Wissenschaftsphilosophie gelegt und ist der Begründer der Soziologie. Er entwickelte ein Denksystem, das, der Rationalität verpflichtet, die Zusammenhänge zwischen »positiven«, das heißt tatsächlichen Erscheinungen des Lebens erklären soll. Als Leitspruch seines Positivismus gilt: »Liebe als Grundsatz, Ordnung als Grundlage, Fortschritt als Ziel.« Noch heute ziert das daraus abgeleitete Motto »Ordnung und Fortschritt« die Flagge Brasiliens.

Die Jugend von Auguste Comte (1789–1857) war nachhaltig von den politischen Verwerfungen der Zeit geprägt. Ab 1814 besuchte er die Pariser École Polytechnique, eine naturwissenschaftlich-technisch ausgerichtete Kaderschmiede, die unter Napoleon zu einer Militärakademie für die Ausbildung der Offizierselite geworden war. Als ihr Betrieb wegen Napoleontreue im Zuge der Restauration 1816 vorübergehend eingestellt wurde, stand der junge Comte ohne Abschluss da. Auch wenn er diese Tatsache zeitlebens als Hindernis auf seinem Berufsweg wertete, erwarb Comte an der École Polytechnique das Fundament seines Denkens, denn hier wurde ein Weltbild vermittelt, in dem mathematisch-naturwissenschaftliches Wissen die Leitwährung war. Die Idee einer wissenschaftlichen Analyse sozialer Phänomene dürfte ihm hier ebenso zum ersten Mal begegnet sein wie das Konzept einer fachübergreifenden Philosophie der Wissenschaften. Comte nahm diese Strömungen, die im Wissenschaftsdiskurs seiner Zeit zirkulierten, auf, bündelte sie und entwickelte daraus seine umfassende Theorie, die er ab 1830 in seinem sechsbändigen Hauptwerk darlegte.

Ausgangspunkt von Comtes Überlegungen ist vor dem Hintergrund der Erfahrung der Französischen Revolution und ihrer Nachwirkungen die Suche nach einer Erklärung für gesellschaftlichen Wandel, für das Entstehen und Verschwinden bestimmter gesellschaftlicher Strukturen und Institutionen. Eine solche Erklärung kann er weder in der zeitgenössischen Philosophie finden, die den Menschen als Vernunftwesen überhöht, noch in einem Zugriff, der den Menschen auf biologische Universalien reduziert. Es braucht einen eigenständigen, neuen Erklärungsansatz: einen soziologischen. Comte macht ein »fundamentales« Gesetz aus, demzufolge das menschliche Denken, aber auch die Gesellschaft als solche drei Stadien durchlaufe: das theologische, das metaphysische und das wissenschaftliche (auch: positive). Im ersten Stadium denke der Mensch »die Erscheinungen als directe oder indirecte Producte mehr oder weniger zahlreicher übernatürlicher Mächte«. Im zweiten träten abstrakte, allgemeine Kräfte (z. B. Vernunft) an die Stelle der übernatürlichen Mächte, »welche den verschiedenen Lebewesen eigen und als fähig gedacht sind, alle beobachteten Erscheinungen aus sich selbst zu erzeugen«. Im dritten Stadium endlich konzentriere sich der Mensch angesichts der Unmöglichkeit absoluter Erkenntnis darauf, »durch gut combinirten Gebrauch der Urtheile und Beobachtungen« eine »Erklärung der Thatsachen« zu liefern. Diese Erklärung sei »auf ihre realen Gränzen beschränkt«, weil sie »nur noch die festgestellte Verbindung zwischen den verschiedenen Einzelerscheinungen und einigen allgemeinen Thatsachen, deren Zahl mehr und mehr zu mindern die Wissenschaft bestrebt ist«, liefere. Hier gibt es dann nur noch Beobachtungen und daraus abgeleitete Gesetze, man beschränkt sich auf Tatsächlichkeiten. Dieses positivistische Vorgehen lehnt alles Spekulative ab: »Alles, was in irgendeiner Wissenschaft einfach muthmaasslich ist, ist nur mehr oder weniger wahrscheinlich; und das bildet nicht ihr wesentliches Gebiet; alles, was positiv, d. h. auf gut festgestellten Thatsachen gegründet ist, ist gewiss.« Comte macht eine Rangfolge innerhalb der positiven Wissenschaften aus und setzt die »soziale Physik«, die sich mit den menschlichen Interaktionen befasst, an die Spitze, denn sie betrachte die »eigenthümlichsten, compliciertesten, concretesten« Erscheinungen. Die »soziale Physik«, für die Comte den Begriff »Soziologie« einführt, ist für ihn letztlich die Königsdisziplin.

Die drei beschriebenen Entwicklungsstadien korreliert Comte mit bestimmten Stufen der Entwicklung der Gesellschaft und ihrer Organisationsformen: (1) Monarchie (mit dem Rekurs auf göttlichen Willen begründet), (2) eine Gesellschaft im Übergang, in der sich naturrechtliche Vorstellungen herausbilden, (3) eine rational organisierte Gesellschaft, die das Leben der Menschen auf positivistischer Grundlage stetig verbessern will. In diesem Sinne versöhnt Comtes Ansatz Ordnung und Fortschritt, zwei Prinzipien, die bis dahin als gegenläufig gesehen wurden, weil »Ordnung« für das absolutistische und »Fortschritt« für das revolutionäre Modell stand. Bei Comte hingegen sind Ordnung und Fortschritt zwei Seiten einer Medaille, der Positivismus ist für ihn gleichermaßen eine Methode, die auf Beobachtung und Experiment beruht, und gleichzeitig eine Art Weltanschauung. Nur eine auf Positivismus gegründete Gesellschaft sei in der Lage, auf die stetigen Herausforderungen der Moderne dynamisch zu reagieren und ihren Mitgliedern dabei die notwendige Sicherheit zu geben.

Auch wenn sich Comtes Konzept einer »sozialen Physik«, die ähnlich wie eine Naturwissenschaft auf wenige Gesetze zurückzuführen sein sollte, nicht durchsetzte, so etablierten sich die Soziologie als Wissenschaft und der Positivismus als Leitparadigma. Ab der zweiten Hälfte des 19. Jahrhunderts prägte er Natur-, Sozial-, aber auch die Geisteswissenschaften. Einem einseitigen positivistischen Ansatz folgend rückte hier aber nicht nur etwa die Quellenforschung ins Zentrum, sondern meinte man auch Wesen und Werk großer Persönlichkeiten aus deren Leben ableiten zu können, was zu einem regelrechten Biografismus führte. Die Formel vom »Ererbten, Erlernten, Erlebten« (Wilhelm Scherer) beeinflusste schließlich auch literarische Strömungen wie den Realismus und Naturalismus nachhaltig.

Carl von Clausewitz

1832

Vom Kriege

Das Militär im Dienst der Politik

Carl von Clausewitz' Hauptwerk *Vom Kriege* ist ein Klassiker der Militärtheorie – selbst Marx, Engels und Mao ließen sich von ihm leiten. Mit der Forderung, Krieg nicht als Selbstzweck anzusehen, sondern der Politik unterzuordnen, hat er einem modernen Verständnis von der Funktion der Streitkräfte den Weg gewiesen. Auch seiner Einsicht wegen, dass im Krieg Entscheidungen auf Grundlage lückenhafter Kenntnisse getroffen werden, wird er noch heute an Militärakademien weltweit gelehrt. Zumindest für die Bundeswehr aber ist neben die technische Seite der Kriegführung, die für Clausewitz noch im Zentrum stand, die Idee des »verantwortlichen Gehorsams« getreten.

Der preußische Militärtheoretiker Carl von Clausewitz wird heute vor allem mit einem Satz in Verbindung gebracht: »Der Krieg ist eine bloße Fortsetzung der Politik mit anderen Mitteln.« Er findet sich im ersten Kapitel seines Hauptwerks, *Vom Kriege*, das ein Jahr nach seinem Tod erschien. Als Clausewitz es verfasste, war er Direktor der Allgemeinen Kriegsschule in Berlin, wohin er 1818 berufen worden war. Zeit hatte er genug, da ihm nicht erlaubt war zu unterrichten – zu sehr misstrauten die Kräfte der Restauration dem Eleven des früheren Reformministers Gerhard von Scharnhorst. Der 1780 geborene Clausewitz, der als Kindersoldat am Krieg gegen Frankreichs Revolutionsarmee teilgenommen hatte, war 1801 an der Kriegsschule unter Scharnhorsts Einfluss geraten, der ihm Förderer und Mentor wurde. »Sie waren sein Johannes, ich nur sein Petrus«, schrieb August Neidhardt von Gneisenau 1823 nach Scharnhorsts Tod an Clausewitz.

Natürlich entsprachen Clausewitz' Überzeugungen denen seiner Zeit. Zwar hatte er selbst gegen Napoleon gekämpft, bei Jena und Auerstedt, in Russland und bei Waterloo, er kannte also die Schrecken dieser ersten Massenkriege der Neuzeit. Als preußischer Offizier aber stellte er den Krieg nicht infrage und widmete sich vorrangig strategischen Studien. Wer sich *Vom Kriege* also mit dem Wissen um die mörderischen Vernichtungskriege des 20. Jahrhunderts nähert, wird dem Verfasser nicht gerecht. Das Material für seine Studien liefern Clausewitz vor allem die Schlachten Friedrichs des Großen und Napoleons. Welchen Wert seine Lehren zur Strategie im 21. Jahrhundert haben, ist strittig; immerhin werden sie noch heute weltweit an den Militärakademien unterrichtet. Die Zeiten überdauert haben vor allem die ersten beiden Bücher seines Hauptwerks, in denen er seine Überlegungen zu Natur und Wesen des Krieges entwickelt.

Diese lassen sich am besten an einem Negativbeispiel verdeutlichen: am Verhalten des deutschen Generalstabs im Ersten Weltkrieg. Für diesen endete mit dem Beginn des Krieges die Zeit der Politik; ein Ende des Kampfes war nur durch Sieg über die Gegner denkbar (»Sieg-Frieden«). Dass die Generäle damit den Krieg zum Selbstzweck machten, kritisierte damals öffentlich der Historiker Hans Delbrück (1848–1929). Er begriff sich als Erbe und Fortdenker Clausewitz', dem er in seiner *Geschichte der Kriegskunst* (1900–1920) ein Denkmal setzte. Für Clausewitz ist und bleibt der Krieg Instrument der Politik, nie tritt er an deren Stelle. Eine kluge Politik wird Krieg nie voreilig beginnen, noch sinnlos fortsetzen: »Sobald [...] der Kraftaufwand so groß wird, dass der Wert des politischen Zwecks ihm nicht mehr das Gleichgewicht halten kann: So muss dieser aufgegeben werden und der Friede die Folge davon sein.« Das Zitat belegt, dass Clausewitz kein Kriegstreiber war – und erst recht kein Apologet des »totalen Krieges«. Erich Ludendorff, der dieses Konzept 1935 entwickelte, distanzierte sich ausdrücklich von Clausewitz.

Der zweite bleibende Ertrag der Schrift ist die Einsicht in die Unwägbarkeiten des Krieges. Clausewitz kritisiert die »Systemmacher« mit ihren abstrakten Lehren, die an der Wirklichkeit scheitern müssen. Noch die besten Pläne werden durch »Friktionen«, »durch den Einfluß unzähliger kleiner Umstände, die auf dem Papier nie gehörig in Betrachtung kommen können«, durchkreuzt. Hinzu kommt: »Der Krieg ist das Gebiet der Ungewißheit; drei Vierteile derjenigen Dinge, worauf das Handeln im Kriege gebaut wird, liegen im Nebel einer mehr oder weniger großen Ungewißheit.« Der militärische »Genius« braucht daher zwei Eigenschaften: »Verstand, der auch in dieser gesteigerten Dunkelheit nicht ohne einige Spuren des inneren Lichts ist, die ihn zur Wahrheit führen, und dann Mut, diesem schwachen Lichte zu folgen. Der erstere ist bildlich mit dem französischen Ausdruck *coup d'œil* bezeichnet worden, der andere ist die *Entschlossenheit*.« In großen Feldherren entdeckt Clausewitz eine künstlerische Begabung.

So modern Clausewitz' Definition des Krieges als eines Instruments der Politik zu seiner Zeit (und darüber hinaus) war, so ambivalent sind ihre Folgen. Auf der einen Seite ermöglicht das Primat des Politischen die Bändigung des Krieges, auf der anderen Seite jedoch wird Verantwortung auf die Politik ausgelagert. Das Amt des Offiziers ist bloß Strategie und Kriegshandwerk. Dass humanitäre Erwägungen in Clausewitz' Schrift keine Rolle spielen, darf man ihm nicht zum Vorwurf machen - erst dreißig Jahre nach seinem Tod würde die Rotkreuz-Bewegung die Forderung nach einer Humanisierung prominent erheben. Zumindest aber zwei Weltkriege, in denen deutsche Soldaten Schuld auf sich luden, haben verdeutlicht, warum ethische, politische und rechtliche Verantwortung nicht allein bei der Politik liegen darf. Für die Bundeswehr ist es seitdem das Konzept der »Inneren Führung«, das die Soldatinnen und Soldaten als Bürger in Uniform in den »verantwortlichen Gehorsam« nimmt. Vermutlich würde Clausewitz - lebte er heute - hiergegen gar nicht protestieren. Denn in seinem »ganzheitlichen, Politik, Gesellschaft, Geschichte und Ethik integrierenden Ansatz« stimmte der geistige Vater der »Inneren Führung«, Wolf Graf Baudissin, mit Carl von Clausewitz überein.

ab 1834

Karl von Rotteck und Carl Theodor Welcker

Staats-Lexikon

Liberale Aufklärung im Vormärz

Mit ihrem fünfzehnbändigen *Staats-Lexikon* verbreiten die Juraprofessoren Karl von Rotteck und Carl Theodor Welcker die Ideen von Freiheit, Verfassung, Rechtsstaat und Volksrepräsentation in den gebildeten Ständen. Das Werk betreibt Aufklärung in schwieriger Zeit und hat selbst mit der Zensur zu kämpfen. In Preußen und Österreich ist es verboten, gedruckt wird es im dänischen Ausland. Trotz dieser Widerstände erlebt die »Bibel des Frühliberalismus« drei Auflagen und findet großen Anklang bei einem Bürgertum, das zunehmend Rechte einfordert und mitbestimmen will.

»F*reiheit!* Schmeichelndes, doch vieldeutiges Wort, gehaßt von den Tyrannen und Despoten, den Knechten unverständlich, von Thoren vielfach mißverstanden, von Fanatikern schrecklich mißbraucht, und dennoch die Losung aller Guten; ein begeisternder, die herrlichsten Großthaten erzeugender Zauberton, ein Haupttriebrad der Weltgeschichte, ein fortwährend von allen Denkenden und menschlich Fühlenden erstrebtes, doch schwer zu erreichendes und noch schwerer zu behauptendes Ziel.« So beginnt der von Karl von Rotteck verfasste Eintrag zum Stichwort »Freiheit« in dem von ihm gemeinsam mit Carl Theodor Welcker herausgegebenen *Staats-Lexikon. Encyklopädie der sämmtlichen Staatswissenschaften für alle Stände*. Mit dem nüchtern-sachlichen Tonfall heutiger Lexika hat ein solches Freiheitspathos wenig gemein.

Allerdings: Die Geschichte der Enzyklopädie ist auch eine Geschichte der politischen Erziehung. Schon der spanische Humanist Juan Luis Vives, dessen *De disciplinis* von 1531 Vorläufer moderner Enzyklopädien ist, setzte Naturbeobachtung an die Stelle der Weitergabe tradierter Dogmen. Durch Einsatz von Druckspalten und Fußnoten kommentierte der Frühaufklärer Pierre Bayle 1696/97 in seinem *Dictionnaire historique et critique* kritisch die Lehren seiner Zeit. Vor allem aber die monumentale *Enzyklopädie (Encyclopédie ou Dictionnaire raisonné des sciences, des arts et des métiers)*, die Denis Diderot und Jean-Baptiste le Rond d'Alembert zwischen 1751 und 1780 herausgaben, war nicht nur eine umfassende Zusammenstellung des zeitgenössischen Wissensbestandes, sondern auch ein Projekt der politischen Aufklärung, das Freiheit und Vernunftgebrauch lehrte und gegen die Religion antrat. Das Wort Enzyklopädie beinhaltet eben beides: *enkyklikos*, das Umfassende, und *paideia*, die Erziehung.

Im Geist der politischen Erziehung trat auch das *Staats-Lexikon* an, das seinem Titel getreu das staatsbürgerlich relevante Wissen der Zeit aufbereiten wollte. Das Projekt hatte der Ökonom Friedrich List (1789–1846) initiiert, der aber schon bald aus dem Herausgeberkreis verdrängt worden war – wegen Differenzen mit dem hitzköpfigen Welcker und weil ihm ein weniger »parteiliches« Werk vorschwebte. Karl von Rotteck (1775–1840) und Carl Theodor Welcker (1790–1869) waren beide Juraprofessoren an der Universität Freiburg und Mitglieder der liberalen Opposition in der Badischen Ständeversammlung. Die Mitherausgeberschaft der Zeitschrift *Der Freisinnige*, die im Dauerstreit mit der Zensur lag, und dass beide 1832 wegen ihres politischen Engagements vorzeitig in den Ruhestand versetzt wurden, hatte sie zusammengeschweißt. Bei allen Differenzen (etwa über die Judenemanzipation, die Rotteck ablehnte) strebten sie vereint mit ihrer Enzyklopädie die »möglichste Verbreitung oder Allgemeinmachung gesunder politischer Ansichten und Richtungen unter allen Classen der Gesellschaft« an, wobei ihre Adressaten vor allem (künftige) »active Bürger eines constitutionellen Staates oder überhaupt [...] mündige [...] Bürger eines Rechtsstaates« waren.

Das *Staats-Lexikon* erschien in schwieriger Zeit unter Ausnutzung aller Freiräume, die sich im repressiven politischen Klima der Ära Metternich boten. Auf Initiative des mächtigen österreichischen Kanzlers hatten die Staaten des Deutschen Bundes 1819 die Karlsbader Beschlüsse angenommen, die Universitäten und Presse unter staatliche Aufsicht stellten; Burschenschaften und Turnverbände wurden als Hort politischen Aufruhrs verboten. Während die restaurativen Kräfte vor allem in Österreich und Preußen hart durchgriffen, war die Obrigkeit im Großherzogtum Baden, das seit 1818 eine konstitutionelle Monarchie mit fortschrittlicher Verfassung war, vergleichsweise liberal. Auch in Sachsen, wo der Verleger des *Staats-Lexikons* saß, war das politische Klima ein wenig milder. Trotzdem erschien das Werk sicherheitshalber im dänischen Altona.

Ursprünglich auf drei Bände angelegt, wuchs das *Staats-Lexikon* mit seinen umfangreichen Beiträgen auf insgesamt fünfzehn Bände an. Zwei Drittel des Textes stammen aus der Feder der Herausgeber, vor allem Welckers (der in Finanznot steckte und das Zeilenhonorar benötigte). Die anderen Autoren waren bekannte Publizisten aus deren liberalem Netzwerk. Als »Grundbuch des vormärzlichen Liberalismus« hat der Historiker Franz Schnabel das *Staats-Lexikon* bezeichnet, das »die konstitutionellen Lehrsätze zum Besitztum der gebildeten Stände gemacht« habe. In Preußen und Österreich verboten, entwickelte sich das Werk zu einem Bestseller. Seine späteren Auflagen nach Rottecks Tod wurden von Welcker betreut, der 1848/49 als Mitglied des Verfassungsausschusses der Frankfurter Nationalversammlung auch an der Paulskirchenverfassung mitwirkte.

Dass Lexika sich zur politischen Schulung eignen, belegen übrigens nicht nur Rotteck und Welcker. Im populären DDR-Kinderlexikon *Von Anton bis Zylinder* findet sich kein Eintrag zu »Freiheit«. Wohl aber zum »Sozialismus«, in dem »das Streben der Menschen darauf gerichtet [ist], den gesellschaftlichen Reichtum zu mehren« und der »eine gerechte Gesellschaftordnung« ist. Und über die Revolution von 1848/49 las das wissbegierige Kind, trefflich perspektiviert, dass sie, für die »Arbeiter und Handwerksgesellen [...] am entschiedensten« kämpften, scheiterte, »weil sich das Bürgertum mit den Fürsten verbündete«.

Karl Baedeker

1839

Rheinreise

Wegbereiter eines neuen Tourismus

Wilhelm II. soll einmal mitten in einer wichtigen Besprechung Schlag zwölf vom Tisch aufgestanden und ans Fenster getreten sein. Den verdutzten Besuchern habe er stolz erklärt, im *Baedeker* stehe, er sehe sich den Wachwechsel von dort aus an und viele Leute seien eigens deswegen angereist. Da waren die roten Bücher aus dem Verlag Karl Baedeker längst zum Symbol für modernes Reisen geworden und ihre Zuverlässigkeit legendär. Baedeker hatte es ab den 1830er Jahren mit seinen praxisorientierten Reiseführern geschafft, den Markt zu prägen. Mit einem *Baedeker* in der Hand wurde aus dem Aufbruch in die Fremde ein vorab genau planbares und übersichtliches Abenteuer.

Schon Ende des 18. Jahrhunderts boomte die »Rheinromantik«. Doch als 1827 die Personenschifffahrt den Linienbetrieb zwischen Mainz und Köln aufnahm, bekam der Rheintourismus noch einmal einen besonderen Schub: Bereits zehn Jahre später überstieg die jährliche Passagierrate auf dem Rhein die Millionengrenze. Die Dampfschiffe erlaubten in Kombination mit den verschiedenen privaten Eisenbahnen in der Region, die zwar immer nur kurze Strecken bedienten, doch ihr Netz stetig ausbauten, einen zügigen und bis dahin unbekannt komfortablen Transport. Der Rhein wurde mit seiner abwechslungsreichen Landschaft und den malerischen Burgen zum touristischen Hauptziel der Deutschen.

So war es kein Zufall, dass 1827 Karl Baedeker ausgerechnet in Koblenz eine Verlagsbuchhandlung eröffnete. Nach einer längeren Suche hatte sich der 1801 in Essen geborene, aus einer alten Buchhändler- und Verlegerfamilie stammende junge Mann ganz bewusst für die Hauptstadt der Rheinprovinz entschieden, eben weil sich Koblenz zum Zentrum des Rheintourismus entwickelte. Als Baedeker 1832 den Röhling-Verlag übernahm, interessierte ihn aus der Konkursmasse vor allem ein Titel: Johann August Kleins vier Jahre zuvor erstmals erschienene *Rheinreise von Mainz bis Köln*. Das Buch unterschied sich zwar inhaltlich noch kaum von vergleichbaren Konkurrenzwerken, hatte aber eine neue Zielgruppe im Blick, was der Untertitel verriet, der es als *Handbuch für Schnellreisende* auswies. Die Idee, einen Reiseführer auf diese neue Art des Reisens zuzuschneiden, scheint den Verleger unmittelbar überzeugt zu haben. Denn die »Schnellreisenden«, die in rascher Folge von Ort zu Ort wechselten, hatten neue Bedürfnisse und Informationswünsche, die von den gängigen Reisebüchern nicht bedient wurden. Diese orientierten sich nämlich oft noch an den Idealen der monatelangen Bildungsreise und entsprechend am »Touristen« im ursprünglichen Sinne, dem Reisenden auf Grand Tour.

Um eine Karte ergänzt brachte Baedeker den Band von Klein 1832 neu heraus und erweiterte ihn für die zweite Auflage 1835 um zusätzliche Strecken. Die Meinungen, ob bereits diese zweite Auflage als erster »eigentlicher« *Baedeker* zu gelten hat oder erst die dritte aus dem Jahr 1839, gehen auseinander. Die dritte Auflage zeigt jedenfalls noch deutlicher Baedekers Handschrift: Aus dem romantisch angehauchten Werk Kleins war ein praxisorientiertes dreihundertseitiges Handbuch in gefälligem Format geworden, das eingangs allgemeine Informationen (zu Reiseplanung, Verkehrsmitteln und Unterkünften, Kunstsammlungen oder Topografie und Weinbau) präsentierte, dann einzelne Abschnitte der Rheinstrecke im Detail vorstellte und vor allem Empfehlungen für bestimmte Routen und Besichtigungen gab. Bei seiner Überarbeitung orientierte sich Baedeker an der Struktur der sehr erfolgreichen *Handbooks for Travellers* aus dem Londoner Verlagshaus John Murray, woraus er kein Geheimnis machte.

Mit einem Schwerpunkt auf Fußwanderungen kam Baedeker zugleich dem wachsenden Wunsch vieler Zeitgenossen nach Naturerlebnissen entgegen, die in Verbindung mit der Nutzung moderner technischer Transportmittel effizient geplant werden konnten. Ganz in diesem Sinne wird die 1839er-Ausgabe in einer zeitgenössischen Rezension dem Reisenden gleichermaßen »bequem zum vorherigen Durchlesen und gehörig Orientiren« sowie als Begleiter auf der eigentlichen Reise empfohlen, denn: »Nichts Wichtiges bleibt unberührt und doch ist das Ganze kurz und in einem blühenden gefälligen Style geschrieben.« Besondere Erwähnung finden die »werthvollen Dichtungen, welche sich an denkwürdige Punkte knüpfen, Sagen, oder historisch bedeutsame Stoffe behandeln«. Die Tatsache, dass Baedeker seinem Rheinführer drei Strophen aus dem *Lied vom Rhein* (1814) voranstellt, verweist auf eine weitere Zeitströmung, die Baedeker bedient: den deutschen Patriotismus, dessen Sehnsuchtsort der Rhein war. Immerhin galt der Autor des Gedichts, Max von Schenkendorf, als *der* Dichter der Befreiungskriege, und entsprechend richtete sich die im *Baedeker* abgedruckte und auf den Rhein bezogene Losung »Wir müssen ihm, er uns gehören« dezidiert gegen französische Ansprüche. Mit anderen Worten: Der *Baedeker* verknüpfte Vergnügen und Belehrung mit Patriotismus und erwies sich damit als idealer Begleiter für den reisenden deutschen Bildungsbürger – denn Reisen war ungeachtet der steigenden Zahlen nach wie vor ein Privileg der gehobenen Klassen.

Dennoch steht der *Baedeker* in gewisser Hinsicht für eine Art Demokratisierung des Reisens, denn sein Ziel war es erklärtermaßen, »die Unabhängigkeit des Reisenden so viel als möglich zu befördern, und ihn von der kostspieligen und lästigen Begleitung des Lohn-

Baedeker im Kriegseinsatz

Als die Deutschen 1942 ihre Luftangriffe auf England intensivierten und auch kleinere kulturell bedeutende Städte ins Visier nahmen, begründete ein deutscher Diplomat bei einer Pressekonferenz die Auswahl der Ziele damit, dass die deutsche Luftwaffe nun jedes mit Sternen im Baedeker ausgezeichnete Gebäude bombardieren würde. Schnell setzten sich in England die Bezeichnungen »Baedeker Blitz« und »Baedeker raids« (Baedeker-Angriffe) für derartige Luftangriffe durch. In diesen Kombinationen findet sich der Name Baedeker noch heute in fast jedem englischen Wörterbuch.

bedienten zu befreien«. Fremdenführer etwa waren oft nicht nur teuer, sondern auch unzuverlässig, denn sie führten Reisende häufig auf Routen, die für sie besonders einträglich waren, weil sie an den Umsätzen der auf der Strecke liegenden Gasthäuser und -höfe beteiligt wurden. Baedeker hingegen war unbestechlich und machte seine Leser vor allem auf »die guten Häuser altbürgerlicher Art« aufmerksam, die »der einfache bescheidene Reisende« zu schätzen wisse. Und da für viele Leser die Lektüre des *Baedeker* der erste Kontakt mit dem Reisen überhaupt gewesen sein dürfte, lesen sich die reisepraktischen Hinweise bisweilen sehr grundsätzlich: »Wer Morgens früh abzureisen beabsichtigt, nehme das Frühstück nicht im Gasthofe, sondern auf dem Dampfschiffe. Bei heiterem Wetter auf dem Verdecke des Schiffes erhöht sich der Genuß, weil er mit Ruhe stattfinden kann. Die Rechnung fordere man den Abend vorher oder geraume Zeit vor der Abreise, damit man sie genau durchsehen und etwaige ›Irrthümer‹ berichtigen kann. Solche Irrthümer fallen gewöhnlich nur da an, wo das Rechnungswesen den Kellnern überlassen ist, selbst das Nachsummieren ist da nicht zwecklos. Die Bezahlung der Rechnung mag erst bei der Abreise geschehen.« Nicht nur selbstständig, sondern auch selbstbewusst-kritisch sollte der Leser auf Reisen gehen.

Das zentrale Prinzip der Informationsbeschaffung benennt Baedeker ganz am Anfang seines Reiseführers ausdrücklich, wenn er schreibt: »Der ganze Inhalt des Buches beruht ausschliesslich auf *eigener* Anschauung.« Wie ernst es Baedeker damit war, zeigt eine Anekdote von der Turmbesteigung des Mailänder Doms, bei der einem westfälischen Adligen aufgefallen sein soll, dass ein ihm unbekannter Herr ständig in den Taschen seines Anzugs kramte. Auf Nachfrage stellte sich der Unbekannte als Karl Baedeker vor, der erklärte: Alle zwanzig Stufen stecke er eine Erbse von der einen in die andere Tasche, um so, oben angekommen, die Zahl der Stufen genau bestimmen zu können. Die Gegenprobe erfolge beim Abstieg. Neben der Praxisorientiertheit dürfte diese Erbsenzählerei eine Zutat im Erfolgsrezept Karl Baedekers gewesen sein.

Mit den 1839 erschienenen zwei Reiseführern über Belgien und Holland baute Baedeker sein Angebot aus. 1842 brachte er sein Hauptwerk auf den Markt, den Band *Deutschland und der Oesterreichische Kaiserstaat*. Folgt man der Einschätzung des Verlegers, dann ist erst dieser Band ein echter *Baedeker*, denn die Bücher über Belgien und Holland waren auch inhaltlich noch stark an den Vorlagen aus dem Hause Murray orientiert, worauf Baedeker ausdrücklich hinwies. Schließlich waren John Murray und er zwar Konkurrenten, doch verband sie eine Geschäftsfreundschaft, in deren Rahmen sie etwa verabredeten, nicht auf den Sprachmarkt des anderen zu expandieren. Auch den Band über Deutschland hatte Baedeker als deutsche Version eines Murray-Handbuchs geplant, doch dann sei »aus der anfangs beabsichtigten Uebersetzung ein durchaus neues Buch geworden«. Ab der dritten Auflage des Deutschland-Buches 1846 übernahm Baedeker die charakteristischen roten Einbände Murrays und dessen System der Sterne zur Kennzeichnung besonderer gastronomischer oder touristischer Highlights für seinen eigenen Reiseführer.

Baedekers Reiseführer wurden so erfolgreich, dass Kritik nicht lange auf sich warten ließ: Der *Baedeker* verändere das Reisen fundamental, denn er bestimme die Wahrnehmung der Reisenden, die nichts mehr selbst entdeckten, sondern bloß noch wiedererkennen wollten. Man arbeite allein ein standardisiertes Programm ab. Noch Ludwig Thoma spottete: »Frau Kommerzienrat nimmt ihren Bleistift und streicht im Bädeker das erledigte Pensum durch; sie betrachtet das Geschehene mit frohen Gefühlen.« Doch solche Einwände konnten den Erfolg nicht aufhalten. Als Karl Baedeker 1859 starb, lagen mit dem Schweiz- und dem Parisführer zwei weitere Titel vor, und das Verlagsportfolio wurde stetig erweitert. Auch wenn es ihn als eigenständigen Verlag heute nicht mehr gibt: Der Name Baedeker gilt nach wie vor als Synonym für Reiseführer und bleibt untrennbar mit der Durchsetzung des modernen Tourismus in Deutschland verbunden.

Heinrich Heine
Deutschland. Ein Wintermärchen

Ein Exilant begegnet der Heimat

Im Winter 1843 reist Heinrich Heine nach Deutschland, um in Hamburg seine Mutter und seinen Verleger zu besuchen. Die Begegnung mit der Heimat nach zwölf Jahren im Exil regt Heine zu einem »versifizierten Reisebericht« an, in dem er die politischen und gesellschaftlichen Verhältnisse in Deutschland kritisiert, aber auch mit leiser Wehmut Erinnerungen einflicht. Der »lässig gereimte Reisebericht, in dem schön schnoddrig die Wichtigkeiten und die Nichtigkeiten gleichgewichtig nebeneinander gesetzt sind« (Wolf Biermann), ist ein Hauptwerk der Exilliteratur – und ein Meisterwerk des Dichters, der hier politischer auftritt als zuvor.

»Denk ich an Deutschland in der Nacht, / Dann bin ich um den Schlaf gebracht.« Die berühmten Anfangsverse aus Heines Gedicht *Nachtgedanken* könnten gut als Motto über seinen im selben Jahr 1844 erschienenen »versifizierten Reisebildern« stehen, denen er den Titel *Deutschland. Ein Wintermärchen* gab. Der Untertitel verweist weniger auf Shakespeares *A Winter's Tale* als auf den 1841 verfassten *Atta Troll*, dem Heine, aus Verehrung für den Engländer, den Untertitel *Ein Sommernachtstraum* gegeben hatte. Hatte er *Atta Troll* in einem Brief an Karl August Varnhagen von Ense im November 1846 als »Schwanengesang der untergehenden Periode« bezeichnet, präsentiert sich der »entlaufene Romantiker« im *Wintermärchen* »nachromantisch« als politischer Dichter.

Der Zyklus aus siebenundzwanzig volksliedhaft gereimten Gedichten (dieselbe Zahl, dieselbe Versform wie im *Atta Troll*) ist ein Meisterwerk der Exilliteratur. Sein Leitthema ist die Liebe zur und zugleich die Verzweiflung über die Heimat, die im politischen Winterschlaf liegt und sich zwischen Bajonetten und Zensoren-Schere so recht behaglich eingerichtet hat: »Sie stelzen noch immer so steif herum, / So kerzengerade geschniegelt, / Als hätten sie verschluckt den Stock, / Womit man sie einst geprügelt.« Der 1797 in Düsseldorf geborene, später in Hamburg aufgewachsene Heine war 1831 als Korrespondent nach Paris gegangen – teils, weil sich trotz des Übertritts zum Christentum seine jüdische Abkunft als Karrierehindernis erwies, teils, weil mit der Julirevolution ein freieres geistiges Klima in Frankreich Einzug gehalten hatte. Spätestens seit die restaurativen Kräfte im Deutschen Bund 1835 mit den Schriften des »Jungen Deutschland« auch Heines Werke verboten hatten, war er ein Ausgestoßener.

In seinem *Wintermärchen* »versifiziert« Heine eine Reise in die Heimat im November und Dezember 1843. Deren Stationen geben Anlass zu politischem und literarischem Spott, aber auch zu persönlichen Erinnerungen. Die Reise von Aachen nach Hamburg hat wirklich stattgefunden – in umgekehrter Folge. Um schnell und unter Meidung preußischen Territoriums zu seiner Mutter und zu seinem Verleger zu gelangen, war Heine auf kurzem Wege über Brüssel, Osnabrück und Bremen angereist. Nun dreht er die beschaulichere Rückreise um, damit sein literarischer Reisebericht im heimatlichen Hamburg den Höhepunkt findet.

Den Dichter führt Heimweh zurück: »Die sonst so leichte französische Luft, / Sie fing mich an zu drücken; / Ich mußte Atem schöpfen hier / In Deutschland, um nicht zu ersticken.« Doch vor der Einreise steht die Grenzkontrolle, und Heine spottet, mit dem Zollverein stifte Preußen die Einheit Deutschlands nach außen, die es nach innen mit der Zensur erstrebe: »Ihr Toren, die ihr im Koffer sucht! / Hier werdet ihr nichts entdecken! / Die Konterbande, die mit mir reist, / Die hab ich im Kopfe stecken.« Auf seiner literarischen Reise kommentiert er sarkastisch die Mittelalternostalgie, die zur Fertigstellung des Kölner Doms drängt, das hohle Nationalpathos, das Lieder vom »deutschen Rhein« und Monumente für Hermann den Cherusker gebiert; in nächtlichen Visionen bedrängen ihn

Zensoren und Büttel; der preußische Adler frisst ihm, prometheusgleich an einen Felsen gekettet, »die Leber aus der Brust«. Seitenhiebe gelten Königen, Kirche, Kollegen – und der politischen Unmündigkeit der Deutschen: »Franzosen und Russen gehört das Land, / Das Meer gehört den Briten, / Wir aber besitzen im Luftreich des Traums / Die Herrschaft unbestritten.« Mit fast zärtlichem Spott bedenkt Heine »sein« Hamburg, das er vom großen Brand des Vorjahres zerstört findet. Im dortigen Rotlichtviertel begegnet er endlich der Stadtgöttin Hammonia, die ihn auf ihr Zimmer nimmt und zwischen heftigen Liebesbezeugungen die Zukunft Deutschlands erschauen lässt – im Nachttopf Karls des Großen.

Heines Hamburger Verleger Julius Campe druckt das *Wintermärchen* 1844 zunächst als Teil einer Sammlung *(Neue Gedichte)*, weil Publikationen ab zwanzig Bögen (dreihundertzwanzig Seiten) nicht der Vorzensur unterliegen. Binnen zweier Monate nach Erscheinen sind die *Neuen Gedichte* in allen Staaten des Deutschen Bundes verboten; das gleiche Schicksal ereilt die leicht entschärfte Separatausgabe. Als in Preußen Haftbefehl gegen ihn ergeht, zieht sich der Dichter für immer nach Frankreich zurück. Es scheint, als habe Heine mit dem *Wintermärchen* auf die Vorwürfe des Pariser Mitexilanten Ludwig Börne reagieren wollen, er verschreibe sich nicht unbedingt genug der revolutionären Sache (1840 hatte Heine, Börne war drei Jahre tot, nachgekartet und dabei den Kollegen auch privat attackiert). In einer Rede, die der Dichter im *Wintermärchen* an ein Rudel Wölfe hält, stellt er klar, auf wessen Seite er steht: »Der Schafpelz, den ich umgehängt / Zu-

Hunderteinundzwanzig Jahre danach
1964 ließ die DDR den Liedermacher Wolf Biermann zu Auftritten nach Westdeutschland reisen. Er »bedankte« sich mit der Heine-Hommage *Deutschland. Ein Wintermärchen*: »Im deutschen Dezember floss die Spree / Von Ost- nach Westberlin / Da schwamm ich mit der Eisenbahn / Hoch über die Mauer hin. / Da schwebte ich leicht übern Drahtverhau / Und über die Bluthunde hin. / Das ging mir so seltsam ins Gemüt / Und bitter auch durch den Sinn. / Das ging mir so bitter in das Herz / – da unten, die treuen Genossen – / So mancher, der diesen gleichen Weg / Zu Fuß ging, wurde erschossen.«

weilen, um mich zu wärmen, / Glaubt mir's, er brachte mich nie dahin, / Für das Glück der Schafe zu schwärmen. / Ich bin kein Schaf, ich bin kein Hund, / Kein Hofrat und kein Schellfisch – / Ich bin ein Wolf geblieben, mein Herz / Und meine Zähne sind wölfisch.«

Mittlerweile hat Heine in Paris Freundschaft mit dem jungen Karl Marx geschlossen, in dessen Exilzeitung *Vorwärts!* auch das *Wintermärchen* abgedruckt wird. Dennoch wahrt der Freigeist Distanz zu den »Doktoren der Revolution«. Ein Jahr vor seinem Tode 1856 notiert Heine, dass er sich den »Comunisten« im Streben nach sozialer Gerechtigkeit und im Hass auf die Nationalisten verbunden fühle, zugleich jedoch fürchte, die »dunklen Iconoklasten« würden in ihrem Materialismus seine geliebte Kunst zerstören. Mag auch das *Wintermärchen* anfangs »comunistisch« klingen – »Ein neues Lied, ein besseres Lied, / O Freunde, will ich euch dichten! / Wir wollen hier auf Erden schon / Das Himmelreich errichten«; spätestens mit dem Blick in den Nachttopf Karls des Großen zeigt der Meister der ironischen Wendung, dass er der Alte ist: »Doch dieser deutsche Zukunftsduft / Mocht alles überragen, / Was meine Nase je geahnt – / Ich konnt es nicht länger ertragen.«

»Jeder mißversteht seinen halben Heine so gut es geht«, setzt Wolf Biermann die Pointe und führt aus: »Dieses große Gedicht über Deutschland wird gelesen als antipreußisches Pasquill, als kommunistisches Pamphlet, als patriotisches Spottgedicht, als Nestbeschmutzung, als Exil-Gift, ein Gemisch aus Heimatliebe und Vaterlandshaß Zukunftsmusik und Schreckensvision.« Welche Wucht Heines Text damals besaß, versucht der Schriftsteller Kasimir Edschmid zu verdeutlichen: »*Deutschland. Ein Wintermärchen* kann man nur erfassen, wenn man sich vorstellt, ein ähnliches Poem sei zur Zeit der Hitlerschen Herrschaft von Paris über die Grenzen nach Deutschland gebracht worden.« Es ist das Kassiber eines Exilanten, der um die Heimat leidet. »Denk ich an Deutschland in der Nacht, / Dann bin ich um den Schlaf gebracht, / Ich kann nicht mehr die Augen schließen, / Und meine heißen Thränen fließen.«

ab 1845

Alexander von Humboldt
Kosmos. Entwurf einer Physischen Weltbeschreibung

Das Vermächtnis des Alleserforschers

Als junger Mann erkundet der 1769 geborene Alexander von Humboldt den amerikanischen Doppelkontinent. Seine Studien, die das gesamte Spektrum der damals bekannten Naturwissenschaften umfassen, machen ihn zur lebenden Legende. Nach seiner Rückkehr arbeitet er zunächst in Paris seine Amerikareise literarisch auf, bevor er sich 1827 an die Seite seines Bruders Wilhelm nach Berlin begibt. Dass ihn der König schätzt, schmeichelt seinem Geltungsbedürfnis; zugleich zwängt das restaurative Klima bei Hof den Freigeist ein. Einen Ausweg bietet die Beschäftigung mit der Summe seiner Forschung: dem *Kosmos*. 1859 stirbt Humboldt, fast neunzigjährig, über der Arbeit am letzten Band seines Hauptwerks.

Im Wintersemester 1827/28 pilgert »tout Berlin« in die Universität und den großen Saal der Sing-Akademie Unter den Linden. An mehr als sechzig Abenden hält Alexander von Humboldt dort öffentliche Vorlesungen über »Physische Erdbeschreibung, mit Prolegomenen über Lage, Gestalt und Naturbeschaffenheit der Gestirne«. Der Andrang ist enorm. Zeitungen berichten von tumultartigen Szenen, weil wegen überfüllter Säle Interessierte abgewiesen werden müssen. Humboldt war damals, so fasst es der Schriftsteller Daniel Kehlmann zusammen, »in ganz Europa berühmt wegen einer Expedition in die Tropen, die er fünfundzwanzig Jahre zuvor unternommen hatte. Er war in Neuspanien, Neugranada, Neubarcelona, Neuandalusien und den Vereinigten Staaten gewesen, hatte den natürlichen Kanal zwischen Orinoko und Amazonas entdeckt, den höchsten Berg der bekannten Welt bestiegen, Tausende Pflanzen und Hunderte Tiere, manche lebend, die meisten tot, gesammelt, hatte mit Papageien gesprochen, Leichen ausgegraben, jeden Fluß, Berg und See auf seinem Weg vermessen, war in jedes Erdloch gekrochen und hatte mehr Beeren gekostet und Bäume erklettert, als sich irgend jemand vorstellen mochte«.

Der Referent spricht frei, ohne Manuskript. Der große Erfolg seiner Vorlesungen beim Publikum ruft aber Verleger auf den Plan. Mit Cotta vereinbart Humboldt schließlich ein zweibändiges Werk auf Grundlage der Berliner Vorlesungen, das Ende 1829 erscheinen soll. Um das Projekt nicht zu gefährden, untersagt Humboldt die Veröffentlichung privater Vorlesungsmitschriften. Dann aber kommt vieles anders. Eine Russlandexpedition und der Tod seines Bruders Wilhelm 1835 werfen das Projekt zurück, aber auch Humboldts Sorge, ob er mit über sechzig Jahren noch genügend Kraft für dessen Vollendung aufbringen würde.

Der Plan war alles andere als bescheiden: »Ich habe den tollen Einfall«, schreibt er Karl August Varnhagen von Ense am 24. Oktober 1834, »die ganze materielle Welt, alles was wir heute von den Erscheinungen der Himmelsräume und des Erdenlebens, von den Nebelsternen bis zur Geographie der Moose auf den Granitfelsen, wissen, alles in Einem Werke darzustellen, und in einem Werke, das zugleich in lebendiger Sprache anregt und das Gemüth ergötzt. [...] Es muß eine Epoche der geistigen Entwickelung der Menschheit (in ihrem Wissen von der Natur) darstellen.«

Es wurden schließlich fünf Bände daraus, deren erster 1845 erschien. Als Titel wählte Humboldt, bis zum Schluss unsicher ob dieser Wahl, *Kosmos*, als Untertitel *Entwurf einer physischen Weltbeschreibung*. Im ersten Band unternimmt er eine »objective« Beschreibung des Kosmos, von den Gestirnen (uranologischer Teil) bis hin zur physischen Gestalt der Erde und des organischen Lebens (tellurischer Teil). Der zweite Band von 1847 ist der »physischen Weltanschauung« gewidmet, dem künstlerischen wie weltanschaulichen Blick des Menschen auf die Natur in der historischen Entwicklung. Doch Humboldt blieb unzufrieden. Der im engeren Sinne naturwissenschaftliche erste Band schien ihm zu lückenhaft und zu wenig vertieft; allzu vieles war noch nachzutragen: Das geschah in drei weiteren Bänden, erschienen zwischen 1850 und 1862, in denen er die Lücken schloss.

Mit seinem Mammutwerk – allein das Register umfasst mehr als tausend Seiten – überführte Alexander von Humboldt die Kosmografie ins 19. Jahrhundert. »Kosmografie«, das war in der Frühen Neuzeit die Bezeichnung für eine Universalwissenschaft, die Geografie, Astronomie, Astrologie und Geschichte verband, weil zwischen allen Erscheinungen der Schöpfung, zwischen Natur und Kultur, Gesetzmäßigkeiten vermutet wurden. Einheit, Kraft und Bewegung, daran glaubt auch Humboldt. Wo frühneuzeitliche Kosmografen, wie etwa Gerhard Mercator, einen göttlich bewegten Kosmos studierten, war es bei Humboldt jedoch ein durch Naturgesetze bewegter. Um diesen zu erforschen, musste man reisen, hinaus in die Welt, beobachten, experimentieren, sammeln. Der frühneuzeitliche Kosmograf dagegen konnte sich auf Mitteilungen von Reisenden, das Studium gelehrter Schriften und der Bibel konzentrieren. Mercator verließ Duisburg praktisch nicht. Mit Humboldt verband ihn aber, dass beide eine umfangreiche Korrespondenz unterhielten: Mehr als dreißigtausend Briefe Alexander von Humboldts sind erhalten.

Der *Kosmos* war ein großer Erfolg. Die Erstausgabe musste mehrfach nachgedruckt werden und verkaufte sich mindestens siebenundachtzigtausendmal; noch zu Lebzeiten wurden die vorliegenden Bände ins Englische, Französische, Italienische, Dänische, Russische, Polnische, Schwedische und Ungarische übersetzt. Es folgten Taschenbuch- und Jubiläumsausgaben. Trotz seines großen Umfangs ist der *Kosmos* unvollendet. Einmal, weil der Autor über der Arbeit am letzten Band starb; aber auch, weil Humboldt seinen faustischen Forscherdrang aus der Überzeugung schöpfte, nie genug zu wissen: »Das ist das Geschick des Menschen: Am Ziele seines Lebens stehend, vergleicht er nicht ohne Betrübniss das Wenige, was er geleistet hat, mit dem, was er zur Vergrösserung des Gebiets der Wissenschaften gern hätte unternehmen mögen.«

Hermann Helmholtz
Über die Erhaltung der Kraft

1847

Ein Weltprinzip auf den Punkt gebracht

Hermann Helmholtz, einer der bedeutendsten Naturwissenschaftler des 19. Jahrhunderts, steht für einen Forschungsansatz, der sich nicht um die Grenzen einzelner Disziplinen kümmert, sondern fachübergreifend Erkenntnisse aus Philosophie, Physik, Medizin, Musik, Mathematik und Chemie zusammenführt und so zu neuen Einsichten gelangt. In diesem Sinne war Helmholtz vielleicht einer der letzten Universalgelehrten. Auch seine epochemachenden Erkenntnisse zur Erhaltung der Kraft formulierte er auf Grundlage interdisziplinärer Forschung.

In einer autobiografischen Erinnerung beschreibt Max Planck, wie ihm zum ersten Mal im Schulunterricht das Prinzip der Erhaltung der Energie veranschaulicht wurde: »Unvergesslich ist mir die Schilderung von einem Maurer, der einen schweren Ziegelstein mühsam auf das Dach eines Hauses hinaufschleppt. Die Arbeit, die er dabei leistet, geht nicht verloren: sie bleibt unversehrt aufgespeichert, jahrelang, bis vielleicht eines Tages der Stein sich löst und einem vorübergehenden Menschen auf den Kopf fällt.« Dieses fundamentale Prinzip, das der junge Planck »wie eine Heilsbotschaft« aufnahm, besagt, dass die Energie in einem abgeschlossenen System immer konstant bleibt. Energie ist demzufolge zwar wandelbar, kann aber weder aus nichts produziert noch kann sie zerstört werden. Im Beispiel vom Ziegelstein etwa wird die Bewegungsenergie in Lageenergie umgewandelt, die beim Herunterfallen wieder zu Bewegungsenergie wird. Dieses Prinzip, dass die Energie konstant bleibt, nannte Hermann Helmholtz das Prinzip von der Erhaltung der Kraft.

Mitte des 19. Jahrhunderts hatte der Heilbronner Mediziner Robert Mayer (1814–1878) bereits entdeckt, dass nicht nur etwa ein Körper seine mechanische Energie weitergeben kann, sondern sie sich auch in eine ganz andere Art von Energie – nämlich thermische Energie in Form von Wärme – umwandeln lässt. Mayers Publikationen waren Helmholtz wohl nicht bekannt, als er, basierend auf der eigenen Beschäftigung mit physiologischen Fragen und Experimenten zur Hitzeerzeugung durch Muskelaktivität, das Prinzip der Energieerhaltung formulierte. Im Juli 1847 hielt er vor der Physikalischen Gesellschaft Berlin eine Rede (die kurz darauf im Druck erschien), in der er den Erhaltungssatz der Energie zusammenhängend darlegte und auf Elektrizität und Magnetismus übertrug. Damit war klar, dass ganz unterschiedliche Formen der Energie ineinander verwandelbar waren.

Das war gerade zu einer Zeit von epochemachender Bedeutung, in der Energie gewissermaßen zu einem Leitmotiv des 19. Jahrhunderts avancierte, wie der Historiker Jürgen Osterhammel zeigt. Wird doch die Nutzung und Verwandlung von Energie im Rahmen der Industrialisierung zur Voraussetzung für Erfolg und Fortschritt. Helmholtz' Formulierung vom Prinzip der Energieerhaltung trug wesentlich bei zur Wiederbelebung einer mechanistischen Weltauffassung, in die letztlich auch der Mensch als eine Art Energieaufnahme- und Energieabgabemaschine eingepasst werden konnte – nicht zuletzt Marx wurde von diesem »Helmholtzianismus« (Osterhammel) geprägt. Auch wenn es zunächst noch einige Widerstände unter Physikern zu überwinden galt (die etwa die mechanistische Grundausrichtung kritisierten), so entfaltete das von Helmholtz formulierte Prinzip bald eine große Wirkmächtigkeit: »Der dynamische Kraftzusammenhang war das naturwissenschaftliche Leitbild des 19. Jahrhunderts« (Osterhammel). Max Planck hat den Energieerhaltungssatz pointiert als ein Gesetz bezeichnet, »welches unabhängig vom Menschen eine absolute Geltung besitzt«. Die Formulierung dieses Prinzips durch Helmholtz gilt heute als zentraler Schritt der naturwissenschaftlichen Erkenntnis, der weitere Forschungen maßgeblich beeinflusst hat.

Zum Zeitpunkt seiner Überlegungen zur Erhaltung der Kraft arbeitete der 1821 geborene Helmholtz als Militärarzt, denn er hatte Medizin studiert. 1849 wurde er Professor für Physiologie in Königsberg und machte sich mit der Erfindung des Augenspiegels zur Untersuchung des Augenhintergrundes weiter einen Namen. Zahlreiche Publikationen zeigen, dass sich Helmholtz ab Ende der 1850er Jahre immer wieder und verstärkt mit physikalischen Fragen beschäftigte. 1871 erhielt er dann den Ruf auf den Lehrstuhl für Physik an der Berliner Universität. Auf Helmholtz' Einsicht, dass der Naturwissenschaftler zwar Vermutungen anstellen könne, diese aber erst »Wert bekommen«, »wenn sie zu einem streng formulierten und genau begrenzten Gesetz geführt haben«, basierte auch sein ausdauerndes Bestreben, eine Forschungseinrichtung zu gründen, die perfekte Experimentier- und Laborbedingungen garantieren sollte. Hier sollte Grundlagenforschung im Hinblick auf die Verbesserung präzisionstechnischer Instrumente und die Fundierung von Messtechniken als Voraussetzung des naturwissenschaftlichen Arbeitens geleistet werden. 1887 wurde schließlich die Physikalisch-Technische Reichsanstalt gegründet, das erste wissenschaftliche Forschungsinstitut weltweit, das nicht einer Universität angegliedert war. Helmholtz wurde ihr erster Präsident und blieb es bis zu seinem Tod 1894.

Helmholtz hinterließ nicht nur ein reiches wissenschaftliches Erbe – dazu gehören die Dreifarbentheorie, die Bestimmung der Wellenlänge des UV-Lichts oder die Helmholtz-Spule –, sondern wirkte auch durch seine Tätigkeit als Wissenschaftsorganisator (unter anderem war er 1877/78 Rektor der Berliner Universität) und die Ausbildung herausragender Vertreter einer nachfolgenden Wissenschaftlergeneration. So zählten etwa Heinrich Hertz und Max Planck zu seinen Doktoranden. In Anerkennung seiner bedeutenden Leistungen trägt die 1995 gegründete größte deutsche Wissenschaftsorganisation, ein Zusammenschluss von achtzehn unabhängigen naturwissenschaftlich-technisch-medizinischen Forschungszentren, den Namen Helmholtz-Gemeinschaft.

Karl Marx und Friedrich Engels
Manifest der kommunistischen Partei

Das antikapitalistische Glaubensbekenntnis

Das 1848 erstmals erschienene *Kommunistische Manifest* gilt als eine der einflussreichsten politischen Schriften überhaupt. In allen Staaten des »real existierenden Sozialismus« gehörte es zur Pflichtlektüre. Karl Marx (1818–1883) und Friedrich Engels (1820–1895) führen in dieser frühen Schrift in die Grundzüge des »historischen Materialismus« ein und rufen das Proletariat zum gewaltsamen Klassenkampf gegen die Bourgeoisie auf. Gehört dies nach den Erfahrungen mit den Diktaturen des »Ostblocks« hoffentlich der Vergangenheit an, ist die Analyse eines globalisierten Kapitalismus noch heute aktuell und lesenswert.

»**P**roletarier aller Länder, vereinigt euch!«, so steht es in vier Sprachen hinter dem monumentalen Marx-Kopf in Chemnitz (von 1953 bis 1990 Karl-Marx-Stadt). Mit dem berühmten Aufruf schließt eine »der wichtigsten Publikationen des 19. Jahrhunderts«, die »großen Einfluss auf die Entwicklung sozialistischer, kommunistischer und anderer revolutionärer Bewegungen des 19. und 20. Jahrhunderts« hatte. Mit dieser Begründung wurde das *Kommunistische Manifest* gemeinsam mit Marx' *Kapital* 2013 in das UNESCO-Weltdokumentenerbe aufgenommen. Beinahe wäre es nicht zustande gekommen. Zwar hatte Marx alles daran gesetzt, vom »Bund der Kommunisten« mit der Programmschrift betraut zu werden, dann aber die Arbeit vor sich hergeschoben. Erst ein Ultimatum der »Bundesbrüder« ließ ihn das *Manifest* abschließen, auf Grundlage von Vorarbeiten Engels'.

Die Anfangsworte sind ebenfalls berühmt: »Ein Gespenst geht um in Europa – das Gespenst des Kommunismus.« Das greift die zeitgenössische

Polemik auf, vor allem die des politischen Establishments. Das *Manifest* will aufklären, anklagen, appellieren, Engels nennt es in einem Brief an Marx vom 23. November 1847 ein ›Glaubensbekenntnis‹. Die Autoren liefern einen Crashkurs im »historischen Materialismus« – so nennt Marx seine Gesellschaftsphilosophie, »eine Mischung aus Hegel und britischen Wirtschaftstheoretikern« (Bertrand Russell). »Die Geschichte aller bisherigen Gesellschaft ist die Geschichte von Klassenkämpfen«, heißt es gleich zu Beginn. In allen Epochen habe eine Klasse eine andere unterdrückt, bis diese aufbegehrte und selbst zur herrschenden Klasse wurde. Im Kapitalismus unterdrücke die Bourgeoisie, die im Besitz der Produktionsmittel sei, das Proletariat, das seine Arbeitskraft verkaufen müsse, um überleben zu können. In der »bürgerlichen« Gesellschaft gilt: »die in ihr arbeiten, erwerben nicht, und die in ihr erwerben, arbeiten nicht«.

Dabei hat die Bourgeoisie selbst zuvor die feudale Ordnung gestürzt, weil diese dem merkantilen Streben des Bürgertums Fesseln anlegte. Mit dem Umsturz hat sie »an die Stelle der mit religiösen und politischen Illusionen verhüllten Ausbeutung die offene, unverschämte, direkte, dürre Ausbeutung gesetzt«. Das Neue an der modernen industriellen Wirtschaft ist, dass durch maschinelle Fertigung und Arbeitsteilung der Proletarier seiner Arbeit entfremdet wird – er sieht das Produkt seiner Arbeit nicht mehr – und ersetzbar geworden ist. Indem er mit anderen um Arbeitsplätze konkurriert, drückt der Arbeiter den eigenen Lohn auf das Existenzminium, auf das, dessen er »zu seinem Unterhalt und zur Fortpflanzung seiner Race bedarf«. Da-

> **»Auswurf aller Klassen«**
> Nicht für alle Unterdrückten wollten Marx und Engels kämpfen, sondern in erster Linie für den Industriearbeiter als Musterproletarier. Ihre sozialhygienische Verachtung galt dem »Lumpenproletariat«. Dass »diese passive Verfaulung der untersten Schichten der alten Gesellschaft« schwer zu organisieren sei und »seiner ganzen Lebenslage nach« versucht sein könnte, »sich zu reaktionären Umtrieben erkaufen zu lassen«, machte die Ärmsten der Armen suspekt, zu denen Marx neben Orgeldrehern, Lumpensammlern, Scherenschleifern und Bettlern auch – Literaten rechnete.

durch schreitet die Verelendung voran, weil die Gesellschaft »unfähig ist, ihrem Sklaven die Existenz selbst innerhalb seiner Sklaverei zu sichern, weil sie gezwungen ist, ihn in eine Lage herabsinken zu lassen, wo sie ihn ernähren muß, statt von ihm ernährt zu werden«.

Je weiter Produktion und Ausbeutung getrieben werden, desto mehr erlangt das Proletariat ein Klassenbewusstsein und schließt sich zum Kampf zusammen. Angeleitet durch die Kommunisten werden die Proletarier das Joch abschütteln und gewaltsam die Produktionsverhältnisse verändern. Da getreu der materialistischen Doktrin die Änderung der ökonomischen Basis gesellschaftlich-kulturelle Veränderungen nach sich zieht, werden so auch die bürgerlichen Vorstellungen von Eigentum, Freiheit, Ehe und Familie (später heißt es: der Überbau) ersetzt. Ist die Neuordnung vollzogen, hebt das Proletariat »mit diesen Produktionsverhältnissen die Existenzbedingungen des Klassengegensatzes, die Klassen überhaupt, und damit seine eigene Herrschaft als Klasse auf«. In dieser dialektischen Super-Synthese, in der die Geschichte an ihr erlösendes Ende kommt, tritt der Junghegelianer Marx zum Vorschein, ebenso, wenn er betont, die »theoretischen Sätze der Kommunisten« seien nicht Kopfgeburten von »Weltverbesserern«, sondern »allgemeine Ausdrücke [...] einer unter unsern Augen vor sich gehenden geschichtlichen Bewegung«.

Das *Manifest der Kommunistischen Partei* erscheint Ende Februar 1848 in London, zunächst nur auf Deutsch. Trotz nachfolgender Übersetzungen erlangt die Schrift Einfluss nur in der deutschen Revolution von 1848/49 – und hier vor allem in Köln, wo Marx mit seiner *Neuen Rheinischen Zeitung* eine zentrale Rolle spielt. Nach seiner Flucht nach London gerät sie weitgehend in Vergessenheit. Das änderte sich Anfang der 1870er durch Marx' gewachsene Popularität in Sozialistenkreisen und durch den Hochverratsprozess gegen Führer der deutschen Sozialdemokratie: Weil die Anklage das *Manifest* als Belastungsmaterial laut verlesen hatte, war der Publikationsbann gebrochen; es konnte (unter dem Titel *Kommunistisches Manifest*) als Nachdruck aus den Gerichtsprotokollen erscheinen. Zahlreiche Übersetzungen und Neuauflagen folgten, zu denen Marx und Engels mehrfach Vorworte beisteuerten.

Zur echten Massenlektüre wird das *Manifest* allerdings erst, als Wladimir Iljitsch Lenin 1917 in Russland den ersten Staat auf Marx' Lehren gründet. Wer fortan etwas werden will in der Sowjetunion und denjenigen Staaten, die nach 1945 unter ihren Einfluss geraten, muss weltanschaulich firm sein. Das knapp dreißigseitige *Manifest* bot den idealen Einstieg für jeden, der *Mit Marx- und Engelszungen* (so der Titel eines Gedichtbandes Wolf Biermanns von 1968) sprechen wollte. Die Auswüchse der Diktatur, die im »real existierenden Sozialismus« nur scheinbar eine des Proletariats war, sind bekannt. Die Niederschlagung des Prager Frühlings 1968, Solschenizyns *Archipel Gulag* von 1973 oder 1976 die Ausweisung Biermanns aus der DDR öffneten vielen Sympathisanten im »Westen« die Augen.

1990 ging eine Marx-Karikatur von Roland Beier um die Welt: »Tut mir leid, Jungs! War halt nur so ´ne Idee von mir ...« Daran, dass mit dem Zusammenbruch des Ostblocks der westliche Liberalismus das »Ende der Geschichte« (Francis Fukuyama) herbeigeführt habe, glaubt angesichts des Erstarkens autoritärer Regime und einer neuen »nationalistischen Internationalen« wohl niemand mehr. Und auch Marx wird wiederentdeckt, als Globalisierungskritiker: »Die Bourgeoisie hat durch ihre Exploitation des Weltmarkts die Produktion und Konsumtion aller Länder kosmopolitisch gestaltet. [...] Mit einem Wort, sie schafft sich eine Welt nach ihrem eigenen Bilde.« Das *Kommunistische Manifest* benennt die Zerstörung nationaler Industrien durch multinationale Konzerne, globale Fertigungsketten, den Verlust politischer Gestaltungsfähigkeit.

Als kritische Analyse eines globalen Kapitalismus bleibt das *Manifest* also aktuell. Als Aufruf zur gewaltsamen Revolution hat es sich hoffentlich überlebt. Denn, so Karl Popper: »Die Hybris, die uns versuchen lässt, das Himmelreich auf Erden zu verwirklichen, verführt uns dazu, unsere gute Erde in eine Hölle zu verwandeln – eine Hölle, wie sie nur Menschen für ihre Mitmenschen verwirklichen können.«

1852

Richard Wagner
Oper und Drama

Das Gesamtkunstwerk als revolutionärer Akt

Der suggestiven Kraft seiner Musik kann man sich nur schwer entziehen. Dass sie ganz auf Emotionen zielt, hat Wagner vielen suspekt gemacht, noch dazu, weil er glühender Antisemit war und seine Werke auf den ersten Blick deutschnationale Mythen feiern. Dass diese dennoch in aller Welt auf dem Opernspielplan stehen, zeigt indes, dass seine Musikdramen auch für andere Deutungen offen sind. In *Oper und Drama* liefert Wagner das Programm für sein Gesamtkunstwerk, in dem Dichtung und Musik zu einer Empfindungssprache verschmelzen, mit der er nichts weniger als die kulturelle und gesellschaftliche Erneuerung erreichen will.

Die Zugabe, die Daniel Barenboim im Juli 2001 beim Gastspiel der Staatskapelle Berlin in Jerusalem dirigiert, hat es in sich: das Vorspiel zu Richard Wagners Oper *Tristan und Isolde*. Es ist das erste Mal seit der Gründung des Staates Israel, dass dort Musik von Wagner erklingt. Die Mehrheit des Publikums applaudiert frenetisch, als der Dirigent fragt, ob es diese Zugabe hören möchte, andere verlassen protestierend den Konzertsaal. Protest kommt danach auch von Politikern und Verbänden von Holocaust-Überlebenden, schließlich ist Wagner in Israel Persona non grata. Noch im Mai hatte sich das Parlament in einer Abstimmung gegen das von Barenboim zunächst geplante reine Wagner-Konzert ausgesprochen.

Dieser Boykott gilt bis heute dem Antisemiten Wagner. Der hatte 1850 ein berüchtigtes Pamphlet verfasst: *Das Judentum in der Musik*. Darin hetzt er gegen »den Juden«, der »an sich unfähig« sei, »durch seine äußere Erscheinung, seine Sprache, am allerwenigsten aber durch seinen Gesang, sich uns künstlerisch kundzugeben«. Der »gebildete Jude« könne bloß »nachplappern«. Da ihm die »wahre Leidenschaft« fehle, habe selbst ein Mendelssohn-Bartholdy es nicht vermocht, »auch nur ein einziges Mal die tiefe, Herz und Seele ergreifende Wirkung auf uns hervorzubringen, welche wir von der Kunst erwarten«. Mit solchen und schlimmeren Parolen eignete sich Wagner bestens für die Vereinnahmung durch den Nationalsozialismus. Seine *Meistersinger* eröffneten die Parteitage in Nürnberg, und Adolf Hitler ging auf dem Grünen Hügel in Bayreuth ein und aus. Hitlers Verehrung für die Musik Wagners stand der Verehrung, die dessen Schwiegertochter und Hausherrin in Bayreuth, Winifred, für den »Führer« zeigte, in nichts nach. Noch 1975 sprach sie im Interview mit dem Filmemacher Hans-Jürgen Syberberg von ihm als »USA«: »unser seliger Adolf«.

Nicht nur in Israel haben diese Verstrickungen politisches Unbehagen ausgelöst. Bis in die 1960er Jahre hinein war Wagner auch bei der demokratischen Linken in Westdeutschland verpönt. Umso mehr sah sich ein rechtskonservatives Publikum als Gralshüter des »Meisters«. Als ausgerechnet zum Jubiläum der Bayreuther Festspiele 1976 der sogenannte Jahrhundert-Ring – vom musikalischen Bilderstürmer Pierre Boulez dirigiert und vom jungen französischen Regisseur Patrice Chéreau inszeniert – in eine zwischen dem 19. und dem 20. Jahrhundert angesiedelte Gegenwart geholt wird, rufen die eingefleischten Wagnerianer zum Sturm: Mit Trillerpfeifen und Buhrufen stören sie die Aufführung: »Haltet Wagner rein!« ist auf Plakaten und Protestbannern zu lesen.

Dass Wagner Emotionen weckt, liegt nicht nur an seiner Person, sondern auch an seiner Musik. Schon im 17. und 18. Jahrhundert hatte sich die Musiktheorie mit den Affekten befasst, die musikalische Wendungen beim Hörer erzeugen. Niemals vor Wagner jedoch hatte ein Komponist seine Technik ganz darauf ausgerichtet, das Gefühl anzusprechen. Hierfür brach er mit den musikalischen Konventionen, setzte an die Stelle des Wechsels von Rezitativ und Arie und fester musikalischer Perioden seine »unendliche Melodie«, erweiterte im *Tristan* die Grenzen der Dur-Moll-Tonalität zur Chromatik; Leitmotive kennzeichnen Personen oder Objekte (wie die Götterburg Walhall) und stiften durch Veränderungen Ahnung und Erinnerung zugleich.

Die »Neutönerei« war Programm. Während er an der Textdichtung für seine Tetralogie *Der Ring des Nibelungen* saß, verfasste Wagner in Zürich drei musikalische Programmschriften. Die wichtigste unter ihnen (Richard Strauss nannte sie »Das Buch aller Bücher über Musik«): *Oper und Drama*. Im ersten Teil rechnet Wagner mit der zeitgenössischen Oper ab, vor allem mit Rossini und Meyerbeer. Text und Handlung seien zu bloßem Vorwand für eine Musik geworden, die auf äußeren Effekt berechnet sei. Dem zeitgenössischen Literaturdrama stellt Wagner ebenfalls kein gutes Zeugnis aus – um im letzten Teil die Vereinigung von Musik und Dichtung im *Kunstwerk der Zukunft* (so der Titel einer der anderen Programmschriften) zu fordern: das Gesamtkunstwerk.

Was sich in dieser Kurzfassung wie ein relativ geradliniger Essay ausnimmt, ist in Wirklichkeit ein im Erstdruck über sechshundert Seiten langer Text, der seine Leser mit Schachtelsätzen, wirren Gedankengängen und einer Metaphernsprache, die sich vor allem aus dem Bereich des Sexuellen speist, auf die Probe stellt. Für Wagner ist die Musik »ein Weib«, die Dichtung der »befruchtende Samen«. Der Dichter-Komponist (als dessen ersten echten Vertreter er sich selbst sieht) spürt in sich die »wachsende Erregung bis zur Vollendung seines erschöpfenden Ausdrucks«. Er verströmt sich dabei aber nicht allein für die Kunst, sondern will zur Verwirklichung des »Reinmenschlichen«

Nietzsche contra Wagner
Warum Friedrich Nietzsche sich von Wagner abwandte, ist bis heute ungeklärt. War es die zunehmend christliche Einfärbung des Erlösungsmotivs, war es die protzige Eröffnung des Bayreuther Festspielhauses oder die Liebe zu Wagners Ehefrau Cosima? 1876 kommt es jedenfalls zum Bruch zwischen Wagner und dem Philosophen, der zuvor wie ein Sohn in dessen Hause verkehrte. Nach Wagners Tod arbeitete sich Nietzsche in mehreren Publikationen regelrecht an seinem einstigen Idol ab. Die letzte Schrift vor seinem Zusammenbruch trägt den Titel *Nietzsche contra Wagner*.

beitragen, der »Erlösung« des Menschen aus den Zwängen der Moderne. Das Gesamtkunstwerk dient der Befriedigung des »Lebens- und Liebestriebes«. Denn die Spaltung der Künste spiegelt für Wagner lediglich die Spaltung des Menschen von seiner eigentlichen Natur.

Mit seiner Programmschrift *Oper und Drama* erweist Wagner (1813 – 1883) sich als Kind seiner Zeit. Die künstlerische Selbstreflexion ist unter den deutschen Romantikern verbreitet. In ihren »Fragmenten« entwickelten vor allem Friedrich Schlegel und Novalis eine Programmatik der romantischen Bewegung. Deren Vorbild folgend, stellt sich Wagner mit seiner Schrift als Poeta doctus, als gelehrter Dichter, vor. Recht eigenwillig nimmt er Stellung zu einem Lieblingsthema der Romantik, dem Ursprung der Sprache (die zuerst, allein zum Ausdruck von Gefühlen, eine reine Vokalsprache gewesen sei). Auch das Streben nach allumfassender Einheit teilt Wagner mit den romantischen Vorläufern: Novalis suchte sie in der katholischen Kirche, Hegel im Absoluten des Weltgeistes. Er selbst glaubt, sie im Gesamtkunstwerk zu finden, als Weg zur Neuerschaffung der Gesellschaft, als Weg zur – Revolution!

Denn auch politisch war Wagner Kind seiner Zeit. Nicht von ungefähr hält er sich ab 1849 in der Schweiz auf. Der ehemalige Kapellmeister an der Dresdner Oper musste aus Deutschland fliehen, wo er wegen seiner Beteiligung an Aufständen (vermutlich hat er sogar Handgranaten beschafft!) steckbrieflich gesucht wird. Noch in späten Jahren wird er seinen alten Freund und Mitrevolutionär, den Anarchisten Michail Bakunin, einen »wilden und noblen Kerl« nennen. Ideologisch steht Wagner den Junghegelianern um Karl Marx nahe. Wie Marx sieht auch Wagner eine Entfremdung des Menschen in der modernen bürgerlichen Gesellschaft als Übel der Zeit. Im Gegensatz zu den Marxisten ist Wagners revolutionäres Denken jedoch von Anfang an religiös aufgeladen. Für ihn geht es um Erlösung, die nur durch den Untergang der alten Ordnung gewonnen werden kann. Auch baut er hierfür nicht auf das schmutzige Geschäft der Politik, sondern auf das »Kunstwerk der Zukunft«. Mit *Oper und Drama* legt Wagner das Fundament einer sozialrevolutionären Kunstreligion, deren Prophet und Hohepriester er selbst ist.

Vor diesem Hintergrund wird man wohl auch seinen Antisemitismus betrachten müssen. Viel ist geschrieben worden über den Satz: »Aber bedenkt, daß nur Eines eure Erlösung von dem auf euch lastenden Fluche sein kann: die Erlösung Ahasver's, – der *Untergang!*« Will man Wagner gerecht werden, darf man dieses Zitat nicht vom Holocaust her lesen. Wagner meinte damit die »rücksichtslose« Teilnahme an dem »durch Selbstvernichtung wiedergebärenden Erlösungswerke«, an seiner Kunstrevolution. So erklären sich auch die engen Beziehungen zu jüdischen Musikern aus seinem Umfeld. Dem Dirigentenfreund Hermann Levi vertraute er 1882 die Uraufführung seines »Bühnenweihfestspiels« *Parsifal* an. Eine Rechtfertigung kann dies nicht sein, zumal Wagner *Das Judentum in der Musik* 1869 erneut publizierte, zu einem Zeitpunkt, wo der Antisemitismus in Deutschland immer stärker Fuß fasste und rassistische Züge annahm. Einer physischen Auslöschung hat Wagner mit der Formel vom »Untergang« allerdings nicht das Wort geredet.

Es mag auch der Hang zum deutsch-germanischen Mythos sein, der Wagners Musikdramen für die einen so anziehend macht, auf die anderen aber verstörend oder gar lächerlich wirkt. Wagner entlehnt seine Stoffe ganz überwiegend der nordischen Sagenwelt und den mittelalterlichen Heldenepen. Den historischen Bühnendramen seiner Zeit setzt er ganz bewusst den Mythos gegenüber. »Das Unvergleichliche des Mythos ist«, schreibt er in *Oper und Drama*, »daß er jederzeit wahr und sein Inhalt, bei dichtester Gedrängtheit, für alle Zeiten unerschöpflich ist.« Vor allem die Lektüre von Jacob Grimms *Deutscher Mythologie* weist ihm den Weg. Wagner ist aber nicht bloß Nachdichter, sondern auch Mythenschöpfer. So wie Siegfried im dritten Teil des *Rings* das Schwert Notung aus dessen Spänen neu schmiedet, schmiedet sich Wagner seine Mythen: »Warst du entzwei, ich zwang dich zu ganz« – man kann dies als Sinnbild für Wagners eigene Suche deuten, die Entfremdung vom Ich in der anbrechenden Moderne zu überwinden.

Ebenso künstlich geschaffen wie seine Mythen ist Wagners Sprache. Ausführlich widmet er sich in *Oper und Drama* dem Stabreim, der statt auf Endreime auf alliterierende Konsonanten zu Beginn von Substantiven und Verben setzt. Dieser fügt sich nicht nur besser in Wagners »Versmelodie«, die sich den Hebungen und Senkungen der Sprache anpasst, sondern verleiht zugleich der Dichtung etwas Archaisches und Außeralltägliches: »Weia! Waga! Woge, du Welle, / Walle zur Wiege! / Wagalaweia! / Wallala weiala weia!« In einem Brief vom Juni 1872 an Friedrich Nietzsche erläutert Wagner, wie er diesen – oft parodierten – Gesang der Rheintöchter schuf. Das Material gab ihm das bei Jacob Grimm gefundene mittelhochdeutsche Wort »heilawac« (»heiliges Wasser«), das er zu »Weiawaga« umformte, der Sangbarkeit wegen, aber auch, weil es bei Hörern Assoziationen zu »Weihwasser« und zum »Eia popeia« von Wiegenliedern auslösen würde.

Wagner spaltet die Geister bis heute. Doch auch Musiker und Publikum spalten »ihren« Wagner. Sie spalten den genialen Künstler vom Antisemiten. Sein Werk lässt das zu. Das belegen dessen ganz unterschiedliche Deutungen: Streng national getrimmt und mit viel Bärenfell im wilhelminischen Deutschland, im Gleichschritt mit dem Pseudogermanentum der NS-Ästhetik während der Nazizeit, modern abstrahierend im »Neu-Bayreuth« Wieland Wagners ab 1951, in kaleidoskopartiger Vielfalt heute. Denn nur in der Karikatur tummeln sich in Wagner-Opern altgermanische Helden und walkürenhafte Kampfmaschinen. Tatsächlich bringt er beinahe ausnahmslos gebrochene Charaktere auf die Bühne. Alle sind verstrickt, mitschuldig, Täter und Opfer zugleich. Dass er in seinen Opern die großen Themen verhandelt – Macht und Ohnmacht, Schuld und Unschuld, Erstarrung, Veränderung, Revolution – und keine klaren Antworten gibt, das garantiert, dass auch in Zukunft Wagners Werke weltweit immer wieder neu inszeniert werden. Der Boulez-Chéreau-Ring von 1976 ist längst selbst ein Klassiker.

Jacob und Wilhelm Grimm
Deutsches Wörterbuch

Die Vermessung der deutschen Sprachwelt

So schlicht der Titel, so selbstbewusst der Anspruch. Mit ihrem Projekt eines *Deutschen Wörterbuchs* beabsichtigten die Brüder Grimm die gesamte hochdeutsche Schriftsprache seit Mitte des 15. Jahrhunderts zu erfassen. Die Herkunft jedes deutschen Wortes sollte erläutert und die jeweilige Verwendung durch Belegstellen nachgewiesen werden. Das Nachschlagewerk, das als politisches Manifest konzipiert war, setzte in verschiedener Hinsicht Maßstäbe und ist noch heute das umfassendste Wörterbuch der deutschen Sprache.

Der Verleger Karl Reimer hatte einen guten Zeitpunkt gewählt, als er 1838 Jacob (1785–1863) und Wilhelm (1786–1859) Grimm vorschlug, ein deutsches Wörterbuch zu erarbeiten. Beide waren im Jahr zuvor aufgrund von Protesten gegen die rückschrittliche Politik des neuen Monarchen in Hannover als Professoren in Göttingen entlassen worden. Ohne feste Anstellung mussten sie sich um neue Einkünfte kümmern. Der Erfolg großer lexikalischer Projekte etwa aus dem Hause Brockhaus ließ die Aussichten für ein mehrbändiges Wörterbuch günstig erscheinen. Zeit, sich langfristig damit zu beschäftigen, hatten die Grimms jetzt außerdem. Sie entwarfen einen Fahrplan, der eine Bearbeitungsdauer von zehn Jahren veranschlagte und ein maximal siebenbändiges Werk vorsah.

Bis 1847 wurde ein Archiv aufgebaut, das sechshunderttausend Belege aus literarischen Texten, aber auch Sachpublikationen umfasste und – laufend erweitert – das Rückgrat des Lexikons bildete. Ab 1849 begann dann die redaktionelle Ausarbeitung. Zur Frühjahrsbuchmesse 1852 in Leipzig erschien die erste Lieferung (A-Allverein), zwei Jahre später der erste Band (A-Biermolke) des *Deutschen Wörterbuchs*. Um die seiner Meinung nach sinnentstellenden Schreibweisen im Deutschen zurückzudrängen, setzte Jacob Grimm auf konsequente Kleinschreibung der Substantive, die auch in den meisten anderen Sprachen galt.

Natürlich hatten sich auch schon vor den Grimms Sprachwissenschaftler an Wörterbücher des Deutschen gemacht. Das einflussreichste dürfte Johann Christoph Adelungs *Grammatisch-kritisches Wörterbuch der hochdeutschen Mundart* (erschienen 1774-1786) gewesen sein. Während die Sprachwissenschaft des 18. Jahrhunderts allerdings einen normativen Ansatz verfolgte und darauf abzielte, richtige Schreib- und Verwendungsweisen durchzusetzen, war das Grimm'sche Projekt deskriptiv angelegt. Der »zerlegten und aufgelösten sprache«, die Jacob Grimm im Vorwort zum ersten Band des Wörterbuchs als Ergebnis des aufklärerischen Zugriffs ausmachen zu können meinte, wollte man in verschiedener Hinsicht etwas Neues entgegensetzen.

So gaben die Grimms ihrem Projekt eine klare politische Ausrichtung. Angesichts der territorialen Zersplitterung Deutschlands käme der Sprache als einheitsstiftender Kraft eine besondere Rolle im Hinblick auf die Herausbildung eines Nationalstaats zu. Die Sprache sei das einende Band der Deutschen – »was haben wir denn gemeinsames als unsere sprache und literatur?« – und ihrem Wörterbuch komme in diesem Kontext eine besondere Funktion zu: »Es soll ein heiligthum der sprache gründen, ihren ganzen schatz bewahren, allen zu ihm den eingang offen halten. das niedergelegte gut wächst wie die wabe und wird ein hehres denkmal des volks, dessen vergangenheit und gegenwart in ihm sich verknüpft.« Die Formulierung vom »denkmal des volks« verdeutlicht, dass das Wörterbuch hier als identitätsstiftendes nationales Projekt konturiert wird.

Damit zusammenhängend war es die historische Perspektive des Grimm'schen Wörterbuchs, die neu war. So legten sie besonderen Wert auf die Etymologie, also die Erforschung der Herkunft und Geschichte der

Wörter, um sich über den Nachweis von Lautverschiebungen etc. einer historischen Urform der Sprache zu nähern. Dafür wurden auch altdeutsche literarische Quellentexte einbezogen, mit denen die Grimms »die gewalt der poesie vor augen stellen« wollten. Die Beispiele sollten nicht mehr (wie noch bei den Aufklärern) einen vorbildhaften Sprachgebrauch veranschaulichen, sondern den Reichtum der deutschen Sprache präsentieren, den Leser auch emotional packen und staunen lassen. Unter dem Motto »das wörterbuch ist kein sittenbuch« wurden zudem anstößige, beleidigende oder obszöne Begriffe ebenso als Lemmata aufgenommen wie Beispiele aus allen Lebensbereichen gewählt.

Schon bald zeigte sich, dass der ursprüngliche Fahrplan nicht einzuhalten war, und so konnten die Grimms nur den Abschluss der ersten Bände miterleben. Das Projekt lief aber aufgrund seiner nationalen Bedeutung weiter, ab 1868 mit öffentlicher Förderung. Entsprechend war es eingebunden in den offiziellen ideologischen Diskurs. Zu Beginn des 20. Jahrhunderts wurden dann Bemühungen unternommen, das ausufernde Projekt zu strukturieren und die Einträge zu vereinheitlichen. 1930 wurde an der Preußischen Akademie der Wissenschaften eine Arbeitsstelle eingerichtet, an der fortan festangestellte Mitarbeiter das Projekt betreuten. Diese Arbeitsstelle, die sich nach dem Zweiten Weltkrieg in Ost-Berlin befand, wurde 1947 durch eine Göttinger Zweigstelle ergänzt. Beide Arbeitsstellen legten bis 1961 die letzten Bände vor, sodass das *Deutsche Wörterbuch* nach über einhundertzwanzig Jahren mit dem zweiunddreißigsten Teilband abgeschlossen wurde. Inklusive des Quellenbandes (der 1971 folgte) umfasst das *Deutsche Wörterbuch* über dreiunddreißigtausend Seiten, auf denen mehr als dreihunderttausend Stichwörter verzeichnet sind. Auch wenn sich darüber streiten lässt, ob es damit »das allerwichtigste Buch in deutscher Sprache« ist, wie der Literaturkritiker Marcel Reich-Ranicki meinte, so hat es doch unbestreitbar neue Maßstäbe in der Sprachwissenschaft gesetzt und ist noch immer eine oft überraschende Lektüre.

Charles Darwin 1860

Über die Entstehung der Arten

Das Ende der Schöpfung

Charles Darwins Hauptwerk *Über die Entstehung der Arten* gilt zu Recht als eines der einflussreichsten Bücher überhaupt – kaum ein anderes Buch hat das menschliche Selbstverständnis dermaßen stark verändert und so deutlich ein neues Weltbild geprägt. Indem Darwin zahlreiche Belege für seine Evolutionstheorie vorlegt, verabschiedet er die Idee, dass der Mensch als die Krone der Schöpfung anzusehen und als Gottes Ebenbild geschaffen worden ist. Der Mensch hat sich wie alle anderen Lebewesen nach den Gesetzen der natürlichen Selektion entwickelt.

Noch während des Studiums in Cambridge deutete nichts darauf hin, dass Charles Darwin (1809 – 1882) einmal von Kritikern der christlichen Schöpfungslehre als einer ihrer zentralen Gewährsmänner betrachtet werden würde – eher hätte man das Gegenteil vermutet. Denn nach einem abgebrochenen Versuch in Medizin nahm Darwin auf Vorschlag des Vaters ein Theologiestudium auf, das er 1831 erfolgreich abschloss. Allerdings waren es auch schon zu dieser Zeit die Naturwissenschaften – zunächst vor allem die Geologie –, denen seine Leidenschaft galt. So besuchte Darwin in Cambridge Lehrveranstaltungen in verschiedenen naturwissenschaftlichen Fächern; von den Botanik-Vorlesungen bei John Stevens Henslow (1796 – 1861) war er regelrecht begeistert. Die Freundschaft zu Henslow bezeichnete Darwin selbst rückblickend als die wichtigste seines Lebens. Henslow empfahl ihn auch für eine Forschungsexpedition. Ende 1831 trat Darwin eine Weltreise an, die sein weiteres Leben bestimmen sollte. Als Forscher an Bord der »HMS Beagle« bereist er Südamerika und die Galapagosinseln, Neuseeland und Australien. Als er im Herbst 1836 nach fünf Jahren in der Welt wieder nach England zurückkehrt, hat er nicht nur Zigtausend Seiten Notizen und Tagebuchaufzeichnungen im Gepäck, sondern auch mehrere Tausend Präparate verschiedener Lebewesen und Pflanzen. Damit war die Grundlage für Darwins Evolutionstheorie gelegt, die er in den nächsten zwanzig Jahren entwickelte. Da Darwin die Sprengkraft seiner Thesen erahnte, konzentrierte er sich zunächst jahrelang darauf, sie zu untermauern. Erst als 1855 der Naturforscher Alfred Russel Wallace (1823–1913) in einem Aufsatz Ansätze zu einer ähnlichen Theorie publizierte, machte sich Darwin – gedrängt von Freunden – daran, seine Erkenntnisse in Buchform zu bringen.

Über die Entstehung der Arten, erschienen 1859, bildet also die Summe von Darwins Überlegungen zur Evolutionstheorie, von denen er Einzelbeobachtungen schon verstreut publiziert hatte. In den ersten fünf Kapiteln des Buches entfaltet er seine zentralen Grundannahmen. Die Entwicklung der Pflanzen und Lebewesen gehe zurück auf einen Millionen Jahre überspannenden Prozess der Anpassung an die spezifischen Bedingungen des Lebensraums, für den zwei Aspekte entscheidend seien: Variation und Selektion. Am Anfang steht die Beobachtung, dass sich Arten verändern. Darwins Argumentation lautet wie folgt: Alle Arten produzieren mehr Nachwuchs, als angesichts der begrenzten Ressourcen überleben könne. Daher stehen die Individuen einer Spezies immer im »Kampf ums Dasein«, den einzelne Individuen für sich entscheiden würden, weil sie aufgrund kleinster, im Überlebenskampf nützlicher Abweichungen besser an die Lebensbedingungen angepasst seien. Diese besser angepassten Individuen haben also, so Darwins These, größere Überlebenschancen und produzieren entsprechend ihrerseits auch mehr Nachwuchs, an den sie ihre nützliche Variation vererben, sodass sich diese Variation immer stärker verbreitet. Diesen Mechanismus bezeichnet Darwin als natürliche Selektion (die in der zeitgenössischen deutschen Übersetzung stets als »natürliche Zuchtwahl« firmiert), und sie macht den Kern von Darwins Evolutionstheorie aus.

Dass er mit seinen Überlegungen auf Widerstand stoßen würde, war Darwin klar. Aber er tat auch einiges dafür, dass seine Ausführungen als das wahrgenommen wurden, was sie waren: eine Absage an die bisher dominanten Forschungspositionen und eine wissenschaftliche Neuausrichtung. So betont Darwin am Schluss der Einleitung zu seinem Hauptwerk, »dass die Meinung, welche die meisten Naturforscher hegen und auch ich lange gehegt habe, als wäre nämlich jede Spezies unabhängig von den übrigen erschaffen worden, eine irrtümliche sey«. Dieser Ansicht stellt Darwin seine Grundüberzeugung entgegen, die sich nicht zufällig wie ein Glaubensbekenntnis liest: »Ich bin vollkommen überzeugt, dass die Arten nicht unveränderlich sind; dass die zu einer sogenannten Sippe zusammengehörigen Arten in direkter Linie von einer andern gewöhnlich erloschenen Art abstammen, in der nämlichen Weise, wie die anerkannten Varietäten irgend einer Art Abkömmlinge dieser Species sind. Endlich bin ich überzeugt, dass die natürliche Zuchtwahl das wichtigste, wenn auch nicht das ausschließliche Mittel zur Abänderung der Lebensformen gewesen ist.«

Im letzten Satz seines Buches versucht Darwin auf den ersten Blick zwar noch, die Auswirkungen seiner Ausführungen, die auch an den Grundfesten der christlichen Lehre rüttelten, abzufedern, indem er auf die Vereinbarkeit seiner Beobachtungen mit dem Konzept der göttlichen Wirkmacht verweist. Schließlich sei es erhaben zu erkennen, »dass der Schöpfer den Keim alles Lebens, das uns umgibt, nur wenigen oder gar nur einer einzigen Form eingehaucht habe, und dass, während dieser Planet den strengen Gesetzen der Schwerkraft folgend sich im Kreise schwingt, aus einem so einfachen Anfang eine endlose Zahl immer schönerer und vollkommenerer Wesen entwickelt hat und noch fort entwickelt«. Dass Darwin seine Beobachtungen allerdings in eine Reihe mit der kopernikanischen Wende stellt (worauf er an anderer Stelle auch explizit eingeht), unterstreicht eher den revolutionären Gehalt seiner Ausführungen und streut Salz in eine der tiefsten Wunden der Kirchengeschichte, als dass er zur Besänftigung der klerikalen Gemüter beitragen konnte. Bemerkenswert ist außerdem, dass der ausdrückliche Verweis auf »den Schöpfer« erst in der zweiten Auflage 1860 hinzugefügt wurde (der die deutsche Erstübersetzung folgt), in der Erstauflage blieb noch offen, wer oder was da den Atem des Lebens eingehaucht hatte.

Die Kritik nahm ihren Lauf und fand einen ersten Höhepunkt 1860 auf der Jahrestagung der British Association in der Debatte zwischen dem Bischof von Oxford, Samuel Wilberforce (1805–1873), und dem Biologieprofessor Thomas Henry Huxley (1825–1895). Auf die abschätzige Frage des Bischofs, ob Huxley lieber väter- oder mütterlicherseits vom Affen abstammen wolle, erwiderte der Angesprochene, dass er sich nicht dafür schäme, mit Affen verwandt zu sein, wohl aber dafür, mit einem Mann wie dem Bischof in Verbindung gebracht zu werden, der seine großen Fähigkeiten dafür nutze, die Wahrheit zu verschleiern.

Dass Darwin seine Überlegungen auch deshalb publizierte, damit ihm Wallace nicht mit einer eigenen Arbeit zuvorkam, in der er unabhängig von Darwin ähnliche Beobachtungen präsentiert hätte, zeigt, dass Darwins Studie in einem größeren Denkzusammenhang zu sehen ist, der zur Entstehungszeit virulent war. Die Idee der Evolution lag bereits in der Luft. Denn auch wenn Darwin heute als der Vertreter der Evolutionstheorie schlechthin angesehen wird, so bauen seine Überlegungen doch auf Vorarbeiten anderer auf. Als einer der Ersten entwickelte der französische Biologe Jean-Baptiste de Lamarck (1744–1829) in seinem 1809 erschienenen Werk *Philosophie Zoologique* systematisch die Idee einer linearen Höherentwicklung der Arten, deren Vielfalt auf die Vererbung von erworbenen Anpassungen zurückzuführen ist. Präsent waren auch die Überlegungen des englischen Philosophen und Soziologen Herbert Spencer (1820–1903), der in seinem Aufsatz *The Development Hypothesis* (1852) das Prinzip der Evolution zum umfassenden Merkmal des Kosmos erklärte: Die Natur ist einem übergreifenden, von Naturgesetzen gesteuerten Entwicklungsprozess unterworfen, in dem die Anpassung an die Gegebenheiten eine große Rolle beim Überleben spielt. Spencer prägte 1864 in seinem Buch *The Princi-*

ples of Biology im Hinblick auf das von Darwin beschriebene Prinzip auch die Formel vom »survival of the fittest«, die Darwin ab der fünften Auflage seines Werkes als ergänzende Bezeichnung zur »natürlichen Zuchtwahl« übernahm.

Damit begab sich Darwin auf ein heikles Terrain, weil er so einem Kurzschluss zwischen biologischer und soziologischer Theoriebildung Vorschub leistete. In einer verdrehten Lesart, die aus dem »Überleben des Best-Angepassten« das »Überleben des Stärkeren« im Kampf ums Dasein machte, wurde das Konzept der natürlichen Selektion in pseudowissenschaftlicher Manier auch auf die menschliche Gesellschaft übertragen. Zur Unterscheidung zwischen Menschen mit »guten« und solchen mit »schlechten« Erbanlagen, deren Verbreitung entsprechend gefördert oder verhindert werden sollte, war es dann nur noch ein kleiner Schritt. Der Sozialdarwinismus mündet in dieser Perspektive in rasseideologische Konzepte, die die Ungleichheit zwischen einzelnen Menschengruppen propagieren und aus dem »survival of the fittest« ein »Recht des Stärkeren« ableiten.

Eine deutsche Fassung von Darwins Buch erschien bereits 1860. Neben dieser Übersetzung waren es aber vor allem deutsche Wissenschaftler, die zur Popularisierung von Darwins Thesen hierzulande beitrugen. Insbesondere der Mediziner Ernst Haeckel (1834–1919) sorgte mit einer Reihe von

Darwin und der Finkenmythos

Noch immer begegnet man der Ansicht, dass Darwin durch die während seiner Weltreise auf den Galapagos-Inseln gesammelten Finken den entscheidenden Anstoß zu seiner Evolutionstheorie erhalten habe, hätten sie ihm doch die Vielfalt der Formen und die Auswirkungen des Selektionsdrucks eindrücklich vor Augen geführt. Doch tatsächlich hatte Darwin nur wenig Sinn für die gesammelten Vögel und ihre Bedeutung. So ordnete er sie verschiedenen Familien zu und vergaß beim Etikettieren zu vermerken, von welcher Insel im Einzelnen sie stammten. Erst der Ornithologe John Gould (1804–1881) erkannte bei der Aufbereitung von Darwins Funden 1837, dass die Vögel sehr eng verwandt waren und eine eigene, bis dahin unbekannte Gruppe darstellten, sodass sie gerechterweise eigentlich als »Gould-Finken« bekannt sein müssten.

erfolgreichen Schriften dafür, dass Darwins Überlegungen weite Verbreitung fanden. Haeckel trat schon früh dafür ein, Darwin zum Gegenstand des Schulunterrichts zu machen. Allerdings war Haeckel auch ein vehementer Verfechter der Idee, Darwins Beobachtungen auf den Menschen zu übertragen, und gilt als Wegbereiter einer rassehygienischen Sozialpolitik, die vor Eugenik und Menschenzüchtung nicht zurückschreckte.

Doch ganz ungeachtet der zeitgenössischen Auseinandersetzungen zwischen Wissenschaftlern und Klerikern oder der Versuche, Darwins Erkenntnisse in krude Weltsichten einzupassen, wurde *Über die Entstehung der Arten* ein Verkaufsschlager. Und der Erfolg ist bis heute ungebrochen! Allein im 20. Jahrhundert sind Hunderte unterschiedliche Ausgaben erschienen. Was aber viel bedeutender ist: Darwins Ideen finden sich inzwischen ganz selbstverständlich auf den Lehrplänen der Schulen und werden heute weitgehend als Allgemeingut betrachtet. In Deutschland sind nach aktuellen Umfragen etwa zwei Drittel der Menschen davon überzeugt, dass Darwins Evolutionstheorie zutreffend ist – nur knapp zehn Prozent glauben an einen Schöpfergott. Deutschland gehört so zu jenen Ländern weltweit, in denen sich Darwins Thesen am stärksten durchgesetzt haben. Damit zählen Darwins Überlegungen zu den wissenschaftlichen Revolutionen, die mit am nachhaltigsten das Denken des deutschen Otto Normalbürger bestimmen.

Wilhelm Busch

1865

Max und Moritz

Abgründe des deutschen Humors

Jeder kennt sie, die Geschichte von *Max und Moritz*, die in sieben Streichen zunächst ihren Nachbarn zur Last und schließlich denselben zum Opfer fallen. Mit der ersten und berühmtesten seiner Bildergeschichten schuf Wilhelm Busch ein neues Genre, das durch Reduktion auf das Wesentliche, Verzerrung des Raumes und ungewohnte Dynamik der Bildgestaltung die Comic-Ästhetik beeinflusste. Zugleich sezierte der pessimistische Eigenbrötler beobachtend das Spießbürgertum seiner Zeit. Die ungebrochene Popularität seiner Bildergeschichten verdankt sich allerdings auch einer allzu bequemen Verdrängung des Abgründigen in ihnen ...

»Ach, was muß man oft von bösen / Buben hören oder lesen, / Wie zum Beispiel hier von diesen, / Welche Max und Moritz hießen.« Mit diesen berühmten Versen beginnt eines der meistverkauften Kinderbücher überhaupt. In fast dreihundert Sprachen und Dialekte wurde es übersetzt und machte seinen Autor zu einem der meistgelesenen deutschen Dichter. Die Wertschätzung für Wilhelm Busch verbindet Generationen. Schon für den Literaturnobelpreisträger von 1912, Gerhart Hauptmann, ist Busch »der Klassiker deutschen Humors, und das will in gewissem Sinne auch sagen, des deutschen Ernstes«. Und Ralf König, Schöpfer der schwulen Knollennasen *Konrad und Paul*, sieht in Busch den »Übervater für jeden Comiczeichner«. Figuren wie die *Fromme Helene*, *Fipps, der Affe* oder *Plisch und Plum* bevölkern den Busch-Kosmos; *Max und Moritz* aber ist und bleibt sein populärstes Werk und hat uns Deutschen geflügelte Worte zuhauf beschert: »Dieses war der erste Streich, / doch der zweite folgt sogleich.«

Die *Bubengeschichte in sieben Bildern* kennt jeder. Eingerahmt von Prolog und Epilog werden wir Zeugen von sieben Streichen der »bösen Buben«, die – von jeder elterlichen Aufsicht frei – Anschläge auf andere Dorfbewohner verüben. In den ersten beiden Streichen trifft es die Witwe Bolte: Zunächst wird ihr Federvieh getötet, das ihr dann noch in Gestalt von vier Brathühnern respektive -hähnchen gestohlen wird, während sie im Keller Sauerkohl holt (»Wovon sie besonders schwärmt, / Wenn er wieder aufgewärmt«). In den folgenden Streichen fällt Schneider Böck in den Dorfbach (»Ritzeratze! voller Tücke / In die Brücke eine Lücke«), Lehrer Lämpel erleidet wegen einer explodierenden Pfeife schwere Verbrennungen, der in seiner Bettruhe gestörte Onkel Fritz zertrampelt zornig Maikäfer. Der vorletzte Streich misslingt: Max und Moritz werden vom mordlustigen Bäcker in Teig gebacken, überleben aber wunderbarerweise und knusper-knaspern sich in Freiheit. Zuletzt ereilt die Unholde ihr Schicksal: Der Müller schrotet sie in seiner Mühle, die Überreste verspeist das Federvieh. »Gott sei Dank! Nun ist's vorbei / Mit der Übeltäterei!«, quittieren die Dorfbewohner befriedigt den Tod der zwei Knaben.

Buschs Bildergeschichten haben Vorläufer, wie die *Neuruppiner Bilderbögen* oder die Idyllen des Zeichners und Malers Ludwig Richter. Busch aber bricht die bis dato starren Bildkonventionen auf. Mit »nervösem Strich« belebt er seine Zeichnungen, setzt Situationen in Bewegung. Den »Blitz am Himmel der Graphik« nennt ihn darum der Maler Ernst Fuchs. Close-ups und harte Schnitte nehmen gar filmische Techniken vorweg. Durch meisterliche Reduktion und Überspitzung gelingt es Busch, dass seine »Konturwesen«, wie er sie nennt, zugleich Stereotypen und Charaktere sind. Ein weiterer Vorläufer für Wilhelm Buschs erste »durcherzählte« Bildergeschichte *Max und Moritz* sind die Kinderbilderbücher des 19. Jahrhunderts, allen voran der 1844 erstmals veröffentlichte *Struwwelpeter* des Frankfurter Arztes Heinrich Hoffmann. Doch bei allen Parallelen – bis hin zu den tödlichen Folgen, die Ungehorsam hier wie dort zeitigt – unterscheidet sich doch Buschs Perspektive von jener der anderen Kinderbuchautoren seiner Zeit.

In seinen Bildergeschichten, die auffällig oft von Kindern und Tieren handeln, bleibt Busch Beobachter. Nicht er, sondern die Erwachsenen unter seinen »Konturwesen« heben den Zeigefinger (und sofort taucht vor dem geistigen Auge Lehrer Lämpel auf). Seine Kinder sind böse, aber nicht, weil sie einen verdorbenen Charakter besäßen, sondern weil sie undressiert sind. Eine Dressur macht aus ihnen allerdings auch keine besseren Menschen, davon ist der Misanthrop und Schopenhauer-Leser Busch überzeugt. »Kinder und Tiere, da noch ungezogen, denunzieren die ganze Bravheit und Biederkeit ihrer Widersacher als heuchlerische Fassade«, schreibt Gert Ueding und ergänzt: »Buschs Bildergeschichten decouvrieren Erziehung als ein Feld, auf dem sich das Recht des Stärkeren austobt, nur kaschiert von großen Worten und weisen Redensarten.«

Obgleich Busch die Autoritäten demaskiert, als ein Plädoyer für eine antiautoritäre Erziehung kann man ihn im Gegenzug auch nicht lesen. *Max und Moritz* ist nicht *Pippi Langstrumpf*. Man wisse nicht ganz genau, auf welcher Seite Wilhelm Busch eigentlich stehe, meint Hilmar Klute: »Er, der kinderlose Junggeselle, in dessen Bilderwelt die Kindheit eigentlich schon den kleinen Truppenübungsplatz für die späteren Niederträchtigkeiten des Erwachsenenalters darstellt.« Franz Kafka schätzte Busch, und manche ziehen eine Verbindung zu dessen düsterer *Strafkolonie*. »In Buschs Geschichten wird viel und lustvoll geprügelt, gepeinigt, verletzt und zerschlagen«, kommentiert Ueding. Und Klute resümiert: »Die Menschheit ist böse, hart und unversöhnlich. So lautet die Botschaft des Herzenshumoris-

Katzenjammer-Kids

Zwischen *Max und Moritz* und dem Comicstrip gibt es eine direkte Verbindung. Von Buschs Meisterwerk angetan, gab der US-Zeitungs-Tycoon William Randolph Hearst 1897 bei dem aus Holstein stammenden Zeichner Rudolph Dirks eine Serie für den *American Humorist* in Auftrag. Das Ergebnis waren die Bildergeschichten rund um die *Katzenjammer Kids* Hans und Fritz, die im beständigen Clinch mit ihrem erwachsenen Umfeld liegen. Mit der erstmaligen Verwendung von Sprechblasen gelten die *Katzenjammer Kids*, die bis 2006 fortgesetzt wurden, als der erste »echte« Comicstrip.

ten der Deutschen.« Fast versteht man, dass in der Steiermark *Max und Moritz* noch bis 1929 nicht an Jugendliche unter achtzehn Jahren verkauft werden durfte.

Bei aller Düsternis scheint in *Max und Moritz* auch ein wenig autobiografische Nostalgie zu stecken. »Das meiste ist bloß so ausgedacht, aber einiges ist wirklich paßiert, und denn, daß böse Streiche kein gutes Ende nehmen, da wird sicher was Wahres dran sein«, schreibt »Onkel Busch« im März 1901 an Lotte Bartels. Ansonsten gibt er, der sich vor dem Rummel um seine Person in das Haus seiner Schwester flüchtet, wenig von sich preis. 1832 im dörflichen Wiedensahl im Schaumburger Land als Sohn eines Krämers geboren, wächst Wilhelm ab dem neunten Lebensjahr bei seinem Onkel auf, Pfarrer im drei Tagereisen entfernten Ebergötzen. Die Mutter scheint er sehr vermisst zu haben, doch schließt er mit dem Müllersohn Erich Bachmann eine lebenslange Freundschaft. Mit dem draufgängerischen Erich scheint der schüchterne Wilhelm auch manch (harmlosen) Streich verübt zu haben ... Wilhelm bricht 1851 ein Maschinenbaustudium ab und schreibt sich an der Düsseldorfer Kunstakademie ein. Vor deren rigidem Lehrprogramm flieht er allerdings schon bald nach Antwerpen, bis ihn eine Typhuserkrankung 1853 zurück nach Wiedensahl zwingt. Ein letztes Mal gibt der Vater ihm Geld, um in München Malerei zu studieren. Wilhelm aber genießt lieber die Freuden der Bohème im Kreise des Vereins Jung-München, trinkt Wein und raucht bis zur Nikotinvergiftung.

Sein Zeichentalent bringt ihm erste Illustrationsaufträge für die *Münchner Bilderbogen* und *Fliegenden Blätter* des Verlegers Kaspar Braun. Dennoch bietet er *Max und Moritz* 1864 zunächst Heinrich Richter an, dem Sohn des von ihm verehrten Ludwig Richter. Vater und Sohn lehnen irritiert ab, und so verkauft Busch sein Manuskript am Ende doch an Braun – gegen eintausend Gulden, das entspricht zwei Jahreslöhnen eines Handwerkers. Die erste Auflage von viertausend Stück verkauft sich schleppend, dann aber zeigt sich, dass Braun das richtige Gespür hatte. Als Busch 1908 stirbt, hat sich *Max und Moritz* fast eine halbe Million Mal verkauft.

Busch zeichnet und dichtet weiter, meidet aber zunehmend die Großstadt und zieht sich schließlich ganz in die dörfliche Abgeschiedenheit zurück. Als der eigenbrötlerische Junggeselle stirbt, hinterlässt er neben den publizierten Bildergeschichten unzählige Gemälde, die er unter Verschluss gehalten hatte. Bereits 1896 hatte der von Selbstzweifeln Zermarterte das Malen und Zeichnen ganz aufgegeben.

»Humor ist, wenn man trotzdem lacht.« Man kann das berühmte Zitat Otto Julius Bierbaums auch auf den »deutschen Haushumoristen wider Willen« (Ueding) anwenden, dessen »grundböses, grundkaltes und gründlich hoffnungsloses Werk« (Klute) einem nicht selten das Lachen im Hals stecken bleiben lässt. Dass das Abgründige an Buschs Bildergeschichten zwischen den Buchdeckeln der Schmuckausgaben verschwunden ist und der »populäre« Wilhelm Busch aufs Schnurrige reduziert im kollektiven Gedächtnis bewahrt wird – darin ist Busch nicht allein. So wurde der Sozialkritiker Erich Kästner auf Kinderbuch- und Poesiealbumgröße (»Es gibt nichts Gutes, außer man tut es«) zurechtgestutzt. Und wer kennt nicht Loriots drollige Knollennasenfiguren oder seine Sketche mit Evelyn Hamann (»Nein, sagen Sie jetzt nichts, Hildegard!«), die zwei Herren in der Badewanne oder immer wieder Ehepaare, die aneinander vorbeireden? Mit Wilhelm Busch teilt Loriot, dass seine Situationen dem Alltag des (Klein-)Bürgertums entnommen sind und Momente aufspießen, in denen das mühsam errichtete Korsett der Ordnung birst. Nicht ohne Schadenfreude lachen wir darüber – und übersehen, dass der Pfeil auf uns selbst geschossen wurde.

»Der Komiker ist gemein und macht sich gemein. Er überrumpelt und verführt. Er verspricht Lust, lockt an und schafft ein Einverständnis, das diejenigen, die mit ihm und über ihn lachen, zu Komplizen macht. Doch sie werden nicht nur in etwas hineingezogen, sie lassen sich nicht nur in etwas hineinziehen, sie ziehen auch selber«, spricht Robert Gernhardt, der 2006 posthum den Wilhelm-Busch-Preis erhielt.

Heinrich Schliemann
Trojanische Alterthümer

Von einem, der auszog, Homer zu finden

Im Juni 1873 verbreitet sich die Eilmeldung um die Welt: Heinrich Schliemann hat Troja gefunden! Was eine breite Öffentlichkeit inspiriert und den Entdecker zu einem nationalen Helden macht, stößt auf Skepsis bei der akademischen Archäologie. Der Selfmade-Millionär und archäologische Amateur, der Homer beim Wort nimmt und sich selbst geschickt zu inszenieren vermag, erscheint kaum seriös. Bis heute ist umstritten, was Schliemann im türkischen Hisarlık entdeckt hat. Unumstritten ist aber seine Bedeutung für die Geschichte und Entwicklung der Feldarchäologie, obschon er zu Beginn seiner Grabungen allzu robust zu Werke ging ...

Möglicherweise sollten an dieser Stelle besser zwei andere Bücher präsentiert werden. Eines davon kann als Megaseller gelten. Für Jahrzehnte war es das erfolgreichste deutsche Sachbuch überhaupt, mit mehr als fünf Millionen verkauften Exemplaren. In fast dreißig Sprachen übersetzt, wurde es sogar Vorlage für einen Hollywood-Film. Die Rede ist von C.W. Cerams *Götter, Gräber und Gelehrte* mit dem Untertitel *Roman der Archäologie*. In dem 1949 erstmals veröffentlichten Buch erzählt der ehemalige Kriegsberichterstatter und Rowohlt-Lektor Kurt Wilhelm Marek in einer Kette von Episoden die Geschichte der sogenannten Spatenarchäologie nach, derjenigen Archäologie also, die mit dem Spaten bewaffnet hinausging, um Zeugnisse vergangener Kulturen auszugraben, und die oft genug im Konflikt mit der akademischen Katheder-Archäologie stand. Mit Johann Jacob Winckelmann in Pompeji beginnt der Episodenreigen, der mit Edward Herbert Thompsons Erforschung der Maya-Kultur endet – beinahe, denn ans Ende seines »Romans« setzt Ceram noch offene Fragen und begleitet den Norweger Thor Heyerdahl mit seinem Floß »Kon-Tiki« hinaus in den Stillen Ozean. Einen zentralen Platz in seinem Buch räumt Ceram einem Forscher ein, dessen Leben selbst einem Roman gleicht: dem 1822 als Pfarrerssohn im Mecklenburgischen geborenen und 1890 in Neapel verstorbenen Heinrich Schliemann. Als Siebenjähriger schenkt ihm sein Vater Georg Ludwig Jerrers *Weltgeschichte für Kinder*. Es ist jenes zweite Buch, von dem eingangs die Rede war, ein Buch, das eine immense Wirkung auf die Geschichte der Archäologie haben sollte. Denn als der junge Heinrich dort ein Bild des brennenden Troja erblickt, erklärt er dem Vater, er wolle einmal die Überreste der legendären Stadt ausgraben. Vieles in der (Auto-)Biografie Schliemanns enthält Elemente der Selbststilisierung. Dass ihm Troja aber von Kindheit an zur fixen Idee wird, ist glaubhaft. Homers *Ilias* wird ihn begleiten, sein ganzes abwechslungsreiches Leben lang.

Eine höhere Schulbildung des Knaben scheitert an finanziellen Schwierigkeiten, er macht eine Kaufmannslehre, die er aber einer Verletzung wegen aufgeben muss. Beim Versuch, nach Venezuela auszuwandern, erleidet er vor der Insel Texel Schiffbruch und kommt nach Amsterdam. Dort arbeitet sich »Henry« Schliemann, der sich selbst innerhalb kürzester Zeit Niederländisch, Englisch, Französisch, Spanisch, Portugiesisch und Russisch beibringt, vom Büroboten eines Handelshauses zu dessen Repräsentanten in St. Petersburg hoch. Er wird russischer Staatsbürger, macht sich selbstständig und steigt zum Großkaufmann auf. Der Goldrausch

Der »Schatz des Priamos«
Auch die rund achttausend Artefakte, in denen Schliemann den Schatz des homerischen Königs von Troja sah, dürften weit älter sein, als von ihrem Entdecker angenommen. Dass Schliemann sie zunächst an die Ermitage in St. Petersburg verkaufen wollte, ist eine Ironie der Geschichte. Heute befindet sich der Schatz tatsächlich in Russland, nachdem sein Verbleib lange Zeit unklar war. Als Beutekunst 1945 aus dem Luftschutzbunker am Berliner Zoo entführt, wird er seit 1993 im Moskauer Puschkin-Museum ausgestellt. Deutschland und die Türkei erheben Rückgabeansprüche.

in den USA (wo er sich vorübergehend aufhält und die US-Staatsbürgerschaft erwirbt) und der zaristische Krimkrieg machen ihn reich. So reich, dass er als Multimillionär 1864 alle seine Unternehmungen verkauft, um seinen Kindheitsraum zu verwirklichen. Geld genug dazu hat er jetzt.

Er studiert an der Sorbonne in Paris alte Sprachen und Altertumskunde, macht eine erste Erkundungsreise in die Heimat Odysseus', Ithaka, und wird an der Universität Rostock in Abwesenheit zum Dr. phil. promoviert. Schliemanns Identifikation mit dem Hellenentum erfasst auch sein Privatleben: Nach der Scheidung von seiner russischen Frau heiratet er eine dreißig Jahre jüngere Griechin, Sofia Engastroménou; ihre Kinder nennen sie Andromache und Agamemnon. Mit der *Ilias* als Reiseführer macht er den Hisarlık im Nordwesten des Osmanischen Reiches als Standort Trojas aus – nicht als Erster, aber er hat das nötige Geld für die archäologische Untersuchung. Noch bevor er die Genehmigung dafür hat, beginnt er mit den Ausgrabungen. Weil er das historische Troja in einer der tieferen Schichten vermutet, lässt er eine breite Schneise in den Berg schlagen und vernichtet dabei wertvolle archäologische Zeugnisse. Indem er aber zum Längsschnitt durch den Berg ansetzt, entdeckt er mehrere historische Stätten aus verschiedenen Epochen, die jeweils auf dem Schutt der vorigen aufgebaut wurden. Die zweitunterste, »Troja II«, hielt Schliemann für Homers Troja.

Heinrich Schliemann war ein genialer Marketingstratege. Seine Meldung, er habe Troja gefunden, verbreitete sich im Frühjahr 1873 blitzschnell über die Zeitungen. Schliemann selbst schob im folgenden Jahr im Verlag F. Brockhaus sein Grabungstagebuch *Trojanische Alterthümer* nach, geschickterweise ergänzt um einen begleitenden Bildband, *Atlas trojanischer Alterthümer*. Auf dessen letzten Tafeln finden sich jene Funde, die Schliemann als »Schatz des Priamos« identifiziert hatte. Das Foto Sophia Schliemanns, angetan mit dem »Großen Gehänge« aus dem Schatz, hatte zuvor bereits mediale Weltkarriere gemacht. Die auch von Ceram nacherzählte Geschichte, dass Heinrich Schliemann den Schatz gemeinsam mit seiner Frau ausgegraben und heimlich in deren rotem Schal verborgen vor den

Grabungsarbeitern in Sicherheit gebracht habe, ist erfunden. Sophia war an jenem Tag nicht vor Ort. Vermutlich lag es an seinem verschlungenen Bildungsweg und an seiner Rolle als Außenseiter, dass Heinrich Schliemann zu Ausschmückungen der Wahrheit neigte.

Der Fund macht Schliemann berühmt. Vor allem in England ist das Interesse groß. Die *Times* berichtet ausführlich, zu den englischen Übersetzungen seiner Werke steuern bekannte Wissenschaftler und sogar der britische Premierminister William Ewart Gladstone Vorworte bei. Ausgerechnet in Deutschland musste Schliemann auf Anerkennung warten. Einflussreiche Archäologen wie Ernst Curtius verhielten sich ablehnend, misstrauten dem Amateur und Abenteurer, der seinen Homer wie einen Tatsachenbericht las. Erst durch Vermittlung des Mediziners Rudolf Virchow kam es zum Durchbruch (wenn auch noch nicht in akademischen Kreisen): Schliemann schenkte den »Schatz des Priamos« »dem Deutschen Volke zu ewigem Besitze und ungetrennter Aufbewahrung in der Reichshauptstadt«, wurde Ehrenbürger Berlins und erhielt beim Kaiser Audienz. Troja war nun auch in Deutschland in aller Munde, und Heinrich Schliemann wurde zu einem nationalen Helden des noch jungen deutschen Kaiserreichs.

Heute ist sicher, dass Schliemann irrte. Sein »Troja« war etwa tausend Jahre älter als das Troja Homers. Ob das mit Troja VI oder VII identisch ist, ob auf dem Hisarlık jemals das historische Troja lag (oder nur ein wenig bedeutendes Piratennest), ja selbst, ob es das Troja der *Ilias* überhaupt gegeben hat, das ist bis heute – heftig – umstritten. Unumstritten ist die Bedeutung Schliemanns für die Archäologie. Seine anfangs brachialen Grabungstechniken verfeinerte er unter dem fachkundigen Rat von Wilhelm Dörpfeld und anderen. Seine Ausgrabungen auf dem Hisarlık, in Mykene und Tiryns haben Zeugnisse antiker mediterraner Kulturen zutage gefördert, die unser Wissen erweitert haben. Und die Feldarchäologie erkennt im Pfarrerssohn aus Ankershagen heute einen ihrer Pioniere.

Robert Koch

Untersuchungen über die Aetiologie der Wundinfectionskrankheiten

Ein Meilenstein der modernen Medizin

Was für uns heute eine Selbstverständlichkeit ist, war lange Zeit heftig umstritten: dass nämlich Kleinstlebewesen, die Bakterien, für Krankheiten wie Cholera, Pest oder Tuberkulose verantwortlich sind. Noch Mitte des 19. Jahrhunderts waren viele Mediziner der Ansicht, dass faulige Dünste Auslöser dieser Krankheiten sein müssten. Die Forschungen Robert Kochs hatten wesentlichen Anteil daran, die Einsicht der krankheitserzeugenden Wirkung von Bakterien durchzusetzen. Koch schuf die Grundlagen der Bakteriologie und wies der medizinischen Forschung damit neue Wege.

Als der 1843 in Clausthal im Harz geborene Robert Koch sich nach Medizinstudium und Promotion als Landarzt in der Nähe von Posen niederließ, hätte wohl niemand darauf gewettet, dass er einmal zu den berühmtesten Medizinern seiner Zeit zählen würde – ungeachtet der Tatsache, dass er schon früh einen Forschergeist an den Tag legte, der vor Selbstbewusstsein nur so strotzte. Weil er in seiner Provinzpraxis nämlich häufig Klagen von Bauern zu hören bekam, deren Vieh dem Milzbrand zum Opfer fiel, richtete er sich kurzerhand in seiner Wohnung ein kleines Labor ein. Und tatsächlich gelang es ihm unter diesen improvisierten Bedingungen, den kompletten Lebenszyklus des Milzbrandbakteriums zu beschreiben (wozu auch die Entdeckung der Milzbrandsporen, einer Ruheform des Bakteriums, zählte) und es als Ursache der Krankheit nachzuweisen. Diese Beobachtungen, die er 1876 in einem wissenschaftlichen Artikel publizierte, bildeten den Grundstein seiner rasanten Karriere.

Denn Koch legte schon 1878 seine *Untersuchungen über die Aetiologie der Wundinfectionskrankheiten* vor, die ihm bald den Weg nach Berlin ebnen sollten. In dieser Arbeit zur Ätiologie, der Lehre von den Krankheitsursachen, belegte er den parasitären Ursprung der Wundinfektionen – vor allem aber stellte er ein weiteres Mal die Bedeutung jener neuartigen Untersuchungsmethoden unter Beweis, die er schon in seiner Milzbrand-Studie eingesetzt hatte. Sie sollten in der Folge die medizinische Forschung revolutionieren, weil sie eine ganze Reihe von Schwierigkeiten, mit denen die Bakteriologie bis dahin zu kämpfen hatte, beseitigten: Koch hatte feste Nährböden für Bakterienkulturen entwickelt, was deren Beobachtung unter dem Mikroskop erheblich erleichterte. Er hatte einen Farbstoff gefunden, der die Bakterien besser sichtbar machte, und die Fotografie als Technik zur Abbildung von Bakterien eingeführt, weil ihm das Abzeichnen – bis dahin die geläufige Art der Bildgebung – zu ungenau war. Koch entwickelte außerdem seine Methodik der Tierexperimente, wodurch ihm die Gewinnung von Bakterien-Reinkulturen und die Erforschung von Wundinfektionen ohne den Einsatz menschlicher Präparate gelang. So kam Kochs Studie tatsächlich fundamentale Bedeutung im Sinne des Wortes zu: Sie präsentierte eine grundlegende Methodik zur Erforschung von Infektionskrankheiten.

Die Erkenntnis, dass man mit der Bekämpfung der Bakterien schon das Entstehen der Krankheiten verhindern kann, ließ die medizinische Bakteriologie als Hoffnungsträgerin erscheinen, mit deren Hilfe man grassierende Volksseuchen wenn nicht auszurotten, so doch massiv einzudämmen hoffte. 1880 wurde Koch an das Kaiserliche Gesundheitsamt in Berlin berufen. Schon zwei Jahre später gelang ihm dann jene Entdeckung, die seinen Weltruhm begründen sollte: Am 24. März 1882 wies er im Rahmen eines Vortrags nach, dass die Volkskrankheit Tuberkulose auf ein Bakterium zurückzuführen ist. Kochs Entdeckung des Tuberkulose-Bakteriums war eine Sensation, hatte man doch nun einen Ansatzpunkt, um die Krankheit über vorbeugende Maßnahmen in den Griff zu bekommen. Zwei Jahre später folgte der nächste Paukenschlag: Auf einer Forschungsreise nach Ägypten und Indien konnte Koch 1884 das Cholera-Bakterium nachweisen, und er entdeckte auch den Übertragungsweg: verseuchtes Trinkwasser. Im darauffolgenden Jahr wurde er Lehrstuhlinhaber an der Berliner Universität und Direktor des neu gegründeten Hygienischen Instituts, das schnell zur ersten Adresse für bakteriologische Forschung wurde.

Möglicherweise war es auch Erfolgsdruck, der Koch 1890 dazu verleitete, ein Heilmittel gegen Tuberkulose vorzustellen, dessen Wirksamkeit noch nicht abschließend erforscht war. Die Euphorie um das »Tuberkulin« war gigantisch, schließlich ging man davon aus, dass die Tage der Tuberkulose gezählt wären, wenn eine Koryphäe wie Koch dahinterstand. Zügig trieb man die Gründung des Königlich Preußischen Instituts für Infektionskrankheiten voran, zu dessen Direktor Koch 1891 berufen wurde. Doch das vermeintliche Tuberkulose-Heilmittel stellte sich nach der eiligen Markteinführung als unwirksam heraus. Auch wenn man später den Einsatz von Tuberkulin als Diagnosemittel in der Medizin zu schätzen lernte: Erst als Koch anlässlich des Cholera-Ausbruchs im August 1892 nach Hamburg gerufen wurde, um die Seuchenbekämpfung zu organisieren und sich seine Desinfektions- und Hygieneanweisungen (etwa Quarantänemaßnahmen umzusetzen oder Wasser abzukochen) in der Praxis eindrucksvoll bewährten, erholte sich das Ansehen Kochs allmählich vom Tuberkulin-Skandal. Dass er sich in den folgenden Jahren immer stärker auf Tropenkrankheiten konzentrierte und zahlreiche lange Forschungsreisen unternahm, legten ihm Zeitgenossen als späte Fluchtbewegungen aus. Dem Tuberkulin-Fehlschlag zum Trotz: 1905 erhielt Koch den Nobelpreis für Medizin für seine Forschungen zur Tuberkulose.

Koch starb 1910 an einem Herzanfall. Noch heute ist das Robert Koch-Institut als Bundeseinrichtung der Erforschung von Infektionskrankheiten gewidmet. Im Andenken an Robert Koch wurde am einhundertsten Jahrestag seines Tuberkulose-Vortrags der 24. März zum Welttuberkulosetag erhoben. Kochs wegweisende Arbeiten retteten Millionen Menschen das Leben und gelten heute als ein Wendepunkt der Medizingeschichte.

Heinrich von Treitschke
Deutsche Geschichte im 19. Jahrhundert

ab 1879

Politische Geschichtsschreibung im Dienste Preußens

Treitschkes *Deutsche Geschichte im 19. Jahrhundert* war eines der meistverkauften Sachbücher des Kaiserreichs. Über fünf Bände hinweg gab der Autor den historischen Entwicklungen bis zur Märzrevolution von 1848 einen Sinn: die Herstellung der staatlichen Einheit unter der Führung Preußens. Indem er die Ideen von Staat, Nation, Monarchie und mannhafter Pflichterfüllung herausstellte, war Heinrich von Treitschke ebenso Produkt des Geistes seiner Zeit, wie er diesen zu formen half. Die Verehrung, die er zu Lebzeiten genoss, ist heute weitgehender Ablehnung gewichen, nicht zuletzt wegen Treitschkes offenem Antisemitismus.

Betreten wir gemeinsam einen beliebigen bildungsbürgerlichen Haushalt im wilhelminischen Deutschland. Was werden wir im Bücherschrank finden? Gewiss den meistverkauften Roman jener Zeit, Gustav Freytags *Soll und Haben* von 1855. Noch heute als Musterbeispiel des Realismus geschätzt, wollte der Autor mit ihm dem eigenen Bekunden nach an die »brüderliche Genossenschaft der deutschen Stämme« appellieren. Daneben könnte ein anderer dickleibiger »Professorenroman« stehen, der den deutschen Zusammenhalt beschwört, z. B. Felix Dahns *Kampf um Rom*, 1876 erschienen, in dem König Theoderich den Idealgermanen gibt. Beide Romane betrieben keine Propaganda, pflegten aber bewusst die Ideen von Nation, Einheit, Monarchie. Dies gilt auch für ein fünfbändiges Werk, das wir finden werden, weil es damals in jede Bibliothek gehörte, die auf sich hielt: Heinrich von Treitschkes *Deutsche Geschichte im 19. Jahrhundert*.

Der 1834 geborene Treitschke war, als er sein Hauptwerk verfasste, auf dem Höhepunkt seiner Karriere: als Nachfolger Rankes Professor an der Berliner Universität und offizieller Historiograf Preußens. Seine Vorlesungen waren Publikumsmagneten. Nicht nur Studenten kamen (Studentinnen ließ er nicht zu), auch Offiziere und andere Vertreter der Oberschicht wollten ihn hören. Treitschke war kein Mann der leisen Töne, schon wegen seiner fortschreitenden Ertaubung. Er donnerte wortgewaltig über Nationalstaat, Monarchie, Preußen. Begonnen hatte er als Liberaler, dem wegen seiner Opposition zu Bismarck der Ruf nach Berlin lange verwehrt blieb. Mit der Reichsgründung wandelt er sich zum Anhänger Bismarcks (vor allem in dessen Kampf gegen links); die nationalliberale Fraktion im Reichstag, dem er von 1871 bis 1884 angehört, verlässt er 1878.

Treitschke war ein politischer Wissenschaftler. Dies prägt die fünf Bände seiner Zeitgeschichte, die mit der Revolution 1848 unvollendet abbricht. Klar sind die großen Linien: Preußen strebte unter den Hohenzollern stets nach staatlicher Einheit, anders als Österreich. Die süddeutschen Königreiche verdanken ihre Unabhängigkeit dem Erbfeind: Frankreich. Diese Geschichte führt geradewegs zur Kaiserproklamation im Spiegelsaal von Versailles. Treitschke schildert anschaulich, mit vielen biografischen Skizzen, getreu seinem Schlagwort »Männer machen die Geschichte«.

Der zweite Band erntet 1882 scharfe Kritik beim Straßburger Kollegen Baumgarten. Es sei unwissenschaftlich, sich dem Dienst einer politischen Sache zu verschreiben, Objektivität die Pflicht des Historikers. Andere schalten sich ein. Weniger für Baumgarten als gegen Treitschke ergreift dessen Berliner Kollege Theodor Mommsen Partei. Auch der Literaturnobelpreisträger des Jahres 1902 betreibt Geschichte in pädagogischer Absicht; schon lange aber stört ihn Treitschkes donnerndes Nationalpathos. Auf dessen Seite stellt sich nun jedoch der in der Zunft mächtige Heinrich von Sybel und entscheidet die sogenannte Treitschke-Baumgarten-Kontroverse. Baumgarten wird isoliert, Treitschke auf Betreiben Sybels mit dem prestigeträchtigen Verdun-Preis geehrt.

Treitschke ist einflussreich über seinen Tod 1896 hinaus. Eine ganze Generation der politischen, militärischen und gesellschaftlichen Elite Deutschlands soll er mit seiner *Deutschen Geschichte* und seinen Vorlesungen geprägt haben. In England gilt er bis heute als Kopf hinter Deutschlands Kriegsplänen und Expansionsdrang. Wie viele der stolzen Besitzer seines Großwerks die fast viertausend Seiten tatsächlich gelesen haben, ist allerdings die Frage. Die Hörer seiner Vorlesungen beeindruckte ihren Mitschriften zufolge mehr das rhetorische Ereignis, als dass konkrete Inhalte hängen geblieben wären. Einige programmatische Sätze und die Haltung aber dürften den »Geist von 1914« mitgeformt haben – wie übrigens auch jene anderen Werke in unserem wilhelminischen Bücherschrank.

Eine konservativ-etatistische Geschichtswissenschaft hielt Treitschke noch länger die Treue. Die Nationalsozialisten versuchten ihn zu vereinnahmen (durch eine vom Chef-Ideologen Rosenberg völkisch verzerrte »Volksausgabe«), in der DDR schmolz man sein Denkmal ein. In der Bundesrepublik wurde »Treitschke redivivus« (»der wiedererstandene Treitschke«) zum gelehrten Schmähwort für politisch allzu sendungsbewusste Historiker. Der Stab wurde über ihn gebrochen, als publik wurde, was schon lange öffentlich war: Treitschke war Antisemit. Den »Volksmund« zitierte er mit einer Parole, die später *Der Stürmer*, das Hetzblatt der Nazis, aufgreifen würde: »Die Juden sind unser Unglück.« Treitschke äußerte Verständnis und gab den Juden selbst die Schuld. Zwar distanzierte er sich vom Rassewahn, verlangte aber die vollständige Assimilation an die deutsche Leitkultur. Das war explosiv genug. Sein Aufsatz *Ein Wort über unser Judenthum* von 1879 entfachte den Berliner Antisemitismusstreit und machte den (fraglos schon vorhandenen) Antisemitismus in »besseren« Kreisen salonfähig.

Es scheint, als hätten Baumgarten und Mommsen am Ende doch gesiegt: Viele der nach Treitschke benannten Straßen tragen heute andere Namen, seine Berliner Grabstätte ist seit 2003 kein Ehrengrab mehr. Und seine *Deutsche Geschichte im 19. Jahrhundert* wird in den Antiquariaten zu Schleuderpreisen verkauft.

Konrad Duden

Vollständiges Orthographisches Wörterbuch der deutschen Sprache

Pionier der deutschen Einheitsorthografie

Auch heute noch gilt »der Duden« den meisten Deutschen als zentrale Autorität in Fragen der Rechtschreibung. Über Jahrzehnte kam dem orthografischen Nachschlagewerk zunächst eine offiziöse, ab 1955 auch eine amtliche Funktion zu. Vor allem über Veränderungen des Wortschatzes bildete es die Entwicklung der Sprache ab. Gleichzeitig nahm »der Duden« über die Normierung der Rechtschreibung maßgeblichen Einfluss auf ein einheitliches Schriftdeutsch und zählt daher zu den Büchern, die »das Deutsche« ganz konkret mitgestaltet haben.

Konrad Duden (1829–1911) war ein Mann der Praxis. Er hatte in Bonn unter anderem Geschichte und Germanistik studiert, in Marburg seinen Doktor gemacht und zunächst als Hauslehrer – davon einige Jahre in Italien –, dann als Gymnasiallehrer gearbeitet. Als er schließlich Gymnasialdirektor wurde, war ihm vor allem die Rechtschreibung ein Anliegen. Denn da keine verbindlichen Orthografieregeln existierten, herrschte in deutschen Landen auf diesem Feld das Chaos. »Nicht zwei Lehrer derselben Schule«, so Konrad Duden über die damalige Situation, »waren in allen Stücken über die Rechtschreibung einig; und eine Autorität, die man hätte anrufen können, gab es nicht.« Daran wollte er etwas ändern. Bereits 1872 legte er daher mit *Die deutsche Rechtschreibung* eine Art Vorläufer des »Ur-Duden« von 1880 vor, gedacht für Unterrichtszwecke sowie »zur Selbstbelehrung für Gebildete«. Schon hier entfaltete er im Vorwort seinen Ansatz, der die folgenden *Duden*-Ausgaben prägte und in zweifacher Hinsicht politisch war: Die Schriftsprache sollte allen gleichermaßen zugänglich und für alle einheitlich sein.

Zentral war für Duden die Idee, dass die Schriftsprache der gesprochenen Sprache folgen sollte. Vorbildhaft erschien ihm in dieser Hinsicht das Italienische: Es sei »entschieden demokratisch« und »Gemeingut des ganzen Volkes«, außerdem »fortschrittlich, aber nicht revolutionär«, gehe es doch »sorgsam dem Walten des lebendigen Sprachgeistes nach«. Die moderne deutsche Schriftsprache verdanke ihr Entstehen hingegen besonderen Umständen. Denn sie sei »von Haus aus keine Volksmundart, die irgend wo gesprochen wurde, sondern vielmehr eine Art von Kunstprodukt, hervorgegangen aus Kanzleien, weitergebildet von bedeutenden Schriftstellern, insbesondere von Luther«. Das Prinzip »Schreib wie man spricht« sei hier also gar nicht anwendbar gewesen, man habe die deutsche Schriftsprache vielmehr wie eine Art Fremdsprache erlernen müssen, mit der Komplikation, dass sie eben keine »echte« Fremdsprache gewesen sei, sich deshalb leicht »etwas von der heimischen Mundart in die Schriftsprache« eingemischt hätte. Das Ergebnis sei ein historisch gewachsenes Kuddelmuddel.

Auch wenn die deutsche Schriftsprache im Großen und Ganzen zwar der »phonetischen Schreibung« folge, würde diese durch verschiedene »Rücksichten« unterlaufen, was zu weiteren Uneinheitlichkeiten führe. Daran hätten auch einige Normierungsbemühungen insbesondere im 18. Jahrhundert nichts ändern können. So manifestiere die deutsche Schriftsprache bisweilen Zusammenhänge der Wortherkunft, weil etwa die Schreibung auf den Wortstamm verweise. Der Doppelkonsonant im Wort »Kenntnis« markiere etwa dessen Abstammung vom Verb »kennen«, obwohl er phonologisch keine Funktion habe. In anderen Fällen hätten sich zur Verdeutlichung inhaltlicher Differenzen verschiedene Schreibweisen durchgesetzt, wie in den Wörtern »waren« und »wahren«.

Aber auch wenn Duden den Wildwuchs beklagte, war er doch Pragmatiker. So blieben für ihn allgemein verbreitete Verwendungsweisen, selbst wenn sie allen Regeln widersprachen, »unantastbar«. Sein Ziel beschrieb er so: »Durch Verbreitung richtiger Einsicht in die Aufgabe der Rechtschreibung und durch Hervorhebung der Vorzüge und der Mängel der bisherigen Schreibweise zur allmählichen Abstellung der Mängel und zur Anbahnung einer gleichmäßigen Schreibung im ganzen deutschen Vaterlande mitzuwirken.« Unmittelbar nach der Reichsgründung betonte Duden damit den nationalen Charakter seines Vorhabens: Wenn sich schon die gesprochene Sprache von Landstrich zu Landstrich unterschied, dann sollte wenigstens in der Schriftsprache Einheit herrschen. Deutschland war auch in dieser Hinsicht eher spät dran.

Sein Orthografielexikon von 1872 verhalf Duden zu Bekanntheit in den verantwortlichen Behörden. So war er einer von fünfzehn Experten, die auf Initiative des preußischen Kultusministeriums 1876 auf der Ersten Orthographischen Konferenz eine reichsweit einheitliche Rechtschreibung diskutierten. Da die Ergebnisse der Konferenz von den Ländern abgelehnt wurden, beschloss Bayern 1879 eigene Rechtschreibregeln, 1880 zog Preußen mit einem sehr ähnlichen Regelwerk nach. Gleichfalls 1880 legte Konrad Duden dann sein *Vollständiges Orthographisches Wörterbuch der deutschen Sprache* vor, das »nach den neuen preußischen und bayerischen Regeln« verfasst war und diese überhaupt erst reichsweit verbreitete. Dieses später »Ur-Duden« genannte Nachschlagewerk wurde zu einem sehr günstigen Preis verkauft, was seine schnelle Verbreitung beförderte. Auch wenn der sogenannte Reichseiniger Bismarck zunächst gegen die normierende Schreibung anging, da sie seiner Meinung nach die individuelle Freiheit einschränken würde, setzte sie sich – nicht zuletzt dank Duden – durch. In den folgenden zwanzig Jahren erschienen sechs erweiterte Auflagen von Dudens Wörterbuch, die jeweils sehr hohe Verkaufszahlen erzielten.

Im Rahmen der Zweiten Orthographischen Konferenz, an der Duden wieder teilnahm, wurden 1901 dann schließlich für das Deutsche Reich verbindliche Orthografieregeln festgeschrieben, die Österreich und die Schweiz übernahmen. Der *Duden* von 1902, der die neuen Regeln erstmals anwendete, druckte auf elf Seiten auch »das Beachtenswerteste« aus den amtlichen Regeln ab. Damit wurde der *Duden* offiziös, denn in seinem Gewand lernten die Deutschen die von nun an gültigen verbindlichen Rechtschreibregeln kennen. Der Verlag stellte für diese Auflage auch erstmals redaktionelle Mitarbeiter zur Verfügung – die *Duden*-Redaktion war gegründet. Als Konrad Duden 1911 starb, arbeitete er gerade an der neunten Auflage, die dann 1915 unter dem Titel *Duden – Rechtschreibung der deutschen Sprache und der Fremdwörter* erschien. Der Name Duden war endgültig zum Programm geworden, das die Redaktion fortan allein füllen musste.

Dass der *Duden* immer auch politisch war und den Geist der Zeit spiegelte, lässt sich insbesondere im Hinblick auf die Aufnahme neuer Begriffe erkennen. So fanden sich etwa in der elften und zwölften Auflage von 1934 und 1941 zahlreiche Einträge aus dem NS-Jargon (»Arbeitsdienst« oder »Eintopfsonntag«), die in der dreizehnten Auflage 1947 wieder gestrichen wurden. Ab der vierzehnten Auflage gab es zwei Parallelausgaben: einen DDR-Duden (ab 1951) und einen BRD-Duden (ab 1954), die sich im Hinblick auf den Wortschatz in manchem unterschieden. 1955 erhielt der *Duden* dann den Ritterschlag durch die Kultusministerkonferenz der westdeutschen Länder, die zur Wahrung der einheitlichen Rechtschreibung bis zu einer amtlichen Reform die Gültigkeit der Regeln von 1901 beschlossen und betonten: »In Zweifelsfällen sind die im ›Duden‹ gebrauchten Schreibweisen und Regeln verbindlich.« Die zwanzigste Auflage (1991) führte schließlich Duden-Ost und Duden-West wieder zusammen.

1995 kam es zu jener Rechtschreibreform, deren Ausbleiben der *Duden* vierzig Jahre kompensiert hatte. Der *Duden* von 1996 setzte erstmals die neuen amtlichen Regeln konsequent um. Wer die intensiven Debatten im Vorfeld und Nachgang der Rechtschreibreform von 1995 verfolgt hat, weiß, wie schnell Fragen der Rechtschreibung persönlich genommen und zu nationalen Angelegenheiten werden können. Rechtschreibung und Identität scheinen im Deutschen eng verknüpft. Vor diesem Hintergrund ist und bleibt der *Duden* ein sehr deutsches Buch.

1883

Friedrich Nietzsche
Also sprach Zarathustra

Prophet der Gesellschaft auf Sinnsuche

Wenn Nietzsche davon sprach, dass er mit dem *Zarathustra* eine Art neue Bibel vorlegen wollte, war damit vor allem dem Wunsch Ausdruck verliehen, auf den Text möge sich gewissermaßen eine neue Religion gründen. Genau in diesem Sinne wurde der *Zarathustra* dann auch von Zeitgenossen wahrgenommen. Für viele wurde das Buch zur Inspirationsquelle und zum Leitfaden, an dem man sein Leben ausrichtete. In einer Gesellschaft, der der innere Zusammenhang des Lebens verloren gegangen zu sein schien, avancierte Nietzsche damit zum Philosophen der Stunde.

»Die Art, wie Nietzsche uns beeinflußte, oder richtiger gesagt in Besitz nahm, ließ sich mit der Wirkung keines andern zeitgenössischen Denkers oder Dichters vergleichen.« So fasst Harry Graf Kessler in seinen Erinnerungen die Bedeutung des umstrittenen Philosophen für sich und seine Altersgenossen um 1890 zusammen – und er präzisiert: »Er sprach nicht bloß zu Verstand und Phantasie. Seine Wirkung war umfassender, tiefer und geheimnisvoller. Sein immer stärker anschwellender Widerhall bedeutete den Einbruch einer Mystik in die rationalisierte und mechanisierte Zeit. Er stellte uns in ein neues geistiges Klima.« Der große Einfluss, den Nietzsches Schriften auf die Jugend hatten, ließ Zeitgenossen schon früh von einem Nietzsche-Kult sprechen, der schnell Kritiker fand.

Friedrich Nietzsche (1844 – 1900) selbst dürfte der Kult indes gefallen haben. An übergroßer Bescheidenheit hat er jedenfalls nie gelitten. Seinen zwischen 1883 und 1885 in drei separaten Bänden erschienenen *Zarathustra*, den er als sein Hauptwerk betrachtete, bezeichnete er auch als »fünftes Evangelium«. Der Text pendelt zwischen Philosophie und Literatur und präsentiert die Gedanken eines morgenländischen Weisen, die in eine Art biografische Erzählung eingebettet sind, deren Handlung klar auf den Protagonisten Zarathustra konzentriert ist. Folgt man Nietzsche, dann bildet der »Ewige-Wiederkunfts-Gedanken« die »Grundconception« des *Zarathustra*. Zarathustra ist der Lehrer dieser Idee, die sich freilich nicht systematisch entfalten lässt – es geht vielmehr um die Vorführung einer Denkbewegung. Da die Zeit unendlich, die möglichen Zustände aber endlich seien, sei alles schon einmal da gewesen und stelle eine Wiederholung dar: »Alles geht, Alles kommt zurück; ewig rollt das Rad des Seins.« Und nur der Übermensch schaffe es, diesen Gedanken auszuhalten: dass jeder Augenblick des eigenen Lebens eine Wiederholung ist und unverändert wiederkehren wird. In diesem Sinne ist es zu verstehen, wenn Zarathustra sagt: »Ich lehre euch den Übermenschen. Der Mensch ist Etwas, das überwunden werden soll.«

Die Wirkung, die der *Zarathustra* entfaltet hat, ist aber nicht allein auf die inhaltlichen Schwerpunkte zurückzuführen. Eine große Rolle spielt auch die Beschaffenheit des Textes, denn er wirkt auratisch und geheimnisvoll. Durch die Art der Präsentation erhält der Leser den Eindruck, als bekäme er die Gedanken und Aussagen Zarathustras direkt präsentiert. Seine Sprüche erwecken das Gefühl, als sei in ihnen eine überzeitlich gültige Weisheit zu einprägsamer und notwendiger Form geronnen. Auf diese Weise wirkt Zarathustra wie ein Prophet, dessen Sprüchen eine direkte Relevanz für die Gegenwart der Leser, die sich letztlich in der Rolle von Zarathustras Jüngern wiederfinden, zuzukommen scheint. Nietzsche hat außerdem alles dafür getan, die Begrenzungen der Schrift zu überwinden, und eine möglichst unmittelbare, die mündliche Rede imitierende Schreibweise angestrebt. Wo der Titel des Werks bereits auf die mündliche Dimension der Rede hinweist, markiert die Art und Weise der Präsentation der Gedanken Zarathustras die Vollendung des Ideals der nachgestalteten Mündlichkeit. Nietzsches *Zarathustra* evoziert den Eindruck authentischer

Rede, die gültige Wahrheiten verkündet, den Leser direkt angeht und aktiv werden lässt, indem sie ihn zur Stellungnahme auffordert.

Doch nur in einer ganz bestimmten sozialhistorischen Konstellation konnte Nietzsches *Zarathustra* seine besondere Wucht entfalten. Nietzsche ist Profiteur und Wegbereiter von Umwälzungen, die einhergingen mit der voll entfalteten Moderne, die vor allem Rationalität und Technisierung hochhielt. Er wurde zum Propheten all jener, die das Kaiserreich in Konventionen erstarrt sahen und einen Neuanfang ersehnten, denn er eröffnete die Möglichkeit eines subjektiv und eigenverantwortlich gestifteten Sinns, eines Lebens jenseits der Existenz, das in radikaler Konsequenz im Wandel als Selbstzweck aufging. Im Kriegsbeginn 1914 sahen viele Anhänger Nietzsches die Chance für den ersehnten Neuanfang, schien sich doch so die Möglichkeit zu bieten, die vermeintlich in verkrusteten Strukturen erstarrte Lebensweise grundsätzlich zu überwinden. Neben der Bibel und Goethes *Faust* war es bekanntlich der *Zarathustra*, den gebildete Soldaten am häufigsten mit in den Krieg nahmen.

Doch schon im Zuge des Krieges und der sich abzeichnenden Niederlage setzte sich immer stärker eine nationalistische Nietzsche-Deutung durch. Die Rechte passte Ideen Nietzsches (vor allem die des »Übermenschen«) selektiv in ihre Ideologie ein und unterzog ihn einer radikalen Politisierung. Nietzsches Texte ließen das zu, denn darin lag gleichermaßen ihr Erfolgsgeheimnis wie ein Risiko: dass sie offen für verschiedenste Deutungsmöglichkeiten und die Gedanken nicht in ein Gesamtsystem eingebunden waren, sodass sich letztlich jeder individuell für sich herausziehen konnte, was ihn anzugehen schien. Klar ist aber auch, dass nur wenige Philosophen so deutliche Spuren in der Kultur- und Geistesgeschichte hinterlassen haben wie Friedrich Nietzsche, dessen *Zarathustra* einem zeitgenössisch allgegenwärtigen Wunsch nach Umbruch und Erneuerung pointiert Ausdruck verleiht.

Bertha von Suttner
Die Waffen nieder!

1889

Weckruf einer Pazifistin

Mit ihrem Roman *Die Waffen nieder!* gelingt der sechsundvierzigjährigen Bertha von Suttner 1889 ein Überraschungserfolg. Aus Sicht einer Frau geschrieben, die sich durch den Verlust des Gatten, ihrer Geschwister und ihres Vaters nach und nach von dem herrschenden Militarismus und Nationalismus ihrer Zeit emanzipiert und aktiv für den Frieden eintritt, erreicht der Roman in zahlreichen Auflagen und Übersetzungen ein Millionenpublikum. Das Buch, das seine Leserinnen und Leser berühren und aufrütteln soll, popularisiert die internationale Friedensbewegung in Deutschland und Österreich und macht seine Autorin zu einer Ikone des Pazifismus.

»Der primitiv, aber schlagend wirksam gemachte Tendenzroman hinterließ mir gewaltigen Eindruck. Viele Einzelheiten der Handlung sind mir ganz unvergeßlich«, erinnert sich Klaus Mann über vierzig Jahre nach Erscheinen von Bertha von Suttners Roman – nicht ohne Herablassung. *Die Waffen nieder!* einen Tendenzroman zu nennen, mag man fast als Untertreibung nehmen. Der Titel lässt keinen Zweifel daran, dass es um eine Anklage gegen den Krieg geht, mit dem die Autorin ihre Leserschaft aufrütteln will. Diese soll Anteil nehmen an der Lebensgeschichte der Komtess Martha Althaus, die sich durch die Erfahrungen von vier Kriegen zu einer Streiterin für den Frieden entwickelt.

Als Tochter eines K.-u.-k.-Generals aufgewachsen, bedauert die junge Martha, dass ihr als Mädchen das Soldatentum verwehrt bleibt. Bereits mit neunzehn Jahren beschert ihr der Krieg jedoch den ersten Verlust: Ihr Ehemann, Graf Dotzky, fällt 1859 bei Solferino. In ihren wachsenden

Zweifeln, ob Kriege tatsächlich ausbrechen »wie das Nervenfieber, wie das Vesuvfeuer«, findet sie Verständnis bei ihrem zweiten Mann, Baron Friedrich Tilling – der dennoch seiner Ausbildung und seinem Eid als Offizier getreu in den Krieg zieht. Knapp überlebt er zwar die Kriege von 1864 und 1866, jedoch fallen der nachfolgenden Choleraepidemie Marthas Schwestern und ihr Bruder zum Opfer, der Vater stirbt vor Kummer. Auf einer Reise zu den Schlachtfeldern Böhmens bricht Martha angesichts des Leides hilflos zusammen. Vom Krieg abgestoßen demissioniert Tilling und widmet sich dem Studium des Völkerrechts. An seiner Seite arbeitet Martha an ihrem »Friedensprotokoll«, Dokumentation und Manifest zugleich. Auf Auslandsreisen knüpft das Paar Kontakte zur Friedensbewegung. 1871 fällt schließlich auch Tilling dem Krieg zum Opfer: Verdächtigt, ein preußischer Spion zu sein, wird er während der Belagerung von Paris standrechtlich erschossen. Martha erwacht aus ihrer Trauer erst, als sich Sohn Rudolf ihrem Kampf für die Friedensidee anschließt.

Der Roman, dessen Protagonistin Herkunft, Charakter und Entwicklung mit ihrer Schöpferin, Gräfin Bertha Kinsky, verheiratete Freifrau von Suttner (1843–1914), teilt, wird zu einem Überraschungserfolg. 1889 beim kleinen Leipziger Verlag Pierson erschienen, erlebt das Buch in kurzer Zeit siebenunddreißig Auflagen und wird in mehr als fünfzehn Sprachen übersetzt. Durch Einsatz literarischer Stilmittel bewegt Suttner ihr Publikum: Indem sie Martha als Ich-Erzählerin berichten und aus ihren Tagebüchern zitieren lässt, verleiht sie dem Text eine emotionale und anteilnehmende Stim-

Eine folgenreiche Annonce
»Ein sehr reicher, hochgebildeter, älterer Herr, der in Paris lebt, sucht eine sprachenkundige Dame, gleichfalls gesetzten Alters, als Sekretärin und zur Oberaufsicht des Haushalts.« 1876 tritt die dreiunddreißigjährige Gräfin Bertha Kinsky auf diese Annonce hin eine Stelle als Privatsekretärin an – bei dem schwedischen Industriellen Alfred Nobel (1833–1896). Obgleich sie schon nach wenigen Tagen nach Wien zurückkehrt, bleiben die beiden in Kontakt. Beeindruckt von Suttners Engagement stiftet Nobel in seinem Testament neben Preisen für Physik, Chemie, Medizin und Literatur einen Friedenspreis.

me. Drastische Schilderungen sollen Ekel hervorrufen und dem Krieg das Heroische nehmen. Appelliert wird an die Vernunft der Leserschaft: »Wie kann Gerechtigkeit erlangt, wann altes Unrecht gesühnt werden, wenn als Sühnemittel immer wieder neues Unrecht angewendet wird? Keinem vernünftigen Menschen wird es einfallen, Tintenflecken mit Tinte, Ölflecken mit Öl wegputzen zu wollen – nur Blut, das soll immer wieder mit Blut ausgewaschen werden!« Kein Geringerer als Leo Tolstoi schreibt der Autorin im Oktober 1891: »Ich schätze Ihr Werk sehr [...]. Der Abschaffung der Sklaverei ist das berühmte Buch einer Frau, Frau Beecher-Stowe, vorausgegangen; Gott gebe es, daß die Abschaffung des Krieges Ihrem Buch folge.«

Mit ihrem Roman popularisiert Suttner die Friedensbewegung und deren Anliegen – internationale Schiedsgerichtsbarkeit, Abrüstung und Friedensunion – in Deutschland und Österreich. Ausgehend von den USA waren ab 1815 nationale Friedensgesellschaften entstanden, die sich ab den 1870er Jahren internationalisierten. Internationale Friedenskongresse wurden abgehalten und neue Vereinigungen gegründet, wie die International Arbitration and Peace Association, deren Gründer, Hodgson Pratt, Suttner in ihrem Roman einen Brief an Martha schreiben lässt.

Nach dem Romanerfolg wird die von Deutschnationalen als »Friedens-Bertha« Verspottete selbst zu einer zentralen Figur der Bewegung. Sie ruft 1891 die Österreichische Gesellschaft der Friedensfreunde ins Leben, im folgenden Jahr die Deutsche Friedensgesellschaft. Sie reist mit Vorträgen durch Europa und die USA und ist an der Vorbereitung der Haager Friedenskonferenzen von 1899 und 1907 beteiligt. Von 1892 bis 1899 publiziert sie eine Zeitschrift, die den Titel ihres Romans trägt: *Die Waffen nieder!* Ab 1899 gibt der Weggefährte Alfred Hermann Fried sie unter dem Titel *Die Friedens-Warte* heraus. Als erste Frau erhält Bertha von Suttner 1905 den Friedensnobelpreis. Als sie am 21. Juni 1914 kurz vor »Ausbruch« des Ersten Weltkrieges stirbt, gibt sie Fried als letzte Worte auf den Weg: »Die Waffen nieder! – sag's vielen – vielen.«

Rudolf Steiner
Philosophie der Freiheit

Vom Individuum und »Weltganzen«

In seiner *Philosophie der Freiheit* skizzierte Rudolf Steiner, Begründer der Anthroposophie, erstmals die Grundlagen seines Denkens und den Ausgangspunkt seiner Lehre. Vielfach als eine Art Einführung in die Anthroposophie gelesen, hat das Werk über die zahlreichen anthroposophischen Einrichtungen, vor allem die Waldorfschulen, bis heute ganz konkreten Einfluss auf das Leben vieler Menschen in Deutschland.

Will man Aufstieg und Bedeutung Rudolf Steiners (1861–1924) verstehen, muss man als Erstes einen Blick auf seine Zeit werfen, ist sein Werk doch auch Ausdruck des Krisenbewusstseins der Jahrhundertwende. Geht man davon aus, dass angesichts der politischen, sozialen und wirtschaftlichen Veränderungen zur Wende vom 19. zum 20. Jahrhundert »die Deutung der Welt größeren Bevölkerungskreisen zum Problem« wurde, wie es der Historiker Hans-Peter Ullmann formulierte, dann kann man Steiners Erfolg auch darin begründet sehen, dass er Antworten auf die Fragen einer Gesellschaft im Übergang lieferte. Die Wissenschaften hatten sich ausdifferenziert und der Mensch wurde immer weniger als Subjekt, sondern als Bestandteil eines Ursache-Wirkung-Prozesses gesehen. In sozialreformerischen Bewegungen artikulierte sich zunehmend Kritik an der Konzentration auf das Materielle, und unter dem Schlagwort »Lebensreform« suchte man nach alternativen, ganzheitlichen Lebensmodellen.

In diesem Umfeld legte Rudolf Steiner 1894 seine *Philosophie der Freiheit* vor. Stark beeinflusst von Friedrich Nietzsche war er zunächst Anhänger eines radikalen Individualismus, der auch seine *Philosophie der Freiheit* prägte, die er zeitlebens als sein Hauptwerk betrachtete. Der selbstbewusste Untertitel, *Grundzüge einer modernen Weltanschauung*, macht von vornherein den Anspruch deutlich, das virulente Sinnstiftungsdefizit auszugleichen und der Partikularisierung der Lebensbereiche einen ganzheitlichen Ansatz entgegenzustellen. Entsprechend formuliert Steiner im Vorwort: »Der Gebiete des Lebens sind viele. Für jedes einzelne entwickeln sich besondere Wissenschaften. Das Leben selbst aber ist eine Einheit, und je mehr die Wissenschaften bestrebt sind, sich in die einzelnen Gebiete zu vertiefen, desto mehr entfernen sie sich von der Anschauung des lebendigen Weltganzen.« Indem Steiner sich aber zugleich auf das zeitgenössische Wissenschaftsparadigma beruft, wenn er im zweiten Untertitel *Seelische Beobachtungsresultate nach naturwissenschaftlicher Methode* ankündigt, verbindet sich mit seinem Buch das Versprechen, ein zeitgemäßes (weil wissenschaftlichen Ansprüchen genügendes) Welterklärungsmodell zu liefern.

Das Werk besteht aus zwei Hauptteilen: Im ersten beschäftigt sich Steiner mit erkenntnistheoretischen Problemen und verarbeitet hier unter anderem Überlegungen Fichtes, aber auch von Schopenhauer. Zentral ist für Steiner das Denken, das jenseits von Subjekt und Objekt stehe, weil sich mit seiner Hilfe der Mensch zwar überhaupt erst »wie alle andern Wahrnehmungen [...] als Subjekt oder ›ich‹ den Objekten gegenüber« stelle, sich »das Selbst« aber gleichzeitig »erst mit Hilfe des Denkens als Subjekt« bezeichnen könne. Dem Denken komme im Hinblick auf die Überwindung der Wahrnehmung der Welt als Fülle von Einzelheiten eine zentrale Funktion zu: »Was uns in der Beobachtung an Einzelheiten gegenübertritt, das verbindet sich durch die zusammenhängende, einheitliche Welt unserer Intuitionen Glied für Glied; und wir fügen durch das Denken alles wieder in eins zusammen, was wir durch das Wahrnehmen getrennt haben.« »In dem Denken«, so Steiner weiter, »haben wir das Element gegeben, das unsere besondere Individualität mit dem Kosmos zu einem Ganzen zusammenschließt.« Von Vereinzelung konnte angesichts dieses kosmologischen Überbaus also keine Rede mehr sein.

Im zweiten Teil geht Steiner von der Erkenntnistheorie zur Ethik über und präsentiert im Rahmen seines »ethischen Individualismus« eine Art Sittenlehre. Der Mensch könne »frei handeln, wenn er nur sich selbst gehorcht«. Voraussetzung dafür seien »moralische Intuition«, »moralische Phantasie« und »moralische Technik«, die »in dem Sinne lernbar« seien, »wie Wissenschaft überhaupt lernbar ist«. Steiners Maxime lautet: »Frei ist nur der Mensch, insofern er in jedem Augenblicke seines Lebens sich selbst zu folgen in der Lage ist. [...] Die Handlung aus Freiheit schließt die sittlichen Gesetze nicht etwa aus, sondern ein; sie erweist sich nur als höherstehend gegenüber derjenigen, die nur von diesen Gesetzen diktiert ist. [...] Die Freiheit des Handelns ist nur denkbar vom Standpunkt des ethischen Individualismus aus.« Auf den denkbaren Einwand eines »falsch verstandenen Moralismus«, wie denn Gesellschaft möglich sei, wenn jeder nur seine Individualität ausleben wolle, antwortet Steiner, dass »ein sittliches Missverstehen, ein Aufeinanderprallen [...] bei sittlich freien Menschen ausgeschlossen« sei. So idealistisch dieser Ansatz auch sein mag, so klar wird auch, dass das Subjekt in ihm wieder seinen Platz im »Weltganzen« hat.

1901 wandte sich Steiner der Theosophie zu, einer, so Jürgen Osterhammel, »synkretistischen Version eines traditionellen Okkultismus, vermischt mit Zutaten aus den verschiedensten nahöstlichen und asiatischen Traditionen von der Kabbala bis zu den hinduistischen Veden plus einem Schuss Arier-Rassismus«. 1904 veröffentlichte er sein Buch *Theosophie, eine Einführung in übersinnliche Welterkenntnis und Menschenbestimmung* (so der Untertitel), in der er den Menschen als dreigliedrige Wesenheit (bestehend aus Leib, Seele und Geist) präsentiert und dies mit der zeitgenössischen Abstammungslehre einerseits und der östlichen Reinkarnationsidee andererseits verschränkt: »Der Leib unterliegt dem Gesetz der *Vererbung*; die Seele unterliegt dem selbstgeschaffenen Schicksal. Man nennt dieses von dem Menschen geschaffene Schicksal mit einem alten Ausdrucke sein *Karma*. Und der Geist steht unter dem Gesetze der *Wiederverkörperung* der wiederholten Erdenleben.«

Viele Zeitgenossen standen Steiners Person und seinen Ideen skeptisch gegenüber. Sie sahen in ihm einen »krampfhaften Magier und überanstrengten Willensmenschen« (Hermann Hesse), der kalkulierend sein »Fähnlein nach dem Wind gehängt hat« (Erich Mühsam), um als »Jesus Christus des kleinen Mannes« (Kurt Tucholsky) gefeiert zu werden. Doch ungeachtet solch kritisch-spöttischer Bewertungen wurde Steiner zu Beginn des 20. Jahrhunderts zu einem regelrechten Star, der mit seinen Vorträgen große Hallen füllte und dessen begeisterte Anhänger an seinen Lippen hingen. Sie erkannten in ihm einen hellsichtigen Seher, Denker und Künder, auf dessen Reden und Schriften sich eine neue Weltanschauung, eine neue Art des Lebens gründen ließ. Als Steiner 1924 starb, war die zwölf Jahre zuvor von ihm gegründete Anthroposophische Gesellschaft auf über zwölftausend Mitglieder angewachsen. Es dürfte auch die Perspektive auf das »Weltganze« gewesen sein, die Möglichkeit, mit Steiners Lehre das ganze Leben und selbst das Sein danach sortiert zu bekommen, welche die Attraktivität der Anthroposophie und ihre Faszination begründete. Der freiheitlich und verantwortungsvoll handelnde Einzelne stand zwar im Zentrum, war aber gleichzeitig spirituell gut aufgehoben. Tradition und Kirche, die zunehmend an Bindungs- und Überzeugungsfähigkeit verloren hatten und immer weniger verbindliche Sinnstiftung vermitteln konnten, hatten ein Vakuum hinterlassen, in das Rudolf Steiner vorgestoßen war.

Steiners Anthroposophie bildete die Grundlage für zahlreiche Reformprojekte auf unterschiedlichsten Gebieten, die bis heute fortgeführt werden: der Pädagogik (Waldorfschulen), der Agrarwirtschaft (biologisch-dynamische Landwirtschaft), der Medizin oder der Religion (Christengemeinschaft). Seine *Philosophie der Freiheit*, die er 1913 überarbeitet hatte, um den radikalen Individualismus esoterisch einzubetten, wurde und wird seit Generationen von Anhängern und Mitarbeitern der weltweit verbreiteten anthroposophischen Einrichtungen als Einleitung in die Anthroposophie rezipiert. Außerhalb anthroposophischer Kreise hingegen spielen Werk und Autor heute kaum eine Rolle.

Wilhelm Conrad Röntgen
Über eine neue Art von Strahlen

Eine Zufallsentdeckung schreibt Medizingeschichte

Als Wilhelm Conrad Röntgen Ende Dezember 1895 die Wirkungen der von ihm entdeckten Strahlen beschreibt, verbreitet sich die Nachricht wie ein Lauffeuer in der Welt. Vor allem die Möglichkeiten, die eine Durchleuchtung des menschlichen Körpers für die Medizin bietet, werden sofort erkannt und genutzt. Obgleich man die Gefahren, die von ihnen ausgehen, zunächst unterschätzt hat, ist die praktische Bedeutung der sogenannten X-Strahlen noch immer ungebrochen. Röntgen, den das Aufsehen, das seine Entdeckung erregte, zunehmend belastete, erhielt hierfür 1901 den ersten Nobelpreis für Physik.

Als der Referent geendet hat, bringt der Anatom Albert von Kölliker ein Hoch auf ihn aus, in das die Zuhörer im dicht gefüllten Hörsaal des Physikalischen Instituts der Würzburger Universität an jenem 23. Januar 1896 »dreimal mit lautem Ruf und unter rauschendem Beifall« einstimmen. Dem so Geehrten, der als introvertiert beschrieben wird, dürfte der Jubel nicht bloß angenehm gewesen sein. Er galt allerdings dem wissenschaftlichen Durchbruch des fünfzigjährigen Wilhelm Conrad Röntgen.

Röntgen war seit 1888 Ordinarius für Physik in Würzburg, nachdem er zuvor ab 1879 einen Lehrstuhl in Gießen bekleidet hatte. Geboren wurde er 1845 im Bergischen Land als Sohn eines Tuchfabrikanten; die Familie siedelte schon bald in die Niederlande über. Die Schule in Utrecht verließ Röntgen ohne das Abitur, wegen eines Streichs, der ihm – irrtümlich – zur Last gelegt wurde. Dennoch konnte er ab 1865 nach bestandener Aufnahmeprüfung an der ETH Zürich studieren. Auf das Diplom in Maschinenbau folgte eine Promotion in der Physik. Seinem Doktorvater August Kundt folgte er zunächst nach Würzburg, dann nach Straßburg, wo er sich 1874 habilitierte. Ironischerweise war ihm ausgerechnet in Würzburg die Habilitation verwehrt worden – wegen des fehlenden Abiturs.

Der Titel von Röntgens Vortrag lautete »Über eine neue Art von Strahlen«. Eine gleichnamige zehnseitige Abhandlung hatte er (mit dem Zusatz »Vorläufige Mittheilungen«) am 28. Dezember 1895 bei der Würzburger Physikalisch-Medizinischen Gesellschaft eingereicht; sie war – wegen der Feiertage – ohne Aussprache abgedruckt worden und in Würzburg zunächst unbemerkt geblieben. Als bei einer Fakultätsveranstaltung am 4. Januar 1896 wichtige Forschungsleistungen gewürdigt wurden, fiel Röntgens Name nicht. Außerhalb Würzburgs verbreitete sich die Kunde rasant. Den Sonderdruck seiner Schrift hatte Röntgen als Neujahrsgruß an Kollegen versandt. Schon am 5. Januar berichtet die Wiener Tageszeitung *Die Presse*. Auf den Fuß folgen Veröffentlichungen der Abhandlung in England, Frankreich, den USA. Als Röntgen drei Wochen später seine Entdeckung in Würzburg vorstellt, ist diese also bereits weithin bekannt; zwei weitere knappe Abhandlungen ergänzen da schon die erste Schrift.

Die von Röntgen beschriebenen elektromagnetischen Strahlen vermögen im Gegensatz zum Licht die meisten Stoffe zu durchdringen. Die Strahlung ist unsichtbar, erzeugt Fluoreszenz und kann Fotoplatten schwärzen. Röntgen entdeckte »seine« Strahlen zufällig am Abend des 8. November 1895, als er, alle anderen hatten bereits das Institut verlassen, an einer Hittorf'schen Röhre, einer mit Edelgas befüllten Röhre, an die hohe Spannungen angelegt werden, ein Experiment von Hertz und Lenard nachstellte. Dass ein unweit liegendes beschichtetes Papier zu leuchten begann und auch nach Abdeckung der Röhre weiter leuchtete, weckte Röntgens Forschergeist. Bevor er andere einweihte, zog er sich wochenlang in seinen Arbeitsraum zurück, um dem Phänomen weiter auf den Grund zu gehen. Mithilfe einer Fotoplatte machte er eine Aufnahme seiner Hand, später der seiner Frau.

Gerade diese Aufnahme überzeugte auch Laien von der Nützlichkeit der Erfindung. Es begann ein regelrechter Hype um die geheimnisvollen »X-Strahlen«. Schon Mitte Januar 1896 war die Fach- und Boulevardpresse voll von Berichten. Ein populäres US-Magazin schickte für ein Interview eigens einen Reporter nach Würzburg. Auch die medizinische Nutzung setzte alsbald ein. Bereits 1896 erschienen mehr als tausend Publikationen über Röntgens Strahlen. Kaiser Wilhelm II. – von der nationalen Bedeutung der Entdeckung überzeugt – lud Röntgen noch im selben Jahr zur Audienz.

Die »geradezu ekelhafte von den Tagesblättern in Scene gesetzte Reclame« war für Röntgen Anlass, sich zurückzuziehen und kaum noch zu publizieren. Der Physiker Max von Laue schreibt: »Nach meiner Auffassung hatte ihn der Eindruck seiner Entdeckung so überwältigt, daß er, der sie als Fünfziger machte, sich nie mehr davon erholte.« Einen Adelstitel lehnt Röntgen ab, den ersten Nobelpreis für Physik hingegen nimmt er 1901 an. Röntgen weigert sich auch, den »Röntgenapparat« durch Patent zu sichern, weil »seine Erfindungen und Entdeckungen der Allgemeinheit gehören«. Geldsorgen hat der durch das väterliche Erbe zweifache Millionär freilich keine. Das durch Inflation geschmälerte Vermögen hinterlässt er bei seinem Tod 1923 wohltätigen Einrichtungen. Freunde erfüllen ihm den letzten Wunsch und vernichten alle seine Aufzeichnungen.

Bis heute sind Röntgenstrahlen aus der Medizin nicht wegzudenken. Deren später entdeckte Radioaktivität hat auch ihre therapeutische Verwendung ermöglicht. Kehrseite ist die krebserregende Wirkung, denen viele der Pioniere zum Opfer fielen. Außerhalb der Medizin finden die Strahlen vielfältigen Einsatz, z. B. in der Astronomie, der Werkstoffprüfung oder für die Authentifizierung von Kunstwerken. Der im Deutschen übliche Name »Röntgenstrahlen« geht übrigens ebenfalls auf jenen 23. Januar 1896 zurück. Der Vorschlag von Köllikers, die Strahlen nach ihrem Entdecker zu benennen, entfesselte damals »neuen allgemeinen Jubelruf« im Auditorium. Röntgen selbst sprach zeitlebens nur von »X-Strahlen«. Ihm folgt die international gebräuchliche Bezeichnung.

Bürgerliches Gesetzbuch

1900

Ein ungeliebtes Jahrhundertwerk

Seit fast einhundertzwanzig Jahren bestimmt das *BGB* den Alltag der Menschen in Deutschland. Kauf-, Miet- und Arbeitsverträge werden nach seinen Regeln abgeschlossen, Hypotheken bestellt, Ehen eingegangen und geschieden, Erbschaften gemacht. Als das Gesetzbuch am 1. Januar 1900 nach fast fünfundzwanzig Jahren Vorarbeit in Kraft trat, war die Aufnahme keineswegs enthusiastisch. Seither haben unzählige Gerichtsentscheidungen und Gesetzesänderungen dafür gesorgt, dieses »Gesetzbuch von Juristen für Juristen« stets aufs Neue der deutschen Lebenswirklichkeit anzupassen.

Als 1887 die Expertenkommission, die mit der Ausarbeitung eines neuen Bürgerlichen Gesetzbuchs beauftragt war, nach dreizehn Jahren ihren Entwurf vorlegte, war der Aufschrei groß: zu verkopft, zu wenig deutsch, zu wirtschaftsliberal. Der sozialistische Juraprofessor Anton Menger aus Wien antwortete mit seiner Schrift *Das Bürgerliche Recht und die besitzlosen Volksklassen*, ja selbst der Berliner Großordinarius Otto von Gierke, politisch eher konservativ, vermisste jeden »Tropfen sozialistischen Öls« und warnte vor einer »schonungslosen Ausbeutung geistiger und wirthschaftlicher Übermacht«

1874 war die Kommission eingesetzt worden. Rechtsgrundlage war ein Gesetz, das zwei nationalliberale Abgeordnete in den Reichstag eingebracht hatten (»lex Miquel-Lasker«), Ziel die Herstellung der Rechtseinheit. Die Gründung des Kaiserreichs hatte Deutschland 1871 eine neue Reichsverfassung und ein einheitliches Strafgesetzbuch gegeben. Gerade in dem für die Wirtschaft so wichtigen Privatrecht jedoch fehlte es an einer Kodifikation. Wenn etwas in der allgemeinen Rechtszersplitterung Einheit stiftete, so war es der *Code Napoléon*, der vor allem im Westen und Süden des Reichs fortgalt. Nach dem Sieg über Napoleon III. passte ein französischer Kodex aber kaum mehr in die nationale Hochstimmung der Zeit.

In der Kommission hatte der Leipziger Professor Bernhard Windscheid bestimmenden Einfluss. Seinem *Lehrbuch des Pandektenrechts* verdankt sich, dass das *BGB* bis in Einzelheiten seines Aufbaus dem spätrömischen *Corpus Iuris Civilis* folgt. Vom französischen *Code civil* übernahm man die Zentrierung auf die Privatautonomie, aus der Vertragsfreiheit, Eigentümerfreiheit und Testierfreiheit folgen. In fürsorglicher Detailtreue wurde das schon den alten Römern wichtige Recht der Bienenschwärme ausgearbeitet (heute §§ 961 – 964); ausgeklammert blieben neuere ökonomische Entwicklungen. So mussten Themen wie die Entstehung großer Unternehmen und Handelsgesellschaften, Arbeitsteilung, Notwendigkeit sozialer Interventionen usw. in anderen Gesetzen Berücksichtigung finden, die das *BGB* künftig flankierten.

Die Unzufriedenheit mit dem Entwurf führte 1890 zur Einsetzung einer neuen Kommission unter Leitung von Gottlieb Planck (Onkel des Physikers Max Planck), der schon zuvor Kommissionsmitglied gewesen war. Sie sollte den Entwurf »deutscher« und praxisnäher gestalten. Daher war die zweite Kommission weniger professoral besetzt und schloss Rechtspraktiker und Wirtschaftslobbyisten ein. Ihr 1895 unter tatkräftiger Mitwirkung des Reichsjustizamtes vorgelegter Entwurf erfuhr im Bundesrat nur kleinere Korrekturen, sodass das Gesetzbuch 1896 im Reichstag gegen die Stimmen der SPD verabschiedet und am 24. August von Kaiser Wilhelm II. im Reichsgesetzblatt verkündet werden konnte. Als Termin für das Inkrafttreten wurde der 1. Januar 1900 bestimmt, um der Praxis Zeit zum Eingewöhnen zu geben.

Auf Euphorie stieß das neue Gesetzbuch nicht. Die Defizite des ersten Entwurfs waren abgemildert, nicht beseitigt. Als »letztes Siegesmal des alten Bürgertums« und »Usurpation einer einzigen Klasse der Wirtschaftsgesellschaft« bezeichnet es der Rechtshistoriker Franz Wieacker. Immerhin, ein »Tropfen sozialistischen Öls« verwandelte den Satz »Kauf bricht Miete« in »Kauf bricht nicht Miete« (§ 566). Es blieb aber dabei, dass das *BGB* nur einen Teil der Wirtschafts- und Sozialordnung erfasste. Damit löste es sich von der Kodifikationsidee des 18. Jahrhunderts, die nach einem umfassenden Gesetzeswerk strebte. Es löste sich auch darin, dass es in seiner abstrakten Paragrafensprache alles andere als ein Volksgesetzbuch war. Als »Gesetzbuch von Juristen für Juristen« (Rudolf Wassermann) konnte es freilich durch die Gerichte ausgedeutet und an die soziale Wirklichkeit angepasst werden – in der NS-Zeit auch an die rassistische Ideologie der Nationalsozialisten.

Bis heute erschließt sich das bürgerliche Recht nur aus einer Zusammenschau von *BGB* und Zivilrechtsprechung, sehr zum Leidwesen Zigtausender Jurastudierender, die lernen müssen, dass der Blick ins Gesetz allein nicht ausreicht. Dass sich die Textausgabe des *BGB* seit Jahrzehnten als Bestseller behauptet, mutet da fast kurios an. Das *BGB* an die Zeitläufte anzupassen ist nicht nur Aufgabe der Rechtsprechung. Seit 1900 sind seine rund zweitausendfünfhundert Paragrafen etliche Male geändert worden. Besonders markant waren Änderungen des Ehe- und Familienrechts, um der Gleichstellung der Frau und zuletzt (2017) von gleichgeschlechtlichen Paaren Rechnung zu tragen. 2001 wurde das Schuldrecht grundlegend modernisiert. Immer neue Reformimpulse kommen von Richtlinien der Europäischen Union, etwa im Verbraucherschutz oder für den Onlinehandel. Dass seit Mitte der 1990er Jahre unter Experten und Politikern bereits über ein Europäisches Zivilgesetzbuch diskutiert wird, unterstreicht den Zusammenhang zwischen Kodifikation, Wirtschaftseinheit und politischer Einigung, der auch für das *BGB* Pate stand.

Die »Hasendebatte«
Im Reichstag wurde das *BGB* im Wesentlichen durchgewunken. Intensiv debattiert wurde nur § 835, der die Haftung des Jagdberechtigten für Flurschäden durch Rehe, Wildschweine und Fasane bestimmte. Die katholische Zentrumspartei drohte, das *BGB* scheitern zu lassen, wenn nicht auch Hasen einbezogen würden, lenkte aber schließlich ein. Hasenschäden blieben außen vor.

1901

Thomas Mann
Buddenbrooks

Ein Denkmal der bürgerlichen Welt

Thomas Manns Debütroman wird gleichzeitig als letzter Roman des 19. Jahrhunderts und erster Roman des 20. Jahrhunderts gesehen. Er führt noch einmal alle Kunstgriffe des Realismus vor und verweist zugleich auf die Herausforderungen der Moderne. Am Beispiel einer bürgerlichen Familie im Niedergang gibt er dem Zeitgeist einer Gesellschaft im Übergang eine Form. Der Roman bildet den Grundstein für Manns Weltruhm und zählt zu den Wegmarken der Literatur des 20. Jahrhundert.

Thomas Mann war tief bewegt. Lange hatte er auf eine offizielle Ehrung seitens seiner Heimatstadt gewartet, 1955 war es dann endlich so weit: Er wurde zum Lübecker Ehrenbürger ernannt. Doch was oberflächlich wie die Umarmung des verlorenen Sohnes aussah, offenbarte bei genauerem Hinsehen, dass die Stadt zwischen Anerkennung und Ablehnung zerrissen war. So wussten die Zeitungen zwar zu berichten, dass die Lübecker Stadtvertretung mit den Stimmen aller Anwesenden die Verleihung der Ehrenbürgerrechte beschlossen hatte, was nach großer Einmütigkeit klang. Tatsächlich allerdings war fast die Hälfte der Mitglieder aus Protest gar nicht erst zur Abstimmung erschienen. Man stieß sich noch immer an Thomas Manns Radioansprachen, in denen er aus dem Exil mit NS-Deutschland ins Gericht gegangen war. Und vermutlich trug man ihm auch seinen über fünfzig Jahre alten Roman *Buddenbrooks* noch nach, der hier gar nicht gut angekommen war. Es blieb dabei: Lübeck und Thomas Mann – eine komplizierte Beziehung.

Das konnte freilich niemand ahnen, als Thomas Mann 1875 als Sohn eines Lübecker Kaufmanns und Senators in die ersten Kreise der Stadt geboren wurde. Nach dem Tod ihres Mannes zog seine Mutter 1891 nach München, wohin der Sohn nach dem Ende seiner Schulaufbahn 1894 folgte. Schon früh sah sich Thomas Mann als Schriftsteller. Wohl auf Anregung seines Verlegers Samuel Fischer setzte er sich Mitte 1897 an ein größeres Romanprojekt mit dem Arbeitstitel *Abwärts*. Als er im Sommer 1900 das Manuskript mit dem Titel *Buddenbrooks* abschickte, hatte er nach eigener Aussage drei Jahre Quälerei hinter sich. Aus den geplanten zweihundertfünfzig Seiten waren über eintausend geworden. Entsprechend reserviert war die Reaktion des Verlegers, der für einen solchen Wälzer keine Käufer sah. Der Autor solle den Roman um ungefähr die Hälfte kürzen. Möglicherweise spielte Manns Drohung mit einem Verlagswechsel eine Rolle dabei, dass Fischer den Roman dann 1901 doch ungekürzt in zwei Bänden herausbrachte – im Nachhinein jedenfalls eine der besten Entscheidungen der Verlagsgeschichte.

Zwar war die erste (teure) Auflage in Höhe von eintausend Exemplaren innerhalb eines Jahres abverkauft, aber erst die zweite, günstigere Auflage in einem Band wurde dann ein durchschlagender Erfolg. Bis 1909 wurden allein neunundvierzig Folgeauflagen gedruckt. Der Roman katapultierte Thomas Mann in die erste Reihe der deutschen Literatur. Doch die *Buddenbrooks* waren Segen und Fluch zugleich. Der Roman blieb zeitlebens Thomas Manns größter Erfolg, auch wenn viele seiner späteren Werke – wie *Der Zauberberg* (1924), *Joseph und seine Brüder* (1933 – 1943) oder *Doktor Faustus* (1947) – bei Publikum und Kritik reüssierten. Als 1929 mit der Zuerkennung des Nobelpreises für Literatur Manns Bedeutung für die Weltliteratur gewürdigt wurde, erhielt er die Auszeichnung laut Jurybegründung »vornehmlich für seinen großen Roman ›Buddenbrooks‹, der stetig steigende Anerkennung als eines der klassischen Werke der zeitgenössischen Literatur gefunden hat«. Ungeachtet aller Rollen, die Thomas Mann im Laufe seines Lebens noch verkörpern sollte, ob als Stellvertreter Goethes auf Erden oder eine Art Präsident des guten Deutschlands im Exil – er war und blieb der Autor der *Buddenbrooks*. Es dürfte auch die Mischung aus norddeutscher Gemütlichkeit und Untergangsstimmung, aus Pessimismus und Humor gewesen sein, die den Roman zum Dauerbrenner werden ließ.

Im Zentrum des Romans steht die traditionsreiche Kaufmannsfamilie Buddenbrook, deren Schicksal der Leser über vier Generationen von 1835 bis 1877 hinweg begleitet. Schon der Untertitel – *Verfall einer Familie* – deutet die Richtung der Entwicklung an. Der Handlungsverlauf, der persönliche Ereignisse (wie Geburt, Hochzeit, Krankheit und Tod) ebenso fokussiert wie geschäftliche Erfolge und wirtschaftliche Probleme, entwirft einen klaren Zeitrahmen und topografischen Raum (auch wenn der Ortsname Lübeck nirgends fällt). Der Bogen spannt sich von der festlichen Einweihung des neuen Hauses zu Beginn des Romans, das sinnbildlich für die noch gültige Einheit von Firma und Familie steht, bis zum frühen Typhus-Tod des letzten Stammhalters Hanno, dessen verwitwete Mutter im Anschluss nach Amsterdam zurückkehrt. Die Auflösung des Haushalts zeigt: Die Zeit der Familie Buddenbrook ist abgelaufen.

Ein Blick auf die vier Repräsentanten der jeweiligen Generationen verdeutlicht, wie im Roman der Verfall der Familie mit den je spezifischen Lebenshaltungen korreliert, wenn nicht begründet wird. War Johann Buddenbrook noch ein in seine Aufgabe geborener und mit ihr verwachsener, »natürlicher« Kaufmann, so ist sein Sohn Jean zwar noch guten Willens, lässt aber die Sicherheit beim Führen der Geschäfte vermissen, was er durch verstärkte Religiosität zu kompensieren versucht. Des-

Ein Film macht Staat
Thomas Manns Roman wurde seit 1923 insgesamt viermal zu Spielfilmen verarbeitet. Die Welturaufführung der letzten Verfilmung fand 2008 im Beisein des Bundespräsidenten statt. Wenn »einer der berühmtesten Romane Deutschlands« verfilmt und dieser Film zum ersten Mal öffentlich gezeigt wird, so Horst Köhler in seinem Grußwort, dann sei die Anwesenheit des Bundespräsidenten quasi eine Selbstverständlichkeit. Damit, dass eine Verfilmung seines Debütromans einmal zu einer Art Staatsakt werden würde, hätte vielleicht nicht einmal Thomas Mann gerechnet.

sen Sohn Thomas füllt den Kaufmannsberuf dann nur noch äußerlich aus. Entsprechend schonungslos heißt es im Roman: »Thomas Buddenbrooks Dasein war nichts anderes mehr als das eines Schauspielers.« An die Stelle eines »aufrichtig feurigen Interesses, das ihn in Anspruch genommen hätte«, tritt das Bemühen, »um jeden Preis würdig zu repräsentieren«. Die Kraft, die es braucht, »seine Hinfälligkeit mit allen Mitteln zu verstecken«, nimmt Thomas Buddenbrock zunehmend in Anspruch, ja sie »verzehrt ihn«. Der dritten Generation, die im Hauptteil des Romans im Mittelpunkt steht, gelingt es zudem auch nicht mehr, die Ehe im Sinne einer stabilen (emotionalen und wirtschaftlichen) Basis zu leben, was vor allem an Tonys verschiedenen Versuchen deutlich wird. Damit bricht eine weitere Säule des bürgerlichen Erfolgsmodells weg. Während Thomas sich den Erfordernissen aber immerhin noch stellt und sie äußerlich einzulösen versucht, entzieht sich sein Sohn Hanno schließlich vollständig der Rolle als Stammhalter und flüchtet in die Kunst. Mit Hannos Tod ist die männliche Linie der Familie ausgestorben (sein Onkel Christian endet in einer Nervenanstalt).

Die natürliche Vitalität der ersten Generation weicht immer stärker einer geistigen Verfeinerung, die im Roman weder für den Beruf noch fürs Leben qualifiziert. Hier scheint Thomas Manns großes Lebensthema durch, das alle seine Texte prägt: der Gegensatz zwischen Bürger und Künstler, oder, in Anlehnung an Nietzsche, zwischen dem Apollinischen und dem Dionysischen, zwischen Disziplin und Maß einerseits sowie Rausch und Entgrenzung andererseits. Ein Gegensatz, der in den *Buddenbrooks* nicht überbrückbar scheint.

Das Schwinden der Bindekraft des Sozialen und die Abnahme der Lebens- und Willenskraft spiegeln sich auch auf der Ebene des Erzählens. Ist der Romanbeginn noch von großen dialogisch gestalteten Gesellschaftsszenen geprägt, haben sich die Figuren im Laufe der Handlung immer weniger zu sagen, bis Innenschau und Reflexion die Oberhand gewinnen. Die Auseinandersetzung mit der ereignisreichen äußeren Welt als Bezugsgröße des erfolgreichen Kaufmanns weicht der Darstellung der inneren Welt des sich selbst genügenden Grüblers und Künstlers. Der Roman arbeitet zudem stark mit Kontrasten – wenn etwa der Niedergang der alteingesessenen Buddenbrooks gegenläufig zum Aufstieg der neu zugezogenen Hagenströms geschildert wird – und nutzt die Leitmotivtechnik als Stilprinzip. So steht etwa der immer wieder thematisierte problematische Zustand der Zähne der Familienmitglieder symbolisch für den Niedergang der Familie.

Thomas Mann sieht rückblickend den Erfolg des Romans, »dieser Chronik eines Bürgertums, das aus dem Naiv-Praktischen ins Geistige wächst«, darin begründet, dass er einen »allgemeinen Weltprozeß« abbilde und ein »Zeitmotiv« aufgreife, das damals in ganz Europa virulent gewesen sei: »Die Väter hatten es geschafft, man selbst war Erbe, man verspürte schon die Müdigkeit des Endes ...« Indem der Roman die Verfallsthematik ins Zentrum rückt, greift er gleichzeitig das zur Jahrhundertwende präsente Konzept der Décadence auf. In diesem Sinne ist der Roman gleichermaßen Familien- und Gesellschaftsroman. Er adressiert die Ängste des Besitz- und Bildungsbürgertums und zeigt eine bürgerliche Familie in Auflösung, weil die tradierten Strukturen in einer Gesellschaft im Wandel nicht mehr greifen. Damit verhandelt der Roman Themen der bürgerlichen Identität, die auch zeitgenössische Soziologen wie Max Weber (1864–1920) und Werner Sombart (1863–1941) diskutierten. Mann bezeichnet seinen Protagonisten Thomas Buddenbrook auch in Weber'scher Diktion als »Leistungsethiker«. Er betont allerdings, dass er die Idee, »der modern-kapitalistische Erwerbsmensch, der Bourgeois mit seiner asketischen Idee der Berufspflicht sei ein Geschöpf protestantischer Ethik«, ohne Kenntnis der gleichzeitig entstandenen soziologischen Schriften gleichsam »erfühlt« habe.

Mann selbst gab seinem Freund und Rezensenten Otto Grautoff in einem Brief vom 26. November 1901 eine Leseanweisung und betonte »den deutschen Charakter des Buches«, wobei er als zwei »echt deutsche Ingredienzen« Musik (Wagner) und Philosophie (Schopenhauer) heraushob. Einen besonderen Akzent legte er auf seine Leitmotivtechnik, »diese wörtliche Rückbeziehung über weite Strecken hin, im Wechsel der Generationen«, die dem Ganzen eine »eminent epische Wirkung« verleihe. Ein großer Teil der Leserschaft schloss sich dieser Lesart an – die Lübecker allerdings nicht. Sie lasen den Roman als Schlüsselroman, und es kursierten verschiedene Namenslisten, mit deren Hilfe man auf die vermeintlich realen Vorbilder der literarischen Figuren schließen können sollte. Thomas Mann wurde als Nestbeschmutzer gesehen, und auch in der Familie galt er einigen als Verräter, der die Verwandtschaft in ihrer Unzulänglichkeit bloßgestellt und in den Schmutz gezogen hätte. Sein Onkel Friedrich Mann, der sich im verschrobenen und lebensuntüchtigen Christian Buddenbrook porträtiert sah, distanzierte sich sogar in einer Zeitungsannonce öffentlich vom Buch und dessen Autor. Angesichts der Kritik sah sich Thomas genötigt, zu seinem Schreibverfahren Stellung zu beziehen. In dem Aufsatz *Bilse und ich* (1906) betont er den kategorialen Unterschied zwischen Wirklichkeit und Kunst, denn: »Es ist nicht die Gabe der Erfindung, – die der Beseelung ist es, welche den Dichter macht.« Natürlich verarbeite der Dichter Realität, er schaffe daraus aber eine ganz eigene Welt der Kunst, eine »subjektive Vertiefung des Abbildes einer Wirklichkeit«.

Noch über fünfzig Jahre nach der Erstveröffentlichung sah sich Thomas Mann in seiner Dankrede anlässlich der Verleihung der Lübecker Ehrenbürgerwürde genötigt klarzustellen: »Ich will nicht den Träumer spielen und mich auch nur zum Schein in der Illusion wiegen, als sei durch den Beschluß zu dieser Ehrung nun auf einmal aller Mißbilligung meiner Existenz, die hier zu finden war, der Lebensodem ausgeblasen. Aber schön, dankenswert und auch beglückend ist es doch, daß offiziell, formell, vor der Welt, der Friede, ein später und endgültiger Friede hergestellt ist und die trübenden Mißverständnisse begraben sein sollen.« Im »sollen« blitzt die skeptische Ironie des Geehrten auf. Wenige Wochen nach der Verleihung starb Thomas Mann im August 1955. Als Ironiker hätte er den Gedanken, er habe mit dem Ableben nur auf eine Art Aussöhnung mit den Lübeckern gewartet, wohl weit von sich gewiesen und geantwortet: nur so wären weitere Unstimmigkeiten zu vermeiden gewesen.

Franz Kafka
Die Verwandlung

Der Einzelne und die Ohnmacht

Das Werk Franz Kafkas zählt zum Kanon der Weltliteratur. Erst nach seinem Tod im Jahr 1924 konnte Kafka aufgrund posthumer Veröffentlichungen als einer der wichtigsten Autoren der literarischen Moderne richtig entdeckt werden, in dessen Werk die Irritationen und Abgründe der menschlichen Existenz im 20. Jahrhundert in ihrer ganzen Unerhörtheit offen und hellsichtig ausgestellt werden.

Es dürfte einer der bekanntesten und verstörendsten ersten Sätze der deutschsprachigen Literatur sein: »Als Gregor Samsa eines Morgens aus unruhigen Träumen erwachte, fand er sich in seinem Bett zu einem ungeheueren Ungeziefer verwandelt.« Der Einbruch des Fantastischen in die Realität wird in Die Verwandlung, so der Titel der 1912 entstandenen Erzählung von Franz Kafka, ganz selbstverständlich vorausgesetzt. Wie der Handlungsreisende Gregor Samsa muss der Leser das Unglaubliche einfach hinnehmen und damit umgehen, was umso verstörender gerät, da es in betont sachlicher Schilderung präsentiert wird. Die besondere Sogwirkung entfaltet der Text unter anderem dadurch, dass er den allwissenden Erzähler eliminiert und sich auf die Perspektive Samsas beschränkt: Der Leser bekommt über weite Strecken allein Wahrnehmungen und Gedanken aus Sicht des Käfers vermittelt und wird so in gewisser Weise selbst zum Käfer. Denn äußerlich ist Samsa zwar mutiert, innerlich aber ist er derselbe geblieben, er kann weiterhin denken und fühlen, aber nicht mehr sprechen: ein Mensch gefangen im Körper eines Ungeziefers. Die Brutalität des Textes entwickelt sich daraus, dass seinem Umfeld der äußere Anschein genügt, um Gregor tatsächlich nicht mehr als Mitmenschen wahrzunehmen und zu behandeln. So verkümmert er selbst im Blick seiner Familie zu einem »Es« und »Zeug«, das man nur noch loswerden will. Als am Ende die Bedienerin feststellt: »Sehen Sie nur mal an, es ist krepiert«, antwortet der Vater lediglich: »Jetzt können wir Gott danken.«

Zu Beginn des dreiwöchigen Entstehungsprozesses nennt Kafka die Novelle seiner Verlobten gegenüber noch zurückhaltend »ein wenig fürchterlich«, später spricht er dann ganz offen von »einer ekelhaften Geschichte«, die ihn »innerlichst bedrängt« habe. Erst im Winter 1915 erscheint sie schließlich und bleibt mit siebzig Seiten die umfangreichste Veröffentlichung zu Kafkas Lebzeiten. Gerade die »Ekelhaftigkeit« hat die Interpreten stimuliert: Die Verwandlung Samsas wurde etwa gesellschaftskritisch als Entfremdungserfahrung im Kontext kapitalistischer Verwertungsprozesse gelesen: Reduziert auf seine Funktion als Ernährer der Familie verkörpere »die Gestalt des Käfers Gregors seelische Verkümmerung und die Reduktion seines Ich zur Hülle ohne Identität« (Peter-André Alt). Die Novelle prangert in dieser Lesart die Entmenschlichung in Zeiten erbarmungsloser Ökonomisierung an. Daneben wurde in Deutungen auf sozialpsychologische Aspekte abgestellt und die Familie ins Zentrum gerückt (insbesondere Gregors Beziehung zu seinem Vater). Der Abscheu, den die anderen Familienmitglieder angesichts des Käfers empfänden, sei nur eine Steigerung jener Ablehnung, die Gregor schon zeitlebens habe subtil erfahren müssen. In diesem Sinne sei die Entstellung Gregors, wie Ernst Bloch bemerkt, eine Entstellung zur Kenntlichkeit, die die familiären Strukturen offenlege. Dass bei den verschiedenen Deutungsansätzen fast immer auch autobiografische Bezüge herausgearbeitet wurden, kann wenig überraschen.

Denn es gibt wohl nur wenige Autoren, bei denen Leben und Werk in so enger Beziehung zu stehen scheinen wie bei Franz Kafka. 1883 in eine jüdische Kaufmannsfamilie geboren, leidet er unter seinem despotischen Vater und wächst als Mitglied der deutschsprachigen Minderheit in Prag auf. Er studiert Jura und beginnt schon früh literarische Texte zu verfassen.

Als Dr. jur. arbeitet er ab 1908 im Brotberuf angestellt für die Arbeiter-Unfall-Versicherungs-Anstalt und geht nach Feierabend seiner schriftstellerischen Berufung nach – ein Doppelleben, das seiner ohnehin angeschlagenen Gesundheit nicht gut bekommt. 1911 hält er sich erstmals in einem Sanatorium auf, 1917 wird Tuberkulose diagnostiziert. Im September 1923 wird er nach weiteren Sanatoriumsaufenthalten pensioniert und übersiedelt nach Berlin. Er will sich von seiner Familie und insbesondere seinem autoritären Vater lösen, als Schriftsteller eine Existenz und mit seiner Lebensgefährtin Dora Diamant ein gemeinsames Leben aufbauen. Doch daraus wird nichts: Schon Anfang Juni 1924 stirbt Kafka in einem Sanatorium bei Wien. Entfremdung, Ausgeliefertsein und Ausweglosigkeit – Emotionen, die den Grundbass in Kafkas Texten bilden – kannte er aus eigener Erfahrung.

Kafka hatte testamentarisch verfügt, dass sein schriftstellerischer Nachlass vernichtet werden sollte. Nur weil sich sein enger und langjähriger Freund Max Brod nicht an diesen letzten Wunsch hielt, erschienen posthum neben zahlreichen anderen Texten die drei Roman(fragmente) *Der Process* (1925), *Das Schloss* (1926) und *Amerika* (1927). Hier bestätigt sich, was schon in seiner frühen Novelle *Die Verwandlung* angelegt ist: Kafka ist ein Visionär, der Ohnmacht als menschliche Grunderfahrung der Moderne akzentuiert, indem er Machtverhältnisse ausbuchstabiert, in denen die Mächtigen gleichermaßen Fixpunkt und Leerstelle bleiben. Das zugerichtete Individuum hat die Verfügungsgewalt anonym agierender Macht internalisiert – Gregor ist am Ende am stärksten davon überzeugt, dass er verschwinden müsse – und potenziert auf diese Weise deren Einfluss. Zurück bleibt ein unheimliches Gefühl der grundsätzlichen Verunsicherung und Bedrohung, das sich als »kafkaesk« dem deutschen Denken eingeprägt hat.

Albert Einstein

1916

Die Grundlagen der allgemeinen Relativitätstheorie

Ein neues Weltverständnis

Mit seinen Erkenntnissen zur Beschaffenheit des Lichts oder über die Atome hat Albert Einstein unser modernes Weltbild maßgeblich geprägt. Vor allem aber seine Relativitätstheorie, die ein jahrhundertealtes Verständnis des Universums umstürzte, ließ ihn zum populären Jahrhundertgenie aufsteigen. Er dürfte der bekannteste Wissenschaftler der Neuzeit sein, und seine Überlegungen bestimmen auch heute noch aktuelle Forschungen.

Das Jahr 1905 gilt als *annus mirabilis* der Physik, als Wunderjahr. Innerhalb von nur sechs Monaten, zwischen März und September, legte der junge Albert Einstein fünf Veröffentlichungen vor, die seinen Ruhm als größter Physiker seit Isaac Newton begründen sollten.

Geboren 1879 in Ulm, aufgewachsen in München, verließ Einstein 1894 das Gymnasium ohne Abschluss und folgte der Familie nach Italien. Dass er ein durchweg schlechter Schüler gewesen sei, ist eine Legende. In Mathematik und Naturwissenschaften, auch in Latein waren seine Leistungen immer hervorragend, in Französisch allerdings eher mau. Das merkte er, als er sich schon als Sechzehnjähriger um einen Studienplatz in Zürich bewarb und nicht zuletzt aufgrund der zu schlechten Französischkenntnisse an der Aufnahmeprüfung scheiterte. Er musste die Matura, das Schweizer Abitur, nachholen und schloss als Jahrgangsbester ab. 1896 wurde er auf eigenen Wunsch aus der württembergischen Staatsbürgerschaft entlassen. Er wollte wohl einen endgültigen Strich unter seine Schulzeit in Deutschland ziehen, die er vor allem als repressiv empfunden hatte. Im selben Jahr begann er sein Studium am Züricher Polytechnikum (der späteren Eidgenössischen Technischen Hochschule). 1900 hatte Einstein das Diplom als »Fachlehrer in mathematischer Richtung« in der Tasche. Er jobbte als Hilfs- und Privatlehrer, wurde nach fünf Jahren Staatenlosigkeit 1901 Schweizer Staatsbürger und begann 1902 als technischer Experte am Patentamt in Bern.

Dieser in der wissenschaftlichen Welt unbekannte Angestellte also reichte 1905 den *Annalen der Physik*, der damals führenden Fachzeitschrift, fünf Arbeiten ein, die allesamt gedruckt wurden und die Welt der Physik neu ausrichteten. »In der ersten Arbeit stellt er eine vollkommen neue Theorie des Lichts auf«, so der Einstein-Experte Frank Steiner, »indem er eine neue Sorte von Elementarteilchen, die sogenannten Lichtquanten einführt. Mit der zweiten und dritten Arbeit wird Einstein zu einem der bedeutendsten Verfechter der 1905 noch heftig umstrittenen These von der Existenz der Atome. Die vierte Arbeit enthält die Grundlagen der Speziellen Relativitätstheorie, und schließlich in der fünften und letzten Arbeit dieses Wunderjahres leitet er die legendäre Formel $E = mc^2$ her.«

Seine Arbeit zu den Lichtquanten beschreibt Einstein selbst in einem Brief an seinen Freund Conrad Habicht im Mai 1905 als »sehr revolutionär«. Denn er erklärte hier, warum sich je nach Art der Messung in Bezug auf das Licht nämlich mal Wellen-, mal Teilcheneigenschaften beobachten lassen. Schließlich widersprechen sich eigentlich beide Eigenschaften: Während eine Welle zugleich an unterschiedlichen Orten mit verschiedener Intensität wirken kann, können Teilchen nur zu einem bestimmten Zeitpunkt an einem bestimmten Ort sein. Doch Einstein erkannte, dass Licht beides ist: Welle und Teilchen, dass sich elektromagnetische Strahlung wie eben das Licht nicht nur (wie seit Newton und Maxwell angenommen) kontinuierlich im Raum in Form von Wellen verteilt, sondern gleichzeitig aus Teilchen besteht, den sogenannten Photonen oder Lichtquanten. Man spricht daher heute vom Welle-Teilchen-Dualismus. Dieser Dualismus, so Frank Steiner, »bildet die Grundlage der Quantentheorie und damit der modernen Atom-, Molekül-, Festkörper-, Halbleiter-, Kern- und Elementarteilchenphysik. Durch diese Arbeit wird Einstein zum eigentlichen Vater der Quantenphysik«.

Einsteins Erkenntnis war so unerhört, dass selbst der »Groß-Physiker« Max Planck, der den Begriff »Quanten« 1900 eingeführt hatte und der maßgeblich dafür sorgte, dass Einstein 1914 an die Preußische Akademie der Wissenschaften nach Berlin kommen sollte, noch 1913 der Meinung war, dass Einstein »in seinen Spekulationen gelegentlich auch einmal über das Ziel hinausgeschossen haben mag, wie z. B. in seiner Hypothese der Lichtquanten«.

Seinen zweiten Aufsatz *(Eine neue Bestimmung der Moleküldimensionen)* reichte Einstein im Sommer 1905 als Dissertation ein und erhielt dafür im Januar 1906 den Doktorgrad. 1908 wurde er in Bern habilitiert und 1909 zum außerordentlichen Professor für Theoretische Physik an der Universität Zürich ernannt. Noch im selben Jahr wurde ihm von der Universität Genf sein erstes Ehrendoktorat verliehen. Einsteins akademische Karriere nahm nun richtig Fahrt auf: Er wurde 1911 Professor in Prag und 1912 an der ETH Zürich, wo er studiert hatte. 1913 fuhr Max Planck eigens nach Zürich, um Einstein, dem aufgehenden Stern am Physikerhimmel, ein Angebot zu machen, das dieser nicht ablehnen konnte. In einem Brief vom Juli 1913 an seinen Kollegen Jakob Laub beschrieb Einstein das so: »Ostern gehe ich nämlich nach Berlin als Akademie-Mensch ohne irgendwelche Verpflichtung, quasi als lebende Mumie. Ich freue mich auf diesen schwierigen Beruf!« Einstein wurde hauptamtliches Mitglied der Preußischen Akademie der Wissenschaften und sollte sich so allein auf seine Forschungen konzentrieren können. Er wurde zugleich an die Berliner Universität berufen, mit allen Rechten, aber ohne Pflichten, und man stellte ihm außerdem die Stelle des Direktors des neu zu gründenden Kaiser-Wilhelm-Instituts für Physik in Aussicht, die er dann ab 1917 auch innehatte.

Schon früh in den Berliner Jahren zwischen 1914 und 1933 wurde »der Mythos Einstein« (Dieter Hoffmann) begründet. Denn kurz nach seiner Ernennung zum Akademiemitglied schloss Einstein 1915 sein bedeutendstes Werk, die *Allgemeine Relativitätstheorie*, ab. In vier Vorträgen präsentierte er sie im November 1915 den Akademiemitgliedern. Im März 1916 reichte er den *Annalen für Physik* unter dem Titel *Die Grundlagen der allgemeinen Relativitätstheorie* eine umfassende Darstellung ein, die noch im selben Jahr als eigenständige Publikation erschien und Furore machte.

Einsteins Spezielle Relativitätstheorie hatte schon unsere Alltagserfahrung und die Annahmen der klassischen Physik über den Haufen geworfen, dass Raum, Zeit oder Längen konstante Größen seien. Allein die Lichtgeschwindigkeit ist eine konstante Größe, Raum und Zeit hingegen sind nach Einstein relativ. Auch ein Phänomen wie Gleichzeitigkeit ist damit beobachterabhängig. Ein Beispiel: In einen fahrenden Zug schlägt ganz vorne und ganz hinten ein Blitz ein. Steht nun im Moment der Einschläge ein Beobachter außerhalb des Zuges genau auf Höhe der Zugmitte, nimmt er die Einschläge als gleichzeitig wahr, weil das Licht beider Blitze die gleiche Entfernung zu ihm zurücklegen muss und damit zum selben Zeitpunkt bei ihm ankommt. Ein Passagier im Zug, der bei Blitzeinschlag genau in der Zugmitte aus dem Fenster schaut, nimmt den Blitz vom Zugende später wahr, weil sich der fahrende Zug in der Zwischenzeit minimal weiterbewegt hat und das Licht vom hinteren Blitz damit eine weitere Entfernung zurücklegen muss, um bei ihm anzukommen. Gleichzeitig und nacheinander – beides ist richtig. Des Weiteren gelten Masse und Energie bei Einstein nicht mehr als unabhängige Größen, Masse sei einfach eine andere Form der Energie. Je schneller ein Körper werde, desto größer werde seine Masse. Eine Erkenntnis, die später etwa im Rahmen der Kernenergie von Bedeutung wurde. Die Spezielle Relativitätstheorie galt allerdings nur für gleichförmig bewegte Systeme, in denen Länge und Zeitdauer davon abhingen, wie sich der Beobachter relativ zum Geschehen bewegte.

Die Allgemeine Relativitätstheorie nahm jetzt auch beschleunigte Bewegungen in den Blick und bezog das Phänomen der Gravitation mit ein. Einstein fasste Raum und Zeit als vierdimensionale »Raumzeit« auf (dreidimensionaler Raum plus eindimensionale Zeit) und deutete die Anziehung zwischen Massen als Resultat der Krümmung der »Raumzeit«. Die Idee: Wie ein Medizinball, der eine weiche Matratze eindellt, sodass eine Murmel, die über diese Matratze rollt, am Rande der Delle eine Kurve machen muss, so bewegen sich die Planeten entlang der Krümmung, die die von der massereichen Sonne gewissermaßen eingedellte »Raumzeit« hinterlässt. Die Planeten umkreisen die Sonne nach Einstein eben nicht aufgrund deren »Anziehungskraft« auf einer bestimmten Umlaufbahn, sondern folgen der von der Sonne verursachten Raumkrümmung. Auch das Licht eines fernen Sternes, so Einstein, laufe im Umfeld einer großen Masse wie der Sonne auf einer gekrümmten Bahn, was sich im Rahmen einer totalen Sonnenfinsternis messen lasse. Im Mai 1919 kam die Gelegenheit, die von Einstein berechneten Voraussagen zur Ablenkung des Lichts im Gravitationsfeld der Sonne und damit seine Allgemeine Relativitätstheorie in der Praxis überprüfen zu können. Zwei britische Expeditionen, die in der Karibik im Mai 1919 die nächste Sonnenfinsternis beobachteten, fanden seine Theorie eindrucksvoll bestätigt. Die internationale Presse überschlug sich vor Begeisterung. Das seien die wichtigsten Erkenntnisse zur Gravitationstheorie seit Newton, denn den Ursprung der Schwerkraft habe Newton nie begründet. Nun lag eine grundlegende Theorie von Raum und Zeit vor, in der auch die Gravitation nicht mehr als Kraft gesehen, sondern als Phänomen erklärt wurde, das aus der Geometrie der Raumkrümmung folgte.

Eine Frage der Ehre

Einstein konnte den Nobelpreis nicht selbst in Empfang nehmen, da er auf einer Japanreise war. So musste entschieden werden, ob er vom deutschen oder Schweizer Gesandten in Stockholm vertreten werden sollte. Obwohl zunächst unklar blieb, ob Einstein neben der schweizerischen auch die deutsche Staatsangehörigkeit hatte, preschten die Deutschen vor: Sie reklamierten Einstein und den Nobelpreis für sich. Als sich am Tag nach Preisverleihung und Festbankett herausstellte, dass Einstein nur einen Schweizer Pass besaß, beschloss man im Berliner Außenministerium, über die peinliche Sache kein Wort mehr zu verlieren.

Einstein wurde über Nacht »zu einer Weltberühmtheit und zum ersten Popstar der Geschichte« (Frank Steiner). Im Dezember 1919 erschien auf dem Titel der *Berliner Illustrirten Zeitung* ein ganzseitiges Einstein-Porträt mit der Schlagzeile: »Eine neue Größe der Weltgeschichte: Albert Einstein, dessen Forschungen eine völlige Umwälzung unserer Naturbetrachtung bedeuten und den Erkenntnissen eines Kopernikus, Kepler und Newton gleichwertig sind.« Immer häufiger war Einstein fortan weltweit auf Vortragsreisen unterwegs. Seine Prominenz kam vielen im nach neuerlicher Anerkennung auf der Weltbühne strebenden Deutschland sehr zupass.

Doch Kritikern von rechts, die in der Relativitätstheorie eine »Arbeitshypothese von zynischer Rücksichtslosigkeit« (Oswald Spengler) sahen, stieß Einsteins Ruhm sauer auf. Konservative beäugten Einstein kritisch als Totengräber traditioneller Gewissheiten und Werte, während ihn die Fortschrittlichen feierten, weil er Raum und Zeit aus den Fesseln der Konvention befreit habe. In Zeiten des gesellschaftlichen Umbruchs, nach dem Kollaps der Monarchie und angesichts der Geburtswehen der Weimarer Republik wurde allerorten verallgemeinert. Für die einen war der Gedanke, dass auch in der Physik das Relativitätsprinzip herrschen sollte, eine verunsichernde Vorstellung, für die anderen ein Hoffnungszeichen. Wieder andere konnten es nicht hinnehmen, dass mit Einstein ein Jude als Repräsentant der deutschen Wissenschaft gefeiert wurde. Hitler meinte in allem eine »bewusste planmäßige Vergiftung unserer Volksseele« (*Völkischer Beobachter* vom Januar 1921) erkennen zu können und passte Einstein in sein paranoides Weltbild einer »jüdisch-bolschewistischen Weltverschwörung« ein. Die Physik geriet in die Mühlen der Politik und alle Richtungen instrumentalisierten Einstein als Symbolfigur. Als er 1922 den Nobelpreis für Physik zugesprochen bekam (rückwirkend für das Jahr 1921), geschah dies in Anerkennung seiner Leistungen auf dem Feld der theoretischen Physik unter besonderer Berücksichtigung seiner Arbeit zu den Lichtquanten – die Relativitätstheorie ließ man lieber unerwähnt.

Schon als sich Einstein 1914 gegen die auch in der Akademie um sich greifende chauvinistische Kriegsbegeisterung gestellt hatte, war er dort mit seiner öffentlich geäußerten pazifistischen Gesinnung politisch isoliert. Er engagierte sich früh für ein vereintes Europa und wandte sich 1931 an Reichskanzler Brüning mit der Bitte, eine deutsch-französische Initiative zur Friedenssicherung zu starten. Als er im August 1932 nach Princeton berufen wurde, plante er noch, jeweils sechs Monate im Jahr in Berlin zu verbringen. Nach der Machtübernahme durch Hitler im Januar 1933 beschloss er allerdings, nicht nach Deutschland zurückzukehren. Im März 1933 bezog er dezidiert Stellung gegen den Antisemitismus und trat aus der Berliner Akademie aus. Im Mai desselben Jahres wurde im Rahmen der Bücherverbrennungen der Nationalsozialisten auch Einsteins Schrift *Grundlagen der allgemeinen Relativitätstheorie* ins Feuer geworfen. Bis zu seinem Tod im April 1955 lebte Einstein in Princeton.

Vermutlich hat es auch mit geschicktem Selbstmarketing zu tun, dass Einstein noch heute vielen Laien als Inbegriff des genialen Wissenschaftlers gilt. Seine kritisch-witzigen Aphorismen sind Legion, etwa: »Wenn die Menschen nur über das sprächen, was sie begreifen, dann würde es sehr still auf der Welt.« Die Porträtaufnahme mit herausgestreckter Zunge und verwuschelten Haaren ist längst zur modernen Ikone geworden. 1999 wurde Einstein vom *Time Magazine* zur Person des Jahrhunderts gekürt. Selbst über einhundert Jahre nach der Veröffentlichung seiner *Grundlagen der allgemeinen Relativitätstheorie* findet die Wissenschaft immer wieder neue Beweise für die Richtigkeit von Einsteins Überlegungen: »Schwarzes Loch gibt Einstein recht« hieß es erst im Sommer 2018 im *Spiegel*. Einmal mehr wird damit in gewisser Hinsicht die Gültigkeit der Relativitätsthese belegt, denn ob man über das Ziel hinausgeschossen oder seiner Zeit einfach weit voraus ist, ist in der Rückschau doch oft relativ.

Heinrich Mann
Der Untertan

Einblicke in die deutsche Seelenlage

Der Untertan von Heinrich Mann (1871–1950) zeichnet hellsichtig das Psychogramm und Sittenbild einer ganzen Epoche: jener Zeit zwischen Reichsgründung und Erstem Weltkrieg, in der Autoritätsgläubigkeit und Obrigkeitsdenken zentrale Grundpfeiler des Gesellschaftsgefüges markierten. Mann hielt seinen Zeitgenossen einen Spiegel vor und zeigte die verborgenen Sehnsüchte und Gefahren jener bürgerlichen Gesellschaft auf, deren übersteigerter Nationalismus nur in der Katastrophe enden konnte. Der skandalträchtige Roman sicherte seinem Autor Ruhm und Gegnerschaft.

»Diederich Heßling war ein weiches Kind, das am liebsten träumte, sich vor allem fürchtete und viel an den Ohren litt.« Mit diesem ersten Satz streicht Heinrich Mann gleich eine wesentliche Eigenschaft seines Protagonisten heraus, der als Sohn eines erfolgreichen Papierfabrikanten in einer fiktiven norddeutschen Kleinstadt aufwächst. Denn der »weiche« Diederich hat ständig Angst: vor den Kröten in seinen Märchenbüchern, der Polizei, dem Vater, dem lieben Gott, dem Schornsteinfeger, dem Arzt – und vor allem vor der Schule. Die Zugehörigkeit zu diesem »menschenverachtenden, maschinellen Organismus«, als der das Gymnasium im Roman beschrieben wird, beglückt ihn allerdings auch. Die Teilhabe an der »kalten Macht« erfüllt ihn mit Stolz, auch wenn er vor allem unter ihr leidet. Die Unterdrückung, die er in der Schule erfährt, gibt er an seine Schwestern weiter, die er Diktate schreiben lässt und grausam bestraft. Einen Moment besonderer Macht verspürt er, als er, angestachelt vom Beifall der Mitschüler, wie im Rausch den einzigen Juden der Klasse in die Knie zwingt und sich als Teil eines Kollektivs empfindet.

Heßling geht zum Studium nach Berlin, wo er einer Studentenverbindung beitritt und ganz im Gemeinschaftsleben aufgeht. Das soziale Netzwerk, das er als Mitglied der Burschenschaft knüpfen kann, ist ihm aber auch ganz lebenspraktisch nützlich. Als er zum Militärdienst eingezogen wird, verwendet sich einer der Alten Herren seiner Verbindung für ihn und erwirkt Heßlings Freistellung. Durch seine umso feurigeren patriotischen Reden versucht Heßling wettzumachen, was er an körperlichem Einsatz scheut. Spätestens hier wird ersichtlich, dass die Moral, die Heßling vertritt, eine auf die eigenen Vorteile bedachte Doppelmoral ist. Schöngeist ist er keiner, und das Denken reizt ihn nicht. Stattdessen bleibt Heßling einmal vor der Auslage eines Wurstgeschäfts stehen und seufzt, dass dieser Anblick der schönste Kunstgenuss für ihn sei.

Als Gegensatz zur Weichheit des Protagonisten steht die Härte der Zeit, die Heßling ausmachen zu können meint: »Diese harte Zeit: bei dem Wort sah Diederich immer die Linden mit dem Gewimmel von Arbeitslosen, Frauen, Kindern, von Not, Angst, Aufruhr – und das alles gebändigt, bis zum Hurraschreien gebändigt durch die Macht, die allumfassende, unmenschliche Macht, die mitten darin ihre Hufe wie auf Köpfe setzte, steinern und blitzend.« Der weiche Heßling bewundert die Macht, die eine Gesellschaft voller Konflikte unter die Knute zwingt, und lässt sich in die Zeitströmungen fallen. Doch seine Einschätzung der Zustände wird von anderen Figuren infrage gestellt: »›Wieso harte Zeit?‹ sagte Herr Göppel. ›Sie ist doch nur hart, wenn wir uns gegenseitig das Leben schwer machen.‹« Heßlings Bewertung seiner Zeitumstände wird damit als Resultat einer bestimmten Perspektive und Verhaltensweise erkennbar. Gesellschaftliche Entwicklungen folgen eben keinem Naturgesetz, sondern sind Ergebnisse von Wahrnehmungs- und Handlungsmustern.

Heinrich Mann arbeitete acht Jahre an dem Roman, dessen Vorabdruck 1914 abgebrochen wurde, weil die Publikation dem Verleger nach Kriegsbeginn nicht mehr angemessen erschien. Erst nach Kriegsende 1918 kommt der Roman heraus und verkauft sich schnell hunderttausendfach. Auch wenn Manns 1905 erschienener Roman *Professor Unrat*, in dem er sich bereits mit den autoritären Strukturen seiner Zeit auseinandergesetzt hatte, aufgrund der Verfilmung mit Marlene Dietrich 1930 *(Der blaue Engel)* zu Weltruhm gelangen sollte, so bleibt *Der Untertan* doch gemessen an den Verkaufszahlen der einzige wirklich große Erfolg Heinrich Manns zu Lebzeiten. Schon früh erkennt man das politische Potenzial der bitteren Satire. So nennt Kurt Tucholsky den *Untertan* »das Herbarium des deutschen Mannes«, betont, dass »das ganze bombastische und doch so kleine Wesen des kaiserlichen Deutschlands schonungslos in diesem Buch aufgerollt« werde, und bewundert »die letzte Enthüllung des deutschen Seelenzustandes«.

In der Tat kann Heßling heute als Paradebeispiel jenes Typus gesehen werden, der ab den 1930er Jahren als sogenannter autoritärer Charakter in der Sozialpsychologie diskutiert wurde: Ein Mensch, der sich lustvoll einer Autorität unterwerfen und gleichzeitig Macht ausüben will, der zu Konformismus und Destruktivität neigt, an Stärke glaubt und Fremdes ablehnt. Der Roman arbeitet dabei die Wechselbeziehung zwischen dem Einzelnen und der Gesellschaft heraus. »Den Roman des bürgerlichen Deutschen unter der Regierung Wilhelms II.«, so umreißt Mann in seinen Memoiren *Ein Zeitalter wird besichtigt* (1947) rückblickend die Tragweite seines Projekts, »dokumentierte ich seit 1906. Beendet habe ich die Niederschrift 1914, zwei Monate vor Ausbruch des Krieges – der in dem Buch nahe und unausweichlich erscheint. Auch die deutsche Niederlage. Der Faschismus gleichfalls schon: wenn man die Gestalt des ›Untertan‹ nachträglich betrachtet. Als ich sie aufstellte, fehlte mir von dem ungeborenen Faschismus der Begriff, und nur die Anschauung nicht.« In dieser weitsichtigen Verbindung von Charakterstudie und Gesellschaftspanorama, die letztlich einen großen historischen Bogen schlägt, liegt die eigentliche Leistung des Romans, dessen Titel den Geist einer ganzen Epoche schlagwortartig verdichtet.

Oswald Spengler
Der Untergang des Abendlandes

1918

Prophetie des Unausweichlichen

Mit seinem Hauptwerk *Der Untergang des Abendlandes* wurde der Münchner Privatgelehrte Oswald Spengler (1880 – 1936) zu einem der einflussreichsten Denker der ersten Hälfte des 20. Jahrhunderts. Seine These vom organischen Werden und Sterben der Kulturen erfasste seismografisch die Stimmung einer Zeit, in der mit dem Ersten Weltkrieg mehr als nur eine Epoche zu enden schien. Obwohl Spenglers Methode ebenso fragwürdig war wie seine Deutungen, erlagen viele der Faszination seiner Geschichtsphilosophie. Deren Brisanz liegt vor allem in ihrem Antihumanismus, der an die Stelle des Menschen eine Kultur setzt, die als Organismus ihren eigenen Gesetzen folgt und anderen Kulturen mit Unverständnis und Abwehr begegnet.

Es war das meistdiskutierte Sachbuch der Weimarer Republik: Oswald Spenglers *Der Untergang des Abendlandes*, dessen erster Band im September 1918 in einem kleinen Wiener Verlag erschien. Auf seine *Umrisse einer Morphologie der Weltgeschichte* (so der Untertitel) beriefen sich konservative Bildungsbürger ebenso wie politische Propheten von links und rechts. Weit über die Grenzen Deutschlands hinaus wurden seine Thesen diskutiert. Den britischen Historiker Arnold Toynbee haben sie beeinflusst, ebenso die Schriftsteller Henry Miller und André Malraux. Kalt ließ Spengler niemanden: Entweder man verehrte ihn, oder man verteufelte ihn.

Schon der erste Satz elektrisierte – oder stieß ab: »In diesem Buch wird zum ersten Mal der Versuch gewagt, Geschichte vorauszubestimmen.« Das war angesichts der marxistischen Geschichtsprophetie zwar ebenso unrichtig wie selbstbewusst; worin sich Spengler aber von den meisten Historikern und Philosophen seiner Zeit unterschied, war der dezidierte Bruch mit der Auffassung, die Menschheitsgeschichte sei eine Geschichte des zivilisatorischen Fortschritts. Spengler interpretierte Geschichte »biologisch«, indem er menschliche Kulturen wie Pflanzen keimen, aufblühen und vergehen sah. »Kulturen sind Organismen«, schreibt er, »Weltgeschichte ist ihre Gesamtbiographie.«

In seinem Hauptwerk vergleicht Spengler acht Hochkulturen, die er in jeweils rund tausend Jahren »ihre Kindheit, ihre Jugend, ihre Männlichkeit und ihr Greisentum« durchlaufen sieht. Die jüngste Hochkultur, das Abendland, sei nach neun Jahrhunderten mit Napoleon und Immanuel Kant in seine letzte Phase eingetreten (so wie die Antike mit Alexander dem Großen und Sokrates), die Phase der Zivilisation. In ihr sieht Spengler das Absterben der Kultur, in dem diese ihre jugendliche Frische und Sittlichkeit an dekadente Überfeinerung, Materialismus und Irreligiosität verliert. Die Entwicklung ist für Spengler zwangsläufig. »Wir haben nicht die Freiheit, dies oder jenes zu erreichen, aber die, das Notwendige zu tun oder nichts. Und eine Aufgabe, welche die Notwendigkeit der Geschichte gestellt hat, wird gelöst, mit dem einzelnen oder gegen ihn.«

Ganz so neu war das alles nicht. Schon andere hatten zuvor das Fortschrittsnarrativ der Aufklärung infrage gestellt, das Fin de Siècle mit spätrömischer Dekadenz verglichen. Spengler aber amalgamierte solche Gedanken und Strömungen zu einem »intellektuellen Roman ersten Ranges« (Thomas Mann). Damit traf

Geflügelte Zwergchinesen
Mit ätzendem Spott reagierte der Schriftsteller Robert Musil auf Spenglers *Untergang des Abendlandes*, in dem er viel Pathos und wenig Substanz fand, das »Überfließen einer lyrischen Ungenauigkeit in die Gevierte der Vernunft«. Spenglers historische Analogien parodiert Musil genüsslich: »Es gibt zitronengelbe Falter, es gibt zitronengelbe Chinesen; in gewissem Sinn kann man also sagen: Falter ist der mitteleuropäische geflügelte Zwergchinese. [...] Daß der Falter Flügel hat und der Chinese keine, ist nur ein Oberflächenphänomen.«

er den Zeitgeist genau, was auch die enorme Wirkung des Buchs erklärt. Deutschland hatte den Weltkrieg verloren, das Kaiserreich war untergegangen. Das Gefühl, eine Zeitenwende zu erleben, teilten damals viele. Spengler beglaubigte dieses Gefühl und lieferte eine philosophische Erklärung, deren Grandiosität dem welthistorischen Moment nur zu angemessen schien. Vor allem der suggestive Titel, der schnell zum Schlagwort wurde, dürfte zum Erfolg des Buchs beigetragen haben.

Wie sehr die Leser das eigene Erleben umtrieb, belegt, dass der zweite Band, in dem Spengler seine vergleichende Kulturmorphologie weiterentwickelte, 1922 auf geringeres Interesse stieß. Hier entwickelte er die These, wonach in der Endphase einer Kultur das Absinken der Massen ins passive geistige »Fellachentum« Diktatoren auf den Plan rufe (»Cäsarismus«). Mussolini, der Spengler bewunderte, war für diesen der Idealtypus des »Cäsaren«. Mit den Nationalsozialisten – den »Untergangstern des Abendlandes« (Karl Kraus) – verband Spengler zwar die antiliberale und antidemokratische Haltung; Hitlers Prophezeiung eines »Tausendjährigen Reichs« war jedoch mit Spenglers Untergangsthese unvereinbar.

Spengler ist keineswegs passé. Seit der Jahrtausendwende (was für ein Begriff Spengler'schen Ausmaßes!) wird er wiederentdeckt, teils weil die Krise der westlichen Demokratien Endzeitstimmung verbreitet, teils wegen seiner Lehren zur radikalen Fremdheit zwischen den Kulturen. Wo zwei Kulturen aufeinandertreffen, herrscht nach Spengler Unverständnis – oder aber Krieg als »Urpolitik alles Lebendigen«. Der US-Politikwissenschaftler Samuel Huntington hat daraus einen »Kampf der Kulturen« zwischen »dem Westen« und »dem Islam« gemacht – eine Vorstellung, die heute in vielen Köpfen spukt. Spengler hat dafür gefährliche Saat geliefert. Denn wo der Mensch schicksalhaft der Eigengesetzlichkeit seiner Kultur ausgeliefert ist, bleibt kein Raum für politischen und sozialen Ausgleich. Das Lebensgesetz der Kultur zermalmt jede Humanität. Einen »bleiernen Geschichtsmaterialismus« nannte Thomas Mann dies und schalt Spengler einen »Defaitisten der Humanität«. Das ist noch immer aktuell.

1923

Sigmund Freud

Das Ich und das Es

Topografie der Psyche

Mit *Das Ich und das Es* vollendet der berühmte Wiener Nervenarzt Sigmund Freud 1923 das Theoriegebäude der von ihm begründeten Psychoanalyse. Er setzt hier noch einmal zu einer Neuvermessung der menschlichen Psyche an, in der er das um Rationalität bemühte Ich im stetigen Konflikt zwischen den Trieben des Es und den Befehlen des Über-Ich sieht. Umstritten bis heute, hat Freud der Psychologie neue Wege eröffnet, das Unbewusste und die Sexualität ans Licht geholt – und unsere Sprache bereichert. Seit 1964 ehrt die Deutsche Akademie für Sprache und Dichtung gelungene wissenschaftliche Prosa mit dem Sigmund-Freud-Preis.

»Wir alle ›sprechen‹ Freud, ob korrekt oder nicht«, schreibt dessen Biograf Peter Gay. »Er ist und bleibt ein überragender Gestalter des modernen Geistes, eine allgegenwärtige Autorität.« Und tatsächlich: Begriffe wie »Trauma«, »Neurose«, »Libido«, »Über-Ich«, »Ödipuskomplex«, »Sublimierung« oder »Fehlleistung« sind längst in den allgemeinen Sprachgebrauch übergegangen, auch weil Freud eine Sprache »im Kontakt mit der populären Denkweise« wählte. Seine Couch ist Inbegriff für den »Besuch beim Psychiater«. Den »freudlosen Jüngern Freuds« und ihren therapeutischen Liegemöbeln hat Woody Allen in seinem *Stadtneurotiker* 1977 ein filmisches Denkmal gesetzt.

Schon zu Lebzeiten war Freud weltberühmt. Geboren am 6. Mai 1856 in Freiberg (heute Příbor), in Mähren und in Wien aufgewachsen, studierte Sigismund Schlomo Freud nach glänzendem Abitur Medizin. Bereits damals galt sein Interesse der Ergründung der menschlichen Psyche. Zwei Begegnungen weisen Freud den Weg: Der Pariser Nervenarzt Jean-Martin Charcot lehrt ihn 1885 seine Theorie, wonach Hysterie und Sexualität kausal zusammenhängen (»in solchen Fällen ist es immer die Geschlechtssache, immer, immer, immer!«), und führt mittels Hypnose vor, wie die tieferen Schichten der Seele angesprochen werden können. Von dem Wiener Arzt Josef Breuer lernt er über dessen Behandlung einer »hysterischen« Patientin mittels einer Gesprächstherapie (»Redekur«). 1886 eröffnet Freud eine Privatordination, in der er vor allem Damen der besseren Wiener Gesellschaft auf seine Couch bittet und reden lässt, was ihnen in den Sinn kommt. Mit der Methode »freier Assoziation« will er an Verdrängtes gelangen.

Die Therapietätigkeit beginnt Freud, um Geld für die achtköpfige Familie zu verdienen; zugleich kann er an seinen Patienten die menschliche Psyche erforschen. Gestützt auf diese Fallstudien vor allem aber auf schonungslose Analyse seiner selbst, baut Freud an seinem Projekt einer »Metapsychologie«. Schriften wie *Die Traumdeutung* oder *Abhandlungen zur Sexualtheorie* machen ihn berühmt – und in Medizinerkreisen berüchtigt. Während Freud seine Jünger um sich schart und die Internationale Psychoanalytische Vereinigung gründet, lehnt ihn das medizinische Establishment Wiens ab. Nur der Vermittlung einer Patientin verdankt er, dass er sich ab 1902 – siebzehn Jahre nach der Habilitation! – außerordentlicher Professor nennen darf, »als sei die Rolle der Sexualität plötzlich von Sr. Majestät amtlich anerkannt, die Bedeutung des Traumes vom Ministerrat bestätigt und die Notwendigkeit einer psychoanalytischen Therapie der Hysterie mit 2/3 Majorität im Parlament durchgedrungen«, kommentiert Freud die Ehrung in einem Brief an Wilhelm Fließ vom 11. März sarkastisch.

Mit *Das Ich und das Es* vollendet Freud 1923 sein Theoriegebäude – und vollzieht eine Kehrtwende. Bis dahin hatte er die Seele in je einen Bezirk des Bewussten und des Unbewussten gegliedert. Nun aber erkennt er hierin nur Modi des menschlichen Bewusstseins und entwirft ein neues Strukturmodell der Psyche aus den drei »Instanzen« Ich, Es und Über-Ich. Das Es ist in der Entwicklung die erste Instanz des »psychischen Apparats«. Es ist der Sitz von Gefühlen, es ist triebgesteuert und bleibt unbewusst. Ihm gegenüber repräsentiert das Ich, »was man Vernunft und Besonnenheit nennen kann«. Es vermittelt zwischen Es und Außenwelt und »ist bestrebt, das Realitätsprinzip an die Stelle des Lustprinzips zu setzen, welches im Es uneingeschränkt regiert«. Dabei hat es nur sehr eingeschränkt Kontrolle über die Triebe des Es. Freud vergleicht das Ich mit einem Reiter, dem oft nichts anderes übrig bleibe, als sein Pferd dahin zu führen, wohin dieses gehen will. Das Ich ist sich seiner selbst nur zum Teil bewusst, in den tieferen seelischen Schichten fließt es mit dem Es zusammen. Strikt vom Ich geschieden ist nur, was es verdrängt hat und gegen dessen Bewusstmachung es Widerstand leistet. Die Psychoanalyse als »Werkzeug, welches dem Ich die fortschreitende Eroberung des Es ermöglichen soll«, muss daher auf dem Weg über das Es an das Verdrängte gelangen.

Die dritte Instanz ist das Über-Ich, »die Repräsentanz unserer Elternbeziehung«. Nur zu einem kleinen Teil bewusst, werden im Über-Ich Gebote und Verbote internalisiert, es ist der Sitz des Gewissens und der Schuldgefühle. Eingespannt zwischen Außenwelt, Es und Über-Ich nennt Freud das Ich ein »armes Ding«, das »unter den Drohungen von dreierlei Gefahren leidet«: Realangst (Außenwelt), neurotische Angst (Es), Gewissensangst (Über-Ich). Nach Freud entwickelt das (männliche) Kind sein Über-Ich nach der »ödipalen Phase« ab dem fünften Lebensjahr. Das mit dem »Ödipuskomplex« verbundene »libidinöse« (sexuelle) Begehren nach der Mutter wird »sublimiert« (desexualisiert), indem sich das Ich dem Es als Ersatzobjekt anbietet (»narzisstische Wendung«). Die Aggressionen gegenüber dem Vater (ödipal Konkurrent und Autorität in einem) werden an das Über-Ich als dessen Repräsentanten abgegeben. Da Freud in der ödipalen Phase die Angst vor dem Vater mit Kastrationsangst gleichsetzt, ist für ihn das Gewissen die sublimierte Form der Angst vor Kastration.

»Psychoanalyse ist jene Geisteskrankheit, für deren Therapie sie sich hält«, ätzte der Wiener Publizist Karl Kraus und schloss sich denjenigen an, denen die zentrale Stellung der Sexualität in den Lehren des »Dr. Sex« (Freuds Spitzname seit den 1920ern) suspekt war. Auch das Mechanistische einer Theorie, in der alle Regungen und Erregungen auf kausale Zusammenhänge rückführbar sind, schien und scheint vielen zu rigide. Vor allem die Ambivalenz ihrer Elemente, die es gestattet, jedes Ergebnis zu erklären, hat der Psychoanalyse den Vorwurf der Pseudowissenschaftlichkeit eingetragen. Der Philosoph Karl Popper merkte in einem Interview ironisch an: »Freud selbst fand es sehr seltsam, daß seine Patienten Freudsche Träume hatten, während die von Adler Adlersche Träume hatten. Und er hat sich die Frage gestellt, ob man darin nicht eine Widerlegung seiner Theorie sehen müßte. Aber er hat einen Schluß gezogen, der die Frage verneint: der Patient versuche nur, sich seinem Psychoanalytiker angenehm zu machen, was ihn dazu bringe, passende Träume zu haben, da das Phänomen der Übertragung ins Spiel komme. So ist dann alles wieder in Ordnung ...«

Auf Widerspruch stieß Freud nicht nur im gegnerischen Lager, sondern auch im eigenen. Schon früh hatte sich Alfred Adler von ihm losgesagt, weil er die Bedeutung bezweifelte, die Freud den »dunklen« Trieben von Sexualität und Aggression beimaß. Besonders traf diesen die Entzweiung mit seinem »Kronprinzen« Carl Gustav Jung, der die Beschränkung des Libidobegriffs auf die frühkindliche Sexualität kritisierte und ihn auf jede Form der Sehnsucht nach Verschmelzung erweitern wollte. Auch nach Freuds Tod gingen die Lagerkämpfe unter den Freudianern weiter. Während Tochter Anna die »reine Lehre« weitertrug, forderte der Kreis um Me-

Anna O.

Als »Anna O.« ging Bertha Pappenheim (1859 – 1936) in die Medizingeschichte ein. Sie war die erste Patientin, die Josef Breuer mit seiner »Redekur« behandelte. Gemeinsam mit Breuer schrieb Freud 1895 in *Studien über Hysterie* über ihren Fall. Krankheit und Tod des Vaters hatten sie in eine Krise gestürzt, die sich unter anderem in Sprachstörungen, Lähmungen und Amnesien äußerte. Weitgehend geheilt zog sie nach Frankfurt, wo sie sich sozial engagierte und für Frauenrechte eintrat. 1904 wurde sie die erste Vorsitzende des Jüdischen Frauenbundes, in dem sie bis zu ihrem Tod aktiv blieb.

lanie Klein eine stärkere Fokussierung auf die präödipale Phase, während Anhänger der »Objektbeziehungstheorie« Freuds Dualismus der Triebe (Eros, Todestrieb) infrage stellten. Für die Neo-Freudianer um Erich Fromm schließlich war für neurotische Störungen gar der Kapitalismus mitverantwortlich ...

Diese Diadochenkämpfe musste der äußerst schulenbewusste Freud nicht mehr erleben. Im selben Jahr, in dem *Das Ich und das Es* erschien, wurde bei ihm Rachenkrebs diagnostiziert. Insgesamt dreißig schmerzhaften Behandlungen musste sich der passionierte Zigarrenraucher unterziehen. Dazu hatte sich die politische Lage verschärft. Schon 1926 äußerte Freud: »Ich betrachtete mich geistig als Deutschen, bis ich die Zunahme des antisemitischen Vorurteils in Deutschland und Deutschösterreich bemerkte. Seit dieser Zeit ziehe ich es vor, mich einen Juden zu nennen.« Als sieben Jahre später in Berlin die Schriften des Goethe-Preisträgers von 1930 verbrannt wurden, kommentiert dieser trocken: »Was wir für Fortschritte machen! Im Mittelalter hätten sie mich verbrannt, heutzutage begnügen sie sich damit, meine Bücher zu verbrennen.« Und als dann schließlich 1938 die Deutschen in Wien einziehen, geht er nach London ins Exil. Dort stirbt Sigmund Freud am 23. September 1939 – auf eigenen Wunsch – an einer Überdosis Morphium.

Bei allen Kontroversen, in denen die Psychoanalyse noch heute steht: Freud war ein Wegbereiter, ein Entdecker, der sich selbstbewusst mit Kopernikus und Darwin verglich. Die moderne Psychologie verdankt ihm viel, die Tiefenpsychologie wäre ohne seine Pionierleistung nicht denkbar. Er hat den Blick geöffnet für die Macht des Unbewussten, und er hat entscheidend dazu beigetragen, die Sexualität zu enttabuisieren. »Freud war ein Mensch mit Widersprüchen«, schreibt Peter Gay: Dogmatisch gegenüber anderen, hielt er sich als Therapeut nicht an die eigenen Grundsätze (»als ob Freud Freud nicht gelesen hätte«). Und inmitten der viktorianischen Behaglichkeit seiner Wohnung war Sigmund Freud, so Gay, »ein Radikaler, ein Bourgeois, der Bomben in seinem Wohnzimmer herstellte«.

Adolf Hitler

Mein Kampf

Das Buch des Bösen

1925

Die zwölf Jahre der nationalsozialistischen Terrorherrschaft haben die Welt verändert. Bis dahin unvorstellbare Menschheitsverbrechen wurden im Namen einer Ideologie begangen, deren Programm seit 1925/26 mit *Mein Kampf* vorliegt. Hier stellt Adolf Hitler die Grundlagen und Konsequenzen seines politischen Denkens dar. Niemand, der auch nur oberflächlich hineingelesen hatte, konnte überrascht von der mörderischen Politik der Nationalsozialisten sein.

Gibt es das: ein »böses Buch«? Und sollte man die Welt davor schützen? Komplexe Fragen, auf die auch die bayerische Landesregierung keine klare Antwort hatte. Das jedenfalls lässt ihr Hin und Her vermuten, als es um eine kommentierte Neuedition von Adolf Hitlers *Mein Kampf* ging.

Seit 1945 verhinderte der Freistaat Bayern als Inhaber der Urheberrechte an *Mein Kampf* jeglichen Nachdruck in Deutschland. Da das deutsche Urheberrecht aber siebzig Jahre nach dem Tod des Autors erlischt, fürchtete man im Falle Hitlers für die Zeit nach Ende 2015 eine Schwemme von unseriösen Nachdrucken und damit eine unkontrollierte Verbreitung von Hitlers krudem Weltbild. Um dem von vornherein etwas entgegenzusetzen, wollte man zum Auslaufen des Urheberrechts eine »kritische Ausgabe« auf dem Markt wissen, in der Hitlers Behauptungen und Lügen im Detail wissenschaftlich kommentiert und widerlegt werden sollten. Die bayerische Regierung beschloss daher 2012, das Münchener Institut für Zeitgeschichte mit der Erarbeitung einer solchen Ausgabe zu beauftragen und eine halben Million Euro zuzuschießen.

Im Dezember 2013 wurden dann aber völlig überraschend Auftrag und Unterstützung widerrufen. Gespräche mit Holocaust-Überlebenden und eine Israel-Reise, auf der ihm Vorbehalte gegenüber einer Neuedition vorgetragen worden sein sollen, haben wohl zum Umdenken beim damaligen Ministerpräsidenten Horst Seehofer geführt. Da das Institut für Zeitgeschichte aber das längst begonnene Projekt zu Ende führte, nahm die Debatte, ob sich »das Böse« durch eine wissenschaftliche Kommentierung bannen ließe, nach der Veröffentlichung der »kritischen Ausgabe« von *Mein Kampf* Anfang 2016 erst richtig Fahrt auf. Dass es sich dabei um ein »böses Buch« handele, war zumindest für den Literaturwissenschaftler Jeremy Adler ausgemachte Sache, und daran könne auch die neue Ausgabe nichts ändern: »›Mein Kampf‹ ist derartig infam, die Zahl der gemeinen Schläge so überwältigend, dass selbst ein Gespann von Gelehrten das Schreckgebilde nicht in Zaum zu halten vermag. [...] Das absolut Böse lässt sich nicht edieren. Es gefährdet jegliches Gute« (*Süddeutsche Zeitung* vom 4. Januar 2017).

Ungeachtet dessen, ob man Adlers Urteil nun in allen Konsequenzen teilt, ist *Mein Kampf* in vielerlei Hinsicht ein »infamer«, ein verletzender Text. *Mein Kampf* ist ein Dokument des Hasses, in dem insbesondere Antisemitismus, Demokratiefeindlichkeit, Sozialdarwinismus sowie Blut-und-Boden-Ideologie pseudologisch zu einem wahnhaften Weltbild verschmolzen werden. Was aber aus heutiger Sicht Hitlers *Mein Kampf* so besonders unerträglich macht, ist das Wissen darum, wie ernst er alles meinte – und dass er auch ernst damit machte. Denn *Mein Kampf* ist eine Programmschrift. »Selten oder vielleicht tatsächlich nie in der Geschichte«, so der Historiker

Aus fremder Feder
Ursprünglich wollte Hitler seinem Machwerk den sperrigen Titel »Viereinhalb Jahre Kampf gegen Lüge, Dummheit und Feigheit« geben. Da das Buch aber in zwei Bände aufgeteilt werden musste und der Titel mit dem Inhalt des dann separat veröffentlichten ersten Teils nur noch am Rande zu tun gehabt hätte, brauchte man eine neue Idee. Angeblich musste Hitler vom Vorschlag des Verlagsleiters, das Buch *Mein Kampf* zu nennen, erst überzeugt werden, weil er dessen Zugkraft nicht erkannte.

Eberhard Jäckel, »hat ein Herrscher, ehe er an die Macht kam, so genau wie Adolf Hitler schriftlich entworfen, was er danach tat. Nur deswegen verdient der Entwurf Beachtung.« Angelegt war dieser Entwurf »als eine Bekenntnisschrift, deren Überzeugungskraft sich ganz wesentlich aus der autobiographischen Verwurzelung des dargebotenen ›Programms‹ ergeben sollte«, so der Hitler-Biograf Peter Longerich.

In biografischer Perspektive ist *Mein Kampf* das Produkt eines grandiosen Scheiterns, denn Hitler befand sich zum Zeitpunkt der Niederschrift im politischen Abseits, wohin er sich selbst manövriert hatte. Der versuchte Putsch in München am 8. November 1923, in dessen Rahmen Hitler die »Nationale Revolution« ausgerufen sowie Landes- und Reichsregierung für abgesetzt erklärt hatte, war ein völliger Fehlschlag gewesen. Als Hitler und seine Getreuen am nächsten Tag beim »Marsch auf die Feldherrenhalle« in einem Feuergefecht von der Polizei gestoppt wurden und der dilettantische Putschversuch damit erledigt war, stand er vor einem Scherbenhaufen und wurde einige Tage später verhaftet.

Obwohl Hitler im folgenden Hochverratsprozess 1924 unter dem Vorsitz eines politisch sympathisierenden Richters lediglich zu fünf Jahren recht komfortabler Festungshaft verurteilt wurde (von denen er nur gut acht Monate absaß), schien seine politische Karriere am Ende. Denn die NSDAP, die Nationalsozialistische Deutsche Arbeiterpartei, deren Leitung Hitler seit Juli 1921 innehatte, war wegen des Putschversuchs im November 1923 reichsweit verboten worden. Aggressiver Antisemitismus, Verklärung der »Volksgemeinschaft«, Anti-Marxismus sowie der Kampf gegen Parlamentarismus und Demokratie hatten von Anfang an ebenso zum Programm der Partei gehört wie der gewaltsame Sturz der Republik. Nach dem Verbot der NSDAP wandten sich viele ehemalige Unterstützer von der Partei ab. Sie sahen keine Zukunft für sie und zweifelten stark an Hitlers politischer Weitsicht und Führungskompetenz.

In dieser Situation nutzte Hitler die Haft in Landsberg, um an einer Autobiografie zu schreiben, die in die Grundlagen seines ideologischen

Denkens einführen und zugleich mit den gesellschaftlich-politischen Umständen der Zeit abrechnen sollte. *Mein Kampf* ist also der Versuch, eine politische Erzählung vorzulegen, die Hitlers »Kampfgenossen« den Glauben an die gemeinsame Sache zurückgeben und seinen Rückhalt im eigenen Lager damit stärken sollte: politische Positionierung und Selbstlegitimation in einem. Als Hitler im Dezember 1924 aus der Haft entlassen wurde, hatte er den ersten Band fertig, der im Juli 1925 im Münchener Eher-Verlag herauskam.

Zuvor war schon im Februar 1925 die NSDAP neugegründet worden und Hitler hatte sich als Vorsitzender durchsetzen können. Er brachte die Partei auf seinen Kurs, nach dem fortan nicht mehr der revolutionäre Umsturz im Zentrum stand, sondern man durch Wahlen an die Macht kommen wollte. Immer stärker bildete Hitler das Zentrum einer »Bewegung«, die auf ihn als ihren »Führer« verpflichtet war. Während die Veröffentlichung des ersten Teils von *Mein Kampf* ihm im Kontext der Reorganisation der Partei vermutlich zusätzliche Legitimität als eine Art Vordenker verliehen hatte, stieß die Schrift außerhalb des Parteizusammenhangs zunächst auf eher geringes Interesse.

Der zweite Band erschien 1926 und verkaufte sich, da er die Entwicklung der NSDAP ins Zentrum rückte, im Vergleich zum ersten Band, der Hitlers Werdegang thematisierte, deutlich schlechter. Möglicherweise war das neben den Wahlerfolgen der NSDAP 1930 ein Grund dafür, warum im selben Jahr beide Bände auch vereint in einer knapp achthundertseitigen »Gesamtausgabe« auf den Markt kamen – Person und Partei bildeten aus Hitlers Sicht schließlich eine Einheit. Bis zur Machtübernahme 1933 wurden um die zweihundertvierzigtausend Exemplare verkauft, davon allein im Jahr 1932 neunzigtausend Stück. 1933 explodierte die Nachfrage und es wurden neunhunderttausend Exemplare abgesetzt.

Jahre bevor die Deutschen ihn an die Macht wählten, hatte also letztlich jeder, der sich dafür interessierte, wissen können, was Hitler vorhatte, sobald er erst einmal die Regierungsverantwortung in Händen halten würde. Und Hunderttausende Käufer wussten es auch sehr genau. Denn die These, *Mein Kampf* sei ein ungelesener Bestseller, stimmt zumindest für die Phase, bis das Buch von offiziellen Stellen zu allen möglichen Anlässen als Präsent verteilt werden sollte, nicht. Und schon im ersten Satz entwirft Hitler seine Selbststilisierung zum »Auserwählten«, wenn es heißt: »Als glückliche Bestimmung gilt es mir heute, daß das Schicksal mir zum Geburtsort gerade Braunau am Inn zuwies.« So habe ihn letztlich »das Schicksal« mit der Geburt an der Grenze zwischen Deutschland und Österreich für eine »mit allen Mitteln durchzuführende Lebensaufgabe« vorgesehen: nämlich beide Länder zu einem Staat zusammenzuführen. Daran anschließend breitet er gleichfalls auf der ersten Seite schon viele jener Aspekte aus, die seine Politik prägen sollten, wie Rassen-Obsession, Blut-und-Boden-Ideologie sowie Expansionsstreben.

Auch wenn *Mein Kampf* das Muster des Bildungsromans adaptiert und Hitler, so der Literaturhistoriker Helmuth Kiesel, »beginnend mit dem Geburtsort und dem Elternhaus, alle die Faktoren und Umstände anführt und gewichtet, die seine Entwicklung irgendwie mitbestimmt haben«, so ist ein Unterschied doch bemerkenswert: Hitler kennt »keine ernsthaften Krisen oder Abweichungen vom richtigen Kurs«. Während im Bildungsroman erst die Umwege zur Herausbildung der Persönlichkeit führen, entwirft sich Hitler im Text auch insofern als Ausnahmeerscheinung, dass seine geistige Entwicklung sehr früh abgeschlossen ist. Schon in Bezug auf seine Wiener Jahre, als er gerade Anfang zwanzig ist, liest man im Text: »In dieser Zeit bildete sich mir ein Weltbild und eine Weltanschauung, die zum granitenen Fundament meines derzeitigen Handelns wurden. Ich habe zu dem, was ich mir so einst schuf, nur weniges hinzulernen müssen, zu ändern brauchte ich nichts.« Es wundert nicht, dass sich die vermeintlichen Beobachtungen des Frühgereiften dann lesen wie die »Aufblähung eines Einzelnen zum historisch-politischen Alleswisser und Alleskönner« (Helmuth Kiesel). Für die Zeitgenossen, die noch nicht wussten, »wie dürftig Hitlers Anfänge waren, wie liederlich seine Jugendjahre, wie zweifelhaft seine soldatischen Leistungen, wie zwielichtig der Beginn seiner politischen Karriere in der Revolutionszeit«, las sich sein Werdegang in dieser geschönten Darstellung geradlinig und konnte Respekt, ja Bewunderung abnötigen.

Viele Zeitgenossen (wie Walter Mehring in seinem Essay *Mein Kampf gegen die deutsche Sprache* aus dem Jahr 1935) und Historiker folgender Generationen haben sich über Hitlers Stil mokiert. Seine Sätze seien oft schief, seine sprachlichen Bilder voller logischer Fehler, eine Kombination aus »bildungsbürgerlicher Paradiersucht und österreichischem Kanzlistenschwulst« (Joachim Fest). So berechtigt das im Einzelnen auch sein mag, so wenig trägt eine solche Pauschalkritik zum Verständnis der Wirkungsmacht des Textes bei. Vielmehr muss man Hitler bei genauerem Hinsehen zugestehen, dass er effektiv eine Reihe von Strategien und Verfahren nutzt, um seine Leser zu interessieren und zu überzeugen. Dazu zählt zuallererst die Aktivierung des autobiografischen Narrativs für den Transport der ideologischen Botschaften. Daneben nutzte Hitler recht geschickt Verallgemeinerungen und stellte plakativ zusammenfassende Sätze ans Ende von größeren Zusammenhängen, um dem Leser eine einprägsame Schlussfolgerung mit auf den Weg zu geben. Ferner verwendete er Beleidigungen und Schmähwörter als Stilmittel, um Ideen und Personen aus dem politischen Gegenlager zu diskreditieren. All das trägt durchaus dazu bei, dem Leser die eigenen Inhalte einzuprägen und ihn emotional anzusprechen, was in vielen Fällen auch funktionierte. Die Vertreter der These, dass *Mein Kampf* eine Art unlesbares Buch sei, machen es sich vor diesem Hintergrund etwas zu einfach.

An exponierter Stelle seiner Programmschrift, im Schlusswort, machte Hitler noch einmal unmissverständlich klar, welches Ziel er mit seiner politischen Arbeit verfolgte. So prognostizierte er den Erfolg der NSDAP, sofern sie sich auf seine Ideologie verpflichte und als »reine Verkörperung des Wertes von Rasse und Person« verstehe, und – quasi daraus folgend – dass »Deutschland notwendigerweise die ihm gebührende Stellung auf dieser Erde gewinnen muß«. Hitlers Fazit: »Ein Staat, der im Zeitalter der Rassenvergiftung sich der Pflege seiner besten rassischen Elemente widmet, muß eines Tages zum Herrn der Erde werden.« Was sich für viele als Verheißung lesen mochte, war das Todesurteil für Millionen.

Nachdem das Buch im Jahr 1933 ein unglaublicher Erfolg gewesen war, gingen die Verkäufe drastisch zurück. Da der Verlag in Erwartung gleichbleibend hoher Absatzzahlen viel zu viele Exemplare hatte drucken lassen, kam man dort 1935 auf die Idee, den Kommunen in Deutschland Hitlers Hetzschrift als Hochzeitsgeschenk für Frischverheiratete anzudrehen. Da sich die Begeisterung in Grenzen hielt, musste 1936 ein Erlass des Innenministeriums her, der die Städte und Gemeinden dazu verpflichtete, das Buch (sofern finanziell möglich) zu verschenken. Mehr als die Hälfte der Kommunen weigerte sich dennoch – ein ausgeglichener Haushalt war ihnen wichtiger. Der Verlag entdeckte die Wehrmacht als Kunden, was deutlich unkomplizierter gewesen sein muss, schließlich wurden zwei Drittel der Exemplare ab 1939 gedruckt. Bis ins Jahr 1944, als der Druck aufgrund der kriegsbedingten Mangelversorgung eingestellt wurde, sind rund 12,5 Millionen Exemplare verkauft und verschenkt worden. Nach 1945 war der Nachdruck in Deutschland siebzig Jahre lang verboten.

Ob es das nun gibt, ein »böses Buch« oder nicht: Kein vernünftiger Mensch wird bestreiten, dass unter Berufung auf *Mein Kampf* »das Böse« Gestalt angenommen hat. Einen Eindruck davon, inwieweit der Text selbst dazu beigetragen hat, dass aus Gedanken Taten wurden, kann sich nun anhand der »kritischen Ausgabe« jeder selbst verschaffen. Denn dass »das Böse« verschwindet, wenn man die Augen nur fest genug zudrückt, ist ein Glaube, der Kinder schützen mag, aber nicht die Welt.

1928

Bertolt Brecht und Kurt Weill
Die Dreigroschenoper

Und das Messer sieht man nicht

Die *Dreigroschenoper* ist von den Bühnen der Welt nicht mehr wegzudenken. Bis zum Verbot durch die Nazis eroberte der Geniestreich von Brecht und Weill in Windeseile ganz Deutschland und wurde zum Modell für ein neues Bühnengenre. Auch in anderen Ländern und im doppelten Nachkriegsdeutschland etablierte es sich in den Spielplänen. Das Berlin der Roaring Twenties – das ist vor allem die *Dreigroschenoper*. Dabei lassen die Songs von Kurt Weill nur zu leicht das eigentliche Anliegen der Autoren vergessen: Kritik an Bürgertum und Kapitalismus zu üben.

»Und der Haifisch, der hat Zähne ...« Jeder kennt sie, die *Dreigroschenoper* mit ihren Evergreens: der Moritat von Mackie Messer, dem Lied der Seeräuber-Jenny oder dem Kanonen-Song. Die Songs von Bertolt Brecht (1898–1955) mit der Musik von Kurt Weill (1900–1950) haben berühmte Interpreten gefunden: angefangen mit der ersten Jenny, Lotte Lenya, über Ella Fitzgerald, Louis Armstrong und Frank Sinatra bis hin zu Milva und Robbie Williams. Bis heute gehört das »Stück mit Musik« zu den meistgespielten Bühnenwerken weltweit.

Im Mittelpunkt der *Dreigroschenoper* steht der Straßenräuber, Schutzgelderpresser und Gentleman-Gauner Macheath, genannt Mackie Messer. Sein Schwiegervater, der Bettlerkönig Peachum, will ihn mithilfe der Hure Jenny an den Galgen bringen, um ein Kopfgeld zu kassieren, muss dazu aber Macheath's Freund, den Polizeipräsidenten Brown, überlisten. Die im viktorianischen London angesiedelte Handlung spielt freilich eine untergeordnete Rolle. Die locker gekoppelten Szenen dienen in erster Linie dazu, das Bürgertum der Weimarer Republik satirisch vorzuführen. Dafür mixt das Textbuch deftiges Lutherdeutsch und Gossenjargon mit groschenromanreifem Kitsch. Weill komponierte hierzu eine kongeniale Musik, die Jazziges, Modetänze wie Tango, Foxtrot oder Shimmy, barocken Kontrapunkt und Operettenhaftes vermengt.

Vorlage der *Dreigroschenoper* ist die *Bettleroper* von John Gay aus dem Jahre 1728, die nach ihrer Wiederentdeckung seit 1920 auf den Londoner Bühnen Erfolge feierte. Als Ernst Aufricht nach einem Stück sucht, mit dem er sich dem Berliner Publikum als neuer Leiter des Theaters am Schiffbauerdamm vorstellen kann, schlägt Brecht ihm den Stoff vor. Eine Übersetzung hat seine Mitarbeiterin Elisabeth Hauptmann (1897–1973) bereits gefertigt, nun feilt Brecht mit ihr und Weill an Dialogen und Songtexten. Wie stets bedient sich Brecht dabei freimütig an fremdem geistigen Eigentum (er klaue eben »mit Genie«, wird ein alter Freund zitiert) und kassiert am Ende 62,5 Prozent der Tantiemen, während Hauptmann mit 12,5 Prozent abgespeist wird. 25 Prozent gehen an Weill.

Text und Musik werden vor der Premiere immer wieder umgestellt und verändert, auch wegen kurzfristiger Umbesetzungen. Mackies Moritat wird dem Interpreten der Uraufführung buchstäblich über Nacht auf den Leib geschneidert. Vor allem aber wird das Stück auf eine Anregung Lion Feuchtwangers hin kurz vor der Premiere umbenannt: von *Die Ludenoper* in *Die Dreigroschenoper*. »Weil diese Oper so prunkvoll gedacht war, wie nur Bettler sie erträumen, und weil sie doch so billig sein sollte, dass Bettler sie bezahlen können, heißt sie die Dreigroschenoper.«

Für Brecht war seine Adaption der *Bettleroper* vor allem ein politisches Stück, das bürgerliche Doppelmoral und kapitalistische Profitgier anprangern sollte. Um die Botschaft zu vermitteln, setzte er auf sein neues Medium des epischen Theaters: Weg mit der Illusion der Bühne, lautete die Formel. Kommentierende Übertitel, offener Szenenumbau, Aus-der-Handlung-Treten sollten dem Publikum verdeutlichen, dass ihm etwas vorgeführt, das heißt: vor Augen geführt wird. Das Premierenpublikum am

31. August 1928 reagierte irritiert. Erst mit dem Kanonen-Song soll die Skepsis der Begeisterung gewichen sein – das aber nachhaltig. Allein am Schiffbauerdamm erlebte das Stück in zweieinhalb Jahren mehr als dreihundertfünfzig Aufführungen.

Die *Dreigroschenoper* war die Theatersensation der Saison. Innerhalb eines Jahres wurde sie an über einhundert Bühnen inszeniert und in achtzehn Sprachen übersetzt. Bis zum Verbot 1933 erlebte sie in Deutschland über viertausend, in Europa mehr als zehntausend Aufführungen. Schallplatten brachten ihre Songs unters Volk. Der außergewöhnliche Erfolg verdankte sich vor allem der Musik von Kurt Weill, der mit seinem neuen Songstil Komponisten wie Friedrich Hollaender inspirierte. Mit dessen »Ich bin von Kopf bis Fuß auf Liebe eingestellt« wurde Marlene Dietrich zum Star – in dem Film *Der blaue Engel*, dem ebenfalls eine beißende Satire zugrunde liegt: Heinrich Manns *Professor Unrat*. Sozialkritik war (und ist) eben en vogue, solange sie gut unterhält. Und so lauschten Botschafter und Bankdirektoren am Schiffbauerdamm amüsiert der rhetorischen Frage: »Was ist ein Einbruch in eine Bank gegen die Gründung einer Bank?«

Befragt, was den Erfolg der *Dreigroschenoper* ausmache, erklärte Brecht: »Ich fürchte, all das, worauf es mir nicht ankam: die romantische Handlung, die Liebesgeschichte, das Musikalische. Als die *Dreigroschenoper* Erfolg gehabt hatte, machte man einen Film daraus. Man nahm für den Film all das, was ich in dem Stück verspottet habe, die Romantik, die Sentimentalität und so weiter, und ließ den Spott weg. Da war der Erfolg noch größer.« Hier schwingt eine gute Portion Selbststilisierung mit, denn Brecht war an der Vermarktung des Stücks kräftig beteiligt. Er verfasste Zwischentexte für eine Schallplattenausgabe und lieferte die Drehbuchvorlage für besagten Film (über den es dann allerdings zu einem Rechtsstreit kam). Dass aber sechzig Jahre nach der Uraufführung ausgerechnet die US-Hamburgerkette McDonald's »Mack the Knife« für ein Werbevideo verwenden würde, dafür kann auch Brecht nichts. Doch wie lehrt uns die *Dreigroschenoper*: »Erst kommt das Fressen, dann kommt die Moral.«

Erich Maria Remarque

Im Westen nichts Neues

1929

Das Antikriegsbuch der Weimarer Republik

Mit seinem Roman *Im Westen nichts Neues*, der 1929 als Buch erscheint, gelingt Erich Maria Remarque (1898 – 1970) ein Sensationserfolg. Die einfachen Soldaten finden sich in Remarques Schilderungen wieder – das Buch genießt schnell Kultstatus in der jungen Generation. Doch unversehens gerät der Autor selbst zwischen die politischen Fronten: Die Verfilmung des Romans wird zum Testfall für die Demokratie.

Ende 1928, unmittelbar bevor sich das Weltkriegsende zum zehnten Mal jährte, begann in der *Vossischen Zeitung* der Vorabdruck des Romans von Erich Maria Remarque, einem bis dahin relativ unbekannten Journalisten, der 1920 bereits einen kaum rezipierten autobiografisch inspirierten Künstlerroman vorgelegt hatte. In diesem zweiten Roman schildert Remarque nun den Alltag einer Gruppe von Soldaten im Weltkrieg, deren Zentrum der junge Ich-Erzähler Paul Bäumer bildet. Hatte sich Bäumer zu Kriegsbeginn begeistert von der Schulbank aus zum Kampf an der Front gemeldet, müssen er und seine Kameraden schnell erleben, wie die Klischees vom heroischen Soldatenleben in sich zusammenfallen – der Krieg ist vor allem eine Angelegenheit von Dreck und Sterben. Als am Ende nur noch Bäumer übrig ist, erfährt der Leser im letzten Absatz lapidar: »Er fiel im Oktober 1918, an einem Tage, der so ruhig und still war an der ganzen Front, dass der Heeresbericht sich nur auf den Satz beschränkte, im Westen sei nichts Neues zu melden.« Dieser Tod ist den offiziellen Meldungen keine Erwähnung wert.

Schon in der Vorankündigung des Abdrucks wurde jene Deutung etabliert, die den Erfolg des Romans nachhaltig beeinflusste: Remarque habe

»plötzlich vor einigen Monaten den Drang und Zwang empfunden, das in Worte zu fassen, zu gestalten und innerlich zu überwinden, was ihm und seinen Schulkameraden, einer ganzen Klasse von jungen, lebenshungrigen Menschen, von denen keiner wiederkehrte, geschehen war«. Damit wurde der Roman als authentischer Gegenentwurf zur in den 1920er Jahren allgegenwärtigen idealisierenden Erinnerungsliteratur der Offiziere inszeniert, wo die alten Phrasen vom ehrenvollen Krieg und heroischen Soldatenleben hochgehalten wurden. Dass der vermeintliche Tatsachenbericht Remarques den einfachen Soldaten endlich eine Stimme gab, dürfte der wesentliche Grund für den Erfolg des Romans sein. Konsequenterweise wurde verschwiegen, dass Remarque selbst nur wenige Wochen im Kriegseinsatz war – und auch die Gattungsangabe »Roman« wurde erst in den 1950er Jahren hinzugefügt.

Ein weiterer Grund für den Erfolg war vermutlich die Vielstimmigkeit des Romans, der vor allem aus Vermarktungsgründen dem Leser keine Schlussfolgerungen vorgeben wollte. So wurden etwa im Zuge von Überarbeitungen kriegskritische Figurenaussagen durch eher affirmative Einlassungen kontrastiert. Entsprechend wurden dem Roman kurz nach Erscheinen gleichermaßen Kriegsverherrlichung wie Pazifismus vorgeworfen. Ungeachtet dessen wurde *Im Westen nichts Neues* ein Riesenerfolg und avancierte zum bis dahin meistverkauften Buch der deutschen Literatur. Noch 1929, im Jahr seiner Erstausgabe, lagen Übersetzungen in neunundzwanzig Sprachen vor. Remarque war über Nacht zur Berühmtheit geworden.

Aber der unglaubliche Erfolg des Buches mobilisierte dessen Gegner. Waren anfangs auch aus konservativen Kreisen durchaus noch wohlwollende Stimmen zu hören, so schreckte der Sensationserfolg die politische Rechte auf. Man propagierte daher mit Nachdruck eine Lesart, wonach *Im Westen nichts Neues* das Heldentum der deutschen Weltkriegssoldaten, die für eine ehrenvolle Sache gestorben seien, in den Schmutz zöge. Zwar versuchten die Nationalsozialisten schließlich auch, die Glaubwürdigkeit des Autors zu untergraben, ihn als Lügner und Dieb zu diskreditieren, doch an den Verkaufszahlen änderte das nichts: Schon im Juni 1930 waren eine Million Exemplare verkauft. Das weckte die Aufmerksamkeit der Universal Filmstudios, die von Remarque die Filmrechte für unglaubliche 100 000 Dollar erwarben. Unter der Regie von Lewis Milestone begannen Ende 1929 in den USA die Dreharbeiten. Der Film wurde in den USA ein doppelter Erfolg: Er zog ab April 1930 außergewöhnlich viele Kinobesucher an und wurde im selben Jahr mit zwei Oscars in den sogenannten Königskategorien »Bester Film« und »Beste Regie« ausgezeichnet.

Als der Film im November 1930 in die deutschen Kinos kam, wurde er zum Anlass für ein Kräftemessen, dessen Ausgang aus heutiger Sicht als Menetekel für die weitere politische Entwicklung stehen muss. Weil Joseph Goebbels der Film ein Dorn im Auge war, ließ er SA-Truppen die Kinoaufführungen in Berlin massiv stören. Die Zeitungsberichte über die von den Nazis initiierten Tumulte wurden zum Anlass dafür genommen, den Film, der von der Zensurbehörde längst freigegeben worden war, erneut zu prüfen und nun zu verbieten. Ein Erfolg für Goebbels. Nicht zuletzt aufgrund der Proteste zahlreicher Intellektueller beschäftigte sich der Reichstag im Frühjahr 1931 mit dem Fall und novellierte das Reichslichtspielgesetz. Dass es nach dieser unter dem Schlagwort »Lex Remarque« bekannt gewordenen überarbeiteten Fassung des Gesetzes fortan erlaubt war, indizierte Filme in geschlossenen Vorführungen zu zeigen, war allerdings nur ein schwacher Trost. Die künstlerische Freiheit war hinter verschlossene Türen verbannt. Mittels kulturfeindlicher Einschüchterungen hatten die Nazis einen ersten wichtigen symbolischen Sieg errungen.

Der Weg in die High Society
1932 übersiedelte Remarque in die Schweiz; ab 1939 lebte er in den USA, wo er hohes Ansehen genoss und zum Darling der High Society aufstieg. Aufgrund seiner Liebschaften mit Filmstars wie Greta Garbo und Marlene Dietrich wurde er auch zum Liebling der Klatschpresse. 1958 heiratete er Paulette Goddard, die frühere Ehefrau Charlie Chaplins, mit der er bis zu seinem Tod 1970 zusammenblieb. Das Jetset-Leben, das er führte, ermöglichte ihm vor allem sein früher Romanerfolg: *Im Westen nichts Neues* hatte ihn reich gemacht.

1947

Wolfgang Borchert

Draußen vor der Tür

Eine literarische Trümmerlandschaft

Dieser Dramenstoff schien kaum für den großen Erfolg geeignet: Beckmann steht nach der Rückkehr aus russischer Gefangenschaft nicht nur vor den Ruinen seiner Vaterstadt Hamburg, sondern auch vor den Scherben seines früheren Glücks. Niemand hat auf ihn gewartet und keiner will mehr etwas von ihm oder dem Krieg wissen. Ohne Anschluss, ohne Heimat bleibt ihm im Nachkriegsdeutschland nur ein Platz: *Draußen vor der Tür*. Doch der flehentlich-verzweifelte Schlussausruf »Gibt denn keiner, keiner Antwort???« traf den Nerv der jungen Generation.

Es war ein bedrückender Premierenabend im November 1947, den Ida Ehre, langjährige Prinzipalin der Hamburger Kammerspiele, Jahre später in einem Fernseh-Interview beschrieb. Es sei ein enormer Erfolg gewesen, wenn man es denn Erfolg nennen könne, dass das Publikum zunächst so ergriffen gewesen sei, dass es, ohne zu applaudieren, ganz schweigend im Saal gesessen hätte. Hans Quest, der Hauptdarsteller, habe dann noch eine traurige Pflicht zu erfüllen gehabt: Er musste vor den Vorhang treten und berichten, dass Wolfgang Borchert am Vortag, also einen Tag vor der Uraufführung gestorben sei. Das Publikum habe sich erhoben und dann nach einer sehr langen Zeit angefangen zu applaudieren und Bravo zu rufen. Auch der Rezensent des *Spiegel* betont in seiner Besprechung der Uraufführung: »Selten hat ein Theaterstück die Zuschauer so erschüttert wie Wolfgang Borcherts ›Draußen vor der Tür‹.« Doch nicht nur am Premierenabend bewegte das Stück die Zuschauer: Es wurde landauf und landab inszeniert und entwickelte sich zu einem der meistgespielten Stücke der Nachkriegszeit.

Angesichts seines frühen Todes musste der Eindruck entstehen, dass sich im Leben Borcherts das Schicksal seines literarischen Alter Ego Beckmann auf tragische Weise erfüllt hatte. Geboren 1921 und aufgewachsen in Hamburg wurde Borchert im Sommer 1941 zur Wehrmacht einberufen und noch im selben Jahr an die Ostfront verlegt. Mehrfach kam er mit der NS-Justiz in Konflikt: Wegen »Heimtücke« (weil er sich in Briefen wiederholt regimekritisch geäußert hatte) wurde er 1942 zu sechs Wochen Isolationshaft und zwei Jahre später wegen »Wehrkraftzersetzung« (er hatte sich zu einer Goebbels-Parodie hinreißen lassen) zu neun Monaten Gefängnis verurteilt. Von den schlechten Haftbedingungen, verschiedenen Krankheiten und Verwundungen sollte er sich nicht mehr erholen. 1945 nach Hamburg zurückgekehrt, entfaltete er zwar eine beeindruckende schriftstellerische Produktivität, blieb aber weitgehend ans Bett gefesselt. Im Spätherbst 1946 brachte er innerhalb von acht Tagen sein Drama *Draußen vor der Tür* zu Papier, das am 13. Februar 1947 zuerst in einer Hörspielfassung im Nordwestdeutschen Rundfunk gesendet und noch im selben Jahr als Bühnenfassung von Rowohlt gedruckt wurde. Aber Borchert konnte seinen beginnenden Ruhm nur noch kurz miterleben: Am 20. November 1947 starb er in einem Schweizer Krankenhaus an einer Lebererkrankung, die wohl Folge der miserablen Versorgungslage im Krieg war.

So wie das Leben Borcherts auch nach dem Ende der Kampfhandlungen vom Krieg bestimmt blieb, so kämpft auch der Protagonist seines Stücks erfolglos um ein Leben nach der Soldatenexistenz. Beckmann kehrt demoralisiert und verstört aus der sibirischen Kriegsgefangenschaft zurück. Er fühlt sich von der Vätergeneration verraten, kämpft mit der Verarbeitung seiner Kriegstraumata und will die Verantwortung für unter seinem Befehl bei einem Himmelfahrtskommando gefallene Kameraden wieder zurückgeben. Doch sein ehemaliger Oberst weist ihn ab und empfiehlt ihm lapidar-zynisch, erst einmal wieder »ein Mensch« zu werden. Auf Halt und Unterstützung kann Beckmann nirgends bauen: Seine Frau hat inzwischen einen Neuen, und seine Eltern sind tot. Ohne Perspektive und Orientierung wankt er durch sein Nachkriegsleben und will sich in der Elbe ertränken. Doch nicht einmal der Fluss will ihn haben: So bleibt Beckmann am Schluss ohne Antworten und Hoffnung zurück.

In der inneren Heimatlosigkeit und der Abkehr vom Heldentum fanden sich Borcherts Altersgenossen wieder. Entscheidend dürfte zudem gewesen sein, dass politische Fragen in Borcherts Stück kaum eine Rolle spielen. Es geht um das individuelle Schicksal und nicht um moralische Schuld. So bleiben der Nationalsozialismus und der Holocaust ausgespart – bis auf jenen Dialog, in dem eine Nachbarin vom Ende von Beckmanns Eltern erzählt: Sein Vater sei ein strammer Nazi gewesen und habe immer auf die Juden geschimpft. Nach Kriegsende habe man ihm »wegen den Juden« zur Rechenschaft gezogen und ohne Pension entlassen: »War ja auch ein bisschen doll, das mit den Juden. Warum konnte er auch seinen Mund nicht halten.« Als Beckmanns Eltern dann auch noch ihre Wohnung räumen sollten, hätten sie sich das Leben genommen. Die Eltern erscheinen hier als Opfer, und auf Beckmann muss das Ganze wie eine große Ungerechtigkeit wirken – ein Eindruck, den die zeitgenössischen Zuschauer sicher gern teilten. Und auch darauf, dass »das mit den Juden« eben »ein bisschen doll« gewesen war, konnte man sich im verdrängungsfreudigen Deutschland des Jahres 1947 wohl einigen.

Borchert wurde von den Autoren der Gruppe 47, der wichtigsten Schriftstellergruppierung der Nachkriegszeit, als Vorbild gesehen: Der Kollege Alfred Andersch sprach später von einem »Borchertismus«, der die frühen Werke der jungen deutschen Nachkriegsliteratur insgesamt geprägt hätte. Ungeachtet seines schmalen Werks, das neben dem Drama zwei Dutzend Kurzgeschichten und einige Gedichte umfasst, zählt Wolfgang Borchert zu einer der wichtigsten literarischen Stimmen im Nachkriegsdeutschland. Noch heute erinnert an der Fassade der Hamburger Kammerspiele ein meterhohes Porträt an die Uraufführung seines Stücks, das der Mentalitätslage einer ganzen Generation 1947 Ausdruck verliehen hatte.

Max Horkheimer und Theodor W. Adorno
Dialektik der Aufklärung

1947

Fortschritt und Barbarei

Die *Dialektik der Aufklärung*, mit der Max Horkheimer und Theodor W. Adorno eine düstere Zeitdiagose vorlegten, gilt als das Hauptwerk der Kritischen Theorie und einer der Gründungstexte der Studentenbewegung. Die Grundidee der Sozialanalyse, dass jedwedem Fortschritt schon immer sein Gegenteil eingeschrieben sei, hat bis heute nichts an Plausibilität eingebüßt.

Dass ein Unternehmer dezidiert gesellschaftskritisches Denken fördert und dem Ganzen einen institutionellen Rahmen gibt, kommt eher selten vor. Insofern stellte das, was da am 22. Juni 1924 in der Aula der Frankfurter Universität im Rahmen einer Feierstunde begangen wurde, schon angesichts der Gründungsumstände eine Ausnahmeerscheinung dar: die Einweihung eines Instituts zur Erforschung des Marxismus und der Geschichte der Arbeiterbewegung auf Grundlage einer mäzenatischen Stiftung. Denn der Unternehmer Hermann Weil hatte ordentlich Geld in die Hand genommen, um ein Institut für Sozialforschung zu gründen, das der Frankfurter Universität angeschlossen, aber trotzdem selbstständig sein sollte.

Als 1931 der Sozialphilosoph Max Horkheimer (1895 – 1973) die Institutsleitung übernahm, wollte er sich nicht mehr allein auf die Geschichte der Arbeiter konzentrieren, sondern eine Theorie der ganzen Gesellschaft in den Blick nehmen. In seiner Antrittsrede stellte er jene Frage in den Mittelpunkt, um die seiner Meinung nach alle Diskussionen in Philosophie und Soziologie der Zeit kreisten, nämlich die »nach dem Zusammenhang zwischen dem wirtschaftlichen Leben der Gesellschaft, der psychischen Entwicklung der Individuen und den Veränderungen auf den Kulturgebieten im engeren Sinne, zu denen nicht nur die sogenannten geistigen Gehalte der Wissenschaft, Kunst und Religion gehören, sondern auch Recht, Sitte, Mode, öffentliche Meinung, Sport, Vergnügungsweisen, Lebensstil usf.«. Damit war ein Forschungsprogramm skizziert, das nicht nur deshalb seiner Zeit voraus war, weil es den verschiedensten Kulturäußerungen Gleichberechtigung einräumte, sondern auch, weil es damit verbunden notwendigerweise auf Interdisziplinarität setzte, forderte es doch Sachverstand auf den Feldern der Ökonomie, Psychologie, Soziologie, Literatur oder des Rechts. Seinen an Hegel, Marx und Freud geschulten Ansatz, der die Analyse der bürgerlichen Gesellschaft und ihrer Ideologien ins Zentrum rückte sowie die Gemachtheit gesellschaftlicher Strukturen und die Verfahren der Herrschaftssicherung offenzulegen beabsichtigte, nannte Horkheimer später »Kritische Theorie« – eine Bezeichnung, die sich im Laufe der Zeit für die Denkschule rund um das Frankfurter Institut einbürgern sollte.

Da klar war, dass das Institut aufgrund seiner politischen Ausrichtung und als jüdische Stiftung mit einem jüdischen Direktor und vielen jüdischen Mitarbeitern den Nazis ein Dorn im Auge war, hatte man durch Gründung einer Zweigstelle in Genf und den Abzug des Stiftungsvermögens aus Deutschland vorgebaut. Nach der Machtübernahme gingen bis März 1933 alle führenden Mitarbeiter ins Schweizer Exil, und 1934 richtete man in New York die neue Hauptstelle des Instituts ein. Hier (ab 1941 in Los Angeles) nahm dann auch die wohl fruchtbarste Zusammenarbeit des Instituts Fahrt auf: die zwischen Horkheimer und dem Philosophen und Musikwissenschaftler Theodor W. Adorno (1903–1969), der schon in Frankfurt zum Kreis um das Institut gehört hatte und gleichfalls ins Exil zu gehen gezwungen war.

Spätestens ab 1942 arbeiteten Horkheimer und Adorno intensiv an einem Projekt, dessen Bedeutung für das Selbstverständnis des Instituts kaum zu überschätzen war. »Aus dem, was da zustande kommt«, so schrieb Horkheimer in einem Brief an den Institutsmitarbeiter Leo Löwenthal am 29. November 1941 im Hinblick auf die geplante Publikation, »soll rückwirkend der Sinn unserer früheren Arbeit, ja unserer Existenz erst deutlich werden.« 1944 legten Horkheimer und Adorno dann ein geheftetes hektografiertes Typoskript in einer Auflage von fünfhundert Exemplaren vor. 1947 kam der Band schließlich als richtiges Buch im Amsterdamer Exil-Verlag Querido unter dem programmatischen Titel *Dialektik der Aufklärung* heraus – der Titel der Ausgabe von 1944 *(Philosophische Fragmente)* war zum Untertitel geworden.

Das Buch beschäftigt sich im Kern mit der Frage, »warum die Menschheit, anstatt in einen wahrhaft menschlichen Zustand einzutreten, in eine neue Art von Barbarei versinkt«. Horkheimers und Adornos Antwort darauf rüttelte an den Grundfesten der Philosophiegeschichte: »Wir hegen keinen Zweifel [...], daß die Freiheit in der Gesellschaft vom aufklärenden Denken unabtrennbar ist. Jedoch glauben wir, genauso deutlich erkannt zu haben, daß der Begriff eben dieses Denkens, nicht weniger als die historischen Formen, die Institutionen der Gesellschaft, in die es verflochten ist, schon den Keim zu jenem Rückschritt enthalten, der heute überall sich ereignet.« Damit war die Hauptthese formuliert.

»Aufklärung« ist in diesem Kontext nicht als historisch eingrenzbares Phänomen, sondern ganz allgemein »im umfassendsten Sinn fortschreitenden Denkens« zu verstehen. Das »Programm« der Aufklärung sei dabei stets »die Entzauberung der Welt« gewesen: »Sie wollte die Mythen auflösen und durch Wissen stürzen.« Doch anstatt dass diese »Entzauberung« zu einer immer stärkeren Selbstermächtigung von immer mehr Menschen geführt hätte, stellen Horkheimer und Adorno fest: »Die vollends aufgeklärte Erde strahlt im Zeichen triumphalen Unheils.« Faschismus, Stalinismus, eine »Kulturindustrie«, die den Menschen in Unmündigkeit hält, sind in dieser Perspektive keine Verirrungen der Menschheit auf den Pfaden der Aufklärung, sondern deren logische Konsequenzen. Dass die Aufklärung das Umschlagen in ihr Gegenteil schon in sich trägt, ist zwar der Kerngedanke der *Dialektik der Aufklärung*. Aber Horkheimer und Adorno wollten ihr Buch nicht als Abgesang verstanden wissen, sondern als Anstoß zur Weiterentwicklung des aufklärerischen Denkens. Darauf weist ja auch schon der Titel ihres Buches hin, der nicht das Ende, sondern die immanente Janusköpfigkeit der Aufklärung betont. Nur wenn die Aufklärung die ihr innewohnende Rückschrittlichkeit reflektiere, könne sie überleben.

Ihre These untermauerten Horkheimer und Adorno nicht durch empirische Studien oder geschichtliche Fakten, sondern durch die Interpretation zentraler literarischer Texte, die als Dokumente des Übergangs den Wandel im zivilisatorischen Prozess festhielten. An der *Odyssee* konnten sie die Auflösung der Bindekraft der Mythen veranschaulichen, denn während Odysseus selbst noch ganz der Mythenwelt verhaftet sei, nehme Homer schon eine ironisch-aufgeklärte Position dazu ein. Zur Dialektik der Aufklärung gehöre eben auch, dass der Mythos selbst schon das Element zu seiner aufklärerischen Überwindung in sich trage. Sades *Histoire de Juliette* führt in Horkheimers und Adornos Lesart den Verlust von gültigen religiösen und moralischen Werten vor Augen: Angesichts einer zunehmend verwalteten Welt brächen sich Triebe und Exzesse Bahn. Galt der Aufklärung letztlich zunehmende Naturbeherrschung und damit die Entfremdung des Menschen von seiner eigenen Natur als zentraler Aspekt zivilisatorischen Fortschritts, so war ihr Lustfeindlichkeit und der Kampf gegen die Natur von Anfang an eingeschrieben. Ziel der Aufklärung sei es, das zu zerstören, was an das Glück oder auch die Angst des ursprünglichen vorzivilisatorischen Zustands erinnerte.

Vor diesem Hintergrund deuten Horkheimer und Adorno auch den Antisemitismus der Nationalsozialisten: Die Nazis hätten die Juden als »Gegenrasse« stigmatisiert und sie in der Betonung des »Rassischen« »auf das Naturhafte« reduziert, sodass nun in der Verfolgung der Juden stellvertretend die eigene unterdrückte Triebnatur gnadenlos bekämpft würde:»Die Juden sind heute die Gruppe, die praktisch wie theoretisch den Vernichtungswillen auf sich zieht, den die falsche Ordnung aus sich heraus produziert. Sie werden vom absolut Bösen als das absolut Böse gebrandmarkt.«

Ungeachtet dieser Einsichten bemühten sich Horkheimer und Adorno nach dem Untergang des »Dritten Reichs« zügig darum, nach Deutschland zurückkehren zu können. 1951 wurde das Institut in Frankfurt neu eröffnet. In der eher restaurativ eingestellten jungen BRD entwickelte es sich bald zu einer Art linker Denkfabrik, an der aufstrebende Intellektuelle wie Ralf Dahrendorf, Jürgen Habermas oder Oskar Negt ihren Platz fanden. Arbeiten früherer Institutsmitarbeiter wie Walter Benjamin, Erich Fromm oder Herbert Marcuse wurden in den 1960er Jahren breit rezipiert, und das Frankfurter Institut entwickelte sich zu einem intellektuellen Leuchtturm mit weiter Strahlkraft. Zunehmend sprach man von der »Frankfurter Schule«, wenn man den Denkzusammenhang der »Kritischen Theorie« meinte.

Auch die *Dialektik der Aufklärung* fand in dieser Zeit neue Leser: Während die Autoren zwanzig Jahre nach Erscheinen zunächst nur noch wenig davon wissen wollten, weil ihnen das Buch zu pessimistisch und von den düsteren Zeitumständen seiner Entstehung geprägt erschien, zirkulierte es unter den aufbegehrenden Studenten in unzähligen Raubkopien. Nachdem sich Horkheimer Anfang der 1960er Jahre noch gegen eine Wiederauflage gestemmt hatte, weil er in den aufgeheizten Debatten Missverständnisse vorprogrammiert sah, erschien die *Dialektik der Aufklärung* 1969 in einer Neuausgabe. Die Sozialanalyse des Buches schien für fundzwanzig Jahre nach ihrer Vollendung erst das richtige Publikum gefunden zu haben. Dazu trug sicher auch bei, dass es in seinen Ausführungen zur »Kulturindustrie« die ideologische Funktion der Unter-

> **»Die größten Kritiker der Elche ...«**
> Ab den 1960er Jahren fand sich im Umfeld der Satire-Zeitschriften *Pardon* und *Titanic* unter dem Namen Neue Frankfurter Schule eine Gruppe von Autoren und Zeichnern zusammen, die mit den Mitteln der Karikatur Kulturkritik übte. Zwischen Anspruch und Nonsens pendelnd zählten zu dieser Gruppe viele der bedeutendsten deutschen Humoristen, wie etwa Robert Gernhardt, F. W. Bernstein, Eckhard Henscheid, Chlodwig Poth oder F. K. Waechter.

haltungsindustrie analysierte, die gerade als Bestandteil der Verdrängungskultur der Nachkriegszeit in der jungen Generation in die Kritik geraten war. So lieferte die *Dialektik der Aufklärung* der Abrechnung mit der Elterngeneration Munition und wurde in den Kontexten etwa der Ost-West-Konfrontation und des Vietnamkriegs aktualisierend gelesen.

Doch die Hoffnung der Studierenden, die kritischen Theoretiker würden sich auf ihre Seite stellen, wurde enttäuscht. Horkheimer hatte sich schon Ende der 1950er Jahre in die Schweiz zurückgezogen, und Adorno hatte mit dem Transfer von Theorie in konkrete Aktionen nie etwas am Hut gehabt. So stellte er seine Vorlesungen ein, als sie von Protestierenden gesprengt wurden, und als Studenten das Institut für Sozialforschung in Beschlag nahmen, ließ er es sofort von der Polizei räumen.

Die ambivalente Beziehung zwischen den Autoren der *Dialektik der Aufklärung* und der Studentenbewegung wurde besonders augenfällig in einem *Spiegel*-Interview vom 5. Mai 1969. »Ohne Ihre Theorien«, so mutmaßten die Redakteure gegenüber Adorno, »wäre die studentische Protestbewegung vielleicht gar nicht entstanden.« Das ließ sich dieser zwar gern gefallen und betonte, »daß etwa die Kritik gegen die Manipulation der öffentlichen Meinung, die ich auch in ihren demonstrativen Formen für völlig legitim halte, ohne das Kapitel ›Kulturindustrie‹ in der *Dialektik der Aufklärung* von Horkheimer und mir nicht möglich gewesen wäre«. Den Zusammenhang zwischen Theorie und Praxis, so setzte er aber gleich hinzu, stelle man sich allerdings oft »zu kurzschlüssig« vor: »Auf die Frage ›Was soll man tun‹ kann ich wirklich meist nur antworten ›Ich weiß es nicht‹. Ich kann nur versuchen, rücksichtslos zu analysieren, was ist.« Es war paradox: Während die *Dialektik der Aufklärung* zu einem der Kultbücher der Studentenbewegung aufstieg, das den Protestierenden so viel zu sagen hatte, war zwischen den Autoren des Buches und ihren studentischen Lesern die Kommunikation abgerissen – man stand einander ratlos gegenüber. Heute gilt die *Dialektik der Aufklärung* als eine Art Manifest der Frankfurter Schule und eine der wichtigsten Zeitdiagnosen der Moderne.

Alfred Müller-Armack
Wirtschaftslenkung und Marktwirtschaft

1947

Die Geburtsstunde der Sozialen Marktwirtschaft

Zwei Jahre nach dem Ende des Zweiten Weltkrieges liegt Deutschland noch immer in Trümmern. Für den Wiederaufbau empfiehlt der Münsteraner Wirtschaftsprofessor Alfred Müller-Armack (1901–1978) einen dritten Weg zwischen Marktliberalismus und Planwirtschaft: eine Marktordnung, die auch konjunktur- und sozialpolitische Interventionen des Staates zulässt. Seine pragmatische Mischung aus Ordoliberalismus und katholischer Soziallehre irritiert wirtschaftswissenschaftliche Dogmatiker bis heute. Für Gesellschaft und Politik in der Bundesrepublik Deutschland aber wird die »Soziale Marktwirtschaft« zum weltweit bekannten Markenzeichen.

Die Soziale Marktwirtschaft gehört zur politischen DNA der Bundesrepublik Deutschland. Kaum einem Politiker, gleich welcher Couleur, würde es heute einfallen, sie grundsätzlich infrage zu stellen. Als im Mai 1990 Bundesrepublik und DDR per Staatsvertrag eine Währungs-, Wirtschafts- und Sozialunion gründeten, bestimmte deren Artikel 1: »Grundlage der Wirtschaftsunion ist die Soziale Marktwirtschaft als gemeinsame Wirtschaftsordnung beider Vertragsparteien.« Heute kaum mehr als eine Vorstufe zum drei Monate später unterzeichneten Einigungsvertrag zeigt der Staatsvertrag, welche Anziehungskraft das bundesdeutsche Wirtschaftsmodell auf die Bürgerinnen und Bürger der DDR ausübte, die gerade erst den »real existierenden« Sozialismus abgeschüttelt hatten.

In der populären Erinnerung wird die Soziale Marktwirtschaft mit Ludwig Erhard assoziiert. Der Zigarre rauchende erste Wirtschaftsminister und spätere Kanzler der Bundesrepublik steht sinnbildlich für die wirtschaftspolitische Neuausrichtung Westdeutschlands nach dem Zweiten Weltkrieg. Dabei war Erhard selbst anfänglich keineswegs ein Freund jenes neuen Konzepts; immerhin übertrug er aber dessen Schöpfer 1952 die Leitung der Grundsatzabteilung seines Ministeriums. Alfred Müller-Armack war seit 1950 Ordinarius für Nationalökonomie in Köln, nachdem er schon zuvor als Professor in Köln (1934 – 1940) und Münster (1940 – 1950) tätig gewesen war. Von einer anfänglichen emphatischen Unterstützung des NS-Regimes war das Parteimitglied (seit 1933) im Laufe des Weltkrieges mehr und mehr abgerückt.

Nach Ende des Krieges machte Müller-Armack sich Gedanken über einen wirtschaftlichen Neuanfang Deutschlands. Angesichts eines Landes in Trümmern, in dem Not und Mangel herrschten und in dem einzig der Schwarzmarkt prosperierte, gehörte einige Fantasie (und einiger Mut) dazu, einem marktwirtschaftlichen Modell das Wort zu reden. Auch weil die Erinnerung an die Weltwirtschaftskrise der 1920er Jahre noch lebendig war, herrschte in der Bevölkerung die Auffassung vor, dass Wiederaufbau und gerechte Lastenverteilung nur im Rahmen staatlicher Wirtschaftslenkung gelingen können.

In seiner 1947 veröffentlichten Schrift *Wirtschaftslenkung und Marktwirtschaft* verordnet Müller-Armack den Deutschen allerdings auch kein rein marktwirtschaftliches Modell. Er sucht vielmehr nach einem dritten Weg, einem Mittelweg zwischen den ideologischen Lagern des ökonomischen Liberalismus und der Lenkungs- und Planwirtschaft. Die Soziale Marktwirtschaft bezeichnet Müller-Armack selbst als »irenische«, als friedensstiftende, Formel. Sie war es in einem doppelten Sinne, indem sie die gegensätzlichen wirtschaftspolitischen Lager versöhnte und zugleich die Idee des sozialen Friedens und Ausgleichs in die Marktökonomie integrierte. Hierin zeigte sich der gläubige Katholik Müller-Armack von der katholischen Soziallehre geprägt. Unter ihrem Einfluss rückte er von den Lehren der Ordoliberalen ab, denen Ludwig Erhard nahestand.

Im Unterschied zu einem angelsächsischen Marktfundamentalismus, für den staatliche Eingriffe in die Privatwirtschaft von Übel sind (»Manchester-Liberalismus«), gehen die Ordoliberalen um Walter Eucken und seine Freiburger Schule davon aus, dass der Markt staatlicher Ordnung bedarf. Im freien Spiel der ökonomischen Kräfte bilden sich ansonsten Machtgruppen, die versuchen, die ökonomische Freiheit der anderen Marktteilnehmer zu beschneiden. Während für den Ordoliberalismus die Stabilisierung des Marktes selbst durch Wettbewerbspolitik (wie Kartellverbote oder Fusionskontrollen) im Zentrum steht, geht Müller-Armack einen Schritt weiter. Er propagiert einen »Kreis sichernder, fördernder, steuernder, antreibender und bremsender wirtschaftspolitischer Maßnahmen [...], deren die Marktwirtschaft bedarf, um ihre volle Funktionstüchtigkeit zu gewinnen«. Damit gehören für ihn auch Konjunkturprogramme, Familien- und Sozialpolitik zum Handlungsinstrumentarium des Staates.

Wann welche staatliche Intervention angezeigt oder geboten ist, lässt sich nicht allgemein bestimmen; Kritiker haben dies mit Beliebigkeit und Inhaltsleere gleichgesetzt. »Unsere Theorie ist abstrakt«, entgegnet Müller-Armack ihnen, »sie kann öffentlich nur durchgesetzt werden, wenn sie einen konkreten Sinn bekommt und dem Mann auf der Straße zeigt, daß sie gut für ihn ist.« Dieser pragmatische Ansatz räumt letztlich dem politischen Prozess eine entscheidende Rolle ein. Ganz ins politische Belieben will Müller-Armack die Wirtschaftspolitik dann aber doch nicht stellen. Sein Modell ist ein marktwirtschaftliches, daher gestattet es auch nur solche Interventionen, »die den sozialen Zweck sichern, ohne störend in die Marktapparatur einzugreifen«. Dennoch, dass er einer aktiv gestaltenden Politik eine so zentrale Bedeutung zubilligt, hat ihn Vertretern der »reinen Lehre« suspekt gemacht. Zugleich aber hat Müller-Armack damit den Grund für die bis heute ungebrochene Konjunktur seines Konzepts gelegt. Vermutlich hätte es den Staatssekretär für Europäische Angelegenheiten (1958–1963) gefreut, dass sich seit dem Reformvertrag von Lissabon auch die Europäische Union zur Sozialen Marktwirtschaft bekennt.

1949

Grundgesetz für die Bundesrepublik Deutschland

Noch immer in guter Verfassung

Seit siebzig Jahren legt das *Grundgesetz* das Fundament für das politische und gesellschaftliche Leben der Bundesrepublik Deutschland. Es regelt das Verhältnis von Bund und Ländern, definiert die Aufgaben der Staatsorgane, ordnet politische Prozesse, gewährt Menschen Rechte und sichert deren Schutz durch unabhängige Gerichte. Als Provisorium gedacht, ist es seit 1990 gesamtdeutsche Verfassung, für die es sich auch in stürmischen Zeiten einzutreten lohnt. »Die Verfassung ist weder Orakel noch Motor der gesellschaftlichen Entwicklung. Sie lebt von Voraussetzungen, die sie selbst nicht schaffen oder erneuern kann«, mahnt uns der frühere Bundespräsident Richard von Weizsäcker.

Das *Grundgesetz* ist schon jetzt die langlebigste Bundesverfassung der deutschen Geschichte. Ob die Frankfurter Paulskirchenverfassung von 1849 je in Kraft getreten ist, bleibt umstritten; jedenfalls konnte sie gegen den Widerstand der mächtigsten Staaten des Deutschen Bundes keine Wirksamkeit erlangen. Die Verfassung des Kaiserreichs von 1871 ging mit diesem in den Wirren von 1918/19 unter. Die Weimarer Reichsverfassung vom 11. August 1919 überdauerte formal zwar die Zeit des Nationalsozialismus, der Sache nach aber hatte sie spätestens 1934 mit dem »Gesetz über den Neuaufbau des Reichs« jede Wirkung eingebüßt. Gemessen daran sind siebzig Jahre *Grundgesetz* rekordverdächtig. Dass Deutschland als Verfassungsstaat im »westlichen« Vergleich zu den Spätstartern gehört, liegt an dem langen Weg zur staatlichen Einheit. Auf Ebene der Gliedstaaten fanden sich weit früher Verfassungen, namentlich in Nassau (1814), Bayern (1818), Baden (1818), Württemberg (1819), den Königreichen Sachsen (1831) und

Hannover (1833). Zur Zeit der Revolution von 1848 lebten immerhin rund 40 Prozent der Deutschen in einer konstitutionellen Monarchie.

Der Konstitutionalismus des 19. Jahrhunderts war ein Kind der Aufklärung. Mit der Säkularisierung war die Idee des Gottesgnadentums verabschiedet worden, mit dem mittelalterliche Herrscher ihre Macht legitimierten. Vor allem John Locke und Jean-Jacques Rousseau hatten die Idee des Gesellschaftsvertrages propagiert, den ursprünglich freie und gleiche Menschen schließen, um sich »unter Rechtsgesetzen zu vereinigen«, wie Immanuel Kant es fasste. Das oberste Rechtsgesetz sollte fortan die Verfassung sein, ein schriftliches Dokument, das staatliche Herrschaft begründet und legitimiert und zugleich an die Prinzipien von Freiheit und Eigentum bindet, um die Bürger vor Machtmissbrauch zu schützen. Mit der US-Verfassung von 1787 und der ersten französischen Revolutionsverfassung von 1791 begann der Siegeszug der Verfassungsidee und erreichte schließlich auch Deutschland. Das *Grundgesetz* steht in dieser Tradition und greift in vielem auf seine in- und ausländischen Vorläufer zurück.

Den Anstoß zu seiner Ausarbeitung gaben die Westalliierten, die den Ministerpräsidenten ihrer Besatzungszonen am 1. Juli 1948 den Auftrag erteilten, eine verfassunggebende Versammlung einzuberufen. Binnen zweier Wochen im August arbeitete eine von den Ministerpräsidenten bestellte Expertenkommission im Alten Schloss Herrenchiemsee Grundzüge einer Verfassung aus. Der sogenannte Herrenchiemsee-Entwurf war Grundlage für die Arbeit im Parlamentarischen Rat, dessen Vertreter von den westdeutschen Landtagen gewählt wurden. Diese einundsechzig Väter und vier Mütter des *Grundgesetzes* (beratend entsandte Berlin weitere fünf Herren) tagten ab September 1948 unter Vorsitz Konrad Adenauers (CDU) in Bonn. Indem CDU und SPD mit siebenundzwanzig Mitgliedern gleichauf lagen, war gewährleistet, dass die künftige Verfassung ideologisch austariert würde. Am 8. Mai 1949 beschloss der Rat den endgültigen Entwurf. Er trat nach Genehmigung der alliierten Militärgouverneure und Zustimmung der westdeutschen Landesparlamente (mit Ausnahme Bayerns) mit Ablauf des 23. Mai 1949 in Kraft. Bewusst wurde mit »Grundgesetz« ein eher technischer Name gewählt, um den provisorischen Charakter zu betonen; schließlich ging man davon aus, dass Deutschland als Einheit fortbestand. Davon zeugten das Wiedervereinigungsgebot in der Präambel und Artikel 146: »Dieses Grundgesetz verliert seine Gültigkeit an dem Tage, an dem eine Verfassung in Kraft tritt, die von dem deutschen Volke in freier Entscheidung beschlossen worden ist.«

Trotz dieser Einheitssymbolik besiegelte die Gründung der Bundesrepublik Deutschland die deutsche Teilung. Am 7. Oktober 1949 wurde in der Sowjetischen Besatzungszone mit Inkraftsetzung ihrer ersten Verfassung die Deutsche Demokratische Republik gegründet. 1968 und 1974 würden neue Verfassungen folgen, die den Sozialismus und den Führungsanspruch der SED festschrieben. Sie alle hatten letztlich nur symbolische Bedeutung. Zu sehr ist die Verfassungsidee als im Kern liberales Projekt mit dem Schutz von bürgerlicher Freiheit und Eigentum, Machtbegrenzung und einem System von *checks and balances* zwischen den Staatsorganen verbunden. Das passte schlecht zum sozialistischen Einparteienstaat, in dem Herrschaft sich ideologisch – und eben nicht durch ein Gründungsdokument – legitimierte und die Bürger in erster Linie ihr Plansoll zu verwirklichen hatten. Mit der Wende 1989/90 wurde die Verfassung von 1974 provisorisch demokratisiert, bis am 3. Oktober 1990 die DDR der Bundesrepublik Deutschland beitrat. Dass nicht der in Artikel 146 vorgedachte Weg einer neuen gesamtdeutschen Verfassung gewählt wurde, sondern mit

Das europäisierte Grundgesetz
Zu einem »vereinten Europa« bekennt sich das *Grundgesetz* schon seit 1949; seit 1992 fordert es ausdrücklich Mitwirkung an einer Europäischen Union. Die EU ist auch verfassungsrechtlich ein Laboratorium, denn Regeln für die Ausübung von Hoheitsgewalt ergeben sich im Zusammenspiel von *Grundgesetz*, Landesverfassungen und Unionsrecht. Wie dieses Zusammenspiel funktionieren kann, ohne die »Identität« des *Grundgesetzes* zu opfern, treibt das Bundesverfassungsgericht seit Langem um, in nicht immer spannungsfreier »Kooperation« mit dem Gerichtshof der EU.

dem Beitritt einfach der Geltungsbereich des *Grundgesetzes* auf das Gebiet der ehemaligen DDR ausgedehnt wurde, hat damals viele der friedlichen Revolutionäre enttäuscht.

Die tragenden Pfeiler des *Grundgesetzes* verdeutlicht Artikel 79 Absatz 3, die »Ewigkeitsklausel«. Sie untersagt Verfassungsänderungen, die bestimmte Grundsätze berühren: die Garantie der Menschenwürde, das Bekenntnis zu Menschenrechten, Bundesstaat, Demokratie, Rechts- und Sozialstaatlichkeit. Jenseits dieser Fundamentalprinzipien enthält das *Grundgesetz* einen Grundrechtekatalog, gestaltet das Verhältnis zwischen Bund und Ländern aus, errichtet die obersten Verfassungsorgane und bestimmt Grundsätze eines rechtsstaatlichen Justizwesens. Darin, dass es mit den Worten »Die Würde des Menschen ist unantastbar« beginnt und die Grundrechte an den Anfang stellt, präsentiert sich das *Grundgesetz* als eine Art Gegenverfassung zu früheren deutschen Verfassungen. Das Bundesverfassungsgericht bescheinigt ihm »Gegenbildlichkeit« zum Nationalsozialismus, und in vielem spiegeln sich die »Lehren aus Weimar«: in der »Ewigkeitsklausel«, der Bindung aller Staatsgewalt an die Grundrechte und gemäß Artikel 20 Absatz 3 an »Gesetz und Recht« (dass es gesetzliches Unrecht geben kann, hatten die Nürnberger Rassegesetze bewiesen), in der schwachen Stellung des Bundespräsidenten, dem Verzicht auf ein Selbstauflösungsrecht des Parlaments und indem sichergestellt ist, dass es keine parlaments- und regierungslose Zeit geben kann – eine Staatskrise tritt so selbst dann nicht ein, wenn sich die Regierungsbildung (wie zuletzt 2017/18) fast sechs Monate hinzieht. Als »wehrhafte Demokratie« tritt der Staat des *Grundgesetzes* – z. B. mittels Parteiverboten – denjenigen entgegen, die seine Grundordnung abschaffen wollen.

Von einer Übergangslösung ist das *Grundgesetz* zu einer Dauerinstitution und sogar zu einem deutschen Markenzeichen geworden. Das ist zu einem guten Teil einer gelungenen Mischung aus stabilisierender Festlegung und Flexibilität zu verdanken. Zur Flexibilität trägt die Möglichkeit von Verfassungsänderungen bei, von der (bis Ende 2018) zweiundsechzigmal Gebrauch gemacht wurde. Einige dieser Änderungen erfolgten geräuschlos, andere waren von kontroversen gesellschaftlichen Debatten begleitet wie die Wiederbewaffnung (1956), die Notstandsverfassung (1968) und der Asylkompromiss (1993). Vor allem das 1951 errichtete Bundesverfassungsgericht trägt dazu bei, das *Grundgesetz* durch Auslegung an gewandelte soziale Verhältnisse anzupassen sowie Entscheidungen des Gesetzgebers Grenzen aufzuzeigen. Dass seine sechzehn Richterinnen und Richter mit Zweidrittelmehrheit von Bundestag bzw. Bundesrat gewählt werden, hat verhindern können, dass das Gericht sich einseitig in eine politische Richtung entwickelt.

Nach der Präambel »hat sich das Deutsche Volk kraft seiner verfassungsgebenden Gewalt dieses Grundgesetz gegeben«. Das Volk hat allerdings nie über das *Grundgesetz* abgestimmt. Dennoch ergeben Umfragen bislang regelmäßig rund 75 Prozent Zustimmung; die Deutschen haben ihr *Grundgesetz* also akzeptiert und nehmen durch Beteiligung an Wahlen, politisches Engagement, Freiheitsgebrauch und – zum Teil exzessive – Nutzung des gerichtlichen Rechtsschutzes teil am Verfassungsleben. Deutschland präsentiert sich also im Großen und Ganzen »in guter Verfassung«.

Dieser Befund ist nicht auf Dauer gesichert. Jede Verfassung ist abhängig vom politischen und gesellschaftlichen Klima; Streit gehört dazu, braucht aber eben auch eine Streitkultur, in der der politische Gegner zumindest respektiert wird. Der in jüngster Zeit erstarkende Populismus, der sich als »Bewegung« gegen die Institutionen gibt – von Regierungen und Gerichten bis hin zur »Lügenpresse« –, und eine sich vertiefende Spaltung der Gesellschaft fordern auch das *Grundgesetz* heraus. Dass es diese Herausforderungen meistert, geht uns alle an. »Verfassungspatriotismus« hat der Politikwissenschaftler Dolf Sternberger das genannt und mahnende Worte gefunden: »Der Begriff des Vaterlandes erfüllt sich erst in seiner freien Verfassung – nicht bloß in seiner geschriebenen, sondern in der lebenden Verfassung –, in der wir alle uns als Bürger dieses Landes befinden, an der wir täglich teilnehmen und uns weiterbilden.«

Anne Frank

Das Tagebuch der Anne Frank

Das »menschliche Antlitz« des Holocaust

Anne Frank ist nur fünfzehn Jahre alt geworden. Sie starb Anfang 1945 in einem nationalsozialistischen Konzentrationslager Aufgrund ihres Tagebuchs, das sie zwischen 1942 und 1944 in einem Versteck anfertigte, in das sie mit ihrer Familie vor den Nazis geflohen war, wurde sie in den 1950er Jahren zur Symbolfigur des Holocaust. 2009 von der UNESCO zum Welterbe erklärt, zählt *Das Tagebuch der Anne Frank* heute zu den zehn meistgelesenen Büchern der Welt.

Anne Frank wurde 1929 in Frankfurt am Main geboren. Ihr Vater Otto erkannte allerdings früh die Gefahr, die der Nationalsozialismus für die jüdische Familie bedeutete. Schon bald nach der Machtübernahme der Nationalsozialisten übersiedelten die Franks daher nach Amsterdam, wo Otto Frank 1933 eine Firma eröffnet hatte. Nach der Besetzung der Niederlande durch die Deutschen 1940 verschärften sich die Repressionen aber auch dort immer mehr. Deshalb richtete Otto Frank im Frühjahr 1942 in den leer stehenden oberen Etagen des Hinterhauses seines Firmengebäudes ein Versteck für die eigene Familie und die eines Kollegen ein – nur zugänglich über einen hinter einem Bücherschrank versteckten Durchgang. Die Büromitarbeiter sicherten zu, im Falle der Fälle die Versorgung der Versteckten zu übernehmen.

Im Juli 1942 war es dann so weit. Als Annes Schwester Margot die Aufforderung zur Meldung in einem Arbeitslager erhielt, beschloss Otto Frank, eine Flucht in die Schweiz vorzutäuschen und mit der Familie in den Unterschlupf zu ziehen. Eine Woche später folgte die dreiköpfige Familie van

Pels, vier Monate später ein weiterer Bekannter. Fortan lebten insgesamt acht Menschen auf ungefähr fünfzig Quadratmetern. Nur abends, wenn außer den eingeweihten Helfern niemand mehr im Vorderhaus tätig war, konnten sich die Eingesperrten für wenige Stunden auch dort bewegen. Über zwei Jahre ging das so. Bis am 4. August 1944 das Versteck von der Polizei unter SS-Kommando gestürmt wurde. Die acht Untergetauchten wurden abgeführt und Anfang September nach Auschwitz verschleppt. Anne und ihre Schwester wurden im November weiter nach Bergen-Belsen deportiert. Dort erkrankten beide an Fleckfieber und starben kurz nacheinander im Februar 1945. Von den acht Bewohnern des Hinterhauses überlebte nur Otto Frank.

Als nach der Enttarnung des Verstecks die Helfer noch einmal das Hinterhaus betraten, fanden sie auf dem Boden verstreute Hefte und Zettel, die sie an sich nahmen: Anne Franks Tagebuchaufzeichnungen. Seit sie zum 13. Geburtstag im Juni 1942 ein Tagebuch geschenkt bekommen hatte, notierte Anne ihre Gedanken und Beobachtungen. Sie erfand sich einen Kreis von Freundinnen, an die sie ihre Texte adressierte und unter denen die »liebe Kitty« ihre Favoritin war. Die Einträge halfen ihr dabei, sich »darüber klar zu werden, was nun eigentlich mit mir passiert war und was noch passieren würde« (10. Juli 1942).

In ihrem Tagebuch schildert Anne Frank vor allem ihren Alltag und reflektiert ihre konkrete Situation, die zwischenmenschlichen Beziehungen und Schwierigkeiten unter den Untergetauchten. Die psychischen Strapazen des Lebens in dieser Extremsituation kann man als Leser oft nur erahnen, denn Anne Frank möchte nicht »sentimental« erscheinen und überspielt ihre Sorgen oft mit Humor. So hält sie am 28. September 1942 fest: »Es beklemmt mich doch mehr, als ich sagen kann, dass wir niemals hinaus dürfen, und ich habe große Angst, dass wir entdeckt und dann erschossen werden. Das ist natürlich eine weniger angenehme Aussicht.« Ab Mai 1944 fertigte Anne Frank von einem Teil ihrer Aufzeichnungen eine Abschrift an, ergänzte und strich. Sie träumte davon, Schriftstellerin zu werden und nach dem Krieg ein Buch über ihr Leben im Hinterhaus zu veröffentlichen, dessen Basis die überarbeiteten Tagebucheinträge bilden sollten. »Ich will fortleben, auch nach meinem Tod. Und darum«, so schrieb sie am 5. April 1944, »bin ich Gott so dankbar, dass er mir schon mit meiner Geburt einen Weg mitgegeben hat, mich zu entwickeln und zu schreiben, also alles auszudrücken, was in mir ist. Durch Schreiben werde ich alles los. Mein Kummer vergeht, mein Mut kommt zurück.« Der letzte Eintrag in Anne Franks Tagebuch stammt vom 1. August 1944, drei Tage vor der Verhaftung.

Nach Kriegsende gingen die Aufzeichnungen Anne Franks an ihren Vater, der, anfänglich zögernd, aus den verschiedenen Dokumenten ein Buch zusammenstellte. Dabei ging er sehr frei vor und griff stark in die Textstruktur ein, ließ Passagen, in denen sich seine Tochter etwa kritisch über die Ehe der Eltern äußert, außen vor, nahm anderes, das sie in ihrer überarbeiteten Fassung gestrichen hatte (etwa das Verliebtsein in den Sohn der Familie van Pels), wieder auf. Die Höhe der Erstauflage dieser vom Vater erstellten Tagebuchversion, die 1947 in einem niederländischen Verlag unter dem Titel *Het Achterhuis* (»Das Hinterhaus«) veröffentlicht wurde, war mit dreitausend Exemplaren eher überschaubar. 1950 kam eine erste deutsche Übersetzung heraus (Anne hatte ihr Tagebuch auf Niederländisch geschrieben). Auch deren Erfolg blieb zunächst bescheiden. Das änderte sich erst mit der Taschenbuchausgabe von 1955, die sich allein im März, dem Monat des Erscheinens, vierzigtausend Mal verkaufte.

Diese Verkaufszahlen wurden zu einer Zeit erreicht, als man in Westdeutschland längst beschlossen hatte, dass die »Krankheit« Nationalsozialismus überwunden sei. Schon zum Jahresende 1949 war ein erstes Amnestiegesetz in Kraft getreten, von dem Tausende

Verrat oder Zufall?
Lange hielt sich die These, dass das Versteck im Hinterhaus verraten worden wäre. Inzwischen scheinen Indizien aber eher dafür zu sprechen, dass es ein furchtbarer Zufall war, der zur Entdeckung führte. Die Polizei interessierte sich wohl eigentlich für das Vorderhaus, das sie womöglich nach gefälschten Lebensmittelmarken durchsuchte, und stieß dabei auf den Durchgang zum Unterschlupf.

NS-Täter profitiert hatten, im April 1951 war dann das »Entnazifizierungsschlussgesetz« verabschiedet worden. Alles getreu dem von Kanzler Adenauer Anfang der 1950er Jahre ausgegebenen Motto: »Wir sollten jetzt mit der Naziriecherei Schluß machen.« Aber nur auf den ersten Blick hat der Erfolg von Anne Franks *Tagebuch* die Verdrängungsbestrebungen dieser Zeit unterlaufen. In der Rezeption des Buches wurden nämlich Fragen nach gesellschaftlicher Verantwortung und individueller Schuld ausgeblendet. Es wurde von den deutschen Lesern als Dokument eines universalen Leidens gedeutet, in dem man sich wiedererkennen zu können meinte. Das dürfte ein wesentlicher Grund für den Erfolg des Buches im Deutschland der 1950er Jahre gewesen sein.

Vor allem die Vorworte der frühen deutschen Ausgaben haben dieser verallgemeinernd-identifikatorischen Lesart den Weg bereitet. So erwähnt Marie Baum in der Vorrede der Ausgabe von 1950 zwar »die unsühnbare Schuld der Judenverfolgung«, fordert aber gleichzeitig zur Einfühlung auf: »Wir zittern mit den armen Eingeschlossenen [...]. Wir atmen mit ihnen die gefängnishafte Luft des Hinterhauses in der Prinsengracht in Amsterdam.« Verfolgte und Verfolger werden so im Akt der Lektüre zu einer Art Opfergemeinschaft verschmolzen. In der Taschenbuchausgabe von 1955 betont der religiös-erbauliche Dichter Albrecht Goes, dass viele Eigenschaften Anne Franks (wie etwa »die schaurige Entschlossenheit, auch in den schlimmsten Augenblicken den Sinn für Situationskomik in sich wachzuhalten«) »zum Lebenspanzer unsrer Generation« gehören. Anne Frank steht hier dann beispielhaft für den Umgang einer ganzen – »unsrer« – Generation mit den Kriegserlebnissen. Ob Jude oder nicht, spielt da anscheinend keine Rolle. Der Versuch dieser Verallgemeinerung wird besonders augenfällig, wenn Goes das »Schicksal der Eingeschlossenen« thematisiert und es anschließend heißt: »Draußen geht der Krieg seinen Gang weiter.« Den Krieg haben schließlich alle als existenzbestimmend erlebt. Die systematische Verfolgung und Ermordung der Juden, der eigentliche Grund für das Untertauchen der Franks also, bleibt ausgespart.

In gewisser Weise ist diese Rezeption im Text selbst schon angelegt und wird durch einige Strukturprinzipien begünstigt: Denn ein Tagebuch – zumal eines Teenagers – ist per se stark auf Innenschau und Selbstreflexion angelegt, die Auseinandersetzung mit politischen Rahmenbedingungen gerät da nur bedingt in den Fokus. Die Briefform der Einträge, die den Leser in die Position des Adressaten setzt, befördert die empathische Lektüre. Und ein weiterer nicht zu unterschätzender Aspekt ist sicher, dass die Aufzeichnungen kurz vor der Verhaftung abbrechen. Mit Inhaftierung und Tod Anne Franks wird, das liegt in der Logik der Schreibbedingungen, der Leser nicht konfrontiert. Außerdem hatte der Vater einige kritische Bemerkungen seiner Tochter über Deutschland und die Deutschen gestrichen oder in der Übersetzung abgemildert. So förderten der Text und seine Rahmungen in den deutschen Ausgaben eine sentimentalische Rezeption, in der das geschilderte Leiden mit dem eigenen überblendet wurde.

Die Bekanntheit von Anne Frank und damit die Popularität ihres Tagebuchs erlebten einen regelrechten Schub, als Ende 1956 die Übersetzung einer Theaterfassung des Tagebuchs auf die deutschen Bühnen kam, das am Broadway ein riesiger Publikumserfolg gewesen war. *Das Tagebuch der Anne Frank* wurde 1957 zum meistgespielten Stück in Deutschland, mit über zwei Millionen Zuschauern – in Ost und West. Der große Erfolg des Theaterstücks führte auch dazu, dass 1957 eine Lizenzausgabe des *Tagebuchs* in der DDR erschien, wo man ihr Schicksal propagandistisch »gern zur Selbstpräsentation als konsequent antifaschistischer Staat in Anspruch« nahm, wovon auch eine DEFA-Dokumentation von 1958 zeugt. Von der westdeutschen Taschenbuchausgabe wurden bis 1958 siebenhunderttausend Exemplare verkauft.

An der Wahrnehmung von Anne Franks Schicksal änderte sich durch das Drama nichts. So hieß es in einer zeitgenössischen Theaterkritik, in ihrem Tagebuch stelle Anne Frank »ganz einfach Menschen« dar, »alltägliche Menschen, die in einer beängstigenden engen ausweglosen Zuflucht miteinander vegetieren«. Regelmäßig wurde nach den Aufführungen des

Theaterstücks von einem erschütterten Publikum berichtet. Das hatte womöglich auch damit zu tun, dass die Dramenversion dem Tagebuch einen neuen Dreh gab, denn die US-Autoren Frances Goodrich und Albert Hackett zeichneten Anne Frank mit einem schier unglaublichen Optimismus aus. So ertönt in der letzten Szene des Stücks nach der Verhaftung wie aus dem Jenseits Annes Stimme aus dem Off mit der Botschaft: »Trotz allem glaube ich an das Gute im Menschen.« Diese effektvoll platzierte Pointierung eines Tagebucheintrags wurde im Sinne einer Generalabsolution verstanden und zur Selbstentlastung genutzt: Indem Anne Frank ihren Verfolgern zu vergeben schien, versöhnte sie die Deutschen mit sich selbst.

Ungeachtet dieser insgesamt eher von Emotionen geprägten Rezeption sicherte und förderte Anne Franks zunehmende Prominenz die Präsenz des Holocaust im Bewusstsein der BRD. Denn sie gab den sechs Millionen ermordeten Juden ein Gesicht. Entsprechend hieß es am 3. April 1959 in der *Zeit:* »Anne Frank – sie ist heute ein Symbol für das Leiden von Millionen jüdischer Opfer des nationalsozialistischen Rassenwahns.« Damit kam ihr von Anfang an eine entscheidende Bedeutung im Vergangenheitsdiskurs der BRD zu. In der DDR wurde sie im offiziellen Sprachgebrauch zu einem »Opfer des Imperialismus« umgedeutet. Da der Holocaust nach der Staatsdoktrin der DDR als Konsequenz des Kapitalismus galt, den man überwunden hatte, blieb die Lektüre des *Tagebuchs* für die, die eines der raren Exemplare in die Hände bekamen, »eine der wenigen Chancen in der DDR, sich mit einer Lebensgeschichte des Holocaust zu beschäftigen«.

Auch wenn man die frühe identifikatorische Lektüre kritisieren mag, so ermöglichte dieser einfühlende Zugang über das *Tagebuch* vielen Deutschen immerhin eine erste Annäherung an den Holocaust. Die Berühmtheit des Buches wurde 1959 noch verstärkt, als Goodrich und Hackett ihr Theaterstück zu einem Drehbuch umarbeiteten, das unter der Regie von George Stevens, der zwei Jahre zuvor für *Giganten* mit einem Oscar ausgezeichnet worden war, verfilmt wurde. *The Diary of Anne Frank* wurde für acht Oscars nominiert und gewann drei.

Der Eichmann-Prozess (1961) und die Frankfurter Auschwitz-Prozesse (ab 1963) führten Anfang der 1960er Jahre zu einer Konfrontation der Deutschen mit den Strukturen des Nationalsozialismus. Die »Phase der Vergangenheitsbewältigung« (Norbert Frei) setzte ein. In diesem Kontext verlor das *Tagebuch* seine Ausnahmestellung, blieb aber als zentraler Bezugstext weiterhin präsent. Seit 1986 liegt eine textkritische Ausgabe vor (auf Deutsch seit 1988), die transparent die verschiedenen Versionen präsentiert und die Überlieferungsgeschichte erläutert. Denn je erfolgreicher das Buch wurde, je selbstverständlicher es im Schulunterricht behandelt wurde, desto intensiver versuchten rechte und geschichtsrevisionistische Kreise, dessen Glaubwürdigkeit als authentisches Dokument infrage zu stellen. Sie beriefen sich dabei vor allem auf die Existenz der verschiedenen Fassungen (Anne Franks Originalaufzeichnungen und ihre Überarbeitung) sowie die Bearbeitungen durch den Vater. Dass an diesen Fälschungsbehauptungen nichts dran ist, wurde schließlich durch forensische Belege und im Rahmen verschiedener Gerichtsverfahren eindeutig geklärt.

Heute liegt *Das Tagebuch der Anne Frank* in mehr als siebzig Sprachen vor, das Haus in der Prinsengracht, längst zu einem Museum geworden, hat sich zu einer Art Wallfahrtsort entwickelt. *Das Tagebuch der Anne Frank* war und ist für viele Menschen die erste Konfrontation mit den Schrecken des Holocaust. Damit kommt dem Buch nach wie vor eine wichtige erinnerungspolitische Funktion zu. Ein konkretes Einzelschicksal bringt historisches Geschehen oft näher als abstrakte Daten und Fakten. Daher wird kontinuierlich versucht, das *Tagebuch* in andere Medienformate zu überführen. So liegen inzwischen mehrere Comics, Spiel- und Dokumentarfilme, ein Zeichentrickfilm und eine Fernsehserie über Anne Frank vor. 2008 kam dann schließlich in Madrid ein erstes Musical über ihr Leben heraus, 2014 folgte in Amsterdam ein zweites, das bis 2016 lief. Für die einen eine geschmacklose Kommerzialisierung, für die anderen eine zeitgemäße Umsetzung des Stoffs. Klar wird aber eines: Anne Frank ist längst zu einer Ikone, zu einem Mythos geworden.

1950

Otto-Katalog

Eine neue Kaufkultur für das Wirtschaftswunderland

Die Resonanz war gewaltig, als bekannt wurde, dass der im Dezember 2018 versendete Otto-Katalog nach achtundsechzig Jahren der letzte seiner Art sein würde. In den Redaktionen wurden so viele Nachrufe geschrieben wie sonst höchstens beim Tod weltberühmter Künstler oder Politiker. Der Otto-Katalog, das wurde klar, war von Anfang an mehr als irgendein Druckerzeugnis zur Warenbestellung, er stand vielmehr für das Wirtschaftswunder und den westdeutschen Nachkriegsaufschwung. Im Otto-Katalog spiegelten sich zentrale Entwicklungen der BRD-Gesellschaft, deren Konsumkultur er nachhaltig prägte.

Als Werner Otto (1909 – 2011) nach dem Zweiten Weltkrieg mit Frau und Kindern als Flüchtling nach Hamburg kam, soll er einmal auf seine Frage, womit man dort denn Geld verdienen könne, eine folgenschwere Anregung bekommen haben. In Holstein sei es, so soll ihm nämlich jemand erzählt haben, sehr schwierig, vernünftige Schuhe zu kaufen. Daraus sei die Idee für den ersten Warenkatalog aus dem Hause Otto entstanden. Dieses 1950 in dreihundert Exemplaren aufgelegte handgebundene Heftchen präsentierte auf gerade einmal vierzehn Seiten eingeklebte Fotos, auf denen achtundzwanzig Paar Schuhe zu sehen waren. Doch es sollte nicht lange bei Schuhen bleiben, denn der Geschäftsmann Otto war sich sicher, dass jemand, der Schuhe bestellte, auch Socken, Hosen und vieles andere über einen Katalog ordern würde.

Damit traf er einen Nerv der Zeit. Denn nach der Währungsreform 1948 war Deutschland zwar noch längst nicht wieder aufgebaut, lag noch vieles in Trümmern, doch die Voraussetzungen für einen Aufschwung waren gelegt und die Zuversicht wuchs. Angesichts langer Arbeitszeiten und der noch im Aufbau befindlichen Infrastruktur kam das Bestellen per Postkarte aus einem Katalog den Konsumbedürfnissen einer sich konsolidierenden Gesellschaft entgegen. Als Ende der 1950er Jahre in der BRD das Niveau der Vorkriegsjahre wieder erreicht war und neue Güter auftauchten, wollte sich der deutsche Konsument zunehmend etwas leisten. Erleichtert wurde ihm das im Otto-Versand durch eine erstmals eingeführte Bezahlmöglichkeit: Unter dem Motto »Vertrauen gegen Vertrauen« ermöglichte Otto den Kauf auf Rechnung. Man bekam die Produkte also zeitnah nach Hause geliefert und bezahlte erst später. Schon 1958 machte der Otto-Versand einen Umsatz von einhundert Millionen D-Mark.

Das Massenversandgeschäft richtete sich dabei eher an einfache und mittlere Einkommensgruppen, ab den 1960er Jahren konnten größere Anschaffungen dann auch in Raten abgezahlt werden. In späteren Spitzenzeiten wurde der zweimal jährlich aufgelegte Katalog (je einer für die Saison Frühjahr/Sommer und einer für die Herbst- und Wintersaison) in bis zu zehn Millionen Exemplaren mit über tausend Seiten gedruckt. Das Cover zierten internationale Stars der Modelszene wie Claudia Schiffer oder Heidi Klum. Der Werbeslogan »Otto ... find ich gut« avancierte zum geflügelten Wort. Das Neuerscheinen wurde in Millionen Haushalten sehnsüchtig erwartet, die ganze Familie blätterte anschließend tagelang im Katalog und ließ sich von der Fülle und Vielfältigkeit des Angebots bezaubern. Denn mit dem Versandhandel war einerseits die Institutionalisierung der Versorgung mit nicht zu teuren, aber gut verarbeiteten, zuverlässigen Massenkonsumgütern verbunden. In diesem Sinne fungierte der Otto-Katalog immer auch als Inventar des bundesrepublikanischen Warenangebots. Doch andererseits lieferte er nicht nur Einblicke in die Lebenswelt der Durchschnittsdeutschen, sondern war gleichzeitig Abbild ihrer Traumwelten. So fand man zwischendurch überraschende Angebote wie ein Motorboot oder ein Pony. Dabei war klar, dass sich solche Artikel nicht zu Bestsellern entwickeln würden, aber sie brachten wegen ihres Überraschungseffekts den Katalog immer wieder ins Gespräch und festigten seinen Ruf als unerschöpfliche Wundertüte, in der man die komplette Palette des Wünschbaren fand.

Spätestens ab den 1980er Jahren ging der Versandhandel allmählich zurück, weil sich immer stärker ein Konzept vom Einkaufen als Erlebnis durchsetzte. Das »Shopping«, dessen Aufkommen eng mit der Entstehung der großen Einkaufszentren verbunden war, rückte die sinnliche Komponente des Warenkonsums ins Zentrum: Man wollte die Produkte anfassen und probieren können und bei der Auswahl Zeit verbringen. Die praktische Seite des Bestellens über den Katalog verlor an Bedeutung angesichts der umfassenden Inszenierung von Konsum als Freizeitbeschäftigung. Verstärkt wurde der Druck auf den Versandhandel durch die Ausbreitung internationaler Fachhandelsketten, die in großen spezialisierten Elektronik- oder Bekleidungsgeschäften eine riesige Auswahl bieten konnten. Damit konnte das Angebot eines Universalversenders wie Otto nicht mithalten.

Im Gegensatz zu seinen Mitkonkurrenten wie Neckermann oder Quelle schaffte Otto allerdings den Sprung ins digitale Zeitalter und setzte sehr früh auf die Möglichkeiten der neuen Medien. Schon 1995 – also drei Jahre bevor Amazon auf den deutschen Markt kam – eröffnete Otto seinen ersten Online-Shop. Über die Beilage von CD-Roms in den Katalogen wollte man die Kunden an das digitale Bestellen heranführen. Anscheinend mit Erfolg, denn heute ist Otto nach Amazon in Deutschland der zweitgrößte Warenanbieter im Internet und einer der größten Online-Händler weltweit. Damit ist Otto das einzige der großen deutschen Versandhäuser, das die Digitalisierung erfolgreich gemeistert hat. Vor diesem Hintergrund will man bei Otto das Ende des Katalogs auch nicht als eine Art Scheitern verstanden wissen, sondern als das genaue Gegenteil: als Teil einer Erfolgsgeschichte. Ein in der Produktion unglaublich teurer Katalog, in dem die Preise für ein halbes Jahr festgelegt werden müssten, sei angesichts der Tatsache, dass inzwischen bei Otto über 95 Prozent des Umsatzes online gemacht würden, einfach nicht mehr zeitgemäß. Der Kunde ist dem Katalog entwachsen.

Manfred Schmidt
Nick Knatterton

Der Comic hält Einzug in Deutschlands gute Stuben

Nach dem Zweiten Weltkrieg startet der Comic in Deutschland mit Verspätung durch. Eine wichtige Rolle dabei spielt eine Comic-Figur, die als Mischung aus Detektiv und Superheld konzipiert ist: Nick Knatterton. Jedes Kind kennt in den 1950er Jahren den Ermittler mit den karierten Knickerbockern, und sein Ausspruch »Kombiniere ...« wird zum geflügelten Wort. Nick Knatterton ist einer der wichtigsten Wegbereiter des Mediums in Deutschland – wenn heute Comics auch hierzulande als »Neunte Kunst« gelten, danken sie das ganz wesentlich auch ihm.

Comics wurden in den USA schon Anfang des 20. Jahrhunderts zur eigenständigen Kunstform, und auch in Belgien und Frankreich entwickelte sich ab Ende der 1930er Jahre eine eigenständige Comic-Kultur. Während sie spätestens Mitte der 1940er mit dem Erfolg von Magazinen wie *Spirou* oder *Tintin* so etabliert war, dass sich im Hinblick auf Anlage und Stil der Comics regelrechte Schulen ausdifferenziert hatten, trat der Comic in Deutschland erst Anfang der 1950er Jahre ins Bewusstsein einer größeren Öffentlichkeit. Mit der ersten deutschen Ausgabe von *Micky Maus* 1951 (an der sich dann einige Jahre später Rolf Kauka mit seinen *Fix und Foxi*-Heften orientieren sollte) setzte auch hierzulande der Siegeszug der Comic-Hefte ein. Neben den Comic-Heften boten in Deutschland nach dem Zweiten Weltkrieg insbesondere Illustrierte einen Experimentier- und Entwicklungsraum für Comics. Insofern ist es zeittypisch, dass der wohl berühmteste deutsche Comic-Detektiv ab 1950 in der Zeitschrift *Quick* ermittelte, deren Verkauf dadurch um ein Drittel stieg. Neun Jahre lang erschienen wöchentlich in insgesamt dreihundertfünfzig Folgen die Abenteuer von Nick Knatterton, die von Manfred Schmidt (1913–1999) geschrieben und gezeichnet wurden. Der Pfeife rauchende Ermittler ist als parodistische Variante von Sherlock Holmes angelegt und entwickelte sich schnell zu einer der beliebtesten Comic-Figuren der Nachkriegszeit. Ab 1952 erschienen die Abenteuer dann auch gesammelt in Buchform.

Schmidt selbst gab an, 1950 bei der Lektüre eines *Superman*-Comics auf die Idee seines Meisterdetektivs gekommen zu sein, was aber wohl Teil der Legende ist, in die der Zeichner seine Schöpfung einbettete. Tatsächlich hatte er nämlich schon in den 1930er Jahren seine Detektivfigur in illustrierten Kurzgeschichten verwendet – in einer Zeit also, in der die humoristische Holmes-Variante mit dem Spielfilm *Der Mann, der Sherlock Holmes war* (mit Hans Albers und Heinz Rühmann) groß in Mode war. Als Teil der Legende dürften in gewisser Hinsicht auch Schmidts geringschätzige Aussagen zum Medium Comic anzusehen sein – so sprach er etwa von »Stumpfsinnliteratur« –, mit denen er sich von seinem Detektiv zu distanzieren versuchte. Denn ein allzu großer Verächter des Mediums kann Schmidt nicht gewesen sein, zumindest kannte er sich augenscheinlich ganz gut mit Comics aus. Unverkennbar sind seine Anleihen bei einem der klassischen Kriminalcomics: *Dick Tracy*, der seit 1931 von Chester Gould für US-amerikanische Zeitungen gezeichnet wurde. Nicht nur optisch lehnt sich Schmidt an Gould an – Hakennase und ausgeprägtes Kinn sind Charakteristika beider Helden –, sondern etwa auch der Einsatz von technischen Hilfsmitteln (von denen viele zur damaligen Zeit noch Zukunftsmusik waren) oder der (wohldosierte) Einsatz von Gewalt zur Konfliktlösung verweisen auf den Vorgänger.

Der Zeichenstil Schmidts ist eher einfach und gestaltet weder detaillierte Hintergründe, noch setzt er verschiedene Perspektiven ein. Stattdessen nutzt Schmidt als Besonderheit sogenannte Inserts, erläuternde Text- oder Bildkästen, die in oder neben einzelne Bilder gesetzt werden, um Handlungsverläufe zu erläutern, handlungsrelevante (teils groteske) technische Tricks schematisch darzustellen, den Querschnitt einer geschlossenen Kiste zu zeigen etc. Häufig wurden die Inserts auch dazu genutzt, einzelne Figuren-, Bild- oder Handlungsdetails ironisch zu kommentieren. Zahlreiche Wortspiele und kritische Andeutungen auf zeitgenössische politische und soziale Entwicklungen in Deutschland, die teilweise als deutliche Kritik an der CDU-Regierung Adenauers erkennbar sind, dürften zum Erfolg des Comics beigetragen haben, der auf diese Weise auf zwei Ebenen zu lesen ist: Die leicht nachvollziehbare, spannende Handlung ließ sich umstandslos auch von Kindern verstehen, während die Anspielungen und Kommentare einen komischen Grundtenor in den Comic bringen und ihn als Kritik und Parodie erkennbar werden lassen – Kritik an den politischen Verhältnisse der frühen BRD einerseits und Parodie auf das Medium Comic andererseits. Die Kritik des Mediums ist aber durch Experimentierfreude und Originalität gekennzeichnet, die die Möglichkeiten des Comics auslotet und gezielt erweitert und nicht etwa dessen Beschränktheit entlarvt.

Doch auch wenn Schmidts Comics Kritik an politischen Entwicklungen in der deutschen Nachkriegsgesellschaft erkennen lassen, so sind sie im Hinblick auf das Gesellschaftsbild (etwa Nick Knattertons Umgang mit Frauen, der vor allem von Sexismus und Chauvinismus geprägt ist) doch ganz Kind ihrer Zeit. Gerade dieses Changieren zwischen Konservatismus und Kritik, zwischen Spießigkeit und Modernität (die Begeisterung für Technik wie für die Möglichkeiten des Mediums) dürfte ein Erfolgsrezept der Comics gewesen sein, der die Mentalität des deutschen Wirtschaftswunders zwischen »deutschen Tugenden« und Aufbruch einfängt und verstärkt. Nick Knatterton wird jedenfalls zu einer der beliebtesten Figuren der Populärkultur der Nachkriegszeit. Und ob es ihm nun passt oder nicht: Nick Knattertons »Vater« Manfred Schmidt gilt heute zu Recht als einer der Pioniere des deutschen Comics, der wesentlich dabei mithalf, dass Bildergeschichten den Weg aus deutschen Kinder- in die Wohnzimmer geschafft haben.

1951

Simone de Beauvoir
Das andere Geschlecht

Das Fundament des Feminismus

Die #MeToo-Bewegung hat es einmal mehr vor Augen geführt: In Teilen unserer Gesellschaft herrscht noch immer ein Geschlechterverständnis vor, in dem die Frau als Objekt gesehen wird und sich den Wünschen des Mannes unterzuordnen hat. Dass dieses Rollenverständnis kein naturgegebenes ist, sondern Ergebnis sozialer und kultureller Prozesse, hat Simone de Beauvoir (1908–1986) vor fast siebzig Jahren eindrucksvoll dargelegt. Das fast tausendseitige Opus gilt heute als Standardwerk des Feminismus und hat die Autorin zum Mythos der Frauenbewegung werden lassen.

Mitte des 20. Jahrhunderts ist die deutsche Gesellschaft fest in der Hand von Männern. Im öffentlichen wie im privaten Leben gibt der Mann den Ton an: Noch bis 1962 benötigen Frauen die Zustimmung ihres Ehemannes, um ein Bankkonto eröffnen zu können, und bis 1969 seine Erlaubnis, um arbeiten gehen zu dürfen. Eine Werbung des Puddingkonzerns Dr. Oetker fasst 1954 das Rollenbild der Zeit so zusammen: »Sie wissen ja, eine Frau hat zwei Lebensfragen: Was soll ich anziehen? Und: Was soll ich kochen?« Der Duktus, in dem hier vermeintlich allgemein Gewusstes wie nebenbei ausgesprochen wird, veranschaulicht idealtypisch den Ausgangspunkt für die zentrale Aussage von Beauvoirs Buch: »Man kommt nicht als Frau zur Welt, man wird es.« Ein Satz, der zum Credo der Frauenbewegung werden sollte.

Als *Das andere Geschlecht* 1951 in deutscher Übersetzung erscheint, wirkt die Feststellung, dass Frausein keine biologische, sondern eine soziale Tatsache ist, in ihrer Einfachheit und Radikalität provokativ: »Keine biologische, psychische oder ökonomische Bestimmung legt die Gestalt fest, die der weibliche Mensch in der Gesellschaft annimmt.« Und doch herrsche, so Beauvoir weiter, ein glasklares Verhältnis zwischen Mann und Frau: »Sie ist das Unwesentliche gegenüber dem Wesentlichen. Er ist das Subjekt, er ist das Absolute: sie ist das Andere.« Wie komme es aber, dass sich die Frau dem Standpunkt des Mannes unterwerfe? Das liege daran, dass die Frau stets in Abhängigkeit vom Mann gedacht wird: »Wenn die Frau sich als das Unwesentliche erkennt, das sich nie ins Wesentliche umkehrt, so weil sie selbst diese Umkehrung nicht vollzieht. Die Proletarier sagen ›wir‹. Die Schwarzen auch. Indem sie sich als Subjekte setzen, verwandeln sie die Bürger, die Weißen in ›andere‹. Die Frauen sagen nicht ›wir‹ [...]. Das ist das wesentliche Charakteristikum der Frau: sie ist das Andere in einem Ganzen, dessen Elemente einander brauchen.« Die Frau findet sich folglich in Gegensätzen. Einerseits ist sie qua Rolle auf Passivität festgelegt, andererseits will sie sich als aktiv freies Wesen verwirklichen: »Das Drama der Frau besteht in diesem Konflikt zwischen dem fundamentalen Anspruch jedes Subjekts, das sich immer als das Wesentliche setzt, und den Anforderungen einer Situation, die sie als unwesentlich konstruiert.« Die anschließende Frage Beauvoirs klingt ein wenig irritierend, bringt aber das Kernproblem, sein Leben als freies Subjekt weiblichen Geschlechts selbst gestalten zu wollen, auf den Punkt: »Wie kann ein Mensch sich im Frau-Sein verwirklichen?« Und davon ausgehend formuliert Beauvoir die Fragen, auf die ihr Buch Antworten geben will: »Welche Wege stehen ihm offen? Welche enden in Sackgassen? Wie kann man in der Abhängigkeit wieder Unabhängigkeit erlangen? Was schränkt die Freiheit der Frau ein, und kann sie diese Umstände überwinden?«

In der Summe hat Beauvoir elf Monate an ihrem Buch geschrieben, das Erkenntnisse aus Philosophie, Psychologie, Geschichte, Literatur, Soziologie, Kunst und Ökonomie verarbeitet. Auch wenn heute bisweilen der selektive oder eklektizistische Umgang mit den zahllosen Quellen kritisiert wird, so sind die verarbeitete Materialfülle und der interdisziplinäre Ansatz doch beeindruckend. Das methodisch Neue ihres Zugangs ist es, die Kategorie Geschlecht zu nutzen, um durch die Materialien ganz unterschiedlicher Provenienz zu manövrieren. In diesem Sinne kann Beauvoir auch als Wegbereiterin und Vorläuferin der *Gender Studies* gesehen werden.

Als das Buch erscheint, löst es einen Skandal aus. Man stieß sich vor allem an der Darstellung weiblicher Sexualität und attackierte in dem Werk stellvertretend die ganze existenzialistische Strömung, als deren bedeutende Vertreterin sich Beauvoir durchgesetzt hatte. Die Veröffentlichung machte die Verfasserin endgültig zur einflussreichsten französischen Intellektuellen ihrer Zeit, die Positionen vertrat, die erst im Laufe der Jahrzehnte ihre ganze Tragweite entfalten sollten. Ungeachtet der Frage, ob sich Beauvoir selbst als Feministin gesehen hat, gilt ihr Werk als Meilenstein der Frauenbewegung: Das Werk dieser »Pionierin mit Siebenmeilenstiefeln« sei, so Alice Schwarzer, für den Feminismus von zentraler Bedeutung und habe sich »zur wahren Bibel von New York bis Frankfurt« entwickelt. Die Frauenrechtlerin Kate Millett beschreibt anlässlich des Todes von Beauvoir 1986 die grundlegenden Veränderungen, die das Buch ausgelöst habe: »Sie öffnete uns die Tür. Uns allen. [...] Es wird Zeit brauchen, voll und ganz zu ermessen, welche Auswirkungen *Das andere Geschlecht* auf die Sozialgeschichte gehabt hat, auf das Privatleben, das Alltagsbewusstsein und die Wahrnehmung. Das Verhältnis zwischen Männern und Frauen wurde unumstößlich verändert.«

Für das Verständnis der Repressionsmechanismen ist Beauvoirs Buch auch nach siebzig Jahren noch so grundlegend wie dessen Schlussappell aktuell: »Fest steht nur, daß die Möglichkeiten der Frau bisher erstickt worden, daß sie der Menschheit verlorengegangen sind und daß es in ihrem eigenen Interesse wie auch im Interesse aller höchste Zeit ist, sie ihre Fähigkeiten endlich ausschöpfen zu lassen.«

Hannah Arendt
Elemente und Ursprünge totaler Herrschaft

Das Ungeheuerliche verstehen wollen

Hannah Arendt – die nach Ausbürgerung durch Nazi-Deutschland staatenlos in den USA lebt – unternimmt mit ihrem Hauptwerk den Versuch, »das Ungeheuerliche zu verstehen«. Über Hunderte von Seiten arbeitet sie sich durch die europäische Geschichte des 19. und 20. Jahrhunderts, um zu ergründen und zu begründen, wie ein Niedergang staatlicher Institutionen durch völkischen Nationalismus und Massengesellschaft in den Zivilisationsbruch führen konnte. Gerade der Verzicht auf das große, alles erklärende Narrativ und sein »kaleidoskopischer Charakter« haben diesem modernen Klassiker der politischen Theorie eine vielfältige Rezeption erschlossen.

Einen »Bericht von der Banalität des Bösen« nannte Hannah Arendt 1963 ihr Buch *Eichmann in Jerusalem*, in dem sie ihre Eindrücke vom Strafprozess gegen Adolf Eichmann, den Organisator des Holocaust, zusammenfasste. Sie erntete heftige Kritik; Kollegen und Freunde wandten sich ab, warfen ihr Bagatellisierung der Massenvernichtung vor. Dem Religionshistoriker Gershom Scholem entgegnete sie brieflich im Juli 1963, sie habe erkannt, »dass das Böse immer nur extrem ist, aber niemals radikal. Es hat keine Tiefe, auch keine Dämonie«. Ob Eichmann in Jerusalem nur aus Prozesstaktik den blassen Bürokraten gab, ist letztlich ohne Belang. Denn Arendt ging es darum zu verstehen, wie das NS-Regime Menschen dazu bringen konnte, unvorstellbare Gräueltaten zu begehen. Mit einer Dämonisierung konnte sie sich nicht zufriedengeben, weil sie letztlich nichts erklären kann.

Das war schon das Anliegen ihres Hauptwerks, *Elemente und Ursprünge totaler Herrschaft*: »Dieses Buch stellt den Versuch dar zu verstehen, was auf den ersten und selbst den zweiten Blick nur ungeheuerlich erschien.« Um zu begreifen, geht Arendt in drei Schritten vor. Zunächst betrachtet sie Antisemitismus und Imperialismus im späten 19., im dritten Teil dann »totale Herrschaft« im 20. Jahrhundert. Dabei geht es ihr nicht um den Nachweis historischer Kausalitäten. Ihr Umgang mit dem historischen Material ist von Walter Benjamins Geschichtsphilosophie beeinflusst. Arendt liest Geschichte vom Ende her, um Antworten auf das zu finden, was folgte.

An der Verfolgung des Hauptmanns Dreyfus durch Frankreichs Armee und Staat in den 1890er Jahren etwa interessiert sie am meisten, wie hier das Recht dem Ressentiment weicht. Ähnlich im Imperialismus-Kapitel: Der Rassismus gegenüber den Kolonialvölkern habe daheim einen völkischen Nationalismus genährt, der die staatlichen Strukturen eroberte: »Die Nation setzte sich an die Stelle des Gesetzes.« In beidem sieht Arendt Ursprünge der Entrechtung jüdischer Bürger in Nazi-Deutschland. Der Niedergang des Staates und seiner Institutionen ist die Brücke zum dritten Teil. Totale Herrschaft nimmt ihren Ausgangspunkt in Bewegungen, die den Menschen von einem denkenden Wesen in den Angehörigen eines Mobs verwandeln, »Menschen so zu organisieren, als gäbe es sie nicht im Plural, sondern nur im Singular«. Totalitär waren für Arendt nur jene Diktaturen, die ihre ideologische Herrschaft über den Geist der Massen durch allgegenwärtigen Terror sicherten: Nationalsozialismus und Stalinismus.

Das Buch markiert einen Wendepunkt im Leben von Hannah Arendt (1906–1975). Die Philosophin, bei Karl Jaspers promoviert, war 1933 nach Paris, 1941 in die USA geflohen, wo sie als Journalistin und Lektorin arbeitete. Besonders das Verhalten ihrer Freunde, allen voran das Heideggers, nach der NS-Machtübernahme hatte ihr zugesetzt – und ihr prekärer Status als Staatenlose. 1951 endlich erhält sie die US-Staatsbürgerschaft, und die englische Erstausgabe ihres Totalitarismus-Buchs erscheint. Sie ebnet ihr den späten Weg an die Universitäten in Berkeley, Chicago und New York.

Der Klassikerstatus ist den *Elementen und Ursprüngen totaler Herrschaft* sicher; zugleich aber irritiert das Buch, das in keine der gängigen Schubladen passt. Der Zusammenhang seiner drei Teile ist eher lose, der Umgang mit der Geschichte ungewohnt. Der Historiker und Arendt-Kenner Dan Diner nennt das Konvolut »eine Ansammlung aphoristischer, polemischer, analytischer, biographischer und reflexiver Textsorten [...], die in sich keineswegs widerspruchsfrei sind«, sieht aber gerade hierin das Charakteristische an Arendts Position. Sie will kein in sich geschlossenes Denksystem errichten, sie will nicht den einen zwingenden Ablauf der Geschichte präsentieren; denn gerade die Geschlossenheit des Weltbildes und der Glaube, den Verlauf der Geschichte zu kennen, sind Kennzeichen jener Ideologien, die nach der »totalen Herrschaft« greifen.

Die empirische Totalitarismusforschung hat sich mit Arendts Buch stets schwergetan. Gerade aber wegen seines »kaleidoskopischen Charakters« (Diner) wurden Teile intensiv rezipiert – im Kalten Krieg die Aussagen über den Stalinismus, in den 1970er Jahren die marxistisch grundierte Kritik am Imperialismus, ab den 1980ern dann die Studien zum Antisemitismus. Ein kurzer Exkurs im zweiten Teil jedoch gilt seit jeher als Schlüsseltext. In »Aporien der Menschenrechte« kritisiert Arendt das uneinlösbare Versprechen von Menschenrechtserklärungen. Rechte könne es nur innerhalb einer bestehenden Gemeinschaft geben, als Bürgerrechte. Wer außen vor bleibe, wie Flüchtlinge und Staatenlose, habe nichts von inhaltsleeren Proklamationen. Für sie, die jene Ausgrenzung selbst erfuhr, gibt es daher nur ein einziges Menschenrecht: das »Recht, Rechte zu haben«, Mitglied in einer Gemeinschaft zu sein, die einem Bürgerrechte und ein Leben in Würde garantiert. In Zeiten, in denen hitzige Debatten über Flüchtlinge geführt werden, sind diese Überlegungen genauso aktuell wie angesichts des Erfolges rechtspopulistischer Bewegungen in Europa und den USA Hannah Arendts Erkenntnis, dass wir auch in Zukunft gegen Zivilisationsbrüche nicht gefeit sind.

1959

Günter Grass

Die Blechtrommel

Ein Roman, der die junge BRD durchlüftete

Hans Magnus Enzensberger schrieb 1968 im *Kursbuch*: »Die Lust am Weltniveau, das Bedürfnis, wenigstens ästhetisch auf der Höhe der Zeit zu sein, der Wunsch, das Klassenziel der Weltliteratur zu erreichen – spätestens mit der *Blechtrommel* war es geschafft.« Auch wenn es eigentlich polemisch gemeint war: Der Befund stimmte. Der Roman, der heute zu den Hauptwerken der deutschen Literatur zählt, pflügte nicht nur die literarische Landschaft der Zeit um, sondern rüttelte auch an den gesellschaftlichen Grundfesten Nachkriegsdeutschlands.

Als Günter Grass 1999 der Literaturnobelpreis verliehen wurde, erinnerte man daran, dass er die literarische Bühne vierzig Jahre zuvor mit einem Paukenschlag betreten hatte. In der Mitteilung der Schwedischen Akademie hieß es, dass es bei Veröffentlichung der *Blechtrommel* 1959 so gewesen sei, »als wäre der deutschen Literatur nach Jahrzehnten sprachlicher und moralischer Zerstörung ein neuer Anfang vergönnt worden«. Doch diese zweite Geburt des deutschen Romans im 20. Jahrhundert ging einher mit starken Wehen: Einen vergleichbaren Wirbel um einen Debütroman hatte es vielleicht seit Thomas Manns *Buddenbrooks* nicht mehr gegeben.

Günter Grass, Jahrgang 1927, war ab Mitte der 1950er Jahre zunehmend als Schriftsteller aktiv und 1958 zu einem Treffen der Gruppe 47 eingeladen worden. Ursprünglich als ein Forum zur internen Diskussion unveröffentlichter Texte gedacht, war aus dem losen Schriftstellerverbund die wichtigste Institution der literarischen Nachkriegsöffentlichkeit geworden. Die Treffen wurden als Medienereignisse inszeniert, und Grass'

Lesung des unveröffentlichten Romananfangs der *Blechtrommel* machte ihn über Nacht berühmt. Er bekam den »Preis der Gruppe 47« zuerkannt und die Verlage rissen sich um das Manuskript.

Im Zentrum des Romans steht Oskar Matzerath, der mit drei Jahren beschließt, nicht mehr wachsen zu wollen, und der gewissermaßen als ewiges Kind und Außenseiter die Welt »von unten« ganz besonders genau betrachtet. Schon der erste Satz offenbart die Doppelbödigkeit der Erzählung: »Zugegeben, ich bin Insasse einer Heil- und Pflegeanstalt, mein Pfleger beobachtet mich, lässt mich kaum aus dem Auge; denn in der Tür ist ein Guckloch, und meines Pflegers Auge ist von jenem Braun, welches mich, den Blauäugigen, nicht durchschauen kann.« Die Zuverlässigkeit dieses Erzählers, dessen geistige Fähigkeiten laut eigener Aussage schon bei der Geburt voll ausgeprägt gewesen seien, steht auf tönernen Füßen, und oft schildert er groteske Erlebnisse, deren Glaubwürdigkeit zweifelhaft erscheint. Matzerath führt als Parodie eines Helden vor Augen, dass der Geschichte des 20. Jahrhunderts nicht mehr mit klassischen Erzähltraditionen beizukommen ist. Identität erscheint im Roman ebenso problematisch wie die Sinnstiftungsfähigkeit der Literatur begrenzt. Die verzerrte Perspektive des Sonderlings, der gleichermaßen naiv wie boshaft ist, ist die einzige, die der Roman anbieten kann. Der Leser folgt der Erzählung, die einen historisch großen Bogen schlägt: von der Zeugung der Mutter Matzeraths Ende des 19. Jahrhunderts über den Ersten Weltkrieg, die Weimarer Republik, das Dritte Reich bis zur bundesdeutschen Nachkriegsgesellschaft. Eine Blechtrommel ist dabei der ständige Begleiter Matzeraths, sein Medium im vielfachen Sinne: Sie verbindet ihn mit der Vergangenheit, sie hilft ihm, in die Zukunft zu sehen, sie bringt anderen Erinnerungen zurück und zwingt ihnen Oskars Willen auf, sie kommuniziert seinen Protest gegen das Erwachsenwerden und ist Symbol seiner kindlichen Allmacht. Matzerath, der erkennt, aber nicht eingreift und damit selbst schuldig wird, führt den Leser in die dunklen Abgründe der bürgerlichen Gesellschaft. Grass' barocke Sprachkraft und Fabulierkunst, die auch vor ekelhaften Details nicht haltmacht, konfrontiert den Leser mit Sexualität, Schuld und moralischer Korrumpiertheit.

Der Roman durchschlug die frisch polierte Oberfläche des Wirtschaftswunders der jungen Bundesrepublik mit voller Wucht und legte dessen Fundament offen: die Verdrängung der Verstrickungen in die NS-Verbrechen. Neben den vielen begeisterten Rezensionen, die das Buch als Zeitenwende feierten, stieß es auch auf entschiedene Ablehnung. Während die einen elektrisiert von dem neuen Ton waren, den Grass' Roman setzte, hielten sich die anderen die Ohren zu. So verweigerte der Bremer Senat 1960 die Verleihung des Literaturpreises der Stadt, der Grass von einer unabhängigen Jury zuerkannt worden war. Man bezichtigte den Autor der Pornografie. Andere Kritiker warfen ihm Gotteslästerung und Nihilismus vor, die *Kölnische Zeitung* etwa sprach davon, dass in Grass' Roman der Mensch »degradiert und beschmutzt« werde und das Menschenbild untergehe. Doch diese bigotte und oberflächliche Kritik konnte nicht verhindern, dass der Roman ein Riesenerfolg wurde. Schon früh zeichnete sich ab, dass der streitbare Grass, der ab Anfang der 1960er Jahre immer wieder auch für die SPD trommelte, gleichermaßen Projektions- wie Reizfigur der BRD werden würde, wahlweise als moralische Instanz überhöht oder als Defätist geschmäht. Spätestens als Grass 1970 als erster deutscher Nachkriegsautor auf dem Titelblatt des *Time Magazine* erschien, war allerdings klar, dass er zum wichtigsten Repräsentanten der bundesrepublikanischen Nachkriegsliteratur geworden war, dessen Bücher literarische Welterfolge erzielten. Heute zählt *Die Blechtrommel* zu den Klassikern der Weltliteratur und belegt, dass Literatur eine entscheidende gesellschaftliche Wirkung entfalten kann. Als Grass 2015 starb, war man sich ungeachtet der späten Kritik an einzelnen seiner Positionierungen (etwa zu Israel) einig, dass eine »Jahrhundertfigur« *(Der Spiegel)* von der Bühne abgetreten war und die Weltliteratur einen Repräsentanten verloren hatte, »der im Lauf der vergangenen fast sechs Jahrzehnte die mit Abstand wichtigste, deshalb gewichtigste Stimme unseres Landes war« (Jochen Hieber in der *FAZ*).

Verlag für die Frau
Wir kochen gut

1962

Das kulinarische Gedächtnis der DDR

Jahrzehntelang bestimmte es, was auf die Tische der DDR-Bürger kam – nicht auf dem Wege sozialistischen Plandiktats, sondern über eine Sammlung von mehr als eintausend Kochrezepten für den Alltag. Jedem, der in der DDR aufgewachsen ist, ist *Wir kochen gut* noch heute ein Begriff. Die schnörkellosen Gerichte sollten leicht nachzukochen sein, das war das Verlagskonzept. Und so waren es denn auch weniger mangelnde Kochkünste, die die Besitzer des Buchs oft genug herausforderten, sondern der Mangel an Zutaten, für die kreativ Ersatz zu (er)finden war ...

»Der Mensch ist, was er isst«, schrieb 1850 der Philosoph Ludwig Feuerbach in seinem Aufsatz *Die Naturwissenschaft und die Revolution* – und meinte damit die seinerzeit verbreitete These, wonach der Stoffwechsel die Brücke zwischen Leib und Seele, Körper und Gesinnung bilde: »Die Speisen werden zu Blut, das Blut zu Herz und Hirn, zu Gedanken und Gesinnungsstoff.« Doch das Bonmot passt auch in anderer Hinsicht: Küche und Kochkultur leisten einen Beitrag zur Stiftung kollektiver Identitäten. Wer wir sind, das wird auch durch unsere Ess- und Trinkgewohnheiten mitgeformt. Die UNESCO führt in ihrer Liste des immateriellen Kulturerbes daher etwa die Küche Malawis, die belgische Bierkultur oder die neapolitanische Pizzabäckerei. Auch in Deutschland kennen wir es: Einem Nicht-Hamburger Labskaus schmackhaft zu machen ist ein Wagnis, ebenso wie Handkäs mit Musik nur echte Hessen begeistern wird. Und wer Broiler oder Ketwurst isst, pflegt eine ostdeutsche Ess-Identität, die von westdeutschen Brathähnchen oder Hot Dogs durchaus verschieden ist.

Seit Generationen haben Kochbücher Anteil an der Weitergabe und Formung der Koch- und Esskultur in Deutschland. Dass es heute eine unüberschaubare Vielzahl an Rezeptsammlungen unterschiedlichster Richtungen und Stile gibt, zeigt den Grad der Internationalisierung unserer Essgewohnheiten an. Wie anders, als etwa das 1911 erstmals erschienene *Dr. Oetker-Schulkochbuch* zum Standardwerk in jedem deutschen Haushalt avancierte, in dem selbst gekocht wurde – oder als 1962 im Leipziger »Verlag für die Frau« die erste Auflage eines Kochbuchs erschien, das die ostdeutsche kulinarische Identität prägen sollte wie kein zweites: *Wir kochen gut* stand in praktisch jedem DDR-Haushalt. Über fünf Millionen Exemplare dieses Longsellers haben sich seither verkauft.

Wir kochen gut war nicht das erste ostdeutsche Kochbuch. Den Anfang machte 1948 das dem Nachkriegsmangel trotzende *Schmalhans kocht trotzdem gut*, dem 1950 *Schmalhans ade* mit dem hoffnungsvollen Untertitel *Ein Kochbuch für bessere Tage* folgte. Auch *Wir kochen gut* war zuerst noch der Sparsamkeit verpflichtet, wuchs aber schon bald mit den Erwartungen seiner Leserschaft. Anliegen des Autorenkollektivs war es, alltagstaugliche Gerichte zu präsentieren, vom Brotaufstrich über Salate und Eintöpfe bis zu »süßen Speisen«. Viele Gerichte knüpften an die traditionelle deutsche Küche an, im Laufe der Zeit kam aber auch Exotisches hinzu wie Irish Stew oder finnische Fischpiroggen. Ausgerechnet 1968, in dem Jahr, in dem Panzer der »sozialistischen Bruderstaaten« den Prager Frühling niederwalzten, schafften es auch Powidl-Knödel aus der ČSSR in der DDR-Bürger populärstes Kochbuch. Deren beliebteste Gerichte aber blieben klassisch: Sauerbraten mit Rotkohl und Klößen, Rouladen und Hühnerfrikassee.

Von Anfang an prägte *Wir kochen gut* ein volkspädagogischer Ansatz. Das Buch war als Schulkochbuch konzipiert. Es lehrte Grundfertigkeiten im Kochen, lieferte ein Küchenglossar und vermittelte ernährungswissenschaftliche Basiskenntnisse. Eine verlagseigene Versuchsküche schuf das notwendige Vertrauen, dass die über tausend Gerichte auch gelangen – und schmeckten. Verzichtet wurde allerdings auf die Angabe von Gradzahlen und Hitzestufen, da die häuslichen Herde teils mit Holz, teils mit Kohle oder Gas, später auch elektrisch höchst unterschiedlich betrieben wurden. In diesem nicht ganz unwichtigen Punkt blieb es also an der Hausfrau (an die sich das Buch zeitgemäß stereotyp richtete), durch Improvisation ans Ziel zu gelangen.

Improvisation war auch vonnöten, um Zutaten, die nicht erhältlich waren, zu ersetzen. Zwar achtete die Redaktion darauf, in den Rezepten auf im Allgemeinen Verfügbares zurückzugreifen; in der Mangelwirtschaft der DDR aber konnte es jenseits der staatlicherseits subventionierten Grundnahrungsmittel immer wieder zu Lieferengpässen kommen. Edlere Lebensmittel wie Kalbfleisch wurden zur Devisenbeschaffung ins nichtsozialistische Ausland verkauft und waren dadurch in der DDR ohnehin rar. Importe konnten praktisch nur aus anderen sozialistischen Staaten kommen, und das nicht immer regelmäßig oder in der gewünschten Qualität – wie die aus Kuba importierten grünen, strohigen und kernreichen Apfelsinen, die im Volksmund »Fidels Rache« hießen.

Was für ein Standardwerk *Wir kochen gut* in der DDR war, lässt sich auch daran ablesen, dass zahlreiche Bürgereingaben bei Behörden und Parteiämtern – die von Gesetzes wegen innerhalb von vier Wochen beantwortet werden mussten – das Fehlen von Zutaten beklagten, die in den Rezepten angegeben waren. Wo die Beschwerden sich häuften und Gesichtsverlust drohte, steuerte die DDR-Führung gelegentlich nach und beschaffte das Fehlende, notfalls gegen Devisen.

Auch rund dreißig Jahre nach der deutschen Wiedervereinigung steht *Wir kochen gut* bei Ostdeutschen hoch im Kurs. Dreiundfünfzig Hardcover- und dreißig Taschenbuchausgaben hat die DDR-Küchenbibel bis heute erlebt, der MDR widmete ihr 2015 eine eigene Fernsehserie. Das mag zu einem Teil mit der sogenannten Ostalgie zusammenhängen, der verklärenden Sehnsucht nach der scheinbaren Geborgenheit im »real existierenden« Sozialismus. Ganz gewiss aber hängt es damit zusammen, dass die Speisen unserer Kindheit uns bis ins Alter prägen. Denn: Der Mensch ist, was er isst.

1967

Worte des Vorsitzenden Mao Tse-tung

Die Bibel der Studentenbewegung

»Das rote Buch«, eine Sammlung von Zitaten Mao Tse-tungs, des langjährigen Vorsitzenden der Kommunistischen Partei Chinas und wichtigsten Politikers der Volksrepublik, erlangte im Kontext der Studentenbewegung Kultstatus. Die »Mao-Bibel«, die in Form kurzer, einprägsamer Sentenzen ein in allen Konsequenzen radikales Verständnis des Marxismus-Leninismus propagierte, wurde zur geistigen Bezugsgröße einer ganzen Generation. Milliardenfach gedruckt, zählt es zu den am weitesten verbreiteten Büchern aller Zeiten.

Auch heute hört man immer wieder, dass Große Koalitionen die politischen Ränder stärken würden. Zu Zeiten der ersten Großen Koalition war das tatsächlich der Fall. Als 1966 das erste Bündnis zwischen CDU/CSU und SPD geschmiedet wurde, verstärkte diese Kooperation zwischen vormals politischen Gegnern und das damit verbundene Schrumpfen der Opposition im Parlament eine ohnehin schon deutliche Kritik an den politischen Zuständen. Vor allem bei der akademischen Jugend verfestigte sich der Eindruck, dass im Rahmen des parlamentarischen Systems die eigenen Anliegen kein Gehör mehr fänden. So formierte sich eine außerparlamentarische Opposition, deren Zentrum der Sozialistische Deutsche Studentenbund (SDS) bildete.

Ging es den Studierenden anfangs noch um die Durchsetzung demokratischer Strukturen an den verkrusteten Hochschulen, so richtete sich der Protest bald gegen die westdeutsche Wertewelt und das sogenannte Establishment insgesamt. Geschult an linker Gesellschaftstheorie meinte man nun in der kapitalistischen Wirtschaftsform, die keine Menschlichkeit kenne, das Kernübel ausmachen zu können. Der Vietnamkrieg stärkte diese Sichtweise, schien doch die Supermacht USA bereit zu sein, ein ganzes Land auszulöschen, um den Kommunismus einzudämmen.

Zusammenstöße zwischen Protestierenden und Staatsgewalt, bei denen Menschen verletzt wurden oder sogar zu Tode kamen (wie im Juni 1967 der Student Benno Ohnesorg) sowie das Attentat auf Rudi Dutschke, den Kopf der Studentenbewegung, im April 1968 ließen die Situation auf den westdeutschen Straßen weiter eskalieren. Als im Mai 1968 die Notstandsgesetze verabschiedet wurden, die den Staatsorganen weitreichende Befugnisse zur Abwehr innerer oder äußerer Bedrohungslagen einräumten, sahen viele Kritiker die BRD endgültig auf dem Weg in ein autoritäres Regime.

Wohl nach der Devise »Radikale Zeiten erfordern radikale Antworten« kam in der BRD in diesem aufgeheizten Klima das rote Buch mit den *Worten des Vorsitzenden Mao Tse-tung* zu besonderen Ehren. Mao Tse-tung (1893 – 1976) war seit 1943 Vorsitzender des Zentralkomitees der Kommunistischen Partei Chinas und hatte 1949 die Volksrepublik China ausgerufen. Seitdem war er die bestimmende Person in Partei und Staat – und blieb es vor allem dank seiner skrupellosen Machttaktik bis zu seinem Tod 1976.

Denn nach dem katastrophalen Scheitern der von Mao verantworteten Kampagne unter dem Motto »Der Große Sprung nach vorn« (1958 – 1961) hatte man in der Partei schon versucht, ihn ins politische Abseits zu drängen. Schließlich hatte China nicht wie geplant wirtschaftlich zu den Industriemächten aufschließen können, sondern war aufgrund von Fehlentscheidungen zum Schauplatz der mit bis zu vierzig Millionen Opfern wohl verheerendsten Hungersnot der Menschheitsgeschichte geworden. Doch Mao ließ sich nicht kaltstellen, sondern schlug zurück: Er setzte vor allem auf die jahrelang indoktrinierte und auf ihn eingeschworene Jugend, um in Partei und Gesellschaft Jagd auf »Reaktionäre« zu machen. Im Rahmen der »Kulturrevolution« kam es zwischen 1966 und 1968 zu einer neuen Art des Bürgerkriegs: Gnadenlos wurden die nach Maos Anleitung als »konterrevolutionär« ausgemachten »Elemente« verfolgt. Willkürliche Denunziationen und Lynchjustiz waren an der Tagesordnung. Es herrschte eine

Atmosphäre von Terror und Anarchie. Schätzungsweise bis zu zehn Millionen Menschen starben im Laufe der »Kulturrevolution« durch Zwangsarbeit oder Hinrichtungen. Am Ende war Maos Macht konsolidiert und seine Person fortan unangreifbar.

Zentrales Element des Mao-Personenkultes, auf den die »Kulturrevolution« setzte, waren die erstmals 1965 in dieser Form erschienenen *Worte des Vorsitzenden*. Ursprünglich für die politische Schulung des Militärs gedacht, half das Buch dabei, den politischen Machtkampf zu einer heiligen Mission umzudeuten und aus der »Kulturrevolution« eine Art Kreuzzug zu machen. Die über vierhundert Mao-Zitate aus Reden und anderen Veröffentlichungen, dreiunddreißig Themenfeldern wie Imperialismus, Klassenkampf, Ausbildung oder Disziplin zugeordnet, sollten am besten auswendig gelernt werden. Der »Große Vorsitzende«, der im Vorwort als »der größte Marxist-Leninist unserer Zeit« vorgestellt wurde, erwies sich in seinen Texten als gnadenloser Fanatiker, dem der Zweck jedes Mittel heiligte. Entsprechend lautet seine Maxime: »Eine Revolution ist kein Gastmahl, kein Aufsatzschreiben, kein Bildermalen oder Deckchensticken [...]. Die Revolution ist ein Aufstand, ein Gewaltakt, durch den eine Klasse eine andere Klasse stürzt.« An anderer Stelle heißt es noch pointierter: »Die politische Macht kommt aus den Gewehrläufen.« Und wen er da aufs Korn zu nehmen gedachte, machte er auch sehr deutlich, denn: »Alle mit den Imperialisten im Bunde Stehenden – [...] die Klasse der großen Grundherren sowie der zu ihnen gehörige reaktionäre Teil der Intelligenz – sind unsere Feinde.« Apodiktisch hielt er fest: »Im Klassenkampf siegen gewisse Klassen, während andere vernichtet werden. Das ist der Lauf der Geschichte, das ist die Geschichte der Zivilisation seit Tausenden von Jahren.« In diesem Zivilisationskampf, in dem er sich und seiner Partei eine besondere Rolle zuwies, seien, so die Logik, Opfer nun einmal unvermeidlich.

Die chinesische Führung sah früh das Potenzial des Buches, und so wurden bald zahlreiche Übersetzungen vorgelegt. 1967 erschien im Pekinger Verlag für fremdsprachige Literatur eine deutsche Übersetzung. In

Kreisen der Studentenbewegung verbreitete sich das Buch, das hier bald nur noch die »Mao-Bibel« hieß, rasend schnell. Man machte im Maoismus eine radikale Alternative zum Sowjetsozialismus aus, den Mao selbst immer wieder als revisionistisch gegeißelt hatte, und hoffte mit seiner Hilfe dem verhassten Kapitalismus zu Leibe rücken zu können.

Von den tatsächlichen Vorgängen in China, das streng abgeschottet war, hatte man damals in Deutschland allerdings höchstens eine leise Ahnung. Nur so ist etwa zu erklären, warum der Herausgeber einer gleichfalls 1967 im S. Fischer Verlag erschienenen weiteren deutschen Übersetzung des »Roten Buches« in seinem Vorwort im Hinblick auf den mit der »Kulturrevolution« verbundenen Terror allenfalls einen »Nebel der einander widersprechenden Nachrichten« erkennen kann. Während das Buch in China also eine Waffe im buchstäblichen Kampf auf Leben und Tod war, diente es in der Studentenbewegung wohl eher der »rhetorischen Untermalung der revolutionären Maskerade«, so der Schriftsteller Johano Strasser: »Sich mit dem revolutionären Kampf am anderen Ende der Welt zu identifizieren, verlieh jeder Schulung, jedem Flugblatt, jedem Sit-in oder Go-in eine gleichsam welthistorische Dimension.«

Es dürfte die Mischung aus China-Projektion und Rigidität gewesen sein, die dem Buch in Deutschland eine so große Anhängerschaft sicherte. Das klare Schwarz-Weiß-Denken lieferte einen eindeutigen Kompass zur Entscheidung über vermeintlich Richtiges und Falsches. Die Kinder des neuen westdeutschen Überflusses fanden Gefallen an der radikal-revolutionären Pose und dem asketischen Polit-Fundamentalismus, der ihnen die Welt ordnete. Die Auflösung des SDS 1970 und das Aufkommen neuer sozialer Bewegungen, deren Anliegen ab Anfang der 1970er Jahre zunehmend von den politischen Parteien aufgenommen wurden, führten zum Bedeutungsverlust der außerparlamentarischen Opposition. Die »Mao-Bibel« blieb fortan im Bücherregal, immer weiter nach hinten geschoben, je mehr man über Maos Gräueltaten erfuhr. Noch heute dürfte sie dort in vielen westdeutschen Wohnungen verstauben.

1972

Club of Rome
Die Grenzen des Wachstums

Die Menschheit am Abgrund

Mit *Die Grenzen des Wachstums* löst der Club of Rome 1972 eine Diskussion über die Menschheit und ihre Zukunft aus. Mittels computergestützter Analysen werden Wechselwirkungen zwischen Bevölkerungsentwicklung, Nahrungsmittelproduktion, Industrialisierung, Umweltzerstörung und Rohstoffverbrauch in globalem Maßstab analysiert. Die Prognose alarmiert: Ohne grundlegenden Wandel in unserem Verhalten stürzt die Menschheit Ende des 21. Jahrhunderts in tiefe Krisen. Dass viele Vorhersagen eingetroffen sind, befeuert bis heute Diskussionen, was wir ändern müssen, um uns und unseren Planeten zu retten.

Das Bild hat sich ins kollektive Gedächtnis der deutschen Autofahrernation gebrannt: die gespenstisch leeren Autobahnen, als die Bundesregierung wegen der Ölkrise an mehreren Sonntagen im November und Dezember 1973 Fahrverbote verhängte. Im selben Herbst hatte der Börsenverein des deutschen Buchhandels den Club of Rome mit seinem Friedenspreis ausgezeichnet, einen Zusammenschluss von Wissenschaftlern, Wirtschaftsführern und Politikern, die sich um die Zukunft der Menschheit sorgten. Im Vorjahr war der erste von ihnen in Auftrag gegebene Bericht erschienen, der sogleich in zwanzig Sprachen übersetzt wurde und sich bis heute dreißig Millionen Mal verkauft hat: *The Limits to Growth* (»Die Grenzen des Wachstums«).

Die von der Volkswagen-Stiftung finanzierte Studie entstand unter Leitung von Donella und Dennis Meadows am Massachusetts Institute of Technology. Zum Einsatz kam ein neuartiges Computermodell (World3), das, auf Großrechnern laufend, eine damals schier unglaubliche Datenmenge zu bewältigen hatte. Ziel war eine Prognose, die in globalem Maßstab das Zusammenwirken von fünf Trends analysieren sollte: das weltweite Bevölkerungswachstum, Nahrungsmittelknappheit, Industrialisierung, Umweltzerstörung und die Ausbeutung der Rohstoffreserven. Eine besondere Herausforderung war die ungesicherte Datenlage, die das Forscherteam dadurch zu kompensieren versuchte, dass es alternative Szenarien berechnete. Alle Berechnungen allerdings führten zu dem gleichen düsteren Ergebnis: »Wenn die gegenwärtige Zunahme der Weltbevölkerung, der Industrialisierung, der Umweltverschmutzung, der Nahrungsmittelproduktion und der Ausbeutung von natürlichen Rohstoffen unverändert anhält, werden die absoluten Wachstumsgrenzen auf der Erde im Laufe der nächsten hundert Jahre erreicht.«

Das Buch traf die Sorgen der Zeit. Im Juni 1972 hatten die Vereinten Nationen in Stockholm zum ersten Mal eine Weltumweltkonferenz abgehalten und ihr Umweltprogramm UNEP gegründet, im Deutschen Bundestag wurde diskutiert, wie man die Technologiefolgenabschätzung institutionalisieren könne, und am Ende der Dekade – in der auch die deutsche Umwelt- und Friedensbewegung entstand – würde der Philosoph Hans Jonas 1979 mit seinem *Prinzip Verantwortung* eine »Ethik für die technologische Zivilisation« vorlegen, deren »ökologischer Imperativ« lautet: »Handle so, dass die Wirkungen deiner Handlung verträglich sind mit der Permanenz echten menschlichen Lebens auf Erden.« Fortschrittsoptimismus war in weiten Kreisen der Technologieskepsis gewichen, wie der Schweizer Politiker Nello Celio in seiner Laudatio zur Friedenspreisverleihung zusammenfasste: »Wir kommen [...] immer mehr zu der Erkenntnis, daß die im vergangenen Jahrhundert entwickelten Kräfte zwar ungeheure Fortschritte gebracht haben, die wir bisher als segensreich betrachteten, daß sich jedoch die ganze Entwicklung langsam auf einen Abgrund zu bewegt.«

Naturgemäß stieß der Bericht auch auf harsche Kritik. »Weltuntergangs-Vision aus dem Computer« titelte der *Spiegel*. Die Autoren der Studie wurden mit dem englischen Wirtschaftstheoretiker Thomas Malthus (1766–1834) verglichen, der Geburtenraten in Hunger und Elend hochgerechnet und die Dezimierung der Bevölkerung durch Seuchen und Kriege als »positive Hemmnisse« bezeichnet hatte. Vor allem wurde kritisiert, die Studie würde die Möglichkeiten des wissenschaftlichen Fortschritts sowie die Fähigkeit des Menschen, sein Verhalten zu ändern, unterschätzen und lediglich bestehende Trends linear fortschreiben. Wie berechtigt diese Kritik war, mag dahinstehen. Die *Grenzen des Wachstums* haben zumindest in den westlichen Industriestaaten den Blick auf die Welt verändert und eine »Ökologisierung« des öffentlichen Bewusstseins und der Politik in Gang gesetzt – auch wenn das Handeln den Einsichten nicht immer folgen mag.

Gut vierzig Jahre später sind viele der Prognosen eingetroffen. Das »superexponentielle« Wachstum der Weltbevölkerung wurde richtig vorhergesagt, und dass Anfang des 21. Jahrhunderts Landknappheit und Zugang zu Wasser drängende Probleme sein würden, hat sich ebenfalls bewahrheitet. Klimawandel und Artensterben sind eine Tatsache, die nur hartnäckige Realitätsverweigerer bestreiten. Ebenso wenig ist zu leugnen, dass sich die Entwicklungsunterschiede zwischen Nord und Süd weiter verschärft haben.

Im November 2017 haben fünfzehntausend Wissenschaftler aus hundertvierundachtzig Ländern eine *Warnung an die Menschheit* unterzeichnet, in der sie die düsteren Prognosen bekräftigen: »Wir gefährden unsere Zukunft, weil wir unseren intensiven, aber geographisch und demographisch ungleichen Materialverbrauch nicht zügeln, und weil wir den anhaltend rasanten Bevölkerungszuwachs nicht als Hauptauslöser hinter vielen ökologischen und sogar gesellschaftlichen Gefahren wahrnehmen.« Gerade in den Industrieländern sei es höchste Zeit, auch unser individuelles Verhalten zu überdenken. Denn: »Schon bald wird es zu spät sein, um den Kurs Richtung Abgrund zu korrigieren, unsere Zeit läuft ab. Wir müssen erkennen, im Alltag wie in den regierenden Institutionen, dass die Erde mit all ihrem Leben unser einziges Zuhause ist.«

Heinrich Böll
Die verlorene Ehre der Katharina Blum

Medien – Macht – Manipulation

In durch den RAF-Terror aufgeheizten politischen Zeiten veröffentlicht Heinrich Böll (1917 – 1985) eine Erzählung, in der er sich für eigene Verletzungen, die ihm ein Teil der Presse zugefügt hat, revanchiert und gleichzeitig Arbeitsweise und Mechanismen der Boulevardzeitungen entlarvt. Das Buch veranschaulicht exemplarisch den Kampf um die Ausrichtung der bundesrepublikanischen Gesellschaft und die Rolle, die Printmedien dabei spielen. Gleichzeitig thematisiert es die Manipulationsmacht des Massenmediums Zeitung und wie daraus Gewalt entsteht.

»»»Wie, ich allein, und nicht der Grass auch?‹ Das war Heinrich Bölls erster Kommentar zu seiner Nobelpreis-Krönung. Tatsächlich besiegelt der Preis – 43 Jahre nach der Nobelitierung Thomas Manns – die neue Weltgeltung der deutschen Literatur, zu der auch Grass wesentlich beigetragen hat. Mit Böll wurde, wie 1971 mit dem Friedenspreis an Willy Brandt, ein in Ost und West gleichermaßen angesehener ›guter Deutscher‹ geehrt.« Mit dieser Meldung anlässlich der Auszeichnung Bölls mit dem Nobelpreis für Literatur 1972 legte *Der Spiegel* zweierlei nahe: Zum einen werde mit der Ehrung Bölls quasi stellvertretend die deutsche Nachkriegsliteratur an sich ausgezeichnet, zum anderen spiegele sich in der Verleihung des Nobelpreises an ihn die Anerkennung der Bestrebungen jener bundesrepublikanischen politischen Intellektuellen, die sich um Frieden und Aussöhnung bemühten.

Diese Einschätzung Bölls als Aushängeschild der deutschen Kultur in der Welt und »gutes Gewissen« der Nation war Anfang der 1970er Jahre in der BRD freilich alles andere als unumstritten. Böll polarisierte vielmehr, an ihm schieden sich die Geister, was auch mit seinen literarischen Texten, vor allem aber mit seinen Stellungnahmen in aktuellen politischen Debatten der Zeit zu tun hatte. Schon in den Adenauer-Jahren hatte sich Böll aufgrund seiner Erfahrungen als Soldat während der NS-Diktatur kritisch mit restaurativen Tendenzen auseinandergesetzt und war zu einer Leitfigur progressiver Kräfte geworden. Die Studentenbewegung verteidigte er von Anfang an, wendete sich gegen Diffamierungen – vor allem seitens der Springer-Presse – und plädierte dafür, die studentischen Anliegen ernst zu nehmen. Gegen Ende der 1960er Jahre radikalisierten sich Teile der Studentenbewegung, Anfang der 1970er Jahre ging aus der militanten Gruppe um Andreas Baader, Gudrun Ensslin, Horst Mahler und Ulrike Meinhof die Rote Armee Fraktion hervor, die mit einer Serie von Brand- und Sprengstoffanschlägen den »antiimperialistischen Kampf« ohne Rücksicht auf Verluste in westdeutsche Städte trug. Die Taten der RAF führten zu einer regelrechten Medienhysterie, und *Bild* begleitete sensationsheischend die Jagd auf die Terroristen, die im Springer-Konzern einen ihrer Hauptgegner ausgemacht hatten.

In dieser Situation veröffentlichte Böll Anfang 1972 im *Spiegel* noch vor der Festnahme von Baader, Ensslin und Meinhof im Juni des Jahres einen Artikel, mit dem er für eine Versachlichung der Debatte und Augenmaß werben wollte. Unter dem (von Böll so nicht genehmigten) Titel *Will Ulrike Gnade oder freies Geleit?* analysiert er hier die verleumderische und manipulative Art der *Bild*-Berichterstattung, die mit Behauptungen und Falschdarstellungen arbeite: »Das ist nicht mehr kryptofaschistisch, faschistoid, das ist nackter Faschismus. Verhetzung, Lüge, Dreck.« Böll betont, dass Meinhof der BRD zwar den Krieg erklärt habe – ein Krieg, von dem sich Böll deutlich distanziert –, dass es aber »inzwischen ein Krieg von 6 gegen 60 000 000« sei. Der Staat dürfe sich daher nicht durch mediale Eskalation in einen vermeintlichen Notstand hineintreiben lassen, dem nur noch mit unbarmherziger Härte zu begegnen sei: »Weiß keiner mehr, was es bedeutet, einer gnadenlosen Gesellschaft gegenüberzustehen?« Stattdessen müsse Meinhof vor den Augen der Weltöffentlichkeit ein unvoreingenommener Prozess gemacht werden. Alles Selbstverständlichkeiten eigentlich, aber Böll hätte ahnen können, dass seine Parallelisierungen mit der NS-Zeit, sein sarkastisch-polemischer Ton und die Angriffe auf die *Bild* nicht unbedingt zur Beruhigung der Debatte beitragen würden. Denn ungeachtet der gewaltkritischen Grundaussage des Textes wurde dieser in verfälschender Lesart dazu genutzt, um Böll als Terror-Sympathisanten zu brandmarken und eine Kampagne gegen ihn zu starten, die auch vor dessen Familie nicht haltmachte. Daran änderte auch die Verleihung des Literaturnobelpreises im selben Jahr nichts.

Seine Erfahrungen in der Auseinandersetzung mit der Presse verarbeitet Böll dann 1974 in der Erzählung *Die verlorene Ehre der Katharina Blum*, die den Untertitel *Wie Gewalt entstehen und wohin sie führen kann* trägt. Böll hat den Text selbst als »Tendenz-Erzählung«, als »Pamphlet« bezeichnet, und damit jedem Leser die Stoßrichtung von Anfang an klar sein musste, hat er dem Text eine Art Leseanweisung vorangestellt: »Personen und Handlung dieser Erzählung sind frei erfunden. Sollten sich bei der Schilderung gewisser journalistischer Praktiken Ähnlichkeiten mit den Praktiken der *Bild*-Zeitung ergeben haben, so sind diese Ähnlichkeiten weder beabsichtigt noch zufällig, sondern unvermeidlich.« Im Mittelpunkt steht die tüchtige Katharina, die Böll als »das verkörperte Wirtschaftswunder, mit Auto, Eigentumswohnung und einigen Ersparnissen« bezeichnet, die aber mit Politik nichts am Hut hat. Sie verliebt sich Hals über Kopf in Ludwig Götten, den sie zufällig im Karneval trifft, und verbringt eine Nacht mit ihm, in der Ludwig gesteht, dass er von der Bundeswehr desertiert und deswegen auf der Flucht sei. Sie ahnt nicht, dass er unter dem – falschen – Verdacht steht, einen Raubmord begangen zu haben. Als die Polizei am nächsten Morgen Katharinas Wohnung stürmt, ist Ludwig schon verschwunden, aber Katharina wird vor den Augen der Nachbarn und der Presse abgeführt. Die *ZEITUNG* bringt die Story vom »Räuberliebchen« in großer Aufmachung auf der Titelseite: »Der seit eineinhalb Jahren gesuchte Bandit und Mörder Ludwig Götten hätte gestern verhaftet werden können, hätte nicht seine Geliebte, die Hausangestellte Katharina Blum, seine Spuren verwischt und seine Flucht gedeckt.« Katharina sieht sich als »Mörderbraut« fortan anonymen Drohungen und Beleidigungen ausgesetzt. Der zynisch-skrupellose Reporter Tötges konfrontiert Katharinas Mutter unmittelbar nach ihrer schweren Krebsoperation im Krankenhaus mit den Vorwürfen gegen ihre Tochter. Die Mutter stirbt noch in derselben Nacht. In der ZEITUNG werden Katharinas gescheiterte Ehe und die kriminelle Vergangenheit ihres Bruders ausgebreitet und sie wird mit Unterschlagungen eines früheren Arbeitgebers in Verbindung gebracht. Katharina, »die zwei lebensgefährliche Eigenschaften hat: Treue und Stolz«, will sich nach der Verhaftung Ludwigs gegen die Anfeindungen wehren und sieht nur einen Ausweg, um ihre Ehre wiederherzustellen: Sie bestellt Tötges zum Exklusivinterview – und erschießt ihn. Sie empfindet keine Reue und offenbart sich der Polizei. Es stellt sich heraus, dass die Anklage gegen Ludwig wegen Raubmordes nicht zu halten sein wird, stattdessen muss er sich wegen Diebstahls und Bilanzfälschung verantworten: »Nun, man muß auch für ihn mit acht bis zehn Jahren rechnen. Er wäre dann bei seiner Entlassung etwa vierunddreißig, Katharina wäre fünfunddreißig, und sie hat tatsächlich Zukunftspläne: sie rechnet damit, daß sich ihr Kapital bis zu ihrer Entlassung erheblich verzinst und will dann ›irgendwo,

Et kütt wie et kütt ...
Heinrich Böll wollte auch über den Tod hinaus seiner Heimatstadt Köln verbunden bleiben. Daher wurde sein literarischer Nachlass – insgesamt fast 200 Regalmeter – dem Kölner Stadtarchiv zur sicheren Verwahrung anvertraut. Noch im Februar 2009 übergaben die Erben der Einrichtung einen letzten großen Teil. Drei Wochen später stürzte das Archivgebäude ein, der Nachlass versank im Schlamm einer Baugrube. Zum hundertsten Geburtstag 2017 konnte die Stadt Köln ihrem Sohn dann recht zufrieden eine wohl einmalige Geburtstagsnachricht überbringen: Man habe tatsächlich die meisten der überantworteten Dokumente wiedergefunden, und das meiste würde sogar irgendwann wieder einsehbar sein.

natürlich nicht hier‹ ein ›Restaurant mit Traiteurservice‹ aufmachen.« So endet die Geschichte um Katharina Blum mit einer Art Happy End.

Der Spiegel publizierte ab Juni 1974 die Erzählung in vier Teilen, das Buch erreichte nach sechs Wochen eine Auflage von 150 000 und hielt sich monatelang auf den Bestsellerlisten, davon zehn Wochen auf Platz eins. Die Bild-Zeitung versuchte das Buch weitgehend zu ignorieren. Wie tief der Stachel aber tatsächlich saß, zeigte sich daran, dass man im Springer-Blatt Welt am Sonntag den Abdruck der wöchentlichen Bestenliste aussetzte, um Böll nicht an deren Spitze anführen zu müssen. In anderen Springer-Blättern wurde Böll weiterhin vorgeworfen, die RAF in ihrem Kampf zu ermutigen und den Mord an einem Reporter als Akt der Notwehr zu legitimieren. Auch der damalige Vorsitzende der CDU/CSU-Bundestagsfraktion und spätere Bundespräsident Karl Carstens hielt es für angebracht, sich zu dem Buch, das er anscheinend nie in Händen gehalten hatte, zu äußern: »Ich fordere die ganze Bevölkerung auf, sich von der Terrortätigkeit zu distanzieren, insbesondere auch den Dichter Heinrich Böll, der noch vor wenigen Monaten unter dem Pseudonym Katharina Blüm [!] ein Buch geschrieben hat, das eine Rechtfertigung von Gewalt darstellt.« Diese Kritik entlarvte sich in ihrer Unkenntnis von selbst und wurde von Böll und seinen Verteidigern genüsslich aufgespießt. Schon 1975 wird das Buch von Volker Schlöndorff und Margarethe von Trotta verfilmt.

Auch heute noch ist gültig, was Marcel Reich-Ranicki in der FAZ 1974 über die Erzählung schrieb: »Was Böll erzählt, mag besser oder schlechter sein. Aber es traf und trifft die deutsche Gegenwart mitten ins Herz.« Die Figuren mögen eindimensional sein und die Handlung schablonenhaft, aber das Buch ist heute in Zeiten allumfassender Medienpräsenz, in denen sich Falschmeldungen und Halbwahrheiten sekundenschnell verbreiten lassen, aktueller denn je. Schließlich leite es den Leser, so Rolf Michaelis in seiner Rezension in der Zeit, dazu an, »selbst nachzudenken über Schuld und Sühne und über die gefährliche Krankheit unserer Zeit – Gewalt, wie sie entstehen und wohin sie führen kann.«

1989

Neues Forum
Aufbruch 89

Katalysator der friedlichen Revolution

Es ist eines der wirkmächtigsten Schriftstücke der jüngeren deutschen Geschichte. Am 10. September 1989 setzen dreißig Oppositionelle einen Aufruf in Umlauf, der sich in Windeseile in der ganzen DDR verbreitet. Der Appell *Aufbruch 89* fordert einen demokratischen Dialog zur Umgestaltung des Staates, dessen Führung sich von den Reformen in anderen sozialistischen Ländern abgekoppelt hat. Das mit dem Aufruf gegründete Neue Forum spielt in den folgenden Wochen und Monaten eine zentrale Rolle in der Bündelung und Mobilisierung des Massenprotests, der am 3. Oktober 1990 zur deutschen Einheit führt.

Die Symbolik ist kein Zufall. Am 15. März 2018 veröffentlicht eine Gruppe um den Publizisten Henryk Broder, den Schriftsteller Uwe Tellkamp und den Ex-Politiker Thilo Sarrazin eine *Erklärung 2018*, die »wachsendes Befremden« bekundet, »wie Deutschland durch die illegale Masseneinwanderung beschädigt wird«. Ihre Solidarität gilt denen, die für eine Schließung der Grenzen gegen Zuwanderer und Flüchtlinge demonstrieren. Das meint vor allem die vom Verein Patriotische Europäer gegen die Islamisierung des Abendlandes (Pegida) organisierten Proteste in Dresden und andernorts, die von den Organisatoren in bewusster Anleihe bei den Leipziger Demonstrationen von 1989/90 »Montagsdemonstrationen« getauft wurden.

Erklärung 2018 erinnert nicht zufällig an *Aufbruch 89*. Das ist der Titel eines der wirkmächtigsten Schriftstücke der jüngeren deutschen Geschichte. Verfasst und erstunterzeichnet wurde es am 9./10. September 1989 im Haus der DDR-Bürgerrechtlerin Katja Havemann von dreißig Leuten,

»handverlesen zusammengetrommelt, aus verschiedenen sozialen Schichten, aus verschiedenen Bezirken, damit das so einigermaßen repräsentativ war«, wie sich der Physiker Sebastian Pflugbeil erinnert. Neben ihm und Havemann unterschrieben unter anderem die Malerin Bärbel Bohley, der Molekularbiologe Jens Reich und der Betonfacharbeiter Reinhard Schult. »In unserem Land ist die Kommunikation zwischen Staat und Gesellschaft offensichtlich gestört«, beginnt der Aufruf, und er endet mit: »Die Zeit ist reif«, reif für den Beginn eines »demokratischen Dialogs über die Aufgaben des Rechtsstaates, der Wirtschaft und der Kultur«. Dafür sollte ein Neues Forum als »politische Plattform für die ganze DDR« dienen.

Im Land gärte es. Die Vorbereitungen der Feiern zum vierzigsten Gründungstag konnten kaum verbergen, dass die DDR wirtschaftlich und politisch in einer Sackgasse steckte. Immer mehr Bürger schauten nach Polen und Ungarn, wo der Sozialismus sich reformierte, während sich in der Heimat die SED bei den Kommunalwahlen im Mai 98,89 Prozent der Stimmen zufälschte. Zehntausende kehrten der DDR den Rücken und versuchten, über Ungarn und die Tschechoslowakei in den Westen zu gelangen. Die »Abstimmung mit den Füßen« verschärfte die Krise. Qualifizierte Arbeitskräfte wanderten ab, und diejenigen, die blieben, fragten sich, warum eigentlich. Auf all das gab der greise Staats- und Parteichef Erich Honecker die Antwort: »Den Sozialismus in seinem Lauf halten weder Ochs noch Esel auf.« Der »große Bruder« aus Moskau, der Architekt von Öffnung (Glasnost) und Wandel (Perestroika), Michail Gorbatschow, ermahnte ihn vergeblich. »Wer zu spät kommt, den bestraft das Leben«, lautet das berühmte, nicht ganz authentische Zitat.

Regierungskritische Gruppen gab es in der DDR schon länger, vielfach aktiv in einzelnen Kirchengemeinden. Neu war das Bedürfnis nach gemeinschaftlichem Protest. An der ersten Leipziger Montagsdemonstration, am 4. September 1989 nach dem Friedensgebet in der Nikolaikirche, nahmen tausendzweihundert Menschen teil – drei Monate nach der gewaltsamen Niederschlagung der chinesischen Demokratiebewegung auf dem Platz des himmlischen Friedens. Von Leipzig nehmen Proteste in der ganzen DDR ihren Ausgang; in den ersten Novembertagen 1989 zählt die Stasi über zweihundert Demonstrationen mit mehr als 1,35 Millionen Teilnehmern. Diese Mobilisierung verdankt sich vor allem dem Neuen Forum, dessen *Aufbruch 89* in Windeseile Verbreitung findet. Als zwei Tage nach dem Aufruf die Plattform für staatsfeindlich erklärt wird, haben schon dreitausend Personen unterschrieben, bis Ende des Jahres würden es zweihunderttausend sein. Das Neue Forum versammelt und vernetzt die verstreuten Oppositionsgruppen und motiviert bis dahin Unbeteiligte, ihre Unzufriedenheit mit dem System gemeinsam mit anderen kundzutun.

Die Entwicklung, deren Katalysator es gewesen ist, überrollt schließlich das Neue Forum. Es entsendet Vertreter an die sogenannten Runden Tische, an denen über die Neuordnung in der DDR verhandelt wird; die Umwandlung zur Partei bereitet der Sammlungsbewegung jedoch Schwierigkeiten. Es folgen Abspaltungen und Wahlbündnisse mit anderen Gruppen. Dieses »Bündnis 90« wird 1991 selbst Partei und schließt sich 1993 mit den Grünen zusammen. Da ist Deutschland schon wieder vereint. Nach der »versehentlichen« Öffnung der Mauer am 9. November 1989 schien die Einheit plötzlich möglich, und der Ruf der Straße »Wir sind das Volk« hatte sich in »Wir sind ein Volk« gewandelt. D-Mark und die von Bundeskanzler Kohl versprochenen »blühenden Landschaften« lockten mehr als ein »Sozialismus mit menschlichem Antlitz«, der vielen Foristen der ersten Stunde vorschwebte.

Einmal noch protestiert eine Gruppe von DDR-Bürgerrechtlern 2001 gegen Afghanistankrieg und Antiterrorismusgesetze, dann versiegt die Gemeinsamkeit. »Eine Bewegung erweist sich als erfolgreich, wenn sie zerfällt«, hat Bärbel Bohley gesagt. Ende 2014 senden ehemalige DDR-Oppositionelle, unter ihnen Reinhard Schult, in der *taz* einen »Weihnachtsgruß von den Neunundachtzigern« an Pegida: »Ihr sprecht nicht für '89. Ihr sprecht für keine Freiheitsbewegung. Ihr seid deren Schande. Schämt euch.« Dreieinhalb Jahre später initiiert die prominente ehemalige Bürgerrechtlerin Vera Lengsfeld die *Erklärung 2018*.

Microsoft

1992

Benutzerhandbuch Windows 3.1

Die Computerisierung des Alltags

Personal Computer bestimmen seit rund einem Vierteljahrhundert unseren Alltag. Bis Ende der 1980er Jahre waren sie noch wenig leistungsstark. Zu ihrer vielseitigen Verwendbarkeit trug 1990 das neue Betriebssystem des US-Softwarekonzerns Microsoft bei: *Windows 3.0.* Was als primär technische Innovation begann, zielte spätestens mit der Version *3.1* auf optimale Benutzerfreundlichkeit. So verbreitete sich das Programm unter Hunderten von Millionen Nutzern weltweit. Das begleitende Benutzerhandbuch wurde in diesem Zuge zu einem zentralen Referenzwerk für technische PC-Probleme, das in beinahe jedem westlichen Haushalt stand.

Schwer vorstellbar, doch dem Vernehmen nach hat es sie gegeben: die Zeit vor dem Personal Computer. Es mag zwar sein, dass mobile »smarte« Geräte in unserer vernetzten Welt dem PC in vielem den Rang abgelaufen haben. Ohne ihn und seinen tragbaren Bruder, den Laptop, geht aber nach wie vor nichts im Berufs- und Privatleben. Neunzig Prozent aller Haushalte in Deutschland verfügen über einen PC, jedes Jahr werden allein hierzulande über fünfzehn Millionen PCs, Laptops und Tablets verkauft – Tendenz steigend.

Dass die Welt noch in den 1980er Jahren ganz anders aussah, das ist jüngeren Menschen heute kaum begreiflich zu machen. Jugendliche vergnügten sich damals an ihrem Atari, dem Vorläufer moderner Spielekonsolen, an simplen Computerspielen, etwas Wagemutigere experimentierten an einem Commodore 64 mit einfachen Programmierungen. Betriebssysteme mussten per Kassette oder Floppy Disc eingespielt werden und beanspruchten selbst so viel Arbeitsspeicher, dass ein echtes Multitasking unmöglich war. An eine seriöse, gar geschäftliche Nutzung war kaum zu denken, allenfalls als bessere Schreibmaschine fanden PCs seinerzeit Verwendung.

Das sollte sich nachhaltig ändern, als am 22. Mai 1990 Microsoft-Gründer Bill Gates in einer groß inszenierten Bühnenshow das neue Betriebssystem *Windows 3.0* präsentierte. Dessen entscheidende technische Neuerung lag darin, dass es im sogenannten Schutzmodus laufen konnte und damit genügend Arbeitsspeicher übrig ließ, um mit mehreren Programmen gleichzeitig zu arbeiten. Dass PCs unlängst mit einer Festplatte ausgestattet worden waren, machte es zudem möglich, das Betriebssystem von Anfang an auf die PCs aufzuspielen und somit Geräte in den Handel zu bringen, die ohne weitere Installationen einsatzbereit waren. Ein Hersteller nach dem anderen entschied sich für das neue *Windows*-Betriebssystem und trug so dazu bei, dass Microsoft binnen kurzer Zeit nahezu Monopolstellung erwerben konnte.

Doch es waren nicht bloß diese technischen Fortschritte, mit denen *Windows 3.0* Neuland betrat. Es überzeugte auch mit seiner neuen, bedienungsfreundlichen Benutzeroberfläche. Bis dahin hatten Softwareingenieure deren Aussehen gestaltet. Bei Microsoft übernahmen von nun an die Grafikdesigner. Die Arbeitsfläche wurde von ihnen aufgeräumt und durch klarere Schrifttypen und bessere Visualisierung der Anwendungsebenen übersichtlicher gestaltet. Eine veränderte Ikonografie sollte auch dem Laien die Handhabung der Programme erleichtern. Vor allem aber war das neue *Windows* bunter, was durch die fortschreitende Technologie der Farbmonitore unterstützt wurde.

Zur Benutzerfreundlichkeit trug bei, dass in *Windows 3.0* Basisprogramme für die wichtigsten Nutzungen, wie Textverarbeitung *(Write)* oder Zeichnen *(Paintbrush)*, integriert waren. Parallel dazu bot Microsoft eigene Software zur büromäßigen Verwendung an *(MS Office)* und sorgte für möglichste Kompatibilität mit Programmen anderer Anbieter, die in Unternehmen Verwendung fanden. Schon kurz nach Vorstellung von *Windows 3.0* ergaben Erhebungen, dass über siebzig Prozent der US-Unternehmen auf das neue Betriebssystem umstellen wollten. Innerhalb eines Jahres berichtete Microsoft bereits von 25 Millionen lizenzierten Anwendern.

Den endgültigen Durchbruch vor allem bei privaten Nutzern schaffte Microsoft schließlich 1992 mit der Version *3.1* seines *Windows*-Betriebssystems. Es wurde noch bunter und noch laienfreundlicher. Der Dateimanager erleichterte das Anwählen von Ordnern und Dateien und erübrigte die Verwendung von Befehlszeilen, die »Task-Liste« ermöglichte den einfachen Wechsel zwischen parallel laufenden Anwendungen. Auch heute noch vertraute Tastaturkürzel, »Ziehen und Ablegen« *(drag and drop)* und das Schließen von Fenstern per Mausklick machten die Arbeit am PC einfacher. Die Einbettung von Objekten ermöglichte es, nun auch Grafiken in Texte einzufügen. Nicht länger auf Rasterbasis arbeitende sogenannte True-Type-Schriftarten gestatteten eine verlustfreie Veränderung der Schriftgröße. Der PC war fit für den multifunktionalen Einsatz.

Selbst die beste Ikonografie macht ein Betriebssystem nicht idiotensicher. Daher baute man bei Microsoft auf zwei Wege, Nutzer mit *Windows* vertraut zu machen: die integrierte Hilfe, die man nach Stichworten durchsuchen konnte, um Rat zu suchen, und das Benutzerhandbuch. Solche Handbücher hatte es zwar schon früher gegeben; indem mit *Windows 3.1* das Betriebssystem von Microsoft auf nahezu allen PCs weltweit lief (bis heute ernsthaft herausgefordert nur von den Konkurrenten bei Apple), wurde das *Windows*-Benutzerhandbuch damals jedoch zur Fibel der nach Einführung und Rat suchenden PC-Nutzer auf der ganzen Welt.

> **Ein Überraschungserfolg**
>
> Zum Überraschungserfolg wurde das mit *Windows 3.0* eingeführte Kartenspiel »Solitär«. Einer klassischen Patience-Variante nachempfunden, sollte es eigentlich nur als Übung zum Umgang mit der Computermaus dienen. Schon bald aber wurde es zu einem der meistgespielten Büro-Computerspiele und dürfte zu einer erheblichen Vernichtung von Arbeitszeit weltweit beigetragen haben. Den 25. Jahrestag von *Windows 3.0* feierte Microsoft dann auch passend: mit einem Turnier der weltbesten »Solitär«-Spieler!

J. K. Rowling

Harry Potter und der Stein der Weisen

Die Magie des Lesens

Der erste Band der Romanreihe um den Nachwuchsmagier Harry Potter war 1997 ein sensationeller Überraschungserfolg, der eine regelrechte Potter-Manie in aller Welt auslöste. Die Geschichte dreier Zauberschüler, die gegen das Eindringen des Bösen in ihre zunehmend dystopische Welt kämpfen, hat allein in Deutschland ein Millionenpublikum gefesselt. Eine ganze Generation wuchs gemeinsam mit Harry, Hermine und Ron heran und tauschte sich über das Internet über ihre Idole aus. Wer allerdings immer noch glaubt, *Harry Potter* sei bloß Jugendliteratur, der lese!

Wenn Jugendliche zu Tausenden in den frühen Morgenstunden vor dem Eingang eines Ladengeschäfts lagern, um gleich nach Öffnung der Türen zu den ersten Käufern zu gehören, erwartet man heute wohl eher den Verkaufsstart eines neuen Apple-Produkts. In den 2000er Jahren waren es Buchhandlungen, vor denen auf der ganzen Welt Teenager geduldig ausharrten, um zu den Lesern der ersten Stunde zu gehören. Das Objekt der Lesebegierde: der neue *Harry Potter*. Über dreißig Millionen Exemplare der siebenteiligen Romanreihe um den Zaubereleven Harry Potter wurden allein in Deutschland verkauft, weltweit waren es mehr als fünfhundert Millionen Bücher. Ein Viertel aller Deutschen über vierzehn Jahren gab 2007 in einer Umfrage an, mindestens einen Band der Erfolgsreihe gelesen zu haben. Die Ungeduld der Fans war groß: Um das Warten auf die offizielle Übersetzung zu verkürzen, bildeten sich über das Internet Übersetzungsgemeinschaften, die sich gleich nach Erscheinen eines Bandes an dessen Eindeutschung machten.

Die meisten Deutschen um die dreißig dürften heute wissen, was »Muggel« sind (nichtmagisches Volk nämlich), was »Schlammblut« (abfällig für einen Zauberer, der von Muggeln abstammt) oder »Todesser« (Anhänger Voldemorts) heißt. Sie werden eine klare Antwort geben können, in welches der vier Häuser des Zauberinternats Hogwarts sie gehören, ob sie ein Slytherin, Ravenclaw, Hufflepuff oder – wie Harry – ein Gryffindor sind. Potter-Fans wissen, dass an sich harmlose Irrwichte äußerlich die Gestalt unserer größten Ängste annehmen und mit dem Zauberspruch »Riddikulus« lächerlich gemacht und gebändigt werden, während gegen wirklich große Gefahren der Patronus-Zauber hilft: »Expecto Patronum!«

Mit *Harry Potter und der Stein der Weisen* betreten wir die Welt Harrys, eines Waisen, der in einer englischen Kleinstadt bei Verwandten aufwächst, die ihn beständig drangsalieren. An seinem elften Geburtstag erhält er überraschend eine Zulassung von Hogwarts. Erstmals erfährt Harry so von der magischen Parallelwelt und dass seine Eltern vom mächtigsten schwarzen Magier, Lord Voldemort, getötet wurden, als er ein Jahr alt war. Die Liebe seiner Mutter schützte Harry vor dem Tod, indem sie den gegen ihn gerichteten Todeszauber auf Voldemort umlenkte und diesen tötete. Harry trägt seitdem eine blitzförmige Narbe auf der Stirn. Im ersten Roman tritt er ein in die Welt des Zauberinternats, das für ihn zur Heimat wird. In Ron Weasley und Hermine Granger findet Harry seine engsten Freunde. Die drei fassen Vertrauen zum gutmütigen Wildhüter Rubeus Hagrid und dem weisen, verständnisvollen Schulleiter Albus Dumbledore. Schnell zeigt sich Harrys besonderes Talent im Besenfliegen, was ihn zum jüngsten Sucher beim Quidditch macht, einem Ballsport, der auf Besen in luftiger Höhe gespielt wird.

Dass Harry als der »Junge, der überlebt hat« unter Magiern eine Berühmtheit ist, erschwert das Einleben in die Schulgemeinschaft. Gleich zu Beginn tauchen auch zwei Antagonisten auf, die bis zum Schluss Harry, sein Verhalten und seine Entwicklung prägen: Draco Malfoy aus einer »reinblütigen« Familie von Todessern und der Lehrer für Zaubertränke,

Severus Snape. Schon in ihrem ersten Abenteuer decken Harry, Hermine und Ron Beunruhigendes auf: Voldemort ist vor elf Jahren nur körperlich vernichtet worden, sucht aber nach Möglichkeiten der Reinkarnation und kann hierzu noch immer auf sein Netzwerk von Todessern bauen. Im ersten Roman kann das Trio noch verhindern, dass Voldemort über den Stein der Weisen an ewiges Leben kommt, im vierten Band aber gelingt es ihm, einen Körper wiederzuerlangen und seine früher unumschränkte Macht Schritt für Schritt zurückzugewinnen. Jedes einzelne Abenteuer, das Harry, Hermine und Ron gemeinsam bestehen, ist letztlich eine Schlacht in dem sich immer weiter zuspitzenden Entscheidungskampf zwischen Gut und Böse, einem Kampf, der Harry vorausbestimmt ist, wie er im Verlauf der Romanserie erfährt.

Obgleich Rowling ihre jugendlichen Helden mit jedem Schuljahr älter und reifer werden lässt, spart sie Liebe und Sexualität weitestgehend aus. Weit bestimmender sind große Themen wie Freundschaft und Vertrauen, Entscheidungsfreiheit und Verantwortung – und der Verlust. Ein Leitmotiv bei *Harry Potter* sind Tod und Trauer, versinnbildlicht in dem Augenblick, in dem der elfjährige Harry vor dem Spiegel »Nerhegeb« (rückwärts für »Begehren«) steht und erblickt, was er sich am meisten wünscht: mit seinen Eltern zu sein. Im Kampf gegen Voldemort und seine Todesser muss Harry den Tod seiner beiden wichtigsten Vaterfiguren miterleben: des Schulleiters Dumbledore und seines Patenonkels Sirius Black. Dementoren durchstreifen das Land, absorbieren alles Glück und säen Furcht; ihr Kuss saugt die Seele eines Menschen aus. Es ist eine düstere und zunehmend dystopische Welt, die Rowling in ihren Romanen erschafft.

Der Kampf zwischen Gut und Böse in einer fantastischen Welt stand auch im Mittelpunkt eines anderen Romans, der rund zwanzig Jahre zuvor Jugendliche und Erwachsene nicht nur in Deutschland in den Bann schlug. Die Rede ist von Michael Endes 1979 veröffentlichter *Unendlicher Geschichte*, in der Bastian Balthasar Bux lesenderweise in das Land Phantásien hineingezogen wird und an der Seite Atréjus und mit dem Glücksdrachen

Fuchur Phantásien davor bewahrt, vom Nichts verschlungen zu werden. Doch stellt sich bei Ende nirgends eine vergleichbare klaustrophobische Stimmung ein wie bei Rowling, schließlich ist es Harrys eigene Welt, die vom Bösen erobert wird, das alle Geborgenheit zerstört. Auch bleiben Bastians Abenteuer episodenhafter. Dazu passt, dass Ende ständig potenzielle Handlungsstränge andeutet, bevor er sie mit dem Satz verlässt: »Aber das ist eine andere Geschichte und soll ein andermal erzählt werden.« Bei allem Detailreichtum ist Rowlings Welt ungleich verdichteter, kaum ein Detail ohne Bedeutung für den Handlungsverlauf in den folgenden Bänden. So gelingt ihr eine die sieben Romane verklammernde Gesamtdramaturgie, die ihre ganz eigene Sogwirkung entfaltet.

Ohne Frage hat die am 31. Juli 1965 (auf den Tag genau fünfzehn Jahre vor ihrem Protagonisten) geborene Rowling mit *Harry Potter* auch gegen ihre eigenen Dämonen angekämpft. In Interviews hat sie sich zum Tod ihrer Mutter, zu ihrer gescheiterten Ehe und ihren Depressionen geäußert. Ihre zumindest äußerlich märchenhafte Lebensgeschichte ist oft berichtet worden: wie die von Sozialhilfe lebende alleinerziehende Mutter ihren ersten Roman zunächst erfolglos mehreren Verlagen anbietet, bevor er von Bloomsbury in einer Auflage von bloß fünfhundert Exemplaren veröffentlicht wird; wie kurz darauf hymnische Rezensionen erscheinen und ein Verlag die US-Publikationsrechte für einhunderttausend Dollar ersteigert. Die deutsche Übersetzung erscheint 1998 dann schon in einer Auflage von immerhin achttausend Exemplaren. Es folgt eine gigantische

> **Gleis 9¾**
>
> Wie jeder weiß, fährt der Hogwarts-Express vom Londoner Bahnhof King's Cross, Gleis 9¾. Um dorthin zu gelangen, muss man mit seinem Gepäckwagen beherzt auf die Mauer zwischen den beiden Gleisen zulaufen. Für alle Fans von *Harry Potter* gibt es seit einigen Jahren tatsächlich ein Gleis 9¾ mit einem zur Hälfte in die Wand eingemauerten Gepäcktrolley – allerdings nicht an der genannten Stelle, weil es zwischen den Gleisen 9 und 10 keine Mauer gibt: J. K. Rowling hat eingeräumt, in ihrer Erinnerung King's Cross mit Euston Station verwechselt zu haben.

Erfolgsgeschichte, die J. K. Rowling zur Multimillionärin macht und Videospiele, ein Theaterstück und sogar einen Harry-Potter-Themenpark in Florida hervorbringt.

Ungleich prägender als diese Merchandising-Produkte waren die zwischen 2001 und 2011 produzierten Kinofilme. Während Literaturverfilmungen meist entweder die Leser enttäuschen oder die Buchvorlage verdrängen, haben die Harry-Potter-Filme den Erfolg der Romanserie noch einmal verstärkt und zur Identifikation mit den Protagonisten beigetragen. Für ihre jugendlichen Fans waren Daniel Radcliffe, Emma Watson und Rupert Grint schlicht Harry, Hermine und Ron. Über zehn Jahre hinweg begleiteten die drei Darsteller Millionen von jungen Lesern durch ihre Jugend. Ein millionenfaches gemeinsames *Coming of Age* sozusagen, das insbesondere von der Möglichkeit, sich über Internet mit Gleichgesinnten auszutauschen, profitiert hat.

Der Erfolg der *Potter*-Reihe löste einen Boom fantastischer Jugendliteratur aus; seinen Ausnahmestatus hat *Harry Potter* aber bewahrt. Das Geheimnis des Erfolges lässt sich nicht einfach definieren. Es ist – abgesehen von der literarischen Qualität der Texte – ein gelungener Mix aus Fantasy, Detektivgeschichte, Entwicklungsroman und vielem mehr. Es ist neben der (im Wortsinne) zauberhaften Parallelwelt auch die Zeichnung glaubhafter Charaktere (nur die Muggelwelt bleibt schablonenhaft), mit denen der Leser sich identifizieren oder zu denen er in Beziehung treten kann. Vor allem aber ist es die Ambivalenz und Vielschichtigkeit, die unterschiedliche Deutungen zulässt. Damit sprechen die Romane Jugendliche wie Erwachsene gleichermaßen an und lohnen selbst die wiederholte Lektüre.

Der Literaturkritiker Denis Scheck hat *Harry Potter* kürzlich in seinen sehr persönlichen »wilden« Kanon der Weltliteratur aufgenommen, weil »keine Schriftstellerin unserer Zeit die kollektive Imagination so beeinflusst hat wie J. K. Rowling« und weil ihr ein »literarisches Wunder« gelungen ist: der Beweis, »dass das Medium Buch auch im 21. Jahrhundert noch die Macht besitzt, das Bewusstsein einer Gesellschaft zu prägen«.

Wikipedia

Ein Kind der digitalen Revolution

ab 2001

Das Internet ist aus unserem Alltag nicht mehr wegzudenken. Angesichts der Informationsfülle im Netz, wo das neueste Wissen ständig und überall nur einen Klick entfernt scheint, haben Nachschlagewerke in Buchform inzwischen einen schweren Stand. Entsprechend ist die Online-Enzyklopädie *Wikipedia* heute eines der am meisten genutzten Angebote im World Wide Web und erste Anlaufstelle für Wissensdurstige aller Art.

Es gibt viele Gründe dafür, gedruckte Bücher wertzuschätzen und zu mögen. Aber selbst unter den größten Buchliebhabern müssten vermutlich die meisten einräumen, dass sie auf der Suche nach Informationen zu einem bestimmten Thema zuletzt immer seltener vors Bücherregal getreten sind. Sie haben stattdessen online »nachgeschlagen«. Vielleicht noch dramatischer, auf jeden Fall schneller als die industrielle Revolution hat die digitale Revolution unser Leben umgekrempelt. Nie zuvor in der Menschheitsgeschichte hat sich eine technische Neuerung binnen so kurzer Zeit so flächendeckend durchgesetzt wie das Internet. Und kein Lebensbereich blieb davon unbeeinflusst: von der Wirtschaft über die Medienlandschaft bis in unser Sozial- und Privatleben – allem drückte die Digitalisierung ihren Stempel auf. Und natürlich hat das Internet auch die Erwartungen an und den Umgang mit Informationen grundlegend verändert.

Das Internet gibt es zwar schon seit Ende der 1960er Jahre, als in den USA erste Großrechner an Universitäten und Forschungsinstitutionen miteinander vernetzt wurden. Fahrt nahm die Entwicklung aber erst zwanzig Jahre später auf, als der Physiker Tim Berners-Lee Anfang der 1990er das World Wide Web ins Leben rief. Seine Idee: Dokumente von der ganzen Welt aus zugänglich zu machen, wofür jedes eine eindeutige »Adresse« benötigte, um gefunden werden zu können. Er entwarf auch eine eigene Programmiersprache zum »Schreiben« der Webseiten und ein Programm zu ihrer Darstellung, einen Web-Browser. Das World Wide Web entwickelte sich nun schnell zum populärsten Dienst im Internet (neben anderen wie etwa dem E-Mail-Versand). Einen weiteren Schub gab 1993 die Veröffentlichung von *Mosaic*, dem ersten Browser, der Texte und Grafiken in einem Fenster darstellen konnte. 1994 wurde *Amazon* gegründet, 1998 folgte dann die Suchmaschine *Google*. Anfang des neuen Jahrtausends dann ein neuer Sprung, als sich schließlich das herauszubilden begann, wofür 2004 der Begriff »Web 2.0« geprägt wurde: das Internet zum Mitmachen. Es eröffnete normalen Nutzern ohne große Vorkenntnisse die Möglichkeit, aktiv Inhalte gestalten zu können, man war fortan nicht mehr nur auf die Rolle des passiven Konsumenten festgelegt.

Auch das im Januar 2001 gestartete kostenlose Online-Nachschlagewerk *Wikipedia* ist eine Anwendung des Web 2.0. Der Name setzt sich zusammen aus dem Wort Wiki (hawaiianisch für: schnell), das als Begriff schon Mitte der 1990er Jahre für gemeinschaftlich erstellte Webseiten verbreitet war, und den Schlusssilben des englischen Wortes für Enzyklopädie. Entsprechend ist *Wikipedia* ein Lexikon, das dem Prinzip des kollaborativen Schreibens verpflichtet ist. Jeder, der sich berufen fühlt, kann an der *Wikipedia* mitschreiben, neue Artikel einstellen oder existierende umarbeiten. Alle Artikel unterliegen mithin einem fortwährenden Kontroll- und Überarbeitungsprozess, was Relevanz und Qualität sicherstellen soll. Gewählte Administratoren sorgen für die Einhaltung gewisser Spielregeln, sperren etwa Nutzer, die sich nicht an die Arbeitsrichtlinien halten, oder löschen Beiträge, die nicht den Qualitätskriterien genügen. Auch wenn immer wieder Fälle in den Medien kursieren, in denen etwa Einzelpersonen oder Unternehmen Einträge aus Eigeninteresse geschönt oder verfälscht haben, so ist das Niveau der Artikel doch insgesamt hoch. Ein Vergleich mit dem (damals noch existierenden) Online-*Brockhaus* kam 2007 zu einem klaren Ergebnis: »Wikipedia schlägt die Profis« lautete die Schlagzeile im

Spiegel. Vergleichsstudien haben seitdem den *Wikipedia*-Einträgen immer wieder bescheinigt, dass dort nicht mehr Fehler als in Beiträgen redaktionell verantworteter Nachschlagewerke wie der *Encyclopædia Britannica* zu finden seien, bisweilen sei *Wikipedia* qualitativ sogar deutlich besser und sehr oft aktueller.

Die deutschsprachige *Wikipedia*, die zwei Monate nach der englischsprachigen Version online ging, umfasste im Januar 2019 schon über 2,2 Millionen Beiträge. In gedruckter Form wäre sie über eintausenddreihundert Bände dick. Fast zweihunderttausend Menschen haben bisher für die deutsche *Wikipedia* jeweils mindestens zehn Artikel erstellt, pro Monat sind hier fast zwanzigtausend Benutzer aktiv. So wächst die deutsche *Wikipedia* heute täglich um mehr als dreihundert Beiträge, alle *Wikipedia*-Sprachversionen zusammen um fast dreizehntausend Artikel am Tag! *Wikipedia* ist inzwischen die weltweit am fünfthäufigsten aufgerufene Webseite. Schon 2014 ergab eine Untersuchung, dass weltweit jeden Monat fünfzehn Milliarden *Wikipedia*-Seiten von einer halben Milliarde Menschen aufgerufen werden – die Zugriffszahlen dürften seitdem weiter gestiegen sein. Seit 2003 wird diese gigantische Enzyklopädie unter dem Dach der Wikimedia-Stiftung, einer Non-Profit-Organisation, betrieben.

Auch wenn man nicht einfach alles glauben sollte, was man in der *Wikipedia* liest – jeder sollte sich die angeführten Belege und Quellennachweise genauer ansehen –, so sind Zuverlässigkeit und Detailfülle der dortigen Einträge doch oft beeindruckend. Bisweilen erschlägt einen das von vielen zusammengetragene Wissen und man wünscht sich einen stärker strukturierenden Redakteur. Von der Beitragszahl und der Aktualität aber ist die *Wikipedia* aufgrund der Masse an freiwilligen Mitarbeitern heute unschlagbar. So gibt es viele Gründe dafür, dass *Wikipedia* und andere Angebote im World Wide Web das Buch nicht verdrängen oder ersetzen werden. Ergänzen können sie es aber sehr wohl.

2006

Hape Kerkeling
Ich bin dann mal weg

Auf dem Weg zum spirituellen Ich

Mit seinem Pilgertagebuch *Ich bin dann mal weg* gelingt dem TV-Komiker Hape Kerkeling ein Mega-Bestseller, der einen Pilgerboom unter den Deutschen auslöst. Unaufdringlich und humorvoll lädt er seine Leser zu einer Reise ein, die in erster Linie ein innerer Weg ist, zu sich selbst und zu seinem Verhältnis zu Gott. Gerade weil er so persönlich schreibt, trifft Kerkeling den Nerv einer Zeit, in der die Suche nach der eigenen Spiritualität auf Belastungen der Alltagswelt ebenso reagiert wie auf eine verbreitete Skepsis gegenüber religiösen Institutionen.

Es ist das meistverkaufte Sachbuch der Dekade zwischen 2005 und 2015, hundert Wochen führt es die Bestsellerlisten an. Mit nahezu fünf Millionen verkauften Exemplaren schlägt Hape Kerkelings Pilgertagebuch *Ich bin dann mal weg* sogar alle deutschen Sachbücher seit C. W. Cerams Weltbestseller *Götter, Gräber und Gelehrte* von 1949. Das Buch löst einen wahren Pilgerboom aus. Im Jahr nach seinem Erscheinen steigt die Zahl deutscher Pilger sprunghaft an und macht die Deutschen zur Nation Nummer eins auf dem Jakobsweg nach Santiago de Compostela.

Kerkeling berichtet von einer Pilgerreise, die er fünf Jahre zuvor unternommen hat. Von Saint-Jean-Pied-de-Port am Fuß der französischen Pyrenäen führt ihn der Camino Francés zur Kathedrale von Santiago de Compostela. Eine gesundheitliche Krise ist der Auslöser. Zufällig stößt Kerkeling auf ein Buch über den Jakobsweg und bricht auf. »Ich bin dann mal weg«, sagt er den verdutzten Freunden. Dabei meidet der »Luxuspilger« zwar, wie er in einem *Spiegel*-Interview gesteht, die Pilgerunkünfte mit ihren

»muffigen Mannschaftsschlafsälen und Gemeinschaftsduschen« und kürzt anfangs auch mal mit Bus und Bahn ab; über sechshundert Kilometer aber legt er zu Fuß zurück. Fast wie in Luís Buñuels später Pilgerparabel aus dem Jahr 1969, *Die Milchstraße*, begegnen ihm unterwegs skurrile Gestalten, die ihn in Gespräche über Gott und die Welt ziehen – Brasilianerinnen auf Brautschau, streitsüchtige Walküren aus Remagen oder beschwipste Indio-Schamanen. Die letzten gut zweihundert Kilometer wandert er gemeinsam mit zwei Weggefährtinnen, die zu engen Freundinnen werden.

Vor allem ist Kerkelings Buch das Tagebuch einer inneren Reise. Er hält darin Gedanken über den Sinn des Lebens und seine Suche nach Gott fest und blickt auf Stationen des eigenen Lebens zurück. »Mein Pilgerweg lässt sich [...] wie eine Parabel meines Lebensweges deuten«, notiert er. Jeden Eintrag beschließt er mit einer »Erkenntnis dieses Tages«, wie »Meine Schwäche ist auch meine Stärke« oder »Ein echter Weg nimmt einen Menschen nicht gefangen«. So wird die Pilgerreise zu einer Reise zu sich selbst. »Der Camino bietet eine echte, fast vergessene Möglichkeit, sich zu stellen. Jeder Mensch sucht nach Halt. Dabei liegt der einzige Halt im Loslassen.« Das meint Kerkeling, der »Buddhist mit christlichem Überbau«, durchaus religiös: »Hab Vertrauen in den, der dich wirft, denn er liebt dich und wird vollkommen unerwartet auch der Fänger sein«, gibt er seinen Lesern am Ende mit auf ihren Weg. »Lebensweisheiten, die irgendwo zwischen Poesiealbum und Buddhismus angesiedelt sind«, kommentiert Johanna Adorján in der *FAZ* vom 27. Dezember 2006, »die mit dem Leben eben doch viel mehr zu tun haben, als man gerne hätte.«

Der Erfolg des Buches erklärt sich gewiss auch durch die Popularität des 1964 in Recklinghausen geborenen TV-Komikers Hape Kerkeling. Er erklärt sich gewiss auch durch die Sogwirkung eines Buchs, »das man gelesen haben muss«. Es ist aber ebenso gewiss auch das Thema, das einen Nerv der Zeit trifft. Die Suche nach der eigenen Identität und einem höheren Sinn des Lebens ist schon fast eine »Signatur des Zeitalters«, um Friedrich Schlegel zu bemühen, dessen romantische Programmschrift von 1820 gar nicht so schlecht in diesen Kontext passt. Die zweckrationale Arbeitswelt, in der der Mensch vor allem funktionieren muss, bietet dafür keinen Raum. Zeit zur Versenkung auf der Suche nach transzendenter Erfahrung ist hier nicht. Zugleich schickt uns die »Erlebnisgesellschaft« (Gerhard Schulze) mit ihrer Devise »Erlebe dein Leben« für die Auszeit, die wir nehmen, auf die Suche nach einem besonders intensiven Erlebnis. Das erfüllt eine Pilgerreise, in der der geistige Weg auch körperlich spürbar wird, geradezu mustergültig. Mit der Beschränkung auf das Nötigste, dem Abwerfen von Ballast, ist der von ihr erzwungene »Verzicht auf Zeit« der größtmögliche Kontrast zur hektischen und komplexen Alltagswelt. »Komisch«, schreibt Kerkeling, »zu Hause sieht man jeden Tag äußerlich anders aus und ist innerlich nahezu konstant. Hier ist man äußerlich immer gleich, aber innerlich sieht es hier stündlich anders aus.«

Der Soziologe Hubert Knoblauch beobachtet das Vordringen einer neuen diffusen Spiritualität, die kirchlich gebundene Religiosität zurückdrängt. Damit einher geht die »Entmachtung der Institutionen« und eine Subjektivierung: Wichtig ist, was ich glaube. Kerkelings Buch, in der Ich-Form geschrieben, ist hierfür anschauliches Zeugnis. Hinter dem Phänomen erblickt Knoblauch eine gesellschaftliche Transformation, die ihren Ausgang mit der Etablierung der – auch im Religiösen institutionenkritischen – 68er-Generation nimmt und durch das Ende der Ideologien, insbesondere die Entzauberung des Kapitalismus, entscheidende Impulse erhalten hat. Auch dass das Internet es ermöglicht, die eigene spirituelle Innenwelt mit anderen zu teilen, verstärkt den Prozess.

Dass dabei viel Esoterisches und handfest Verrücktes in die Welt posaunt wird, mag ebenfalls erklären, warum Kerkelings Buch so erfolgreich ist, »ein unglaublich sympathisches Buch, dessen Erzähler man von Seite zu Seite lieber mag«, schreibt Adorján treffend. Denn Kerkeling »ist so mutig und liebenswürdig, sich mit seinen Erfahrungen dem Leser offen und ungeschönt zur Verfügung zu stellen, und dabei höflich genug, sich nie aufzudrängen«.

Lektürehinweise

Wer angeregt wurde, in das eine oder andere von uns vorgestellte Buch einen Blick zu werfen, findet in der folgenden Liste für die meisten der Werke einfach zugängliche, aktuelle und möglichst vollständige Ausgaben. Wo es eine solche nicht gab, führen wir wenn möglich das Digitalisat der Originalausgabe an.

Homer: Ilias. Aus dem Griechischen von Kurt Steinmann, mit einem Nachwort von Jan Philipp Reemtsma. München: Manesse, 2017.
Herodot: Historien. Deutsche Gesamtausgabe. Neu übersetzt, hg. und erläutert von Heinz-Günther Nesselrath. Stuttgart: Kröner, 2017.
Aristoteles: Politik. Übersetzt und hg. von Eckart Schütrumpf. Hamburg: Felix Meiner, 2012.
Euklid: Die Elemente. Aus dem Griechischen übersetzt und hg. von Clemens Thaer. Einleitung von Peter Schreiber. Haan: Europa-Lehrmittel, 2003.
Augustinus: Bekenntnisse. Übersetzt und hg. von Kurt Flasch und Burkhard Mojsisch. Mit einer Einleitung von Kurt Flasch. Stuttgart: Reclam, 2008.
Corpus Iuris Civilis: Die Institutionen. Text und Übers. von Rolf Knütel, Berthold Kupisch, Sebastian Lohsse und Thomas Rüfner. Heidelberg: C. F. Müller, 2013.
Wolfram von Eschenbach: Parzival. Nach der Ausgabe Karl Lachmanns, revidiert und kommentiert von Eberhard Nellmann, übertragen von Dieter Kühn. 2 Bände. Frankfurt a. M.: Deutscher Klassiker Verlag, 2006.
Das Nibelungenlied. Mittelhochdeutsch/Neuhochdeutsch. Nach der Handschrift B hg. von Ursula Schulze. Ins Neuhochdeutsche übersetzt und kommentiert von Siegfried Grosse. Stuttgart: Reclam, 2010.
Thomas von Aquin: Summe der Theologie. Aus dem Lateinischen von Joseph Bernhart. 3 Bände. Stuttgart: Kröner, 1985.
Giovanni Boccaccio: Das Dekameron. Übersetzt und mit einem Nachwort von Ruth Macchi. Mit Illustrationen von Werner Klemke. 2 Bände im Schmuckschuber. Darmstadt: Lambert Schneider, 2015.
Hafez: Diwan der Ghaselen. Übersetzt und hg. von Reza Hosseini-Nassab und Christiane Tagunoff. Klagenfurt: Wieser, 2007.
Heinrich Kramer (Institoris): Der Hexenhammer: Malleus Maleficarum. Kommentierte Neuübersetzung von Wolfgang Behringer, Günter Jerouschek und Werner Tschacher. München: dtv, 2015.
Kolumbus: Der erste Brief aus der Neuen Welt. Mit dem spanischen Text des Erstdrucks. Lateinisch/Deutsch. Hg., übersetzt und kommentiert von Robert Wallisch. Stuttgart: Reclam, 2000.
Sebastian Brant: Das Narrenschiff: mit allen 114 Holzschnitten des Drucks Basel 1494. Hg. von Joachim Knape. Studienausgabe. Stuttgart: Reclam, 2005.
Thomas Morus: Utopia. Aus dem Lateinischen von Gerhard Ritter. Stuttgart: Reclam, 2012.
Albrecht Dürer: Underweysung der Messung, mit dem Zirckel und Richtscheyt. Nürnberg: Andreae, 1525. Digitalisat über: www.digital.slub-dresden.de.
Niccolò Machiavelli: Der Fürst. Italienisch/Deutsch. Hg. und übersetzt von Philipp Rippel. Stuttgart: Reclam, 2014.
Die Luther-Bibel von 1534. Nachdruck mit Einführung von Stephan Füssel. 2 Bände mit Begleitheft. Köln u. a.: Taschen, 2017.
Paracelsus: Des Hochberümptesten und weiterfarnesten der beyden artzney Doctors Paracelsi grosse wund artzney. Ulm: Varnier 1536. Digitalisat über: www.digitale-sammlungen.de.
Nikolaus Kopernikus: Über die Umschwünge der himmlischen Kreise. Hg. und übersetzt von Jürgen Hamel und Thomas Posch. Haan: Europa-Lehrmittel, 2008.
Giorgio Vasari: Edition Giorgio Vasari. 45 Bände mit Supplementband. Berlin: Wagenbach, 2004 – 2015.
Michel de Montaigne: Essais. Erste moderne Gesamtübersetzung von Hans Stilett. Frankfurt a. M.: Die andere Bibliothek, 2016.

Lektürehinweise

Mercator-Hondius-Atlas: Gerardi Marcatoris et I. Hondii Atlas. Reprint nach der Ausgabe Amsterdam 1633. Sonderausgabe. Darmstadt: WBG, 2012. Digitalisat über: www.digitale-sammlungen.de.

Miguel de Cervantes: Don Quijote von der Mancha. Teil I und II. Hg. und übersetzt von Susanne Lange. München: Hanser, 2016.

William Shakespeare: Sämtliche Werke. Zweisprachige Ausgabe. Aus dem Englischen von August Wilhelm Schlegel, Dorothea Tieck und Wolf von Baudissin. 2 Bände. Frankfurt a.M.: Zweitausendeins, 2010.

Hugo Grotius: Drei Bücher vom Recht des Krieges und des Friedens. Neuer deutscher Text und Einleitung von Walter Schätzel. Tübingen: Mohr Siebeck, 1950.

René Descartes: Discours de la méthode / Bericht über die Methode. Übersetzt von Holger Ostwald. Stuttgart: Reclam, 2001.

Thomas Hobbes: Leviathan. Hg. und eingeleitet von Iring Fetscher. Aus dem Englischen von Walter Euchner. Frankfurt a.M.: Suhrkamp, 1996.

Hans Jacob Christoffel von Grimmelshausen: Der abenteuerliche Simplicissimus Deutsch. Aus dem Deutsch des 17. Jahrhunderts von Reinhard Kaiser. Frankfurt a.M.: Die andere Bibliothek, 2018.

Maria Sibylla Merian: Metamorphosis insectorum Surinamensium. Die Verwandlung der surinamischen Insekten 1705. Hg. von Marieke van Delft und Hans Mulder. Darmstadt: Lambert Schneider, 2017.

Daniel Defoe: Robinson Crusoe. Übersetzt von Hans Reisiger, mit einem Nachwort von Jürgen Kaube. Stuttgart: Reclam, 2012.

Johann Jacob Winckelmann: Anmerkungen über die Geschichte der Kunst des Altertums. Text und Kommentar. Hg. von Adolf H. Borbein und Max Kunze. Darmstadt: Philipp von Zabern, 2008.

Johann Gottfried Herder: Abhandlung über den Ursprung der Sprache. Hg. von Hans Dietrich Irmscher. Stuttgart: Reclam, 2012.

Johann Wolfgang Goethe: Die Leiden des jungen Werthers. Studienausgabe. Paralleldruck der Fassungen von 1774 und 1787. Hg. von Matthias Luserke. Stuttgart: Reclam, 1999.

Gotthold Ephraim Lessing: Nathan der Weise. Ein dramatisches Gedicht in fünf Aufzügen. Mit Anmerkungen von Peter von Düffel. Stuttgart: Reclam, 2000.

Immanuel Kant: Kritik der reinen Vernunft. In: Ders.: Werke in zwölf Bänden. Hg. von Wilhelm Weischedel. Band III/IV. Berlin: Suhrkamp, 1977.

Adolph Freiherr von Knigge: Über den Umgang mit Menschen. Hg. von Karl-Heinz Göttert. Stuttgart: Reclam, 2007.

Thomas Paine: Die Rechte des Menschen. Aus dem Englischen von Meta Forkel. Berlin: Voß, 1792. Digitalisat über: www.archive.org.

Carl Friedrich Gauß: Untersuchungen über höhere Arithmetik. Deutsch hg. von H. Master. Berlin: Springer, 1889. Digitalisat über: www.archive.org.

Novalis: Heinrich von Ofterdingen. Hg. von Wolfgang Frühwald. Stuttgart: Reclam, 1987.

Friedrich Schiller: Wilhelm Tell. Text und Kommentar. Hg. von Uwe Jansen. Stuttgart: Reclam, 2013.

Georg Wilhelm Friedrich Hegel: Phänomenologie des Geistes. In: Ders.: Werke in 20 Bänden mit Registerband. Band 3. Hg. von Eva Moldenhauer und Karl Markus Michels. Frankfurt a.M.: Suhrkamp, 1986.

Johann Wolfgang Goethe: Faust. Der Tragödie erster und zweiter Teil. Urfaust. Kommentiert von Erich Trunz. München: C.H. Beck, 2018.

Brüder Grimm: Kinder- und Hausmärchen. Ausgabe letzter Hand mit den Originalanmerkungen der Brüder Grimm. Hg. von Heinz Rölleke. Stuttgart: Reclam, 2010.

Zacharias Werner: Der vierundzwanzigste Februar. In: Ders.: Ausgewählte Schriften. Aus seinem handschriftlichen Nachlasse hg. von seinen Freunden. Band 9: Dramatische Werke. Grimma, 1840. Digitalisat über: www.digitale-sammlungen.de.

E. T. A. Hoffmann: Nachtstücke / Klein Zaches genannt Zinnober / Prinzessin Brambilla / Werke 1816 – 1820. Hg. von Hartmut Steinecke und Gerhard Allroggen. Frankfurt a.M.: Deutscher Klassiker Verlag, 2009.

Arthur Schopenhauer: Die Welt als Wille und Vorstellung I und II. Nach den Ausgaben letzter Hand hg. von Lutger Lütkehaus. München: dtv, 1998.

Auguste Comte: Die Soziologie. Die positive Philosophie im Auszug. Hg. von Friedrich Blaschke. Stuttgart: Kröner, 1933.

Carl von Clausewitz: **Vom Kriege.** Mit einem Nachwort von Fredmund Malik. Frankfurt a.M.: Insel, 2005.
Heinrich Heine: **Deutschland. Ein Wintermärchen.** Mit einem Nachwort von Thomas Rosenlöcher. Berlin: Insel, 2013.
Alexander von Humboldt: **Kosmos. Versuch einer physischen Weltbeschreibung.** Hg. und mit einem Nachwort von Ottmar Ette und Oliver Lubrich. Frankfurt a.M.: Die andere Bibliothek, 2014.
Hermann Helmholtz: **Über die Erhaltung der Kraft.** Berlin: G. Reimer, 1847. Digitalisat über: www.deutschestextarchiv.de.
Karl Marx und Friedrich Engels: **Manifest der Kommunistischen Partei.** Mit einer Einführung von Iring Fetscher. Frankfurt a.M.: Fischer, 2015.
Richard Wagner: **Oper und Drama.** Hg. von Klaus Kropfinger. Stuttgart: Reclam, 1986.
Charles Darwin: **Der Ursprung der Arten.** Mit einem Nachwort von Josef Helmut Reichholf. Stuttgart: Klett-Cotta, 2018.
Wilhelm Busch: **Max und Moritz. Eine Bubengeschichte in sieben Streichen.** Jubiläumsausgabe. Stuttgart: Esslinger, 2015.
Heinrich Schliemann: **Trojanische Alterthümer. Bericht über die Ausgrabungen in Troja.** Leipzig: Brockhaus, 1874. Digitalisat über: www.deutschestextarchiv.de.
Robert Koch: **Untersuchungen über die Aetiologie der Wundinfectionskrankheiten.** Leipzig: Vogel, 1878. Digitalisat über: www.deutschestextarchiv.de.
Heinrich von Treitschke: **Deutsche Geschichte im 19. Jahrhundert.** 5 Bände. Leipzig: Hirzel, 1879–1894. Digitalisat über: www.deutschestextarchiv.de.
Friedrich Nietzsche: **Also sprach Zarathustra.** In: Ders.: Kritische Studienausgabe. Band 4. Hg. von Giorgio Colli und Mazzino Montinari. München: dtv, 1999.
Bertha von Suttner: **Die Waffen nieder!** Leipzig: Pierson, 1889. Digitalisat über: www.archive.org.
Rudolf Steiner: **Philosophie der Freiheit. Grundzüge einer modernen Weltanschauung.** Basel: Rudolf Steiner Verlag, 2011
Wilhelm Conrad Röntgen: **Über eine neue Art von Strahlen.** Würzburg, 1896 Digitalisat über: www.deutschestextarchiv.de.
Thomas Mann: **Buddenbrooks. Verfall einer Familie.** Frankfurt a.M.: Fischer, 1999.
Franz Kafka: **Die Verwandlung.** Text und Kommentar. Hg. von Ralf Kellermann. Stuttgart: Reclam, 2013.
Albert Einstein: **Die Grundlagen der allgemeinen Relativitätstheorie.** In: Annalen der Physik. Leipzig: Johann Ambrosius Barth, 1916. Digitalisat über: www.echo.mpiwg-berlin.mpg.de.
Heinrich Mann: **Der Untertan.** Frankfurt a.M.: Fischer, 1996.
Oswald Spengler: **Der Untergang des Abendlandes. Umrisse einer Morphologie der Weltgeschichte.** Mit einem Nachwort von Detlef Felken. München: C.H. Beck, 1998.
Sigmund Freud: **Das Ich und das Es.** Hg. von Lothar Bayer. Stuttgart: Reclam, 2013.
Adolf Hitler: **Mein Kampf.** Eine kritische Edition. Hg. von Christian Hartmann, Thomas Vordermayer, Othmar Plöckinger und Roman Töppel. Berlin/München: Institut für Zeitgeschichte, 2016.
Bertolt Brecht: **Die Dreigroschenoper.** Text und Kommentar. Frankfurt a.M.: Suhrkamp, 2005.
Bertolt Brecht/Kurt Weill: **Die Dreigroschenoper (Aufnahme Berlin 1930).** Teldec/Warner Classics, 2002.
Erich Maria Remarque: **Im Westen nichts Neues.** In der Fassung der Erstausgabe mit Anhang und einem Nachwort hg. von Thomas F. Schneider. Köln: Kiepenheuer & Witsch, 2016.
Wolfgang Borchert: **Draußen vor der Tür und andere Werke.** Hg. von Axel Dunker. Stuttgart: Reclam, 2018.
Max Horkheimer und Theodor W. Adorno **Dialektik der Aufklärung. Philosophische Fragmente.** Frankfurt a.M.: Fischer, 1988.
Alfred Müller-Armack: **Wirtschaftslenkung und Marktwirtschaft.** München: Kastell, 1990.
Anne Frank: **Tagebuch.** Übersetzt und hg. von Mirjam Pressler. Frankfurt a.M.: Fischer, 2015.
Manfred Schmidt: **Nick Knatterton. Alle aufregenden Abenteuer des berühmten Meisterdetektivs.** Oldenburg: Lappan, 2007.
Simone de Beauvoir: **Das andere Geschlecht. Sitte und Sexus der Frau.** Reinbek: Rowohlt, 2000.
Hannah Arendt: **Elemente und Ursprünge totaler Herrschaft.** München: Piper, 2008.
Günter Grass: **Die Blechtrommel.** München: dtv, 2008.

Wir kochen gut. Reprint der Ausgabe 1968. Leipzig: BuchVerlag für die Frau, 2016.
Das rote Buch. Worte des Vorsitzenden Mao Tse-tung. Hg. und eingeleitet von Tilemann Grimm. Frankfurt a. M.: Fischer, 1973.
Heinrich Böll: Die verlorene Ehre der Katharina Blum oder: Wie Gewalt entstehen und wohin sie führen kann. Mit einem Nachwort des Autors: Zehn Jahre später. Köln: Kiepenheuer & Witsch, 2009.
Neues Forum: Aufbruch 89. Digitalisat über: www.hdg.de/lemo.
J. K. Rowling: Harry Potter und der Stein der Weisen. Aus dem Englischen von Klaus Fritz. Hamburg: Carlsen, 2005.
Hape Kerkeling: Ich bin dann mal weg. Meine Reise auf dem Jakobsweg. München: Piper, 2011.

Zitatnachweise

Alle Zitate aus den vorgestellten Werken entstammen, wenn nicht anders angegeben, den in den Lektürehinweisen genannten Ausgaben.

Herodot: Historien
»Die Darstellung der Erkundung ...«: zit. nach Wolfgang Schadewaldt: *Die Anfänge der Geschichtsschreibung bei den Griechen. Herodot. Thukydides.* Frankfurt a. M. 1982.
Aristoteles: Politik
»Nach seinem Tode ...«, »Ich glaube, sie enthält nicht viel ...«: Bertrand Russell: *Philosophie des Abendlandes.* 2. Aufl. Zürich 1951.
»Man glaubt ihm ...«: zit. nach Kurt Flasch: Aristoteleskritik im Mittelalter. In: Arbogast Schmitt/Gyburg Radke-Uhlmann (Hg.): *Philosophie im Umbruch.* Stuttgart 2009.
Euklid: Die Elemente
»als ein unübertroffenes ...«: zit. nach Johannes Falk: *Goethe aus näherm persönlichen Umgange dargestellt. Ein nachgelassenes Werk.* 2. Aufl. Leipzig 1836.
Wolfram von Eschenbach: Parzival
»Der Parzival muss eine ...«: Joachim Bumke: *Wolfram von Eschenbach.* 5. Aufl. Stuttgart 1981.
Das Nibelungenlied
»Die Raserei ist zu einem Ende gekommen ...«: Jan Philipp Reemtsma: *Warum Hagen Jung-Ortlieb erschlug. Unzeitgemäßes über Krieg und Tod.* München 2003.
Alle Zitate von F. H. von der Hagen: Friedrich Heinrich von der Hagen (Hg.): *Der Nibelungen Lied.* Berlin 1807.
»Aber die Nibelungentreue wollen wir ...«, »ermattete Front«, »wie Siegfried unter dem hinterlistigen ...«, »der kämpfende Siegfried ...«: zit. nach Herfried Münkler: *Die Deutschen und ihre Mythen.* Berlin 2009.
Thomas von Aquin: Summa Theologica
Zitate aus dem Werk: *Die katholische Wahrheit oder die theologische Summa des heiligen Thomas von Aquin.* Deutsch wiedergegeben von Dr. Ceslaus Maria Schneider. Regensburg 1886.
»Ursache-Wirkung-Zusammenhang«, »Denkgewohnheiten«, »lebensechten, noch nicht portraithaften ...«: Erwin Panofsky: *Gothic Architecture and Scholasticism* (1951). New York 1976. (Eigene Übersetzung).
Giovanni Boccaccio: Dekameron
»Wenn einer über die Beschäftigungen ...«: Hermann Hesse: *Boccaccio. Der Dichter des Dekameron* (1904). Frankfurt a. M. 1995.
Hafis: Diwān
Zitate aus dem Werk: Hafis: *Liebesgedichte.* Aus dem Persischen von Cyrus Ataby. Frankfurt 2011.

»die einzige deutsche Übersetzung ...«: zit. nach Hans Wollschläger: Rückerts ist der Orient, Rückerts ist der Okzident ... In: *Deutsche Akademie für Dichtung und Sprache. Jahrbuch* 2003.
»Alter Dichter ...«: Heinrich Heine: Östliche Poeten. In: *Reisebilder. Zweiter Teil.* Hamburg 1827.
»Daß ihr erkennt ...«: Friedrich Rückert: *Schi-King. Chinesisches Liederbuch.* Altona 1833.
»Höhere Aufklärung heißt ...«: Jürgen Link: Mohammed war doch der Prototyp des prophetischen Genies! In: *Frankfurter Allgemeine Zeitung* vom 13.1.2011.

Thomas Morus: Utopia
Zitate aus dem Werk: Thomas More: *Utopia. De optimo reipublicae statu deque nova insula Utopia.* Ins Deutsche übertragen und mit Anmerkungen versehen von Curt Woyte. Leipzig 1949.
»etwas hingehuschten ... Geniewerk«: Rudolf Augstein: Thomas Morus. Utopia. In: Fritz J. Raddatz (Hg.): *ZEIT-Bibliothek der 100 Bücher.* Frankfurt a.M. 1980.
»Wenn die utopischen Oasen ...«: Jürgen Habermas: Die Krise des Wohlfahrtsstaates und die Erschöpfung utopischer Energien. In: Ders.: *Die neue Unübersichtlichkeit.* Frankfurt a.M. 1985.

Albrecht Dürer: Underweysung der Messung
»Am Ende vermochte ...«: Erwin Panofsky: *Das Leben und die Kunst Albrecht Dürers* (1943). Übersetzt von Lise Lotte Möller. München 1977.

Niccolò Machiavelli: Der Fürst
»formulierte Machiavelli als ...«: Volker Reinhardt: *Machiavelli oder Die Kunst der Macht. Eine Biographie.* München 2012.
»Pionier der Moderne«: Otfried Höffe: Einführung. In: Ders. (Hg.): *Niccolò Machiavelli. Der Fürst.* Berlin 2012.

Martin Luther: Biblia, das ist die gantze Heilige Schrifft Deudsch
»Die Ebräer trinken aus der Bornquelle ...«: Martin Luther: *Tischreden 1531–46.* Hg. von Karl Drescher. 1. Band. Weimar 1912.
»wo das Alte Testament ...«: Franz Rosenzweig: *Zweistromland. Kleinere Schriften zu Glauben und Denken.* Hg. von Reinhold und Annemarie Mayer. Den Haag 1984.

Nikolaus Kopernikus: Von der Umlaufbahren der Himmelskörper
Zitate aus dem Werk: Nikolaus Kopernikus: *De Revolutionibus Orbium Coelestium.* Nürnberg 1543. (Eigene Übersetzung). http://ads.harvard.edu/books/1543droc.book.

Miguel de Cervantes: Don Quijote
»Dieser erste große Roman der Weltliteratur ...«: Georg Lukács: *Die Theorie des Romans. Ein geschichtsphilosophischer Versuch über die Formen der großen Epik.* Berlin 1920.
»in dem sich seither das moderne Bewusstsein wiedererkennt«: Hans Ulrich Gumbrecht: Ich denke, also bin ich Don Quijote. In: *Die Welt* vom 4.6.2005.

Mr. William Shakespeares Comedies, Histories, & Tragedies
»nicht hoch genug einzuschätzen«, »in dieses Gerät ...«: Marcel Reich-Ranicki: Der deutsche Shakespeare. In: *Frankfurter Allgemeine Sonntagszeitung* vom 28.8.2008.
»Es kamen die Philologen ...«: Ernst Stein: Hans Rothers Shakespeare. Ein Übersetzer im Kampf für das Theater und gegen die Wissenschaft. In: *Die Zeit* vom 9.11.1962.
»We are such stuff ...«: Vergleich der Übersetzungen nach Wieland Freund: Das sind die besten Shakespeare-Übersetzungen. In: *Die Welt* vom 25.4.2016.
»arge Zerarbeitung des Hamlet«: Eduard Engel: *Geschichte der Deutschen Literatur von den Anfängen bis in die Gegenwart.* Band 1. 16. Aufl. Wien/Leipzig 1913.
»hochgeborene und feingebildete ...«: Sigmund Freud: Ansprache im Frankfurter Goethe-Haus (1930). In: *Gesammelte Werke.* Hg. von Anna Freud u.a. Band XIV: *Werke aus den Jahren 1925–1931.* 7. Aufl. Frankfurt a.M. 1991.
»wölfischen Grafen«: Walt Whitman: What Lurks Behind Shakspere's Historical Plays? In: *November Boughs.* Philadelphia 1888.
»neun Knochen ...«: Mark Twain: *Is Shakespeare Dead? From My Autobiography.* New York/London 1909.

René Descartes: Abhandlung über die Methode
»der wahrhafte Anfänger ...«: Georg Wilhelm Friedrich Hegel: Vorlesungen über die Geschichte der Philosophie. In: *Werke in zwanzig Bänden.* Band 20. Frankfurt a.M. 1979.

Zitatnachweise

Thomas Hobbes: Leviathan
»revolutionäre Neubegründung ...«, »dessen souveräner ...«: Wolfgang Kersting. In: Thomas Hobbes: *Leviathan oder Stoff, Form und Gewalt eines kirchlichen und bürgerlichen Staates*. Hg. von Wolfgang Kersting. 2. Aufl. Berlin 2008.
»gesetz- und ordnungschaffende ...«: Carl Schmitt: *Über die drei Arten des rechtswissenschaftlichen Denkens* (1933/34). Berlin 1993.

Hans Jakob Christoffel von Grimmelshausen: Der Abentheuerliche Simplicissimus Teutsch
»ein Literatur- und Lebens-Denkmal ...«: Thomas Mann: Vorwort zur ersten schwedischen Ausgabe von Grimmelshausens »Simplicius Simplicissimus« (1944). In: Ders.: *Gesammelte Werke in dreizehn Bänden*. Band XIII: *Nachträge*. Frankfurt a. M. 1974.

Maria Sibylla Merian: Von der Verwandlung der surinamischen Insekten
»Es ist kein Wurm ...«: *Grosses vollständiges Universal-Lexicon aller Wissenschaften und Künste*. Hg. von Johann Heinrich Zedler. 14. Band. Leipzig/Halle 1739.

Daniel Defoe: Robinson Crusoe
»die drängenden Fragen ...«: Peter-André Alt: *Aufklärung*. Stuttgart/Weimar 2007.

Johann Gottfried Herder: Abhandlung über den Ursprung der Sprache
»Herz! Wärme! Blut! ...«: Johann Gottfried Herder: *Auch eine Philosophie der Geschichte zur Bildung der Menschheit*. Riga 1774.
»daß die erste Sprache ...«: Johann Peter Süßmilch: *Versuch eines Beweises, daß die erste Sprache ihren Ursprung nicht von Menschen, sondern allein vom Schöpfer erhalten habe*. Berlin 1766.

Immanuel Kant: Kritik der reinen Vernunft
»die Dinge, welche wir sehr klar ...«: René Descartes: *Abhandlung über die Methode des richtigen Vernunftgebrauchs und der wissenschaftlichen Wahrheitsforschung*. Übersetzt von Kuno Fischer. Stuttgart 1863.
»Handle nur nach derjenigen Maxime ...«: Immanuel Kant: *Grundlegung zur Metaphysik der Sitten*. 2. Aufl. Riga 1786.
»allein zu essen ...«: Immanuel Kant: *Anthropologie in pragmatischer Hinsicht abgefaßt*. 2. Aufl. Königsberg 1800.

Thomas Paine: Die Rechte des Menschen
»Monarchie, Aristokratie ...«: Stephen Greenblatt. In: *The Norton Anthology of English Literature*. Vol. D: *The Romantic Period*. Hg. von Stephen Greenblatt. 10. Aufl. New York 2018. (Eigene Übersetzung).

Carl Friedrich Gauß: Arithmetische Untersuchungen
»Das in die Ferne gekrümmte Land ...«: Daniel Kehlmann: *Die Vermessung der Welt*. 4. Aufl. Reinbek 2005.

Novalis: Heinrich von Ofterdingen
Alle Novalis-Zitate aus: Novalis: *Werke*. Hg. und komm. von Gerhard Schulze. München 2001.
»Es sollte darin alles seinen Platz finden ...«: Rüdiger Safranski: *Romantik. Eine deutsche Affäre*. München 2007.

Friedrich Schiller: Wilhelm Tell
»es die Schönheit ist ...« usw.: Friedrich Schiller: *Über die ästhetische Erziehung des Menschen in einer Reihe von Briefen* (1795). In: Ders.: *Sämtliche Werke*. Hg. von Gerhard Fricke und Herbert Göpfert. Band 5: *Erzählungen / Theoretische Schriften*. 9. Aufl. München 1993.
»Lieblingsdichter der deutschen Nation«: Wilhelm Wiedasch: *Wodurch ist Schiller der Lieblingsdichter der deutschen Nation geworden?* Hannover 1859.
»der eigentliche Nationaldichter«: Rudolf Benfey: *Schiller, der wahre deutsche Nationaldichter*. Hildburghausen 1859.
»meistparodierten deutschen Gedicht«: Wulf Segebrecht: *Was Schillers Glocke geschlagen hat. Vom Nachklang und Widerhall des meistparodierten deutschen Gedichts*. München 2005.

Code Napoléon
»Bündnis des Vernunftrechts ...«: Franz Wieacker: *Privatrechtsgeschichte der Neuzeit*. 2. Aufl. Göttingen 1967.
»jeder sein eigener Anwalt«: Jeremy Bentham: *Draught of a New Plan for the Organization of the Judicial Establishment in France*. London 1790.
»denken als Philosoph ...«: Rudolf von Jhering: *Der Zweck im Recht*. Leipzig 1877.

Zitatnachweise

Georg Wilhelm Friedrich Hegel: Phänomenologie des Geistes
»ein platter, geistloser ...«: Arthur Schopenhauer: *Parerga und Paralipomena. Kleine philosophische Schriften.* Band 1. Berlin 1851.
»vom Kopf auf die Füße stellen«: Friedrich Engels über Karl Marx. In: Ludwig Feuerbach und der Ausgang der klassischen deutschen Philosophie (1886). In: Karl Marx/Friedrich Engels: *Werke.* Band 21: *Mai 1883–Dezember 1889.* 5. Aufl. Berlin 1975.
»Es genügt nicht, daß der Gedanke ...«: Karl Marx: Zur Kritik der Hegelschen Rechtsphilosophie. Einleitung (1843/44). In: Karl Marx/Friedrich Engels: *Werke.* Band 1: *1839–1844.* 10. Aufl. Berlin 1976.

Johann Wolfgang Goethe: Faust
»das bedeutendste, das schönste ...«: Fragen Sie Reich-Ranicki. In: *Frankfurter Allgemeine Sonntagszeitung* vom 12.3.2006.
»größten Gipfel der Literatur- und Kulturgeschichte«: Hartmut Reinhardt: *Die kleine und die große Welt. Vom Schäferspiel zur kritischen Analyse der Moderne. Goethes dramatisches Werk.* Würzburg 2008.
»naive Kraft«: Friedrich Schlegel: Gespräch über die Poesie (1800). In: *Kritische Friedrich-Schlegel-Ausgabe.* Band 2: *Charakteristiken und Kritiken I (1796–1801).* Hg. u. eingeleitet von Hans Eichner. München/Paderborn/Wien/Zürich 1967.
»nichts anderes als die innerste ...«: Friedrich Wilhelm Joseph Schelling: Philosophie der Kunst (1802/03). In: Ders.: *Ausgewählte Schriften in 6 Bänden.* Band 2: *1801–1803.* Hg. von Manfred Frank. 2. Aufl. Frankfurt a.M. 1995.
»Faust-Fieber«: Klaus Manger: Faust-Rezeption im 19. Jahrhundert. In: Panja Mücke/Christiane Wiesenfeldt (Hg.): *Faust im Wandel. Faust-Vertonungen vom 19. bis 21. Jahrhundert.* Marburg 2014.
»symbolisches Bild der vaterländischen Geschichte«: Heinrich von Treitschke: *Deutsche Geschichte im Neunzehnten Jahrhundert.* Band 1. Leipzig 1879.
»dadurch, daß wir Faust und Gretchen ...«: Herman Grimm: *Goethe. Vorlesungen gehalten an der Kgl. Universität zu Berlin.* Berlin 1877.
»einem Zentralgestirn deutscher Mythologie« usw.: Gert Mattenklott: Faust. In: Etienne François/Hagen Schulze (Hg.): *Deutsche Erinnerungsorte.* Band 2. München 2009.
»Symbolfigur der Neuzeit ...«: Manuel Bauer: *Der literarische Faust-Mythos. Grundlagen. Geschichte. Gegenwart.* Stuttgart 2018.

E. T. A. Hoffmann: Nachtstücke
»Prinzip der traumvergessenen ...«, »Star der Frauentaschenbücher«: Rüdiger Safranski: *Romantik. Eine deutsche Affäre.* München 2007.
»krankhafte Werke...«, »Sein Mangel war ...«: zit. nach Jörg Drews (Hg.): *Dichter beschimpfen Dichter. Ein Alphabet harter Urteile.* Zürich 2006.

Arthur Schopenhauer: Die Welt als Wille und Vorstellung
Alle Zitate aus dem Werk: Arthur Schopenhauer: *Die Welt als Wille und Vorstellung* (= *Arthur Schopenhauers sämtliche Werke in sechs Bänden.* Hg. von Eduard Grisebach. Band 1). Leipzig 1892.
»Vater aller modernen Seelenkunde«, »von solcher kosmischer Geschlossenheit ...«: Thomas Mann: Schopenhauer (1938). In: Ders.: *Gesammelte Werke in dreizehn Bänden.* Band 9: *Reden und Aufsätze 1.* Frankfurt a.M. 1990.
»weitgehenden Übereinstimmungen ...«, »Schopenhauer erst sehr spät ...«: Sigmund Freud: Selbstdarstellung (1925). In: Ders.: *Gesammelte Werke.* Hg. von Anna Freud u.a. Band 14: *Werke aus den Jahren 1925–1931.* 7. Aufl. Frankfurt a.M. 1991.
»aus Verehrung und Dankbarkeit«: zit. nach: Arthur Hübscher: Schopenhauer bei Wagners Zeitgenossen. In: *Schopenhauer-Jahrbuch* 61 (1980).

Auguste Comte: Die positive Philosophie
Alle Zitate aus dem Werk: Auguste Comte: *Einleitung in die positive Philosophie.* Deutsch von G. H. Schneider. Leipzig 1880.
»Ererbten, Erlernten, Erlebten«: Wilhelm Scherer: Goethe-Philologie. In: *Im neuen Reich. Wochenschrift für das Leben des deutschen Volkes in Staat, Wissenschaft und Kunst.* 7. Jg. (1877), 1. Band.

Zitatnachweise

Carl von Clausewitz: Vom Kriege
»ganzheitlichen, Politik, Gesellschaft ...«: Hans-Georg Ehrhart: Innere Führung und der Wandel des Kriegsbildes. In: *Aus Politik und Zeitgeschichte* 48/2009.

Karl von Rotteck und Carl Theodor Welcker: Staats-Lexikon
»Grundbuch des vormärzlichen Liberalismus ...«: Franz Schnabel: *Deutsche Geschichte im neunzehnten Jahrhundert.* Band 2 (1933). Freiburg 1964.

Karl Baedeker: Rheinreise
Alle Zitate aus dem Werk: Karl Baedeker: *Rheinreise von Basel bis Düsseldorf.* Sechste verbesserte und vermehrte Aufl. der Klein'schen Rheinreise. Bearbeitet von Karl Bädeker. Koblenz 1849.
»bequem zum vorherigen Durchlesen ...«, »Nichts Wichtiges bleibt ...«, »werthvollen Dichtungen, welche ...«: N.N.: Rezension des Baedeker von 1839. In: *Didaskalia. Blätter für Geist, Gemüth und Publizität.* Nr. 358 vom 28.12.1839.
»aus der anfangs ...«: Karl Baedeker: *Handbuch für Reisende durch Deutschland und den Oesterreichischen Kaiserstaat. Nach eigener Anschauung und den besten Hülfsquellen.* Koblenz 1842.
»Frau Kommerzienrat nimmt ihren ...«: Ludwig Thoma: Italienische Reisen (1908). In: Ders.: *Gesammelte Werke. Siebenter Band. Erzählendes aus dem Nachlaß und ausgewählte Aufsätze.* München 1932.

Heinrich Heine: Deutschland. Ein Wintermärchen
»lässig gereimter Reisebericht«, »Jeder mißversteht ...«: Wolf Biermann: Heinrich Heine: Deutschland. Ein Wintermärchen. In: *ZEIT-Bibliothek der 100 Bücher.* Hg. von Fritz J. Raddatz. Frankfurt a.M. 1980.
»entlaufener Romantiker«: Heinrich Heine: Geständnisse (1854). In: *Düsseldorfer Heine-Ausgabe.* Band 15: *Geständnisse, Memoiren und kleinere autobiographische Schriften.* Hamburg 1982.
»Doktoren der Revolution«, »dunklen Iconoklasten«: Heinrich Heine: Lutezia. Vorwort (1855). In: *Düsseldorfer Heine-Ausgabe.* Band 13/1: *Lutezia I.* Hamburg 1989.
»Deutschland. Ein Wintermärchen kann man ...«: Kasimir Edschmid, zit. nach Joseph Peter Strelka. In: Heinrich Heine: *Deutschland. Ein Wintermärchen.* Frankfurt a.M. 1983.
»Im deutschen Dezember ...«: Wolf Biermann: *Deutschland. Ein Wintermärchen.* Berlin 1972.

Alexander von Humboldt: Kosmos
»in ganz Europa berühmt ...«: Daniel Kehlmann: *Die Vermessung der Welt.* 4.Aufl. Reinbek 2005.
»Das ist das Geschick ...«: Alexander von Humboldt: *Central-Asien. Untersuchungen über die Gebirgsketten und die vergleichende Klimatologie.* Übersetzt und hg. von Wilhelm Mahlmann. Band I. Berlin 1844.

Hermann Helmholtz: Über die Erhaltung der Kraft
»Hemholtzianismus«, »Der dynamische Kraftzusammenhang ...«: Jürgen Osterhammel: *Die Verwandlung der Welt. Eine Geschichte des 19.Jahrhunderts.* München 2009.
»Unvergesslich ist mir die Schilderung ...«, »wie eine Heilsbotschaft«: Max Planck: *Vorträge, Reden, Erinnerungen.* Hg. von Hans Roos und Armin Hermann. Heidelberg 2001.

Karl Marx und Friedrich Engels: Kommunistisches Manifest
»eine Mischung aus Hegel ... «: Bertrand Russell: *Philosophie des Abendlandes.* 2.Aufl. Zürich 1951.
»Die Hybris, die uns ...«: Karl Popper: *Das Elend des Historizismus* (1965). Hg. von Hubert Kiesewetter. 7.Aufl. Tübingen 2003.

Richard Wagner: Oper und Drama
»Das Buch aller Bücher über Musik«: zit. nach: Roland Tenschert: Richard Wagner im Urteil von Richard Strauss. In: *Schweizerische Musikzeitung,* Band 94 (1954).
»wilden und noblen Kerl«: zit. nach: Martin Geck: Lassen sich Werk und Künstler trennen? In: *Aus Politik und Zeitgeschichte* 21–23/2013.

Jakob und Wilhelm Grimm: Deutsches Wörterbuch
»das allerwichtigste Buch in deutscher Sprache«: zit. nach: Ulrike Haß-Zumkehr: *Deutsche Wörterbücher. Brennpunkt von Sprach- und Kulturgeschichte.* Berlin/New York 2001.

Wilhelm Busch: Max und Moritz
»der Klassiker deutschen Humors ...«: zit. nach: Joseph Kraus: *Wilhelm Busch in Selbstzeugnissen und Bilddokumenten*. Reinbek 1970.
»Übervater für jeden Comiczeichner«, »nervösem Strich«: Ralf König. In: *Max und Moritz. Die unglaubliche Geschichte eines Kinderbuchs*. TV-Dokumentation von Claus Wischmann. Erstsendung: 5.4.2015.
»Blitz am Himmel ...«, »Kinder und Tiere ...« usw.: Gert Ueding: *Wilhelm Busch. Das 19. Jahrhundert en miniature*. Frankfurt a. M. 1977.
»Er, der kinderlose Junggeselle ...« usw.: Hilmar Klute: Aber wehe. In: *Süddeutsche Zeitung* vom 1.8.2015.
»Humor ist, wenn man trotzdem lacht«: Otto Julius Bierbaum: *Die Yankeedoodle-Fahrt und andere Reisegeschichten*. München 1920.
»Der Komiker ist gemein ...«: Robert Gernhardt: Versuch einer Annäherung an eine Feldtheorie der Komik. In: Ders.: *Was gibt's denn da zu lachen? Kritik der Komiker, Kritik der Kritiker, Kritik der Komik*. Zürich 1988.
Heinrich von Treitschke: Deutsche Geschichte im 19. Jahrhundert
»brüderliche Genossenschaft ...«: zit. nach: Klaus Christian Köhnke: Ein antisemitischer Schriftsteller wider Willen. Zu Gustav Freytags Roman »Soll und Haben«. In: *Conditio Judaica. Judentum, Antisemitismus und deutschsprachige Literatur vom 18. Jahrhundert bis zum Ersten Weltkrieg*. Band 2. Hg. von Hans Otto Horch und Horst Denkler. Tübingen 1989.
Konrad Duden: Vollständiges Orthographisches Wörterbuch der deutschen Sprache
»Nicht zwei Lehrer derselben Schule ...«: Konrad Duden: Rechtschreibung. In: *Encyklopädisches Handbuch der Pädagogik*. Band 5. Hg. von Wilhelm Rein. Langensalza 1898.
Alle anderen Zitate Dudens aus: Konrad Duden: *Die deutsche Rechtschreibung*. Leipzig 1872.
Friedrich Nietzsche: Also sprach Zarathustra
»Die Art, wie Nietzsche uns beeinflußte ...«: Harry Graf Kessler: *Gesichter und Zeiten. Erinnerungen*. 1. Band: *Völker und Vaterländer*. Berlin 1935.
»fünftes Evangelium«: Friedrich Nietzsche: *Sämtliche Briefe. Kritische Studienausgabe in acht Bänden*. Hg. von Giorgio Colli und Mazzino Montinari. Band 6. München u. a. 1986.
»Ewige-Wiederkunfts-Gedanke«, »Grundconception«: Friedrich Nietzsche: *Ecce homo* (1888/89). In: Ders.: *Sämtliche Werke. Kritische Studienausgabe*. Hg. von Giorgio Colli und Mazzino Montinari. Band 6. 2. Aufl. München/New York 1988.
Bertha von Suttner: Die Waffen nieder!
»Der primitiv, aber schlagend wirksam ...«: Klaus Mann: *Kind dieser Zeit* (1932). Reinbek 1993.
Rudolf Steiner: Philosophie der Freiheit
»die Deutung der Welt ...«: Hans-Peter Ullmann: *Das Deutsche Kaiserreich 1871–1918*. Frankfurt a. M. 1995.
»synkretistischen Version eines traditionellen Okkultismus ...«: Jürgen Osterhammel: *Die Verwandlung der Welt. Eine Geschichte des 19. Jahrhunderts*. München 2009.
Zitate von Hesse, Mühsam und Tucholsky nach: Wolfgang G. Vögele (Hg.): *Der andere Rudolf Steiner. Augenzeugenberichte, Interviews, Karikaturen*. Dornach 2005.
Wilhelm Conrad Röntgen: Über eine neue Art von Strahlen
»dreimal mit lautem Ruf ...«, »neuen allgemeinen Jubelruf«: *Sitzungsberichte der Würzburger Physikalisch-medicinischen Gesellschaft*. Bericht der III. Sitzung vom 23.1.1896.
»geradezu ekelhafte ... «, »Nach meiner Auffassung ...«: zit. nach: N. N.: »Eine neue Art von Strahlen«, die Geschichte machte. *Deutsches Ärzteblatt* vom 15.2.1973.
»seine Erfindungen und Entdeckungen ...«: zit. nach: Otto Glasser: *Wilhelm Conrad Röntgen und die Geschichte der Röntgenstrahlen*. Berlin 1931.
Bürgerliches Gesetzbuch
»Gesetzbuch von Juristen für Juristen«: Rudolf Wassermann: 100 Jahre BGB – zwischen Kontinuität und Anpassung. In: *Die Welt* vom 9.7.1996.
»Tropfen sozialistischen Öls«: Otto von Gierke: *Die soziale Aufgabe des Privatrechts*. Berlin 1889.
»letztes Siegesmal ... «: Franz Wieacker: *Das Sozialmodell der klassischen Privatrechtsgesetzbücher und die Entwicklung der modernen Gesellschaft*. Karlsruhe 1953.

Zitatnachweise

Thomas Mann: Buddenbrooks
»dieser Chronik eines Bürgertums ...« usw.: Thomas Mann: On myself (1940). In: Ders.: *Gesammelte Werke in dreizehn Bänden.* Band XIII: *Nachträge.* Frankfurt a.M. 1990.
»der modern-kapitalistische Erwerbsmensch ...«: Thomas Mann: Betrachtungen eines Unpolitischen (1918). In: Ders.: *Gesammelte Werke in dreizehn Bänden.* Band XII: *Reden und Aufsätze 4.* Frankfurt a.M. 1990.

Franz Kafka: Die Verwandlung
Zitate aus dem Werk: Franz Kafka: *Die Verwandlung.* Leipzig 1915.
»ein wenig fürchterlich ...«, »einer ekelhafte Geschichte«, »innerlichst bedrängt«: Franz Kafka: *Briefe an Felice Bauer und andere Korrespondenz aus der Verlobungszeit.* Hg. von Hans-Gerd Koch. Frankfurt a.M. 2015.
»die Gestalt des Käfers Gregors ...«: Peter-André Alt: *Franz Kafka. Der ewige Sohn. Eine Biographie.* München 2008.

Albert Einstein: Die Grundlagen der allgemeinen Relativitätstheorie
»In der ersten Arbeit ...« usw.: Frank Steiner: Von Ulm nach Princeton. In: Ders. (Hg.): *Albert Einstein. Genie, Visionär und Legende.* Berlin u. a. 2005.
»Arbeitshypothese von ...«: Oswald Spengler: *Der Untergang des Abendlandes.* München 1990.

Heinrich Mann: Der Untertan
»Herbarium des deutschen Mannes«: Kurt Tucholsky: Der Untertan (1919). In: Ders.: *Ausgewählte Werke.* Band 2. 4. Aufl. Berlin 1998.

Oswald Spengler: Der Untergang des Abendlandes
»intellektuellen Roman ersten Ranges«: Thomas Mann: Tagebucheintrag vom 9. Juli 1919. In: *Tagebücher.* Band 1: *1918–1921.* Hg. von Peter de Mendelssohn. Frankfurt a.M. 1979.
»bleiernen Geschichtsmaterialismus«, »Defaitisten der Humanität«: Thomas Mann: Über die Lehre Spenglers (1924). In: Ders.: *Gesammelte Werke in dreizehn Bänden.* Band X: *Reden und Aufsätze 2.* Frankfurt a.M. 1974.
»Überfließen einer lyrischen Ungenauigkeit«: Robert Musil: Geist und Erfahrung. Anmerkungen für Leser, welche dem Untergang des Abendlandes entronnen sind (1921). In: Ders.: *Gesammelte Werke.* Hg. von Adolf Frisé. Band 8: *Essays und Reden.* Hamburg 1981.

Sigmund Freud: Das Ich und das Es
»Wir alle ›sprechen‹ Freud ...«: Peter Gay: *Freud. Eine Biographie für unsere Zeit.* Frankfurt a.M. 1989.
»im Kontakt mit der populären Denkweise«: Sigmund Freud: Die Frage der Laienanalyse (1926). In: Ders.: *Gesammelte Werke.* Hg. von Anna Freud u.a. Band XIV: *Werke aus den Jahren 1925–1931.* Frankfurt a.M. 7. Aufl. 1991.
»in solchen Fällen ist es immer ...«: zit. nach: Sigmund Freud: *Zur Geschichte der psychoanalytischen Bewegung.* In: Ders.: *Gesammelte Werke.* Hg. von Anna Freud u.a. Band X: *Werke aus den Jahren 1913–1917.* Frankfurt a. M. 8. Aufl. 1991.
»Freud selbst fand es sehr seltsam ...«: Interview mit L'Express (1982). Deutsch in: *Aufklärung und Kritik* 2/1994.
»Ich betrachtete mich geistig als Deutschen ...«: Sigmund Freud: Interview 1926. Zit. nach: Peter Gay: Mehr als eine Theorie der Seele. In: *Der Spiegel* 53/1998.
»Was wir für Fortschritte machen!«: zit. nach: Ulrich Weinzierl: Freud war kein Freudianer. In: *Die Welt* vom 6.5.2006.
»Freud war ein Mensch mit Widersprüchen« usw.: Peter Gay: Mehr als eine Theorie der Seele. In: *Der Spiegel* 53/1998.

Adolf Hitler: Mein Kampf
»Selten oder vielleicht tatsächlich nie in der Geschichte ...«: Eberhard Jäckel: *Hitlers Weltanschauung. Entwurf einer Herrschaft.* Erweiterte und überarbeitete Neuausgabe. Stuttgart 1981.
»als eine Bekenntnisschrift ...« aus: Peter Longerich: *Hitler. Biographie.* München 2015.
»beginnend mit dem Geburtsort ...« usw.: Helmuth Kiesel: Eine Lektüre von ›Mein Kampf‹. War Adolf Hitler ein guter Schriftsteller? In: *Frankfurter Allgemeine Zeitung* vom 8.8.2014.
»bildungsbürgerlicher Paradiersucht ...«: Joachim C. Fest: *Hitler. Eine Biographie.* München 1973.

Bertolt Brecht und Kurt Weill: Die Dreigroschenoper
»Ich fürchte, all das, worauf es mir nicht ankam«: Bertolt Brecht: Autobiographische Notizen (1933). In: Ders.: *Werke. Große kommentierte Berliner und Frankfurter Ausgabe.* Band 26: *Journale 1.* Berlin/Weimar 1994.

Erich Maria Remarque: Im Westen nichts Neues
»hat plötzlich vor einigen Monaten ...«: J. E.: Nichts Neues im Westen. In: *Vossische Zeitung* vom 8.11.1928. Zit. nach: Erich Maria Remarque: *Im Westen nichts Neues.* Mit Materialien und einem Nachwort von Tilman Westphalen. 16. Aufl. Köln 2010.

Max Horkheimer und Theodor W. Adorno: Dialektik der Aufklärung
»nach dem Zusammenhang ...«: Max Horkheimer: Die gegenwärtige Lage der Sozialphilosophie und die Aufgaben eines Instituts für Sozialforschung. In: Ders: *Sozialphilosophische Studien. Aufsätze, Reden und Vorträge 1930 –1972.* 2. Aufl. Frankfurt a M. 1981.

Alfred Müller-Armack: Wirtschaftslenkung und Marktwirtschaft
»Kreis sichernder, fördernder ... Maßnahmen«: Alfred Müller-Armack: *Wirtschaftsordnung und Wirtschaftspolitik.* Freiburg 1966.
»Unsere Theorie ist abstrakt ...«: zit. nach Karl-Heinz Roth: Klienten des Leviathan. Die Mont Pèlerin Society und das Bundeswirtschaftsministerium in den fünfziger Jahren. In: *Zeitschrift für Sozialgeschichte des 20. und 21. Jahrhunderts* 2 (2001).
»die den sozialen Zweck sichern ...«: Alfred Müller-Armack: Soziale Marktwirtschaft. In: Erwin von Beckerath u. a. (Hg.): *Handwörterbuch der Sozialwissenschaften.* Band 9. Stuttgart 1956.

Grundgesetz für die Bundesrepublik Deutschland
»Die Verfassung ist weder Orakel noch Motor ...«: Richard von Weizsäcker: 40 Jahre Grundgesetz. Rede zum Staatsakt in der Beethovenhalle in Bonn. 24. Mai 1989. Abzurufen unter: www.bundespraesident.de.
»unter Rechtsgesetzen zu vereinigen«: Immanuel Kant: *Metaphysik der Sitten. Erster Theil.* Königsberg 1797.
»Der Begriff des Vaterlandes ...«: Dolf Sternberger: Begriff des Vaterlandes (1947). In: Ders.: *Schriften.* Band IV: *Staatsfreundschaft.* Frankfurt a. M. 1980.

Anne Frank: Das Tagebuch der Anne Frank
»Wir sollten mit der Naziriecherei ..«: zit. nach: Norbert Frei: *Vergangenheitspolitik. Die Anfänge der Bundesrepublik und die NS-Vergangenheit.* München 1996.
»gern zur Selbstpräsentation ...«: Sylke Kirschnick: *Anne Frank und die DDR. Politische Deutungen und persönliche Lesarten des berühmten Tagebuchs.* Berlin 2009.
»ganz einfach Menschen«, »alltägliche Menschen ...«: aus: *Saarbrücker Zeitung* vom 12.10.1956, zit. nach: Katja Heimsath: *»Trotz allem glaube ich an das Gute im Menschen«: Das Tagebuch der Anne Frank und seine Rezeption in der Bundesrepublik Deutschland.* Hamburg 2013.
»Phase der Vergangenheitsbewältigung«: Norbert Frei: Deutsche Lernprozesse. NS-Vergangenheit und Generationenfolge seit 1945. In: Heidemarie Uhl (Hg.): *Zivilisationsbruch und Gedächtniskultur.* Innsbruck 2003

Simone de Beauvoir: Das andere Geschlecht
»Pionierin mit Siebenmeilenstiefeln«: Alice Schwarzer: Das andere Geschlecht. In: *Die Zeit* vom 13.5.1983.
»Sie öffnete uns die Tür«: Kate Millett: Der Abschied. In: *EMMA* vom Juni 1986.

Hannah Arendt: Elemente und Ursprünge totaler Herrschaft
»kaleidoskopischer Charakter«, »eine Ansammlung aphoristischer ... «: Dan Diner: Kaleidoskopisches Denken. Überschreibungen und autobiographische Codierungen in Hannah Arendts Hauptwerk. In: Jürgen Danyel u. a. (Hg.): *50 Klassiker der Zeitgeschichte.* Göttingen 2007.

Worte des Vorsitzenden Mao Tse-Tung
»rhetorischen Untermalung ...«, »sich mit dem revolutionären ...«: Johano Strasser: Attraktiver Asketismus. In: *Deutschlandfunk* vom 12.10.2009.

Club of Rome: Die Grenzen des Wachstums
»Wir kommen ... «: Nello Celio: Laudatio. In: *Reden zum Friedenspreis 1973.* Abzurufen unter: www.friedenspreis-des-deutschen-buchhandels.de.

Heinrich Böll: Die verlorene Ehre der Katharina Blum
»Tendenz-Erzählung«, »Pamphlet«: Heinrich Böll: Zehn Jahre später. In: Ders.: *Die verlorene Ehre der Katharina Blum. Mit Materialien und einem Nachwort des Autors.* Köln 1984.
»Ich fordere die ganze Bevölkerung auf ...«: zit. nach: Klaus Schröter: *Heinrich Böll.* 10. Aufl. Reinbek 1997.
»Was Böll erzählt, mag besser oder schlechter sein«: zit. nach: Marcel Reich-Ranicki: *Meine deutsche Literatur seit 1945.* Hg. von Thomas Anz. München 2015.
Neues Forum: Aufbruch 89
»handverlesen zusammengetrommelt ...«: zit. nach: Rena Lehmann/Gregor Mayntz: Die vergessenen Helden von 1989. In: *Rheinische Post* vom 2.11.2014.
»Eine Bewegung erweist sich ...«: Bärbel Bohley: Eine Bewegung erweist sich als erfolgreich, wenn sie zerfällt. In: Irena Kukutz (Hg.): *Chronik der Bürgerbewegung NEUES FORUM 1989–1990.* Berlin 2009.
J. K. Rowling: Harry Potter und der Stein der Weisen
»keine Schriftstellerin unserer Zeit ...«: Denis Scheck: Schecks Kanon (76): Wie Harry Potter unser Bewusstsein geprägt hat. In: *Literarische Welt* vom 15.9.2018.
Hape Kerkeling: Ich bin dann mal weg
»Entmachtung der Institutionen«: Hubert Knoblauch: Die populäre Religion und die Transformation der Gesellschaft. In: *Aus Politik und Zeitgeschichte* 52/2008.

Register

Arendt, Hannah: Elemente und Ursprünge totaler Herrschaft 349
Aristoteles: Politik 16
Augustinus: Bekenntnisse 22

Baedeker, Karl: Rheinreise 207
Beauvoir, Simone de: Das andere Geschlecht 346
Boccaccio, Giovanni: Dekameron 42
Böll, Heinrich: Die verlorene Ehre der Katharina Blum 365
Borchert, Wolfgang: Draußen vor der Tür 316
Brant, Sebastian: Das Narrenschiff 56
Brecht, Bertolt und Weill, Kurt: Die Dreigroschenoper 310
Brockhaus, Friedrich Arnold: Conversations-Lexicon oder Hand-Wörterbuch für die gebildeten Stände 179
Bürgerliches Gesetzbuch 273
Busch, Wilhelm: Max und Moritz 241

Cervantes, Miguel de: Don Quijote 92
Clausewitz, Carl von: Vom Kriege 201
Club of Rome: Die Grenzen des Wachstums 362
Code Napoléon 159
Comte, Auguste: Die positive Philosophie 198
Corpus Iuris Civilis 25

Darwin, Charles: Über die Entstehung der Arten 235
Defoe, Daniel: Robinson Crusoe 118

Descartes, René: Abhandlung über die Methode 104
Duden, Konrad: Vollständiges Orthographisches Wörterbuch der deutschen Sprache 256
Dürer, Albrecht: Underweysung der Messung 62

Einstein, Albert: Die Grundlagen der allgemeinen Relativitätstheorie 285
Euklid: Die Elemente 19

Frank, Anne: Das Tagebuch der Anne Frank 333
Freud, Sigmund: Das Ich und das Es 298

Gauß, Carl Friedrich: Arithmetische Untersuchungen 148
Goethe, Johann Wolfgang: Die Leiden des jungen Werthers 129
Goethe, Johann Wolfgang: Faust 167
Grass, Günter: Die Blechtrommel 352
Grimm, Jacob und Wilhelm: Kinder- und Hausmärchen 173
Grimm, Jacob und Wilhelm: Deutsches Wörterbuch 232
Grimmelshausen, Hans Jacob Christoffel von: Der Abentheuerliche Simplicissimus Teutsch 110
Grotius, Hugo: Vom Recht des Krieges und des Friedens 101
Das Grundgesetz 328

Hafis: Diwan 45
Hegel, Georg Wilhelm Friedrich: Phänomenologie des Geistes 162
Heine, Heinrich: Deutschland. Ein Wintermärchen 212
Helmholtz, Hermann: Über die Erhaltung der Kraft 219
Herder, Johann Gottfried: Abhandlung über den Ursprung der Sprache 125
Herodot: Historien 13
Hitler, Adolf: Mein Kampf 303
Hobbes, Thomas: Leviathan 107
Hoffmann, E. T. A.: Nachtstücke 187
Homer: Ilias 10
Horkheimer, Max und Adorno, Theodor W.: Dialektik der Aufklärung 319
Humboldt, Alexander von: Kosmos 216

Kafka, Franz: Die Verwandlung 282
Kant, Immanuel: Kritik der reinen Vernunft 137
Kerkeling, Hape: Ich bin dann mal weg 384
Knigge, Adolph Freiherr von: Über den Umgang mit Menschen 142
Koch, Robert: Untersuchungen über die Aetiologie der Wundinfectionskrankheiten 250
Kolumbus, Christoph: Von der Auffindung neuer Inseln im Indischen Meer 53
Kopernikus, Nikolaus: Von den Umlaufbahnen der Himmelskörper 78
Kramer, Heinrich (Institoris): Der Hexenhammer 50

Lessing, Gotthold Ephraim: Nathan der Weise 134
Luther, Martin: Biblia, das ist die gantze Heilige Schrifft Deudsch 70

Machiavelli, Niccolò: Der Fürst 65
Mann, Heinrich: Der Untertan 292
Mann, Thomas: Buddenbrooks 276
Marx, Karl und Engels, Friedrich: Manifest der Kommunistischen Partei 222
Mercator, Gerardus: Atlas oder Kosmograpische Meditationen 89
Merian, Maria Sibylla: Die Verwandlung der surinamischen Insekten 115
Microsoft: Benutzerhandbuch Windows 3.1 373
Montaigne, Michel de: Essais 86
Monumenta Germaniae Historica 195
Morus, Thomas: Utopia 59
Müller-Armack, Alfred: Wirtschaftslenkung und Marktwirtschaft 325

Neues Forum: Aufbruch 89 370
Das Nibelungenlied 33
Nietzsche, Friedrich: Also sprach Zarathustra 260
Novalis: Heinrich von Ofterdingen 151

Otto-Katalog 340

Paine, Thomas: Die Rechte des Menschen 145
Paracelsus: Die große Wundartzney 75

Remarque, Erich Maria: Im Westen nichts Neues 313
Röntgen, Wilhelm Conrad: Über eine neue Art von Strahlen 270
Rotteck, Karl von und Welcker, Carl Theodor: Staats-Lexikon 204
Rowling, J. K.: Harry Potter und der Stein der Weisen 376

Schiller, Friedrich: Wilhelm Tell 154
Schliemann, Heinrich: Trojanische Alterthümer 246
Schmidt, Manfred: Nick Knatterton 343
Schopenhauer, Arthur: Die Welt als Wille und Vorstellung 190
Shakespeare, William: Comedies, Histories and Tragedies 95
Spengler, Oswald: Der Untergang des Abendlandes 295
Steiner, Rudolf: Philosophie der Freiheit 266
Suttner, Bertha von: Die Waffen nieder! 263

Thomas von Aquin: Summa Theologica 39
Treitschke, Heinrich von: Deutsche Geschichte im 19. Jahrhundert 253

Vasari, Giorgio: Lebensbeschreibungen der berühmtesten Maler, Bildhauer und Architekten 83
Verlag für die Frau: Wir kochen gut 355

Wagner, Richard: Oper und Drama 226
Werner, Zacharias: Der vierundzwanzigste Februar 184
Wikipedia 381
Winckelmann, Johann Jacob: Geschichte der Kunst des Altertums 122
Wolfram von Eschenbach: Parzival 28
Worte des Vorsitzenden Mao Tse-tung 358

Verfassernachweis

Homer: Ilias; **Herodot:** Historien; **Euklid:** Die Elemente; **Augustinus:** Bekenntnisse; **Wolfram von Eschenbach:** Parzival; Das Nibelungenlied; **Christoph Kolumbus:** Von der Auffindung neuer Inseln im Indischen Meer; **Sebastian Brant:** Das Narrenschiff; **Niccolò Machiavelli:** Der Fürst; **Miguel de Cervantes:** Don Quijote; **Maria Sibylla Merian:** Die Verwandlung der surinamischen Insekten; **Daniel Defoe:** Robinson Crusoe; **Johann Jacob Winckelmann:** Geschichte der Kunst des Altertums; **Johann Gottfried Herder:** Abhandlung über den Ursprung der Sprache; **Johann Wolfgang Goethe:** Die Leiden des jungen Werthers; **Gotthold Ephraim Lessing:** Nathan der Weise; **Adolf Freiherr von Knigge:** Über den Umgang mit Menschen; **Novalis:** Heinrich von Ofterdingen; **Friedrich Schiller:** Wilhelm Tell; **Johann Wolfgang Goethe:** Faust; **Jacob und Wilhelm Grimm:** Kinder- und Hausmärchen; **Friedrich Arnold Brockhaus:** Conversations-Lexicon; **Zacharias Werner:** Der vierundzwanzigste Februar; **Arthur Schopenhauer:** Die Welt als Wille und Vorstellung; **Auguste Comte:** Die positive Philosophie; **Karl Baedeker:** Rheinreise; **Hermann Helmholtz:** Über die Erhaltung der Kraft; **Jakob und Wilhelm Grimm:** Deutsches Wörterbuch; **Charles Darwin:** Über die Entstehung der Arten; **Robert Koch:** Untersuchungen über die Aetiologie der Wundinfectionskrankheiten; **Konrad Duden:** Vollständiges Orthographisches Wörterbuch der deutschen Sprache; **Friedrich Nietzsche:** Also sprach Zarathustra; **Rudolf Steiner:** Philosophie der Freiheit; **Thomas Mann:** Buddenbrooks; **Franz Kafka:** Die Verwandlung; **Albert Einstein:** Die Grundlagen der allgemeinen Relativitätstheorie; **Heinrich Mann:** Der Untertan; **Adolf Hitler:** Mein Kampf; **Erich Maria Remarque:** Im Westen nichts Neues; **Wolfgang Borchert:** Draußen vor der Tür; **Max Horkheimer und Theodor W. Adorno:** Dialektik der Aufklärung; **Anne Frank:** Das Tagebuch der Anne Frank; Otto-Katalog; **Manfred Schmidt:** Nick Knatterton; **Simone de Beauvoir:** Das andere Geschlecht; **Günter Grass:** Die Blechtrommel; Worte des Vorsitzenden Mao Tse-tung; **Heinrich Böll:** Die verlorene Ehre der Katharina Blum; Wikipedia

von Christian Klein

Aristoteles: Politik; Corpus Iuris Civilis; **Thomas von Aquin:** Summa Theologica; **Giovanni Boccaccio:** Dekameron; **Hafis:** Diwān; **Heinrich Kramer:** Der Hexenhammer; **Thomas Morus:** Utopia; **Albrecht Dürer:** Underweysung der Messung; **Martin Luther:** Biblia, das ist die gantze Heilige Schrifft Deudsch; **Paracelsus:** Die große Wundartzney; **Nikolaus Kopernikus:** Von den Umlaufbahnen der Himmelskörper; **Giorgio Vasari:** Lebensbeschreibungen der berühmtesten Maler, Bildhauer und Architekten; **Michel de Montaigne:** Essais; **Gerardus Mercator:** Atlas oder Kosmographische Meditationen; Mr. William Shakespeares Comedies, Histories, & Tragedies; **Hugo Grotius:** Vom Recht des Krieges und des Friedens; **René Descartes:** Abhandlung über die Methode; **Thomas Hobbes:** Leviathan; **Hans Jakob Christoffel von Grimmelshausen:** Der Abentheuerliche Simplicissimus Teutsch; **Immanuel Kant:** Kritik der reinen Vernunft; **Thomas Paine:** Die Rechte des Menschen; **Carl Friedrich Gauß:** Arithmetische Untersuchungen; Code Napoléon; **Georg Wilhelm Friedrich Hegel:** Phänomenologie des Geistes; **E.T.A. Hoffmann:** Nachtstücke; Monumenta Germaniae Historica; **Carl von Clausewitz:** Vom Kriege; **Karl von Rotteck und Carl Theodor Welcker:** Staats-Lexikon; **Heinrich Heine:** Deutschland. Ein Wintermärchen; **Alexander von Humboldt:** Kosmos; **Karl Marx und Friedrich Engels:** Manifest der Kommunistischen Partei; **Richard Wagner:** Oper und Drama; **Wilhelm Busch:** Max und Moritz; **Heinrich Schliemann:** Trojanische Alterthümer; **Heinrich von Treitschke:** Deutsche Geschichte im 19. Jahrhundert; **Bertha von Suttner:** Die Waffen nieder!; **Wilhelm Conrad Röntgen:** Über eine neue Art von Strahlen; Bürgerliches Gesetzbuch; **Oswald Spengler:** Der Untergang des Abendlandes; **Sigmund Freud:** Das Ich und das Es; **Bertolt Brecht und Kurt Weill:** Die Dreigroschenoper; **Alfred Müller-Armack:** Wirtschaftslenkung und Marktwirtschaft; Das Grundgesetz; **Hannah Arendt:** Elemente und Ursprünge totaler Herrschaft; Verlag für die Frau: Wir kochen gut; Club of Rome: Die Grenzen des Wachstums; Neues Forum: Aufbruch 89; **Microsoft:** Benutzerhandbuch Windows 3.1; **J.K. Rowling:** Harry Potter und der Stein der Weisen; **Hape Kerkeling:** Ich bin dann mal weg

von Andreas von Arnauld